ALL VOICES FROM THE ISLAND | 島嶼湧現的聲音

重探戰後臺灣政治史

美國、國民黨政府與臺灣社會的三方角力

陳翠蓮 著

第二部　蔣介石的反共王國

第三部　民主化的進程

序言：走過威權臺灣

威權體制下統治當局封鎖外界資訊，不容許異見，民眾只能被動接受官方提供一整套有利其統治的政治論述。

我成長於臺灣威權體制最為穩固的一九六〇年代，從進入正式教育體制起，就接受完整的黨國教育。小學一年級入學後第一件事，就是學會小小身軀踏著「反攻、反攻、反攻大陸去」節奏，魚貫行進到操場參加朝會聽訓。中華民國失去聯合國中國代表權那年，我就讀國小五年級，學校裡教唱〈莊敬自強歌〉，將蔣介石總統的演講訓詞「姑息逆流激盪，世界風雲劇變，我們要沉著，我們要堅定，莊敬自強，處變不驚，黑暗盡頭，就是光明」編成歌曲，讓學子朗朗誦唱，自我壯膽。但是，從這時開始，我的小學同學、中學同學不斷有人消失，聽說他們跟著家人移民到美國、加拿大、澳洲、甚至巴西。

中學國文教科書有一課〈晏嬰使楚〉，楚國要晏嬰走狗門以屈辱之，晏嬰機智護衛了齊國的尊嚴。課後習題有一題，大意是問：「有人認為弱國無外交，你的看法如何？」我雖然知道標準答案，但心裡不服氣，因此在作業上回答「外交是國力的延伸，弱國確實易受欺凌、難有外交」云云。老師給了「思想不正確」的評語。

高中三年，我的思想愈來愈陷入混亂。高中一年級適逢美國與中華民國斷交，我所就讀女中的校長在朝會時拔下手中婚戒，說是要捐給自強愛國獻機運動，臺下女學生們一片讚嘆驚呼。穿綠制服的朋友則說，斷交消息傳來，教官帶著學生一遍一遍繞行操場、大唱「我愛中華」，女學生們個個義憤填膺。不久，報上圖文並茂地刊載了美國特使團在松山機場遭受愛國青年蛋洗抗議的消息。高二爆發美麗島事件，我天天學著報紙上的語氣大發議論，斥責黨外人士「居心叵測」、「顛覆國家」；但高三林宅血案發生，如同現實世界頓時被炸裂，官方說詞無法合理解釋正在發生的事，而反對運動者竟然要付出如此高昂血的代價，更令我顫抖不已。

為了要瞭解臺灣的政治，我投考入政治系，但並無法因此獲知更多。一九八〇年代黨外運動愈來愈活躍，我開始看黨外雜誌。黨外雜誌中屢屢刊載每一年度美國政府〈各國人權報告〉有關臺灣部分，以及美國國會議員對臺灣問題的聲明與決議案；黨國媒體與新聞局官員則反過來嚴厲指責黨外分子「告洋狀」、「無恥陰謀」。作為政治學系學生，我卻無法分辨這些訊息的意義，美國政府為何關心臺灣人權問題？黨外人士為何「告洋狀」？告洋狀又會有什麼效果？

儘管我是威權體制成功教化的黨國青年，心中卻充斥愈來愈多疑問。我試圖尋找答案，但課堂上老師迴避敏感提問，身邊所及的書籍資訊也無法釋疑。戒嚴時期人們想要理解自身群體所處國際處境、關心公共事務，竟是這般艱難。

隨著一波波反對運動開展，威權獨裁體制終於無力抵擋，民主時代來臨。新時代帶來檔案開放，一九九〇年代我以二二八事件為主題撰寫博士論文，從檔案中屢屢讀到令人震驚的事實。例如國民黨黨史會檔案記載，一九四七年三月國防最高委員會開會討論二二八事件，黨國大老要求必須迅速處理，以免國際介入，否則「臺灣究竟屬誰都成問題」。一九五五年臺灣共和國大統領廖文毅於日本《文藝春秋》投稿〈祖國台湾の運命〉一文，竟然指出一九五〇年九月美國政府曾將臺灣地位問題提交聯合國大會討論。這些檔案內容完全顛覆我長期所被灌輸的「《開羅宣言》決定臺澎地位」、「戰後臺灣主權復歸中國」那套說詞，我感到頭皮發麻，但戒嚴體制所塑造的貧乏腦袋完全無法回答這是怎麼一回事。我一方面對自己的無知深覺羞愧，一方面也好奇威權政府究竟是用怎樣的方法，竟能讓這些驚人的事實不浮出檯面、甚至在大眾認知中不留一點痕跡？

於是我離開政治學領域，成為歷史學的學徒，在層層困惑中展開臺灣史研究。如今回首三十年來自己所進行的各項研究，無非是在回答成長過程中的種種謎團。

不得不說，自己真是時代的幸運兒。過去多少關心臺灣歷史與政治的青年在威權體制下付出自由與性命的代價；因為服膺黨國教化而蒙昧無知的我卻因此獲得保護色，安然長成，當我開始探索挖掘臺灣歷史真相時已進入民主轉型期。

先前出版的《臺灣人的抵抗與認同，一九二〇～一九五〇》，旨在探討日治時期臺灣人反殖民運動特性，《重構二二八：戰後美中體制、中國統治模式與臺灣》分析戰後國民黨政府的統治模式，本書則將研究焦點轉向戰後對臺灣問題具有關鍵性影響的美國因素。從日治到戰後的臺灣政治發展是我的學術關懷重心，這幾本書剛好構成我的臺灣史研究三部曲。

本書的部分章節曾先後發表在各學術期刊與研討會：第一到三章，分別改寫自發表在《臺灣史研究》的〈冷戰與去殖民：美國政府對戰後初期臺灣獨立運動的試探與評估（1947-1950）〉、〈一九五〇年臺灣問題國際化與國民黨政府的因應對策〉與〈東亞冷戰下的對日和約與臺灣地位問題〉三篇論文。二〇一九年四月，我曾在臺灣大學歷史學系講論會主講〈美國對戰後初期臺獨運動的試探與評估（1947-1950）〉；並在二〇二三年三月臺北大學經濟學系舉行的第七屆「戰後臺灣工作坊」以〈東亞冷戰下美國政府的臺灣方案（1949-1954）〉為題進行專題演講。上述這些論文構成本書第一部分的主要內容。另外，二〇〇九年《戒嚴時期白色恐怖與轉型正義論文集》收錄的〈臺灣戒嚴時期的特務統治與白色恐怖氛圍〉一文，改寫為本書第五章的一部分。二〇二二年八月在中央研究院臺灣史研究所「白色恐怖工作坊」所報告〈臺獨案件中的政治性考量〉，則納入為第七章的部分內容。而在《國史館館刊》所發表〈王昇與「劉少康辦公室」：一九八〇年代臺灣威權體制末期的權力震盪〉，則是第八章、第九章內容的來源之一。對於前述學術活動中學界先進們所提出的批評與建議，我要表達由衷感謝之意。

本書能夠順利完成，必須感謝行政院國科會與國家人權博物館的研究計畫挹注。其中包括國科會「戰後臺灣族群論述的歷史考察（1945-1960）」、「冷戰、去殖民與民主化：戰後臺灣政治中的美國因素（1949-1975）」與「冷戰、去殖民與民主化：戰後臺灣政治中的美國因素（1949-1975）（II）」三個研究案。國家人權博物館前館長陳俊宏邀請進行「臺灣獨立運動之發展」研究案，讓我有機會對此課題能夠更深入地掌握。

在本書撰寫過程中，我還得到許多人的幫助，在此一併致謝。一九七〇至八〇年代活躍於民主運動的康寧祥、姚嘉文兩位前輩，是本書許多史實的諮詢對象。國史館陳儀深館長、史丹佛大學胡佛研究所林孝庭研究員、前中央研究院近代史研究所張淑雅研究員、臺灣師範大學吳翎君教授、輔仁大學歷史學系蕭道中副教授提供了本書主題相關的指點。臺灣大學政治學系黃長玲教授、中央研究院法律研究所黃丞儀研究員、近代史研究所陳冠任助研究員在出版前閱覽部分章節，提出修正建議。國史館吳俊瑩協修幫忙全書校訂及檔案勘誤，減少本書錯誤。國家人權館林靜雯小姐、研究助理曾信豪、張尹嚴、劉漢儀、李思儀、徐祥弼不辭辛勞協助調閱檔案史料，豐富了本書的內容。感謝邱萬興先生、余岳叔先生、張富忠先生和艾琳達女士及國史館與中央社提供珍貴照片，為本書增色不少。尤其是春山出版社的編輯盧意寧小姐以極大的耐心核對國內外檔案史料、修訂文句、錯漏字，不但使得本書的錯誤降到最低，並且全文更加通暢易讀，我要對她的高度專業致上最大敬意。我也十分感謝春山出版社總編輯莊瑞琳小姐支持、督促本書的出版。當然，本書如仍存在若干失誤，這應由我負起全責。

畏友吳乃德教授嘗言，學術界人士得自國家社會資源栽培，不應自閉於象牙塔內舞弄艱澀的學術名詞，應以通俗文字，將學術研究成果提供社會大眾共享。我深深同意此一看法，並身體力行，因此努力嘗試改寫研究成果，惟文采不足之處，尚祈各界指教。

謹以此書獻給曾為臺灣民主發展努力奉獻的人們。

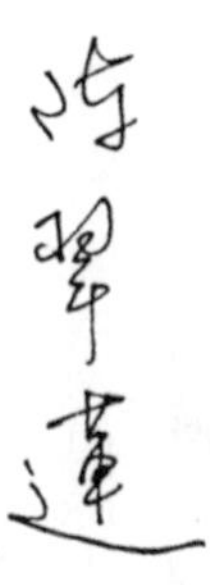

二〇二三年十月於臺灣大學歷史學系第三研究室

緒論

二戰後結束日本統治迄今，已將近八十年，我們對於戰後臺灣歷史有多少瞭解？過去的歷史發展與臺灣現在的處境有何關係？美國總統拜登（Joseph R. Biden Jr., 1942-）上任後已多次公開表示，如果中國武力侵臺，美軍會出兵保護臺灣。[1]但，美國與臺灣是何種關係？美國總統是以何種立場公開宣稱將出兵保護？今年（二〇二三年）七月，美國國會眾議院表決通過《臺灣國際團結法案》（*Taiwan International Solidarity Act*），主張聯合國大會第二七五八號決議只承認中華人民共和國是中國在聯合國唯一的合法代表，並未涉及臺灣在聯合國的代表權，也沒有對中華人民共和國與臺灣的關係採取立場，或包含任何涉及臺灣主權的聲明。[2]那麼，過去中華民國宣稱「退出聯合國」，不等於臺灣退出聯合國嗎？臺灣現在又處於何種國際地位？

過去戒嚴時期統治當局掌握了歷史詮釋權，臺灣被定義為堅實的反共堡壘、三民主義建設復興基地，並對不利的國際新聞進行檢查控制，不使民眾知曉。民主化後學界研究高度關注威權體制特性、白色恐怖人權壓迫等議題，對於威權統治的外在條件則鮮少觸及。至目前為止，戰後歷史書寫所提供給我們對時代內外環境、行動者選擇的認識，乃至臺灣如何能從威權走到民主，都相當有限。

近年來中國侵臺野心更形明顯，美中關係日益緊張，臺灣應該如何應對？這與此一政治共同體成員的自我認識密切相關。例如戰後不久東亞冷戰局面形成，美國為首的盟國如何處理臺灣問題，以及這些處理方式所形成的國際地位狀態，即關係到我們對當前所處現況的判斷。又如極長一段時間內，臺灣被標榜為「自由中國」，是民主陣營的友好夥伴，但老大哥美國卻容許國民黨政府長期威權統治；到了一九八〇年代美國政府又轉而關切臺灣人權狀況，鼓勵走向民主化。美國政府對臺政策究竟為何變動、又有何不變的核心原則？這對我們判讀對外關係的重要性不言可喻。再者，高壓統治時期臺灣人曾經有過怎樣的政治訴求與積極行動？為何一九八〇年代政治情勢極度凜冽下連續發生林宅血案、陳文成命案、劉宜良命案後，蔣經國總統卻突然在一九八六年宣布將盡速解嚴？臺灣民主化如何得以達成？是統治者善心賜予，還是集體犧牲奮鬥的成果？過程中有哪些助力與阻力？上述問題都牽繫著共同體的自我評價與價值追求。戰後政治史仍然充滿謎團，有待我們深入挖掘探索。

一、反思戰後臺灣政治史研究

解嚴以來，戰後臺灣史研究十分蓬勃，成績極為可觀，主要集中在兩個面向：首先是探問國民黨政府威權統治特性的學術作品，包括黨國威權、一黨獨裁、社會滲透、特務統治、恩庇侍從體制、遷占者國家等各種詮釋方式。[3]其次是臺灣人民反抗威權、追求自由民主的歷史，包括大量的白色恐怖受害案件、中國民主黨組黨運動、民主進步黨成立等等。[4]這些研究成果討論深入、見解卓越，但有兩個問題值得進一步思考：一、這些成果將中華民國政府統治視為不需挑戰的既定事實，戰後政治史即是國民黨政府與臺灣人民互動的歷史。然而，戰後臺灣與中華民國是何種關係？臺灣是中華民國的一省嗎？國民黨政府何以建立在臺之統治？二、臺灣人民的抵抗史可以等同於民主運動史嗎？國內有些學者致力於戰後臺灣獨立運動研究，[5]但似乎並未被視為民主運動史的一部分；甚至因為一些臺獨運動訴諸暴力手段，而成為尷尬的存在。臺灣獨立建國運動與民主運動關係如何？兩種運動之間是相容、相生，抑或相剋？

戰後臺灣政治史的另一個重要課題是民主化研究。臺灣民主化後流行一種「通說」，認為威權領導人蔣經國是「臺灣民主的發動者」。這種論述自蔣經國逝世後即鋪天蓋地而來，先是新聞媒體刊出以金耀基為首推崇蔣經國是臺灣民主締造者的大量緬懷文章；[6]接著，國民黨相關機構陸續出版肯定蔣經國開創民主志業的紀念專書；[7]隨後一段時期並有許多蔣經國僚屬出書懷念他主動帶領民主改革的偉大情懷。曾追隨蔣經國十六年的文膽張祖詒就說，蔣自一九七二年擔任行政院長主理國政以來就矢志推動種種改革、為臺灣民主奠基。[8]

在緬懷蔣經國作為民主推動者的論述中，國際學者也扮演重要角色。例如《中國時報》發行人余紀忠出資聘請美國學者陶涵（Jay Taylor, 1931-2022）撰寫蔣經國傳記，陶涵在大量訪問黨政軍官員後也認為，一九七〇年初期以蔣經國為首的國民黨內改革派早就體認局勢變化，必須漸進改革、擴大參與，於是指揮黨祕書長張寶樹、組織工作會主任李煥提名本省人在黨部任職，培養在野勢力成長，推動全民的、民主的政治組織，即使最後政局會由臺灣人主導也在所不惜；雖然中間有美麗島事件鎮壓，但這是為了維持黨內團結一致，以免改革進程失控；一九八〇年代鄧小平宣示改革開放政策後，蔣經國更清楚體認必須加速民主化進程，目的是為了影響中國走向同樣方向，為兩岸統一鋪路。[9] 周陽山與他的老師黎安友（Andrew J. Nathan, 1943-）則指出，一九八六年蔣經國發動改革來自三個長期動因：國民黨對憲政民主的意識形態承諾、政治經濟社會條件成熟，以及不斷上升的黨外選舉訴求。而蔣的健康惡化，以及劉宜良案、十信案、中共統戰外交、華航貨機事件等內外震盪都加速了他推動改革。[10] 甚至，中國學者林震也認為蔣經國晚年「親手結束國民黨獨裁壟斷政治、向反對派開放權力競爭」，是為了「向國家負責、向歷史交代」。[11] 新聞媒體、蔣經國僚屬與學界共同建構出的「蔣經國神話」，至今仍是臺灣社會間歷久不衰的主流論述。

日本學者若林正丈是戰後臺灣政治史研究的代表人物，他的兩部作品《台湾：分裂国家と民主化》、《台湾の政治：中華民国台湾化の戦後史》對臺灣民主化過程提出不同於上述的詮釋。[12]這兩本書都對臺灣威權體制特性有所梳理，也都強調一九七〇年代蔣經國主政是改革開端，差別在於前書著眼於國民黨政府主導的「分期付款式的民主」；後者則分析包括政治菁英、權力正統性、國民統合意識形態與國家體制四個面向的所謂「中華民國臺灣化」歷程。若林教授的研究融合許多臺灣人文與社會科學學者的成果，提供一個全觀式架構，指出臺灣戰後政治發展的過程與現象，而無論「分期付款式的民主」或「中華民國臺灣化」，都是為了回應來自臺灣的社會變遷與民主運動壓力。

學者吳乃德更強烈挑戰「蔣經國是臺灣民主發動者」的說法，他指出蔣經國神話之所以可以流傳的主要原因是蔣執政時正值臺灣經濟成長階段，戒嚴時期所有不利獨裁者的負面訊息都禁止傳播，而解嚴後受他提攜的人物仍然活躍於政壇。但是，將蔣經國視為「臺灣民主發動者」最大的矛盾在於，人們忘記他本人正是威權體制中權力至高無上的獨裁者，也忘記在他發動民主改革之前數年，還曾下令逮捕所有民主運動領導人並判以重刑。[13]

在另外一篇論文中，吳乃德進一步指出過去社會科學研究民主化如何可能，過度強調社會經濟發展先決條件，以及政治菁英間的談判策略過程，而忽略為數眾多的公民願意為民主價值奮鬥，冒著個人風險代價，付出熱情追求。他認為，這一稱為「人的精神理念」面向是一九八〇年代推促臺灣走向民主化的關鍵因素，因為威權當局一九七九年強力鎮壓反對運動後，反而引起臺灣民眾對民主運動強烈的同情與支持，導致一九八六年反對黨組成時，獨裁者必須考量繼續鎮壓可能無效的後果而決定鬆手。[14]吳乃德並且以專書深入刻劃美麗島事件軍法大審過程與臺灣社會大眾所受衝擊後的情感動員，彰顯這一他稱為「臺灣最好的時刻」的動人集體記憶。[15]

若林正丈與吳乃德顯然都將臺灣民主化的動力歸功於臺灣民主運動。尤其，吳乃德凸顯了臺灣民眾集體展現的無私、正義、團結和勇氣的特性，並著力書寫這段記憶，期望凝聚成「民族的精神資產」，其所標舉的「意志論」相當觸動人心，並且有助鼓舞政治共同體的自我榮耀感與使命感。但筆者不免忖思，香港民眾自二〇一四年的雨傘運動至二〇一九年的反送中運動令全世界屏息注視，其所表現出爭取自由民主的集體意志、勇氣與決心令人動容，絲毫不下於臺灣人的抵抗運動。但在臺灣乃至世界各地聲援香港民主運動的局外人也都相當清楚，在中國獨裁政府的強大壓制下，香港人的拚搏無異以卵擊石。因此，一九八〇年代臺灣人的反對運動能夠成功，除了可貴的精神意志外，應該還有重要的結構條件。

近年來蔣經國日記的開放，讓外界有機會接近獨裁強人的精神世界。林孝庭是第一位利用蔣經國日記檢視臺灣戰後政治發展的學者，他認為蔣經國缺乏民主DNA，無法接受反對黨打破一黨獨大，只想維持父權式、漸進式的開明專制，由國民黨繼續領導臺灣；但隨著來自美國的改革要求不斷上升，中國大陸的改革開放形成的競爭壓力也與日俱增，為免臺灣陷入孤立，蔣經國晚年毅然推動全面政治革新與民主化進程，並且是真心推動民主，而非拖延時間緩和島內日趨緊張的政治態勢。[16]林孝庭以大量史料鋪陳蔣經國與戰後臺灣，並修正先前若干看法，是本書主要貢獻。但林孝庭筆下相當同情體恤蔣經國，例如以早年自由民主概念未普及為他開脫，對於白色恐怖、美麗島鎮壓、林宅血案等三大政治事件都輕輕帶過；但對開放黨禁、解除戒嚴、兩岸探親等德政則歸功於蔣的英明睿智，並高度肯定蔣作為臺灣民主發動者的功勞。因此學者黃庭康評論此書未能以史料批判態度分析蔣經國日記，對於蔣經國過於寬厚得有失公正。[17]

戰後臺灣處境、臺灣人的訴求與行動、臺灣從威權轉向民主的過程，這些面向構成今日臺灣現狀，並與集體的共同未來方向密不可分，值得我們深入研究。

二、本書研究取向

本書即將以戰後臺灣處境、臺灣人的訴求與行動、臺灣從威權轉向民主過程這幾個重要課題，作為戰後臺灣政治史的論述主軸。至目前為止，學界對這幾個課題的研究程度深淺不一，且大多以片段專論方式呈現，本書希望能提供整體式的戰後臺灣史認識。本書主要取向有三：

（一）美國與中華民國的特殊關係

西方學者蕭麥可與史派尼爾（Christopher C. Shoemaker and John Spanier）提出冷戰兩

極體系下「保護國—附庸國關係」(Patron-Client State Relationships)理論，他們定義兩者關係是：一、附庸國與保護國呈現不對稱關係，前者沒有能力自我防衛，必須依賴後者保衛其安全，雙方關係主要呈現在武器轉移與安全防衛；二、附庸國在保護國的國際競爭中具有顯著角色，當附庸國的合作愈能增進保護國利益，保護國愈是重視雙方關係，附庸國也就更加能夠影響保護國；三、附庸國與保護國之間有一個關鍵性的感知面向是，在長短不拘的時間內兩方於各個層面上始終保持連繫，這使得其他國家可以清楚分辨它們兩者是緊密相連。一般國家之間是平等互惠互利的經濟或安全交流，但保護國與附庸國間的互惠互利則有較為明顯的不對稱性，當保護國的競爭者不具威脅後，雙方的聯盟關係就可能變化。[18]

兩位學者也指出，為了確保在冷戰兩極競爭中勝出，保護國的目標有幾類：第一是意識形態目標，透過重塑附庸國的意識形態或改變其政治結構，使之與保護國相同，以彰顯自身體系優於競爭者；第二是尋求雙方在國際上的團結，例如在聯合國投票的一致性；第三是確保戰略利益，例如以附庸國作為軍事基地或在區域衝突中作為代理人。至於對附庸國而言，雙方合作是攸關生存的大事，尤其當生存威脅愈大時，愈會將保護國視為救主而願意配合其要求。

戰後中華民國政府在政治、經濟、軍事各方面高度依賴美國政府支持，不同於一般主權獨立國家；此一冷戰兩極體系下「保護國—附庸國關係」理論，相當深刻地描繪了戰後美國與中華民國政府間的關係。

筆者曾在《重構二二八：戰後美中協力體制、中國統治模式與臺灣》一書提出「戰後美中協力體制」來描述美國與國民黨中國之間的特殊關係。這一體制具有幾項內涵：一、美國為掌握戰後國際優勢與遠東秩序，選擇國民黨中國作為合作對象，提供軍事、經濟等各種挹注，雙方在互蒙其利之下建立合作關係；二、此種合作關係具有主從性格，重要政策由美國主導、制定，國民黨中國配合、協助、執行；三、美中之間的合作關係並非單邊主義，在不違背美國主要利益下，國民黨中國所主張或宣稱的次要利益，美國予以容忍、默許、讓步，作為回饋；四、因為美國與國民黨中國是共同利益的結合，當雙方利益嚴重矛盾時，美中協力體制就會鬆動，甚至崩壞。[19]

筆者所提出的美中協力體制，源於二戰結束前後美國政府對重建日本戰敗後之遠東新秩序的構想，當外在局勢變化，兩者合作關係也曾動搖。一九四九年國共內戰勝負分曉，共產黨中國建立，美國政府一度期待共產黨中國與南斯拉夫一樣「狄托化」(南斯拉夫總統狄托主張不依附於蘇聯的共產主義)，而保留了建交的可能性，直到一九五〇年十月中國人民志願軍參與韓戰，使得美國政府的希望破滅。此一情勢致使東亞冷戰局面愈趨嚴峻，美國政府因此與國民黨中國恢復合作關係，美中協力體制並與冷戰體制合一。

「美中協力體制」與「保護國—附庸國關係」的分析方式，有若干值得進一步討論之處。

首先，兩種體制差異在於：一、前者是美國為建立遠東新秩序，目標在瓦解日本；後者是冷戰兩極體系下強弱國家間的合作，目標在對抗對手陣營。二、在戰後美中協力關係中，美國與國民黨中國的實力與規模不至於過分懸殊；但在冷戰體系下保護—附庸關係中，美國與中華民國政府雙方的不對稱關係則相當明顯。其次，兩種體制也有相近之處：一、自東亞冷戰態勢出現，美國政府重新扶植日本作為夥伴，自韓戰後美中體制與冷戰體制重合；二、兩種體制都顯示國際關係中不能忽視的小國自主性空間。在美中協力體制下，雙方關係雖有主從，但並非單邊主義，大抵只要不違背美方主要利益，中方仍有自主空間；在保護國—附庸國關係中，則是當附庸國的戰略重要性愈高、自主性愈高；附庸國面對的處境愈危急，則愈需配合服從保護者。

在今日國際關係研究中，小國自主性（autonomy）問題近來愈趨受到關注。美國歷史學家道爾（John W. Dower）認為，即使是處於戰後軍事占領狀態下的日本，都具有影響盟軍總部決策的能動性。道爾指出，戰後日本重建曾被描述成是擁有至高無上決定權的戰勝者，以不尋常、野蠻、強迫方式將之「美國化」的過程，但他的研究發現這種看法無視占領者所提出的原始構想充滿矛盾分歧、改革主張不合時宜等問題，並且低估了被指導者、亦即日本人的活力。事實上，包括維持天皇制、日本新憲法、日本式民主、審查制度、戰爭責任等等，都不是麥克阿瑟將軍（Douglas MacArthur, 1880-1964）可以片面決定，而是美日兩國彼此作用的結果，是在戰敗與占領處置下以相互拉鋸、往復推移的方式展開。日本民族自尊最後表現在全心全意追求經濟成長，日後以經濟強國「日本第一」崛起。[20]另方面，一九九〇年代美蘇冷戰結束後，各國大量檔案文獻不斷開放解密，衝擊了過去有關冷戰時期美蘇兩大強權對抗主導其餘各國的看法，「新冷戰史研究」興起。新冷戰史不再局限於美國為主的檔案，不僅使用蘇聯釋出的檔案，也重視各國多元檔案；不再只關注強軍事政治方面的兩極對抗，開始重視兩大陣營在文化、心理、情報、意識形態與生活方式等各面向的競爭；不再強調美蘇兩國主導，而將目光轉向受冷戰影響的小國，並關心小國如何在大國操控下展現自主性。新冷戰史大師蓋迪斯（John L. Gaddis）出版的《冷戰：一部新歷史》（*The Cold War: A New History*），探討了小國如何運用其自主性，以不結盟運動、表現自己脆弱以獲取更多、威脅倒向另一方等各種策略，努力維持國家團結、提高國家地位，並獲得大國援助。[21]

冷戰時期，反共成為美國與中華民國連結合作的臍帶，前者以大量資金援助穩定臺灣經濟、協助社會安定，並提供了軍事安全保障；後者則在戰略地位、中國大陸情報、東南亞軍事訓練等方面發揮作用，雙方互蒙其利，各取所需。值得注意的是，美國學者唐耐心（Nancy B. Tucker）已指出，臺灣作為一個弱小盟邦，卻相當能夠規避美國這個大國的控制：一九五〇年代國民黨政府再三玩弄危險局勢、企圖挑起兩岸衝突以便統一中國；在獲得安全保障後，就罷黜美國所推舉的孫立人、吳國楨。一九六〇年代為了維護臺灣作為反共堡壘，美國容忍蔣介石逮捕異議分子、壓制反對黨成立；儘管美國不讓蔣介石反攻大陸，但一九七〇年代以前國民黨政府始終維持龐大的國防預算。[22]林孝庭也認為，冷戰時期美中儘管維持合作表相，但蔣介石政府在諸多議題上不與美國政府同調，例如以滇緬游擊隊從事敵後任務、暗中組織日本軍事顧問團白團、利用外島危機推動反攻大陸計畫、兩岸祕密接觸平衡反制美方、西藏問題與美方背道而馳、祕密發展核武等等，都顯現小國維持自身利益的自主性。[23]

（二）美國外交政策與美臺關係變化

一九六〇年代末期，美國因為陷入越南戰爭泥淖無法脫身，超過一萬五千名子弟喪生異域，國內反戰聲浪不斷升高，甚至爆發嚴重示威抗議與警民衝突。尼克森（Richard M. Nixon, 1913-1994）在競選總統時即誓言將終結越戰，一九六九年當選後，他開始尋求建立與中華人民共和國之關係，希望透過中共對北越的影響力，迫使坐上談判桌。此時蘇聯與中國關係日益緊張，甚至發生珍寶島事件等武裝衝突，這使得拉攏中共、分化共產陣營成為可能。[24]在國家安全顧問季辛吉（Henry A. Kissinger, 1923-）主導下，一九七二年二月美國總統尼克森訪問中國，與中華人民共和國國務院總理周恩來簽訂《上海公報》：美方認知（acknowledge）海峽兩岸所有的中國人都堅持一個中國，臺灣是中國的一部分，並對這一立場不提出異議（not to challenge），但重申臺灣問題須和平解決。[25]

若林正丈認為美中領導人簽訂《上海公報》是一戰略方向大轉變，稱之為「七二體制」。因美國與共產黨中國關係有所突破，使「反攻大陸」神話破滅，並迫使蔣經國必須啟動體制改革以強化內部正當性，成為「臺灣化」的起點。[26]一九七二年的《上海公報》如同美國與共產黨中國的「建交意向書」，但此後多年，尼克森因為水門案下臺、國會支持臺灣、中蘇緊張關係趨緩、福特（Gerald R. Ford Jr., 1913-2006）總統在大選中落敗等等因素，延宕了美中建交的腳步，也因此事實上這段期間美國與臺灣在軍事、政治、經濟等方面的關係變化有限。筆者懷疑，因《上海公報》而形成的「七二體制」是否真足以對國民黨政府造成巨大變革壓力？蔣經國所謂「臺灣化」的性格與內涵如何？值得重新檢視。

1 美中關係正常化與軍售問題

其實比起「七二體制」，蔣經國真正的重大挑戰更來自一九七九年美國與共產黨中國的「關係正常化」，以及七〇年代晚期以降美國外交政策路線。

一九七九年一月美國與中華人民共和國建交，《建交公報》中美國承認中華人民共和國政府是中國的唯一合法政府，美國人民將同臺灣人民保持文化、商務和其他非官方關係，並重申《上海公報》立場認知中國主張臺灣是中國的一部分。[27]至此，「美中關係」重新定義，共產黨中國成為正統，美國不再承認中華民國政府，轉而稱為「臺灣當局」（Taiwan authority）。前文所說「美中協力體制」至此壽終正寢，此後美國政府交往對象是「臺灣人民」（the people on Taiwan），雙方展開「美臺關係」。

美中關係正常化過程中，美國政府認為，中國並未放棄以武力統一臺灣，為了臺灣的安全保障，必須繼續售予防禦性武器；中國方面則反應激烈，聲稱美國對臺軍售公然違反《建交公報》中的一個中國原則、侵害中國主權。中華人民共和國尤其對新上臺的雷根總統（Ronald W. Reagan, 1911-2004）具有高度戒心，不斷批評美國政府堅持繼續對臺軍售，是雙方關係之最主要障礙。

一九七九年元旦美中建交第一天，中華人民共和國全國人民代表大會常務委員會發表《告臺灣同胞書》，呼籲兩岸早日結束軍事敵對狀態，實現統一，並表明統一方式將尊重臺灣現狀和臺灣各界人士的意見，採取合情合理的政策辦法。接著，鄧小平訪美前接受《時代》（*Time*）雜誌訪問表示，美國對臺軍售妨礙兩岸和平統一談判，蔣經國因此有恃無恐。一九八一年九月三十日，中國全國人大常委會委員長葉劍英發表談話，闡述了關於臺灣回歸祖國、實現和平統一的九條具體政策主張。中國種種「和平統一」的宣示，目的之一無疑在壓縮美國政府對臺軍售空間。

雷根總統上臺後，國務卿海格（Alexander M. Haig Jr., 1924-2010）認為在戰略上需要中國合作以牽制蘇聯，便於一九八一年六月訪問北京，並宣布解除對中國銷售具有殺傷性武器之禁令，同意對中國軍售。美國的示好，反而促使中國拉高姿態，十月，中國利用總理趙紫陽與美國總統雷根在墨西哥會談的機會，強力抨擊美國對臺軍售是干涉中國內政、企圖使「兩個中國」永久化；中國外交部長黃華也要求美國必須限制對臺出售武器的質與量，並逐年減少，甚至希望立即停止。一九八二年初，雷根總統對中國做出重大讓步，拒絕出售FX戰鬥機或其他尖端性戰機給臺灣，並向蔣經國總統傳達口信，表明美國倘繼續提供我國高性能戰機，將使美中關係惡化、甚至斷交，因此無法同意我方軍售要求。[28]中國則是得隴望蜀，節節進逼，美中雙方經過長時間談判，終於在一九八二年簽署《八一七公報》，美國政府聲明「其並不尋求執行一項長期對臺銷售武器之政策，其對臺灣武器銷售在質或量上均不會超過美中建交後近幾年供應之水平，**其準備逐步減少對臺灣武器出售，並經一段時間後導致最終解決**」，[29]亦即，美國政府不僅承諾將限制對臺軍售質量、並打算逐年減少至最終停售，公報公布後情勢對臺灣大為不利。

一九八〇年代初期，在中國步步進逼下，美臺關係跌至谷底。前文指出，「保護國—附庸國關係」中，當附庸國對保護國利益愈重要時，愈具備自主性空間；當附庸國所面對危機愈大，愈須服從並配合保護國。美中關係正常化後，臺灣重要性下降，國民黨政府對美談判籌碼變少；又因為國際孤立日甚、中國和平統一壓力增強，美國政府能否持續出售防衛性武器，更關係著臺灣的生存安危。當雙方關係從過去的反共合作夥伴，傾斜成單方面依賴，臺灣當局的自主空間就會變得愈來愈有限。

2 美國人權外交與民主促進政策

與美中關係正常化同時，美國政府正標舉人權價值、民主變革作為主要的外交政策。

首先，自一九七〇年代以來因為越戰傷痕、水門案衝擊，導致人民對民主政治運作感到懷疑；尼克森、季辛吉等人在越戰、外交政策上的隱密做法，也使公眾對國家領導人產生信任危機，呼籲恢復道德政治、道義外交的呼聲四起。一九七三年美國國會首先做出改變，在援外法案、互助法案、經貿法案中增加了人權條款，對嚴重侵犯人權的國家不得予以援助、得給予經濟制裁。眾議院國際關係委員會也下設人權小組，主席弗雷澤（Donald M. Fraser, 1924-2019）成為國會推展人權活動的中心人物，在他主導下舉行了一連串有關人權與外交政策聽證會。[30]

一九七六年美國總統選舉中，民主黨候選人卡特（Jimmy E. Carter Jr., 1924-）為了喚回選民對國家的信心及重塑國民榮譽感，高舉人權訴求，連結美國建國先賢、《獨立宣言》、聯邦憲法所追求的傳統價值，在演講中特別強調美式民主的重要性，自由與民主在世界各地擴張，將使美國重拾失去的道德高度。[31]

卡特當選後，白宮與國務院開始推動人權政策。由國家安全顧問布里辛斯基（Zbigniew Brzezinski, 1928-2017）主持「全球議題辦公室」（Office of Global Issues），將焦點放在人權問題上。白宮方面也指定特別助理負責協調聯邦機構的人權決策。同時，國務院採取多項具體作為：一是在國務卿范錫（Cyrus R. Vance, 1917-2002）主導下，一九七七年升級並擴編「人權辦公室」（Human Rights Office），由首席助理國務卿負責人權倡議，以及難民問題、失蹤人口、戰犯等人道事務，並須每年向國會提出各國人權報告、建議推進人權之方法與懲罰措施；二是設置「人權與外國援助委員會」（Interagency Committee on Human Rights and Foreign Assistance），由副國務卿負責，除檢討援外計畫中有關受援國人權狀況以外，該會也參與「武器輸出控制理事會」（Army Export Control Board）工作，管理海外軍事安全援助與武器輸出。同時，國務院也在海外領使館指定人權官員，觀察駐在國人權狀況、提出準確報告、建議促進該國人權之有效步驟。[32]

美國國會方面也透過幾種方式促進人權外交政策。眾議院國際關係委員會人權小組主席弗雷澤就指出，國會以各種方式關注人權問題：一是舉辦人權議題聽證會，邀請政府官員報告各國人權狀況，藉此引起公眾關注並促使外國政府著手改善；二是立法，例如國會在《國外援助法》（*Foreign Assistance Act*）中訂定人權條款，禁止行政部門對人權狀況不佳國家提供持續性軍事援助和武器裝備；三、針對個別獨裁國家立法，停止對其經濟或軍事援助，例如南韓、智利、烏拉圭、阿根廷、菲律賓等國都曾因壓迫人權而遭限制援助；四、國會也可以主動透過各種方式施壓國務院，例如以特定原因限制受援國之軍事或經濟援助、對特定國家人權狀況舉行聽證會、要求國務院對特定國家人權狀況表態等等。[33]

其次，一九八一年上任的共和黨籍總統雷根以反共形象著稱，堅持必須發揚美國民主價值此一道德信念，根除共產主義邪惡意識形態，因此「民主促進」(Democracy Promotion)成為其外交政策的重點。

學者伊肯伯利（G. John Ikenberry）研究指出，冷戰情勢下美國有兩種建立國際秩序的策略，一是對蘇聯之圍堵，一是民主國家間相互合作。後者即是美國基於其價值與理想，將民主促進政策作為美蘇冷戰與國際安全競爭「大戰略」(Grand Strategy）中的重要一環。他指出，民主促進理論基於四個自由主義式論證：民主國家傾向建立和平秩序；自由貿易與經濟開放可以促進民主；民主國家間經濟相互依賴有助於國際關係穩定發展；民主國家間擁有共同價值與認同有助於持久秩序的建立。而雷根政府的人權追求與民主促進政策，正是此一路線之代表。[34]

一九八二年一月，雷根總統首次發表國情咨文演說，對正在發生中的波蘭民主化運動表達支持，他抨擊試圖壓制波蘭人權的軍事獨裁政權以及背後的蘇聯政權，聲稱如果事態繼續惡化，美國將會採取進一步行動。雷根同時呼籲在亞洲、中東和其他地區的合作夥伴推動和平演變（Peaceful Change），建設一個更加和平安全的世界，因為美國所承諾的是「個人自由、代議制政府、上帝統治下的法治」，並強調「我們從來不需要圍牆、雷區或鐵絲網來把我們的人民關在裡面。我們也不需要宣布戒嚴法來阻止我們的人民投票選出他們想要的政府」。他也推崇中美洲和加勒比地區數個國家顯著的民主趨勢，並宣示這些民主變革將得到美國的全力支持。[35]

雷根不僅揭示推促民主的外交政策，更與彼時正掀起的第三波民主化亦步亦趨，以積極態度表達對中南美洲國家、東歐共產主義國家、東亞獨裁國家民主化進程的高度關切。一九八二年四月，他簽署眾議院聯合決議案，呼籲蘇聯政府應停止侵犯其公民的基本人權，並應停止對那些尋求移民自由以及奉行宗教或文化傳統人們的鎮壓行動。因為這些自由是美國傳統的基本組成部分，剝奪這些自由是美國政府和公民最深切關注的問題。[36]

同年底，波蘭民主運動遭到鎮壓，雷根總統在白宮發表演說深表關切，他喊話如果波蘭政府採取有意義的自由化措施，包括結束戒嚴、釋放政治犯、與教會和自發組成之工會等波蘭民族的真正代表力量進行對話，美國將結束先前所有制裁；如果波蘭政府履行其對人權的承諾，美國很樂意盡力幫助波蘭經濟重建。[37]

學者研究發現，雷根總統的民主促進策略包括三大類：一是對蘇聯與東歐共產國家注入民主，推動民主轉型（democratic transformation）；二是提供武器給第三世界國家如安哥拉、尼加拉瓜等反共游擊隊，以限制蘇聯在這些地區的影響力，讓蘇聯退回歐洲地區，此一「推回」(rollback)策略即是所謂「雷根主義」(Reagan Doctrine)；三是「遏制」(containment)策略，即施壓威權體制，鼓勵民主轉型，其中包括中南美洲的薩爾瓦多、烏拉圭、智利及亞洲的菲律賓、南韓，雷根政府試圖要求與其友好之政府進行政治改革，以尋求自身正當性與安定性，或是經由選舉方式換掉不受歡迎的獨裁政權。而雷根政府的民主促進實務手段則有：以外交施壓、介入，要求政治改革；民主轉型期間提供技術協助以確保選舉公正乾淨；支持反對運動或公民團體挑戰威權政權等等。[38]

杭廷頓（Samuel P. Huntington, 1927-2008）也在第三波民主化研究中指出，美國政府由總統與官員發表聲明支持個別國家民主化進程、提供或終止貿易投資貸款援助、啟用具新觀念之人員進行外交行動、對民主勢力提供物質援助、發動軍事行動支持民選政府或阻止叛亂組織、透過多邊協定對抗侵害人權國家等種種手段來促進各國之民主化。另外，美國政府也制定「民主計畫」(Project Democracy)、成立「國家民主基金會」(National Endowment for Democracy)。在多管齊下的積極作為下，美國在許多國家的民主化過程中顯得至關重要，其中包括菲律賓、南韓與臺灣。[39]

（三）「美國政府－國民黨政府－臺灣社會」三方關係

長期以來戰後臺灣政治史的主要取向是「壓迫VS.反抗」，聚焦於威權體制特性、社會控制模式、白色恐怖政治案件、民主運動等，戰後史幾乎就是國民黨威權壓迫與臺灣人抵抗的歷史。但是，戰後國民黨政府得以在臺灣穩定發展，不能忽視東亞冷戰下美國政府所提供的強力支持，以及在反共前提下與國民黨政府的長期協力關係。戰後臺灣史研究若只聚焦於島內的壓迫與反抗，恐忽略戰後臺灣特殊地位及威權統治背後的國際性因素與美國角色的影響。另方面，戰後中華民國史研究社群著重在臺灣的復興建設，並因承認美國政府的軍事與經濟援助是中華民國得以在臺灣重生與穩定發展的重要助力，因此也相當重視美臺關係研究。但事實上，戰後美臺關係史研究不應只限於兩個政府之間的互動。美國政府對二二八事件以來國民黨政府與臺灣社會緊張關係早已瞭然於胸，大使館檔案中區分中華民國政府（GRC）與臺灣人民（Formosan），各種政治報告中特意列出「臺灣人與大陸人關係」（Taiwanese-Mainlander Relations），時時蒐集臺灣民意，顯然在美國政府眼裡，中華民國並不等於臺灣。只著重雙方政府關係的中華民國史研究，無異為一種缺乏臺灣人民的戰後史。

因此，本書的討論方式將納入「美國政府－國民黨政府－臺灣社會」三方行動者。因為戰後臺灣處置由美國為首的盟國所主導，美國政府又扶持號稱「自由中國」的中華民國作為反共盟友，協助國民黨政府在臺重新站立。但另方面，美國政府也不願全力為遭人民唾棄的政權撐腰，因此密切掌握本土社會動向、探查民意，希望在國民黨政府與臺灣社會之間取得平衡，以推動符合美國利益的政策。國民黨政府在中國大陸失敗逃來臺灣，既要掌握大量本地人為主的最後淨土，又念念不忘重返大陸奪回政權初衷，因此一面建立威權體制君臨臺灣社會，一面盡量配合美國政府期待以爭取其支持，希望利用美方資源達成自身目標。臺灣社會則是在威權統治下，提出各種訴求與主張，嘗試不同策略與行動，一方面試圖瓦解國民黨政府統治，但屢遭鎮壓；一方面尋求美方協助，但也經常遭到美方背棄。「美國政府—國民黨政府—臺灣社會」三者的互動進退，交織成戰後史的複雜面貌。

簡言之，筆者認為戰後臺灣政治史不僅是國民黨政府與臺灣人民的歷史，因為東亞冷戰體制的影響，美國政府的巨大身影籠罩戰後臺灣，令人無法忽視。但是「美國政府—國民黨政府—臺灣社會」三者之間關係並非穩固狀態，而是隨著時間推移出現動態變化。當國民黨政府與美國政府攜手合作時，臺灣社會的籲求受到壓制；一旦美國政府趨向臺灣社會時，國民黨政府則受到壓力；而當國民黨政府有能力對臺灣社會進行強力控制時，美國政府往往基於合作關係不得不讓步。三者之間的分合變化，便牽動了戰後臺灣歷史的高低起伏。

三、檔案史料運用與章節安排

近三十年來拜民主化之賜，國內檔案開放速度愈來愈快；再加上數位科技進步，檔案資料庫、線上網站等史料使用也愈來愈方便。過去歷史研究常常苦於缺乏檔案史料、難為無米之炊，現在則被巨量檔案史料淹沒。本書盡可能接觸國內外各種史料，但仍選擇性地以幾類檔案史料作為本書的核心素材。

第一類是美國國務院檔案，此類檔案有三種來源：一是從美國國務院 Office of the Historian 網站即可取得的 Foreign Relations of the United States（FRUS）數位檔案，[40] 這是經過專家挑選、彙編出版的美國官方文書，自一九五二年以後依據歷任總統任期編輯出刊，其中一九四九至一九七〇年代與臺灣相關部分，對本書而言相當重要。二是國內各大圖書館收藏的國務院檔案微卷 Confidential U.S. State Department Central Files，此類檔案與上一類相近，但檔案內容更加完整。本書主要使用一九四五至一九四九年、一九五〇至一九五四年，以及 Records of the Office of Chinese Affairs 一九四五至一九五五年與臺灣相關之檔案。以上這兩類檔案與美國政府各部門討論臺灣問題及政策形成密切相關。第三個來源是位於美國馬里蘭州國家檔案館（National Archives and Records Administration, NARA）所藏的國務院檔案，其中有許多未被選輯、也未放入微卷的第一線外交官員之報告文書。本書使用

NARA已開放的一九四五至一九七〇年代檔案，藉以勾勒不同時期駐臺外交官對臺灣政治社會情況之觀察研判、與本地官員和意見領袖之約談紀錄，以及國務院對臺灣問題之態度等等。

第二類是近年來大量開放的我國政府檔案，主要來源有：一、從「國史館檔案史料文物查詢系統」即可下載的蔣中正總統檔案、蔣經國總統檔案，以及總統府檔案。[41] 藉由檔案中兩位蔣總統與美國政府官員的會談紀錄、國內重要會議紀錄，可以佐證、分析官方對重要議題的態度與政策。二、檔案管理局所藏數量極為龐大的國家安全局、警備總部、調查局等部門檔案。這類檔案可用以探討情治機關對島內民主運動的監控、策謀與鎮壓作為；其次，檔案管理局不斷新增的外交部檔案也足以作為探究一九八〇年代臺美關係的基礎史料。

第三類史料為當時代人物日記、回憶錄與口述歷史。筆者藉由這些史料重建三方行動者的動態：政府當局方面，最重要的是美國史丹佛大學胡佛研究所（Hoover Institution）所藏的蔣介石日記、蔣經國日記、王昇日記。二〇二三年九月起兩蔣日記運返國史館保存。其次是已出版的副總統陳誠、駐美大使顧維鈞、駐美代表錢復、參謀總長郝柏村、警備總司令黃杰等人日記，另外還有李登輝、宋楚瑜、各情治機關首長的訪談紀錄或回憶錄等等。這些史料有助於筆者趨近決策人物在重要歷史時刻的所思所想、回應態度，比對傳說虛實真假，挖掘不為人知的面向。反對運動方面，筆者利用《自由中國》發行人雷震、編輯傅正等人的日記，黃紀男、彭明敏、康寧祥等人的回憶錄，以及為數甚多的政治案件當事人、民主運動者、臺灣獨立運動者的口述歷史，來梳理戰後臺灣民主運動的各種路線、策略與思考。美國方面，Association for Diplomatic Studies and Training（ADST）網站上美國外交官的口述歷史、[42]美國在臺協會官員丁大衛（David Dean, 1925-2013）、李潔明（James R. Lilley, 1928-2009）等人的回憶錄，都提供了第一線外交人員的觀察。

第四類史料是線上資料。由於美國國家檔案館僅開放一九七八年以前的臺灣相關檔案，也就是說涉及臺灣民主化過程的檔案迄今尚未開放，為補其不足，筆者也搜尋各類網站資料進行補充，主要包括中央情報局Freedom of Information Act Electronic Reading Room網站上可查詢的檔案、[43]美國總統雷根圖書館Ronald Reagan Presidential Library & Museum網站資料等等。[44]

章節安排方面，本書除了緒論與結論外，由三個部分構成：第一部為「東亞冷戰下美國的臺灣方案」、第二部「蔣介石的反共王國」、第三部「民主化的進程」，主要內容如下：

第一部聚焦在一九四八至一九五二年東亞冷戰初期，美國政府對臺灣問題的思考、策略與實踐。一九四九年因國共內戰情勢明朗、共產黨將勝出，美國政府不願臺灣落入共黨陣營手中，不再主張落實《開羅宣言》，乃嘗試以各種方案處理臺灣問題。美國政府曾提出幾個處理臺灣問題的方法：其一，要終止《開羅宣言》「將臺灣歸還中國」承諾，最佳理由是訴諸臺灣人民自決意願，即扶持臺灣獨立運動；其二，終止《開羅宣言》將引起中國的強烈反彈，並衝擊美國政府形象，最好不要由美國單獨負責，應該將臺灣問題交由聯合國處理；其三，不得已的情況下必須扶持非共的中國人政權（Non-Communist Chinese Regime），但不再與蔣介石合作。第一章討論美國政府接觸、觀察與評估廖文毅為首的臺灣獨立運動，並說明臺灣社會對獨立運動的態度與國民黨政府的因應對策。第二章探討美國政府將臺灣問題送上聯合國大會議程的規畫與過程。此一做法嚴重衝擊國民黨政府在臺統治的合法性，本章也將關注國民黨政府如何強力動員，化危機為轉機。在第一、第二方案都不成功後，第三章則梳理《舊金山和約》（《對日和約》）與《臺北和約》（《中日和約》）對臺灣地位問題的安排，尤其是和約磋商過程中美國與英國如何化解歧見、國民黨政府的核心關切議題，以及《臺北和約》如何處理臺澎居民國籍問題。此些處置結果與當前臺灣地位處境密切相關。

第二部討論國民黨政府如何一面因應美國的要求進行政治經濟改革，一面打造具有高度社會滲透力的威權體制，直至冷戰高峰期全面完成權力集中。第四章分析國民黨政府在不受臺灣社會歡迎與美國政府強力施壓情況下，巧妙推動與運用地方選舉及土地改革兩大政策，重新站穩腳步，並獲得美國政府肯定與支持。第五章梳理威權獨裁體制中如黨組織改造、軍隊整編、情治機關重整等核心工程建立過程，並檢視白色恐怖所體現的國共鬥爭殘酷特性。第六章討論威權獨裁體制下所形成的省籍問題，以及本省外省菁英如何嘗試跨越鴻溝共組反對黨。本章特別著重南韓政變對臺灣組黨運動的影響、美國政府對南韓政府與國民黨政府的不同評價及其對臺灣自由化的態度。第七章梳理戒嚴時期另一種抵抗路線、亦即島內臺獨運動的形成，其中包括武裝革命路線與體制內競爭兩種不同的策略與行動；其次討論國民黨政府處理方式與美國政府的態度。

第三部闡明國際外交環境變化與臺灣民主化契機的交互關係。第八章重新評價一九七〇年代初期蔣經國「有限的本土化政策」，並對比美國政府早已觀察到的由下而上「臺灣化」趨勢。第九章參考蔣經國日記與相關檔案史料，剖析自中壢事件、美麗島事件至一九八〇年代多次政治暴力事件中，蔣經國對民主運動的應對態度。第十章探討甚少被論及的美國人權外交與民主促進政策對臺灣民主發展的衝擊，尤其是海外臺灣人如何利用此一人權與民主趨勢，透過國會遊說，靈活施加改革壓力於國民黨政府。第十一章則綜論在島內外民主運動合流及美國政府民主促進政策的壓力下，蔣經國晚年的處境、回應與身後布局，其次略述第一位臺灣人總統李登輝上臺之歷史機遇下所帶來的民主化變革。

結論部分則將提綱挈領說明本書的主要觀點與研究發現，並思考過去歷史對當前臺灣的意義。

第一部

東亞冷戰下美國政府的臺灣方案

一九四九年國民黨政府在國共內戰中兵敗如山倒，共產黨中國崛起意味著東亞冷戰局面益加嚴峻。美國政府基於西太平洋戰略考量，不願臺灣落入敵對陣營手中，不再主張落實《開羅宣言》。

美國政府必須插手臺灣問題、阻止情勢惡化，但又不能大張旗鼓訴諸軍事武力介入，以免引來帝國主義之類的批評，反給予蘇聯攻擊口實，並擔心毀棄戰前承諾將招致中國民族主義劇烈反撲。這一整年內，美國國家安全會議多次討論臺灣問題，擘劃各種可能方案，避免臺灣赤化，提出的三種主要方案包括：一是試探臺灣獨立運動，二為將臺灣問題送上聯合國處理，三是排除蔣介石、扶持地方性的非共中國政權（a local non-Communist Chinese regime）。

美國政府果真接觸臺獨組織「臺灣再解放聯盟」（Formosan League for Re-emancipation, FLR）、觀察廖文毅等革命者、分析臺獨運動潛力；也利用機會將臺灣問題送上聯合國議程，期待透過集體決議分攤責任。但這兩個方案都因主客觀條件未臻成熟，無法獲致圓滿結果。

就在此時，因中華人民共和國成立、東亞冷戰情勢升高，迫使美國政府加速推動對日和約，重新扶植日本作為東亞穩定力量。國務院顧問杜勒斯（John F. Dulles, 1888-1959）所主導的對日和約成為處理臺灣問題的重要契機，在多方折衝下，一九五一年《舊金山和約》、一九五二年《臺北和約》成功廢棄《開羅宣言》，促使臺灣法律地位未定成為戰後迄今的特殊框架。

第一章　試探臺灣獨立運動

二二八事件後，臺灣人對國民黨政府強烈不滿。臺南望族出身、東京帝大經濟科畢業的邱炳南無時無刻不想脫離國民黨統治的桎梏，他一度從母親處取得大筆私房錢，打算逃到日本未果，後來打聽到廖文奎、廖文毅兄弟在香港組織「臺灣再解放聯盟」，正招兵買馬，暗暗決定投身其下。

一九四七年十月，廖文奎兄弟在上海就曾透過合眾國際社（United Press, UP）、聯合通訊社（Associated Press, AP）等媒體，發出臺灣獨立運動的訴求。[1]十一月起廖文毅等人又以臺灣再解放聯盟文宣部名義，陸續向東京盟軍總部麥克阿瑟將軍、日本吉田茂（1878-1967）首相、首爾美國大使館請願，呼籲國際社會同情、支持臺灣人的獨立運動。相關媒體報導引起中國政府警覺，臺灣省政府主席魏道明特別在十二月施政報告時強力反駁，聲明「臺灣永遠屬於中國的」。[2]一九四八年二二八事變週年當天，由廖文奎命名、以追求臺灣獨立為目標的臺灣再解放聯盟在香港正式成立，廖文毅擔任聯盟主席。[3]

有別於戰後初期「歡迎祖國」的期待，這是臺灣人首次明確向國際社會發出獨立建國的呼聲，宣告戰後臺灣獨立運動正式展開。

在任職華南銀行研究室主任的東大前輩林益謙引介下，邱炳南認識了任職於臺灣銀行的莊要傳，共同起草臺灣再解放聯盟向聯合國提出的〈臺灣人公民投票請願書〉。莊要傳是艋舺人，日本統治時期讀中學時曾被特高警察逮捕，釋放後轉赴內地求學。在中央大學法學部才第一年，他就通過高等文官考試外交官合格，但因殖民地人民沒有擔任外交官的機會，後來考入《朝日新聞》，戰爭時期擔任香港特派員。

〈臺灣人公民投票請願書〉完成後，由邱炳南默記在腦中，然後搭機到香港，廖文毅專程接機。兩人前往位於九龍金巴利道諾士佛臺一號的廖文毅宅邸，邱炳南先以日文默寫出請願書草稿，再由廖完成英文打字稿。接著再前往美國政府駐香港領事館，面見副領事謝偉思(Richard M. Service)，後者將臺灣人的請願書潤飾成道地英文、重新打字，經廖文毅簽名後，寄送聯合國祕書長。

隨後，邱炳南返回臺灣。但不久即在報紙上看到合眾國際社、聯合通訊社報導臺灣人向聯合國提出請願、推動獨立運動的消息。雖然請願書出於自己的手中，但看到新聞刊出的邱炳南仍然感到極度震驚，立刻聯絡莊要傳，決定離開臺灣。

出發前夜，時年二十四歲的邱炳南向母親說：「為了趕走國民黨，我現在要赴香港。」母親不畏縮地表達贊成。[4]

莊要傳的妻子是個敏感的人，她很快地察覺到枕邊人的意圖，一度大吵大鬧要他放棄，否則將向臺北市警察局檢舉。[5]雖然兩人已育有一子，妻子又正懷孕，但是莊要傳心意已決。三十二歲的他哄騙妻子說要去上班後，直接潛赴香港，留下妻子獨力撫養兩個小孩。[6]

天真的流亡革命家

臺灣再解放聯盟成員活動範圍極廣，從上海、廣州、香港到東京都有他們身影，一九四九年起為發展組織也在臺灣島內活動。美國政府為了試探臺獨運動的可能性，駐南京大使館和上海、香港、臺北領事館人員，以及盟軍總部政治顧問和各級情報單位，都曾與該聯盟人士密切接觸，並評估其未來發展性。

駐香港領事館副領事謝偉思可說是臺灣再解放聯盟組成初期接觸最多的美國外交官，他提供給該聯盟種種協助。廖文毅、黃紀男等人以香港為運動基地時，謝偉思與他們定期會面，掌握該聯盟的訴求與實力，並密集向國務院遠東事務司、中國事務司提出報告。一九四八年秋謝偉思向國務院報告，廖文毅的臺灣再解放聯盟是一個反共、親美的組織，宣稱有三十萬成員、整合十二個臺灣人團體加入，估計達百萬臺灣人支持，希望透過聯合國託管、公投的途徑獲得自治或獨立（self-government or independence）。但謝偉思認為，該聯盟對於臺灣事務尚無實質的影響力，在港發展也嚴重受限於財務狀況不佳；為了獲得在日臺灣人的財力支持，希望往日本發展。[7]

一九四八年十二月，在謝偉思的安排下，黃紀男、莊要傳、林順昌等三名聯盟成員來到東京，他們持著謝的介紹信拜訪了東京對日委員會美國代表團政治顧問史賓克（Charles N. Spinks）、麥帥首席政治顧問席博德（William J. Sebald, 1901-1980）及手下莊萊德（Everett Drumright, 1906-1993）等人。他們希望尋求美國代表團的保護，努力說服盟軍總部協助託管臺灣，並提供支持臺獨運動的活躍人士名單給美方。[8]面對這些臺獨運動者在東京的積極活動，國務院方面態度謹慎：

> 即使我們政策上支持臺灣獨立運動，但任何支持或鼓舞此一聯盟的方式都是冒著極大風險的事。一則因為這個組織在臺灣島上草根力量的強度不無疑問，二則該組織的領導人太多話，**例如其中一人向史賓克指出我們在香港的總領事對聯盟及其活動非常友善，這將置我方政府於極其尷尬的位置上。**[9]

透過與廖文毅、莊要傳等人密切接觸，美方官員深入觀察獨立運動要角的人格特質。謝偉思很早就注意到廖言談間過於坦白、性格天真，並不是一個稱職的革命運動領導人，他在報告中詳細描述了對廖文毅的觀察：

圖 1.1　邱炳南（左）、簡志強與廖文毅的愛狗。
來源：邱永漢綜合計劃股份有限公司提供

> 廖文毅主要的興趣是狗，他有兩隻賽特犬（Setter）、兩隻狼犬（Alsatian）、一隻柯卡長耳獵犬（Cocker Spaniel），牠們都受過嚴格的訓練，廖文毅非常依戀狗狗們。他讀了所有在香港可以取得與狗有關的書，並且非常享受與賽特犬一起在山丘上健行……[10]

謝偉思在官方文書中對廖文毅的嗜好進行細微描述，乍看之下極為突兀、匪夷所思。但是，正是透過這些看似細瑣的描述，駐港官員呈現了廖文毅並不具有革命家、謀略家特質，反倒更像是大戶人家悠哉悠哉的「阿舍（a-sià）」。曾經亡命香港與廖文毅有過共事經驗的邱炳南，日後在回憶錄中也提到，廖文毅在香港宅邸有個當地少見的庭院，愛狗的廖先生養了賽特犬等五隻狗；為了從事革命運動而滯留香港的邱炳南雖然討厭狗，卻要和許多借住廖家的同志們一樣，分擔帶狗散步的任務。[11] 邱炳南的描述竟與謝偉思高度吻合。

謝偉思認為廖文毅的兄長廖文奎較有遠見，可提供該聯盟政策意見與政治指導，但廖氏兄弟存在某種緊張關係或憎恨情感，對家族財產處置有歧見。[12]

這些臺灣再解放聯盟成員一再向駐港美國官員要求協助和經費，甚至表示除非有美國的同情與幫忙，否則該聯盟的企圖終將失敗。面對這群義憤填膺、卻依賴美國支持的政治亡命者，謝偉思在給國務院的電文中如此描述：

> 廖〔文毅〕與黃〔紀男〕反覆重述他們希望美國臺灣政策允許時能夠資助他們，這使他們看來像是廉價的政治投機者。**我傾向相信他們的天真與坦白，與他們所表現出來的驚人的信任。如果我們需要傀儡，我的估計，這兩位領導人及他們的組織將樂意與我們一起工作**，主要是因為他們看不到其他可將中國趕出島嶼的方法，也因為他們喜愛美國人，並信任我們的利他主義。[13]

東京盟軍總部官員則透過莊要傳，掌握廖文奎、廖文毅兄弟行跡並進行評估。其實，莊

圖1.2　臺灣再解放聯盟駐東京代表莊要傳

來源：作者翻攝自（日本）中央大學編，《第五十五回卒業紀念冊》（1940），中央大學廣報室大學史料課藏。

要傳本身就對廖氏兄弟很不滿意、有很多批評，認為他們過度受中國思想影響，與臺灣社會脫節，二二八事件發生時他們兄弟二人並不在臺灣，根本無法感受臺灣人的憤怒與痛苦，難以成為合格的獨立運動者；更糟的是，廖文毅還與日本的黑市、走私活動有關。[14]從莊要傳所透露的訊息，美方觀察到聯盟的內部分歧、廖氏兄弟的不孚人望。

東京政治顧問史賓克也與臺灣獨立運動者接觸甚多，他如此評價這些革命分子：

莊要傳是個年輕、孩子模樣的人，行事舉止極為開放坦白，而且十分天真，很難給人是個密謀者的印象。林順昌是廖文毅的祕書，和莊一樣，也能說流利的英語，善變、愛好他自己的學術性觀點。

我對臺灣再解放組織的運動並無良好印象，至少透過莊與林所顯示的，他們並未給我具有能力的領導者的印象，並且他們的想法似乎過於簡單與天真。……像莊與林這樣的人，表現並不讓人印象深刻，很難說是具有革命者的特質。[15]

不過，史賓克也同意，這些年輕人相當具有勇氣，並有能力從事祕密活動，就像二戰前的朝鮮獨立運動者一樣，當時誰也想不到這些年輕人有朝一日可以位居要津。

缺乏實力的獨立運動

美方接觸臺灣再解放聯盟，最關心的問題是該組織的政治實力與發展潛力。莊要傳等人於一九四八年底前往東京後，主要目的是與在日本東京的美國當局建立密切關係，並動員在日臺灣人支持獨立運動，希望能在東京建立臺灣人的臨時政府。[16]

但是麥帥首席政治顧問席博德認為，臺灣再解放聯盟爭取在日臺灣人支持的可能性不高，因為許多人已分別支持共產黨或國民黨政府。他判斷，莊要傳等人在日發展目標並非爭取在日臺灣人支持，他們真正想全力爭取的是東京盟軍總部對臺獨運動的支持。[17]官員也從日本外務省取得〈臺灣在日居民調查〉文件，日本政府將在日臺灣人大致分為託管派、民主派、國民黨派、中共派，其中即使是託管派都未必支持臺灣再解放聯盟，而民主派、中共派勢力顯然較為壯大。[18]日本政府的調查報告證實了該組織實力薄弱。

再解放聯盟在臺灣島內的發展更為美方所關切。廖文奎曾於一九四九年初拜訪美國駐上海總領事柯保（John M. Cabot, 1901-1981），抗議美國以軍事裝備援助國民黨政府。他暗示國共內戰一旦南京陷落，臺灣人將會揭竿而起，進行武裝抵抗行動，並有成功可能，因此呼籲美方應對臺灣人自主性反抗行動保持中立。[19]國務院為此向美國臺北領事館查證，總領事克倫茲（Kenneth C. Krentz）相當不以為然，他認為再解放組織影響力甚小，且與其他團體缺乏整合，懷疑他們所說的武裝行動都是誇大其辭；臺北領事館人員巡迴全臺，並未發現該聯盟受歡迎的跡象。克倫茲評論該聯盟「混合愛國心、不負責任與貪婪，除了曇花一現之外，效能令人懷疑」。[20]

因莊要傳等人不斷向美方打聽臺灣消息，席博德懷疑這些人對臺灣島內情報根本掌握不足。為了評估臺灣島上發展獨立運動的潛力，史賓克就教於前日本統治時期臺北商業學校教授鈴木源吾。①鈴木認為臺灣人對中國人確實有強烈惡感，二二八事件後獨立運動雖有組織化傾向，但仍處於地下化、規模甚小的狀態，他懷疑獨立運動能成為有效抵抗力量，也不相信

① 鈴木源吾（1904-?）：日本岐阜縣人，一九二五年臺北高等商業學校畢業，曾赴威斯康辛大學深造。一九二七年返國後，任教於名古屋商業學校，一九三〇年轉任臺北高等商業學校助教授，一九三二年升任教授，教授英語、商業英語、商工經營、經濟原論、統計學等課程，並從事菲律賓研究。戰後，美軍聯絡組人員協助陳儀政府軍事占領臺灣，成為美軍翻譯人員，協助蒐集臺灣相關情報，並因美軍軍官艾文思（William K. Evans）侵吞黃金案，赴南京作證，一九四八年遣返日本。可參Suzuki Gengo to George H. Kerr，《葛超智檔案》，臺北二二八紀念館藏，檔號：GK-001-0002-070；吳文星撰，〈鈴木源吾〉，收入許雪姬總策畫，《臺灣歷史辭典》（臺北：行政院文化建設委員會，二〇〇四），頁一〇二二。

會出現像二二八一樣的另一次自發性暴動。[21]

而該聯盟成員不斷要求盟軍總部保護臺灣、驅逐中國政府，此種高度依賴於美國的態度，令美方官員不以為然，甚至認為這些獨立運動者「對問題過於天真的取向，令人感到厭煩」。[22]與此同時，美國國務院為掌握獨立運動在臺發展情況，一九四九年二月派莫成德（Livingston T. Merchant, 1903-1976）來臺祕密考察。三月他發給國務院的電文指出：

> 雖然我所知有限，但在我印象中目前**臺灣獨立運動團體並未整合、成員大多對政治一無所知（politically illiterate）、組織不完美，整體而言不可信賴**。無疑的，臺灣存在廣泛的不滿情緒，並持續增長中，但是有效的領導與組織仍未出現。[23]

五月初，莫成德再度報告對臺獨運動發展情形的看法，認為「並無新證據顯示臺灣獨立運動團體具有足夠的人數、優良的組織、充分的武器、良好的領導能與國民黨政府駐軍抗衡，成功建立反共親美的本土臺灣人政府」。[24]經過兩個月的考察，莫成德回到華府後於五月二十四向國務院遠東司司長白德華（William W. Butterworth, 1903-1975）提出備忘錄，總結他對島內臺獨運動勢力的看法：

臺灣人焦躁不安，且對中國統治者深深怨恨。但是，看起來他們並未掌握革命組織、領導、武器，以從事有效的起義，這將使統治者有方法與意圖有效地快速、血腥地進行鎮壓。**臺灣人就像小孩想要糖果一樣渴望著獨立，他們對美國相對較為公正無私有著如小孩一般的信任**，美國若支持陳誠，將毀掉這種信任。[25]

從美國駐各地領使館官員、盟軍總部人員，到國務院官員的觀察與評估，都對臺灣再解放聯盟的領導人素質、政治識見與手腕、組織發展與潛力有所保留，而獨立運動者屢屢表達高度寄望美國政府出手協助介入的傾向，已讓美方官員深感不耐煩。至一九四九年夏，美國政府便不再對臺灣人的自主獨立運動抱有期待，轉而研究將臺灣問題交由聯合國處理的可能性。

美方著手疏導臺獨運動

一九四九年六月，黃紀男從廣州搭上貨船，經歷三天兩夜的風浪顛簸，從高雄港偷渡進入臺灣。在位於牛挑灣的家中休養一個月後，他先往臺南拜訪謝偉思介紹的美國新聞處（United States Information Service, USIS）臺南分處長歐斯本（David. L. Osborn, 1921-1994），[26]然後北上拜訪廖文毅兄嫂廖蔡綉鸞、姪子廖史豪。廖蔡秀鸞具有強烈臺獨意識，又有家世聲望與豐沛人脈，黃紀男借住廖蔡秀鸞位於省立師範學院附近的洋房住宅，並由她協助到處拜訪各地名望人士，如臺籍政治人物吳三連與楊肇嘉、長老教會牧師黃武東、彰化醫師石錫勳、高雄市選出國大代表楊金虎、眼科醫師吳基福等等。

但黃紀男很快就被澆了冷水。他發現大多數人對獨立運動抱持觀望態度，認為蔣介石不可能放棄流亡、臺灣人也無力阻止蔣介石政權遷臺。在眾多拜訪對象中，只有楊肇嘉敢於表達對國民黨政府的不滿，還曾介紹華南銀行的林益謙、聯合國善後救濟總署（United Nations Relief and Rehabilitation Administration, UNRRA）臺灣分署職員林迺敏、許建裕等三人給黃紀男，與他密切往來。[27]

廖文毅之姪廖史豪則作為黃紀男的副手，協助聯盟發展地下組織。一九四九年十月起，黃紀男、廖史豪、偕約瑟（基隆）、鍾謙順（臺北）、溫炎煋（臺中）、許朝卿（臺南、嘉義）、許劍雄（高雄）等七人為基礎，分頭發展組織。[28]

他們發現，整體而言臺灣人雖然對國民黨統治不滿，但絕大多數的人還是很害怕、怯於行動，真正願意加入組織的人少之又少。[29]

黃紀男返臺不久後就去拜會臺北領事館人員。一九四九年七月他初見美國新聞處臺南分處長歐斯本時，誇口描述他將煽動臺灣民眾起義的偉大計畫，並說若有一天遭到大屠殺、需要犧牲上萬臺灣人性命時，希望美國政府能夠伸出援手。歐斯本提醒他不要期待美國的援助，也應該多理解一般臺灣人對於血腥犧牲的感受。[30]

八月初，黃與臺北總領事麥唐納（John J. Macdonald）初會，重複了同一套說詞。麥唐納大失所望，認為黃對地方情勢、民眾想法一無所知，自我吹噓代表六百五十萬臺灣人的宣稱不足採信，尤其，黃只想憑藉暴動起義的急躁做法令人洩氣，這種犧牲臺灣人性命的暴動主張根本是「頭腦不清楚」。[31]

八月中，黃紀男再度拜訪麥唐納，表示企圖起義，希望美國保證會派部隊保護他們，又因組織缺乏資金，黃也請求美國可否給他們數千美金資助。麥唐納一律回絕，並告以美方關切臺灣人的福祉、也願意在國際法許可的情況下幫助臺灣不要落入共產黨手中，但美國與中國有外交關係，不可能協助推翻中國政府統治，也不可能給予該組織金錢援助。黃紀男不死心，又表達希望認識孫立人，請他協助臺灣人起義。麥唐納再度拒絕，認為該聯盟企圖起義無異自殺行為，**並提示是否想過將臺灣問題交給聯合國處理**。麥唐納在給國務院的電文中評價黃紀男是一位「缺乏力量、知識貧乏、令人無深刻印象的人」。[32]

臺北領事館官員透過到各地考察，掌握臺灣社會對獨立運動的看法。歐斯本報告指出，無論到哪裡都發現臺灣人厭惡、輕視國民黨政府，但是，組織性的獨立運動團體只存在於臺灣之外。他將當時的臺灣人歸為幾類：其一認為臺灣是中國的一部分，但中央政府統治失當，應該以中華聯邦（Chinese Union）的方式給予臺灣人自治，如楊肇嘉；其二認為臺灣應該獨立，也能夠獨立，包括屏東藍家精、黃輝立（Philip Huang）②等人，他們曾構想獨立政府內閣名單；其三對國民黨政府抱持惡感、希望除掉國民黨政府，此外別無想法，究竟要由盟軍總部統治、或給聯合國託管、或讓美國合併，都等到推翻國民黨政府以後再說。最後，也有部分人公開或祕密地表達希望回到日本統治。[33]

一九四九年秋，國民黨政府在國共內戰中兵敗如山倒。臺北領事館見臺灣情勢十分危急，但本土獨立運動難以寄望，於是開始引導這些人放棄獨立，轉與國民黨改革路線合作。

九月，臺灣再解放聯盟成員黃輝立與臺北領事館人員通電，指中國共產黨打出「臺灣自治」口號，吸引臺灣青年加入共產黨。總領事麥唐納試探性地詢問，**如果國民黨政府承諾大幅改革，並讓臺灣人參與統治，臺灣人是否願意與國民黨合作對抗共產黨**。但黃輝立認為要讓臺灣人原諒國民黨惡行並與之合作，是不可能的事；何況當前國民黨軍隊充斥失敗主義，若無聯合國介入，共產黨接管臺灣將是無可避免的事。[34]

為了防止臺灣赤化，美國政府強力介入臺灣政局、要求改革。一九四九年十二月吳國楨出任臺灣省政府主席，著手政治改革，增加臺灣人參政機會。臺北領事館就以吳國楨的改革省政為由，說服黃紀男等臺灣再解放聯盟人士不要急於行動。[35]

十二月七日中華民國政府撤退到臺北，美國大使司徒雷登（John L. Stuart, 1876-1962）並未隨同來臺。此時臺北領事館僅由代辦師樞安（Robert C. Strong, 1915-1999）主持館務。[36]

一九五〇年一月五日，杜魯門（Harry S. Truman, 1884-1972）總統發表聲明，表示「美國政府無意於此時在臺灣取得特權或建立軍事基地」。[37]

美國政府擺出袖手旁觀的態度，無意介入臺灣局勢，國民黨政權進入最為風雨飄搖的時刻。同時，美國政府此一聲明如同宣告放棄臺灣，十三日省府委員楊肇嘉與四位臺灣再解放聯盟代表緊急拜會師樞安，要求譴責《開羅宣言》、成立臺灣臨時政府、由孫立人主持軍隊防衛臺灣。[38]

此時美國國務院為了重新評估東亞冷戰情勢，派出巡迴大使傑賽普（Philip C. Jessup, 1897-1986）赴東亞各國考察，作為政策參考。一九五〇年一月十六日上午，傑賽普與楊肇嘉會面，雙方晤談了四十五分鐘，楊肇嘉述說臺灣戰後被國民黨接收以來的苦境，以及臺灣人

② Philip Huang：黃輝立，臺灣人。早稻田大學畢業後留學英國牛津大學，專攻新聞。太平洋戰爭爆發後應英國招募，曾加入英國陸軍，並派駐英屬印度擔任情報中校之職，專門蒐集重慶國府情報、在緬甸作戰的孫立人部隊情報。二戰結束後退役，並未返臺，而是赴香港與廖文毅接觸，後投靠其下追隨他從事臺獨運動。黃紀男於一九五〇年五月被捕後，黃輝立赴星馬發展，失去音訊。黃紀男認為，他可能是潛伏在臺灣為英國蒐集情報的地下工作人員。可參 Recent Developments in the Formosan League for Re-emancipation, 894A.00/7-348, RG 59, Central Decimal File, 1945-1949, Box 7385, in NARA；黃紀男口述、黃玲珠執筆，《老牌臺獨：黃紀男泣血夢迴錄》（臺北：獨家，一九九一），頁二一九—二二〇。

對國民黨政府如何離心離德。他認為開羅會議的決議是個悲劇，羅斯福總統難辭其咎，美國人在臺灣問題上應負有責任，他希望給予臺灣人公投決定自己命運的機會。[39]

至於臺灣再解放聯盟方面，因美國政府建議黃紀男等人與正在進行改革的國民黨政府合作，黃深感美國政府毫無道義，對臺灣人缺乏同情，失望之餘對獨立運動熱情頓時冷卻。於是他透過在聯合國善後救濟總署的林迺敏介紹，謀得中國農村復興聯合委員會（Sino-American Joint Commission on Rural Reconstruction, JCRR）的工作，[40]不再做職業革命家。

臺北領事館也發現，吳國楨的省政改革與島內士氣提升，逐漸消解了臺灣再解放聯盟武力革命的正當性。一九五〇年三月，黃紀男悲傷地向領事館人員表示，聯盟同志們似乎都因國民黨政府的省政改革而感到滿意，抵抗運動走下坡，原本浪漫地打算在臺灣獨立後成為第一對結婚伴侶的廖史豪與陳娟娟，竟已放棄追求獨立、提前舉行婚禮。[41]黃紀男意氣更加消沉，並認為國民黨政府很可能將下手逮捕，希望臺北領事館協助他偷渡。[42]而後黃紀男真的被捕，但在此前數月，臺灣再解放聯盟其實已不再活動，組織幾近停擺。[43]

特務林頂立與臺灣民主人民協會

臺灣再解放聯盟人員與美方的接觸，都看在國民黨政府情報機關眼裡，一九五〇年一月，蔣介石指示研擬「臺人勾結美國防制方策」。[44]

二十六日，臺北領事館代辦師樞安接到James Chen電話告知，《全民日報》總經理林頂立向蔣介石提出四點請願，要求任命臺灣人為省長、臺灣資源用於臺灣、臺灣人被任命於法院、省府與中央政府財務分離；並透露林頂立計劃成立「臺灣民主人民協會」（Taiwanese Democratic People's Association），此一團體將得到蔣介石的同意，並吸引各種有能力的臺灣人加入。James Chen強調，林頂立透過軍統局組織，兩三個月內就可控制全島，如果這個協會宣布獨立並獲得美國立即承認的話，成功機會將大增。因此，他詢問：「如果臺灣人宣布獨立，美國會不會立刻承認？」[45]

James Chen何許人也？此人本名陳士賢，福建人，早年在廈門求學，精通英文，是陳儀來臺班底中的低層人員。[46]一度擔任臺北領事館雇員，因故被開除後，成為政治掮客，安排各類人們接觸、協助美國人找房子等等，歐斯本稱他是個「密謀者」（intriguer）。陳士賢曾安排黃朝琴、羅萬俥等人與臺北領事館人員談話，也曾要求到美國新聞處任職未果。[47]此刻，陳士賢穿梭傳達林頂立籌組臺灣民主人民協會的消息，希望獲取臺北領事館的支持。

師樞安對陳士賢提供的情報謹慎應對。他回答，美國政府不能在第一時間做出承認之保證，並懷疑這個所謂「民主」的協會是否能真正運作。陳士賢退一步問，如果美國政府不能立即承認，至少給他們一些建議。師樞安表示，美國政府承認中華民國政府，並委任他在此處出使，他不可能給予企圖推翻該政府的團體任何建議。雖然師樞安無法確認陳士賢的消息是否為真，但他初步判斷，林頂立居於要職，具有極大影響力，將有利組織發展，**臺灣民主人民協會「這個可能的計畫相當具有野心、也不完全符合邏輯，但遠超過廖文毅兄弟具有的潛力」**。[48]由於警覺到該協會企圖以美國為後盾、製造美國支持該協會的印象，師樞安多次表達美國不可能支持他們。[49]

國務院同意師樞安的處理方式，對於臺灣民主人民協會邀請臺北領事館代辦師樞安出席成立大會，國務卿艾奇遜（Dean G. Acheson, 1893-1971）指示，該會之成立必須先獲得中國（國民黨）政府同意，否則臺北領事館官員出席該會將給予外界公開反對中國（國民黨）當局的印象。[50]

林頂立是國防部保密局（前身為軍統局）臺北站站長，一九四七年與劉啟光、王成章等情報、警政人士共同籌辦《全民日報》，插足新聞界。在國民黨政府危急時刻，他竟生出異心，另謀自主？果真如此，此種行為形同叛變。

奇怪的是，此事件後的一九五一年林頂立卻能夠由情治、報業領域轉往政界發展，當選臺灣省臨時省議員後，一度爭奪議長寶座，政治事業蒸蒸日上。[51]由事後之明可知，保密局臺灣站站長林頂立籌組臺灣人自主團體此一大逆不道之舉，並未遭到國民黨政府追究。

臺灣民主人民協會主張臺灣人自主，獲得不少本地菁英的支持，包括楊肇嘉、吳三連都被吸引。蔡培火面見陳誠，請示是否應該加入協會，陳誠告以「應該參加，但須注意美國人欲分化政府與人民」。[52]國民黨政府高層竟鼓勵臺籍菁英加入自主運動組織，怎麼看都是無法理解的事。

更離奇的是，主導自主運動的林頂立未被追究，加入協會的臺籍菁英楊肇嘉，事後卻被特務機關記上一筆：

> 卅九年臺灣雖度過最危險階段，然與日本狀態尚未結果，臺灣地位仍在迷離撲朔，**臺人之政治認識不清、國家觀念不深者，亦仍有搖動，楊肇嘉氏**基於土地資本路線，雖反對共產主義，然亦不甚歡迎本黨之民生主義，**其主張亦為「臺人治臺」，……據悉曾有獨立運動之嫌**。[53]

從以上跡象判斷，臺灣民主人民協會的虛實不難分辨。一九四七年二二八事件時，保密局就曾安排特務加入反抗陣營，用以偵查潛在敵人，此種「引蛇出洞」的計謀早已成功上演過。[54]換句話說，臺灣民主人民協會應是國民黨政府在危機時刻使出的一石兩鳥之計：一方面測試美國政府對臺獨運動的支持強度，一方面也檢驗臺灣菁英的政治效忠程度。

臺灣民主人民協會事件後，除前述林頂立從情治、媒體轉往政壇發展且步步高升外，積極穿梭的政治掮客陳士賢事後也全身而退，被安排到臺灣產物保險公司擔任總經理英文祕書。[55]

國民黨政府對臺獨運動的考量

一九五〇年五月，國防部保密局偵破中共臺灣省工委會地下黨，同月十六日也出手逮捕臺灣再解放聯盟相關人士。臺北領事館代辦師樞安得知黃紀男被捕消息，並確認有廖文毅姪子廖史豪在內共十九名成員同時被捕後，立即報告國務院，並指出此次逮捕行動由蔣經國所發動。[56]

臺灣再解放聯盟案由軍統出身的臺灣省警務處副處長兼刑事警察總隊長劉戈青負責偵辦。雖然黃紀男在島內發展臺獨運動並不順利，屢遭臺籍菁英拒絕，但偵查報告中卻將黃所接觸過的臺籍官員都列為「支持聯盟高級官員」，尤其是楊肇嘉、吳三連更列名在前。③

臺灣再解放聯盟人士被捕後，臺灣省民政廳長楊肇嘉請求省主席吳國楨協助營救，但遭婉拒。師樞安認為該聯盟並未對國民黨政府構成威脅，當局缺乏寬容、以警察國家做法進行逮捕，只會造成與臺灣民眾更嚴重的疏離，六月二日他請求國務院指示「是否為此案與中國政府交涉」。[57]國務卿艾奇遜指示進一步掌握官方指控與事證，並表達對國民黨政府與臺灣人民關係之關切。但他也提醒師樞安必須謹慎，避免造成任何美國政府介入未審判案件的印象。[58]

三日師樞安面見外交部長葉公超，表達美國政府對此案的關切，並希望國民黨政府增進與臺灣人民之良好關係，以共同對抗共產黨，這是美國政府關心此事的原因。五日葉公超約見師樞安，回覆廖文毅黨羽黃紀男等人因觸犯叛亂罪，為臺省治安起見加以拘捕。師樞安表示，據其所知臺灣再解放聯盟勢力甚微、活動範圍有限，他曾一再勸告彼等放棄臺獨運動，支持政府抵禦共產黨入侵，現彼等均已願與政府合作，如將其逮捕將引起反感，希望當局慎重考慮。葉公超將對話內容呈報蔣介石。[59]

事實上，早在美國政府插手關切此案之前，情治機關已多方考量、自我節制。五月三十一日，劉戈青報告臺灣再解放聯盟案調查情形，認為該聯盟之負責人、支持者、同情者皆為本省籍，在臺灣社會具有相當領導力；因此，在簽呈中提醒，此案若遽然處斷將面臨以下幾項顧慮：

（一）該聯盟在日本、香港等地之幹部可能被迫投匪，為中共吸收活動。

（二）該聯盟在國際上係走美國路線，目前政府祈待於美援甚多，如對該聯盟以非法組織

---

③ 偵查報告中羅列的「支持聯盟高級官員」包括省民政廳長楊肇嘉、臺北市長吳三連、省府委員顏欽賢、省府委員林獻堂、監察委員陳江山、監察委員陳慶華、立法委員羅萬俥、立法委員劉明朝、國大代表林朝權、考試委員陳逸松、省參議員劉傳來、石炭調節委員會主委賴森林、煤礦公會理事蘇春濤。可參「辦理『臺灣再解放聯盟』案經過情形」，〈拂塵專案附件〉，《國家安全局》，檔案管理局藏，檔號：A803000000A/0038/340.2/5502.3/12/005/054-055。

處決，有否影響於國際或外交問題。

（三）支持或同情該盟組織活動者，均為臺籍現職政府高級官員，亦均為臺灣社會各階層領導人，而目前一般臺灣人民多潛有該盟之獨立意識，正如本案人犯陳旺全所供「凡與臺灣有利者我當願做」，如政府對該盟處以反叛處決，是否會影響於今日臺灣人心。

綜上各點，為求配合今日政府之最高決策起見，對本案處理不無應特別慎重之處。[60]

國民黨當局審慎拿捏如何處理臺獨運動案件，因為擔心臺灣再解放聯盟背後有美國支持，斷然處置將不利於美援及美中關係；另方面也疑慮臺灣民眾支持臺獨運動，出手太重反將刺激民心。

經美國政府關切、情治機關的提醒，六月八日，蔣經國在政治行動委員會工作會議上指示警務處將該案轉送臺灣省保安司令部辦理，「除少數主犯須予嚴辦外，其餘從犯從寬處理」；並對同情該聯盟的楊肇嘉、吳三連等人予以告誡，責令公開發表書面聲明以扭正錯誤觀念。[61]隨後，陸續有十餘人被釋放。

與此同時，美方也持續關注本案。七月中廖史豪妻子陳娟娟再度向臺北領事館求救，她向歐斯本透露被捕人士罪名是共產黨員，黃紀男將會被判刑十四年徒刑、廖史豪七年徒刑，其他人刑期不等，他們在獄中受到刑求，黃紀男已被折磨得神志不清。[62]國務卿艾奇遜再度指示師樞安打聽臺灣再解放聯盟領導人的消息，並向國民黨政府表達美國政府的高度關切，國務院說：

國府已失去中國大陸與臺灣廣大人民的支持，**中國政府無疑必須避免任何對臺灣人民不必要的挑釁行動，這將會引起臺灣人的敵意……**美國政府重申先前表達過的觀點，**美國政府感到興趣並進一步尋求如何使臺灣人民抵抗共產主義滲透顛覆、國府與臺灣人民保持良好關係。**美國基於此而關注臺灣再解放組織領導人案件，以及基於人道關懷。因此國務院希望你（按：師樞安）繼續報告這些人被拘留的情形及所受待遇。[63]

上述國務院指示顯示，美國政府介入臺灣再解放聯盟案，最主要的考量是阻止國民黨政府與臺灣人民關係進一步惡化，美方認為此事件將升高臺灣社會對國民黨政府的不滿，甚至反倒會給共產黨滲透機會而危及東亞穩定與美國利益。

一九五〇年七月，臺灣再解放聯盟案七人判刑確定，黃紀男處有期徒刑十二年、褫奪公權十年，廖史豪、鍾謙順、溫炎煋有期徒刑五年、褫奪公權四年，偕約瑟、許劍雄、許朝卿有期徒刑三年、褫奪公權四年。[64]相較於動輒處以死刑、無期徒刑重罪的中共地下黨案件，追求臺灣獨立的臺灣再解放聯盟案顯然判刑較輕，顯示國民黨政府對美方壓力、臺灣社會反彈的重重忌憚。

時間上極為巧合的是，在美方官員眼中有較好評價的臺灣再解放聯盟駐東京代表莊要傳，剛好在國民黨政府對該聯盟發動逮捕的一九五〇年五月突然死亡。莊要傳之死有多種說法，流亡東京的林獻堂在同年六月四日記中記載：「陳哲民來訪，言廖文毅獨立黨之部下莊要傳被人毒殺，死於張鏡郎之寓。」[65]聯盟同志黃紀男則指稱，莊要傳與一群來路不明的臺灣人吃飯後，當夜全身發黑死於寓所，醫生驗屍報告說是被毒害。[66]但是，臺灣省警務處刑警總隊偵辦臺灣再解放聯盟案的調查報告卻說，廖文毅因偷渡被盟軍總部逮捕後，該聯盟東京負責人莊耀甸（即莊要傳）意向動搖、參加共產黨員楊春松所組的民主促進會，因此被獨立派臺灣民主獨立黨（前身即臺灣再解放聯盟）的藍家精所「制裁」。[67]

莊要傳的死因懸疑、充滿政治陰謀，無論真相如何，他成為追求臺灣獨立而犧牲性命的第一人。據聞妻子輾轉獲知丈夫死訊後，曾想辦法要領回他的屍骨卻不得要領，莊要傳最後可能埋骨京都。[68]

廖文毅在一九五〇年一月決定將獨立運動基地由香港移到東京，但在偷渡進入日本後即遭盟軍總部逮捕。他在巢鴨監獄中決定將臺灣再解放聯盟改組為「臺灣民主獨立黨」，由藍家精代理主席。一九五二年廖文毅確定獲得政治流亡身分後，恢復公開活動，並擔任臺灣民主獨立黨主席。他所領導的獨立運動逐漸轉變論述，不再向聯合國陳情由聯合國託管、公投獨立，而是宣稱代表八百萬臺灣民族的意志從事建國運動，一九五五年成立「臺灣臨時國民議會」，次年二二八再成立「臺灣共和國臨時政府」，廖文毅出任大統領，並發表宣言呼籲聯合國承認臺灣民族之獨立狀態。[69]

一九五〇年美國政府已經放棄協助廖文毅為首的臺灣獨立運動，但仍容許他們在日本繼續活動。然而，廖文毅並非具謀略與手腕的革命家，他所領導的國民議會與臨時政府不斷陷入人事紛爭，而令國民黨政府找到下手弱點。一九五五年，司法行政部（今法務部）調查局開始在廖文毅集團內部布置線民，蒐集情報；一九五六年更提出「策反計畫」，獲得國安局局長鄭介民、國防會議副祕書長蔣經國核准。[70]在情治機關運作下，臺獨運動重要幹部相繼公開脫黨、對峙互鬥、批評廖文毅，連核心幹部林順昌、藍家精、廖史豪岳丈陳哲民等人最終都投降返臺，接受國家安全局運用。[71]一九六五年，調查局人員策動西螺廖家近親帶著廖文毅老母廖陳明鏡呼喚兒子歸臺的錄音帶，以及兄嫂廖蔡綉鸞、姪子廖史豪死刑判決書前往談判；蔣經國允諾廖文毅歸臺後決不判刑、發還查封財產，並給予「相當職位」。[72]五月十四日，廖文毅投降歸臺，國內新聞報紙大肆宣傳此舉乃「覺悟前非，棄暗投明」。

臺灣獨立運動重要倡議家、廖文毅的兄長廖文奎，則並未前往日本。擁有芝加哥大學哲學博士學位的他滯留香港，在香港大學任教，於一九五二年逝世。[73]

至於亡命香港的邱炳南，先是靠著走私鏈黴素、盤尼西林到日本為生，一九五四年找到

圖1.3　一九七二年邱永漢（右二）應行政院長蔣經國邀請返臺投資，廖文毅（右一）林金生（左一）方治（左二）前往接機。

來源：中央社

機會移居日本。他改名邱永漢，以過人文筆書寫偷渡香港經歷、二二八事件中臺灣菁英的離奇故事，竟於一九五六年成為第一位獲得直木賞的外籍作家，日後並因敏銳的金錢投資能力發了大財，成為「賺錢之神」。一九七二年，經商成為巨富的邱永漢接受蔣經國的邀請回臺投資，在臺北最繁華的中山北路、南京西路口蓋了十層地標式建築「邱永漢大樓」。[74]臺灣獨立運動於他，早已是年輕時不切實際的幻想與一段模糊記憶。

第二章　臺灣問題國際化

在歷經戰後政治壓制、二二八震撼、土地改革衝擊後，林獻堂以眩暈之疾需靜養治療名義，於一九四九年九月離臺。戰前他是臺灣政治社會運動的領導人，反抗日本殖民統治；戰後卻須自我放逐於日本，時時刻刻遙望故土，等待歸鄉的適當時機。他日日詳閱日文各報刊，關注東亞情勢變化，並在日記中勤做紀錄，期待有朝一日臺灣能夠脫離國民黨政府統治。

一九五〇年六月韓戰爆發，杜魯門總統宣布第七艦隊防衛臺灣，但表明美國對臺灣並無領土野心。林獻堂認為，美國向來想要介入臺灣問題，卻苦無機會，第七艦隊協防臺灣是「應臺灣人託管之希望」，判斷美國不會放棄臺灣，勢必交給聯合國管理，以便從中操控。[1]八月，美國政府派藍欽（Karl L. Rankin, 1898-1991）公使駐臺、代理大使，林獻堂留意到杜魯門總統屢次宣示不援助國民黨政府的政策已悄悄出現變化。[2]

九月，中共透過蘇聯代為向聯合國提案，指控美國第七艦隊進駐臺海是侵略中國領土，美國政府也在聯合國大會提出臺灣問題案。臺灣問題端上聯合國議程，各國將進行討論處置，林獻堂大為振奮。他寫信給在霧峰的五弟階堂，歡喜告知臺灣託管問題不久將能解決。十月，韓戰戰事膠著，臺灣問題在聯合國受阻。剛自巢鴨監獄釋放不久的廖文毅與林獻堂兩人議論聯合國臺灣問題案，廖文毅認為臺灣託管問題將會延遲到明年（一九五一）二月討論，林獻堂對此一情勢發展情感上難以接受，並預料中共若加入韓戰，臺灣託管問題將在聯合國中止討論，慨嘆美國政府將「留臺灣以作國民政府北伐中原之根據地也，此事已明如觀火矣」。[3]

廖文毅、林獻堂二人在扶桑關注臺島前途，議論美國政府與聯合國大會動向，事後之明顯示，兩人的觀察分析相當準確。

「住民自決原則」登場

戰後初期美國支持國民黨政府，

圖2.1　蔣介石、葉公超與藍欽。

來源：國史館藏，數位典藏號：002-050101-00030-265。

希望貫徹《開羅宣言》將臺灣歸還中國，但是二二八事件後此一政策逐漸動搖。尤其，一九四九年國民黨政府在內戰中敗象已露，美國國家安全會議多次討論臺灣問題，提出各種建議方案，主要包括協助臺灣自主獨立運動、將臺灣問題交由聯合國處置、扶持非蔣非共之中國政權。為了掌握臺灣實際狀況以確定對臺方案之可行性，一九四九年二月國務院派駐南京美國大使館參事莫成德赴臺考察，五月二十四日向國務院遠東事務司提出報告。莫成德認為國民黨腐敗無能、改革無望，而島內臺獨運動又無法期待，在此情況下，如果繼續協助國民黨政府，將嚴重影響臺灣人對美國的善意，助長共產黨蔓延。因此，莫成德建議：

> 〔美國應〕提供一些經濟援助加惠於臺灣小老百姓，尤其是農民。這是一個帶有機會主義色彩的「**精打細算**的不作為」(calculated inaction)，所必須搭配之有力的、祕密的基礎工作是，**與跟我們一樣關心臺灣戰略重要性的友好國家一起，以在聯合國提出臺灣議題為最終目標，最好是由臺灣本地人提出**，可以的話，鼓勵或安排島上的大陸人支持。[4]

同年（一九四九）六月，國務院遠東事務司、聯合國事務司針對臺灣議題送上聯合國議題展開具體規畫。他們建議的方案有兩種：第一種方案是說服對此議題感興趣的國家如印度、菲律賓，將議案排入六月十五日的聯合國託管委員會議程，要求暫時託管臺灣。此做法將創造先例，即使排入議程，仍須等待明年秋天向聯合國大會提案，處理時程將有所延宕。第二種方案是由美國和幾個對此議題感興趣的友好國家共同提案，要求聯合國召開臨時會討論臺灣問題，並建議在聯合國監督下舉行公投（plebiscite），讓臺灣人對自己的未來地位表達意願；在此之前美國應先將想法通知《開羅宣言》成員之一的英國，確保英國能配合美國的行動。幕僚們認為第二方案的風險較少，成功率高，此做法尊重民族自決權利，訴求無可爭論，比較容易爭取到亞洲國家支持，如此一來美國就不需承擔片面行動或帝國主義的指控，道德高度無懈可擊。[5]

上述內部討論顯示，一九四九年春美國政府對臺灣主權處置已經由落實《開羅宣言》、將臺灣歸還中國，逐漸轉向試探臺灣問題送上聯合國的可能。為了合理化此一立場轉變，遠東事務司與聯合國事務司也為國務卿準備好聲明內容，以便在聯合國提案時說明為何無法遵守《開羅宣言》：

> 一九四三年十二月一日的《開羅宣言》中，美國與英國作為當事國，表達將早先失於日本的領土如滿洲與臺灣，歸還給中國的意向。然而，《開羅宣言》中也進一步聲明，臺灣最終地位的決定必須等候與日本簽訂和平條約。**看到對日勝利日（VJ Day）以來中國政府在臺灣的不當統治，美國政府達成結論，即中國政府已經喪失在與日本達成和平條約時循**

> 例確認〔臺灣〕主權的權利，臺灣人有權透過祕密投票自由地表達他們對自己命運的期望。美國政府對於臺灣無任何企圖，也無意在島上建立軍事基地或尋求特權。然而，美國政府對島上住民的和平、繁榮與未來表達關切，並遵循其傳統所信奉的自決原則（the principle of self-determination），謹此向聯合國提出以上建議。[6]

為消解《開羅宣言》之承諾，國務院幕僚在處理臺灣問題上，開始端出了「住民自決原則」。與此同時，國務院政策規畫局局長肯楠（George F. Kennan, 1904-2005）也提出報告，認為改變臺灣統治狀態的方式有二：一是由遠東國家為首提議，達成上述目標；二是發布暫時性的片面重申〔美國〕對臺澎的統治權（a temporary unilateral reassertion of authority over the islands），因為戰後情況已完全不符合《開羅宣言》原先的設想，為了太平洋安全與島民福祉，美國必須干預。由於第一種方案需要透過外交細膩操作，困難較多，他偏向支持第二種方案，也就是由美國單獨占領統治。

肯楠主張，要阻止臺澎赤化唯一的途徑，就是將在臺灣的國民黨官員趕走，並取得菲律賓、澳洲、印度等國家協助，占領並統治臺灣。他建議成立一個臨時的國際或美國領導的政權（a provisional international or U.S. regime），訴諸自決原則，在對日和平條約訂定前舉行公民投票，決定臺澎的最終處置（ultimate disposition）。這個方案要成功，必須仰賴包括美國總統在內許多人的堅定信念，如果不這麼做，臺灣將失守，而「這個地方住著有賴照顧的人民，我們對他們有一份特殊的責任，而〔共產黨〕統治對他們而言將是壓迫性的外來宰制（oppressive alien domination）」。[7]

政策規畫局與前述遠東事務司、聯合國事務司所提處理臺灣問題方案雖有不同，但值得注意的是，一九四九年夏，國務院幕僚單位不再謹守落實《開羅宣言》將臺灣歸還中國的承諾，並不約而同地提出住民自決原則，以關照臺灣人民福祉為由，另闢新徑解決臺灣問題。

面對這些對幕僚單位的積極建議，國務院高層有不同的政治考量。當遠東司司長白德華（William W. Butterworth, 1903-1975）將方案提交主管遠東事務的助理國務卿魯斯克（David D. Rusk, 1909- 1994），並建議與英國大使館商議，魯斯克認為此時並非聯合國處理臺灣問題的適當時機。因為，聯合國並無資源與能力處理臺灣問題，除非有其他會員國願意共同承擔，否則最後仍須由美國獨立負擔主要責任。更何況一來許多會員國並不願聯合國涉入戰後和平處置，臺灣問題就是其中之一；二來**臺灣並未出現另做安排的民意要求**，在此情況下各國將強烈反對臺灣自中國分離。

魯斯克研判，雖然國民黨政權暴戾、無能、腐敗，引起臺灣人強烈反感，但在現階段，美國仍然只能以政治、經濟計畫減緩緊張關係。他並評估，除非國共之間爆發更大規模戰事，或臺灣人與國民黨政府爆發衝突，臺灣問題才需送上聯合國，以避免中國內戰蔓延臺灣並提供臺灣人決定自己未來的機會。[8]

就在國務院各幕僚單位思考臺灣方案之際，國共內戰局面逐漸明朗，國民黨政府兵敗如山倒。一九四九年十二月二十九日，國務卿艾奇遜與參謀首長聯席會議主席布萊德雷將軍（General Omar N. Bradley, 1893-1981）開會，商議臺灣問題，說明基於戰略考量，軍方仍希望對國民黨政府增加軍援，使臺灣得以支撐久一點，避免落入共產黨手中。但國務卿艾奇遜直言，共產黨將統治中國已是不爭的事實，美國政府不應魯莽地與中國人民為敵；就算依照參謀首長聯席會議的提議，讓臺灣再撐一年，但以國民黨政府的腐敗無能，只會令美國再次信譽掃地。布萊德雷將軍最終也同意參謀首長聯席會議純粹只提供軍事觀點作為參考，「政治考量往往必須凌駕在軍事考量之上」。[9]

一九五〇年一月五日，杜魯門總統發表聲明，表示美國遵守《開羅宣言》與《波茨坦宣言》，接受中國當局在臺灣島上行使權力；美國並無掠取臺灣或其他中國領土的計畫、不會在臺灣取得特權或建立軍事基地；美國政府無意捲入中國內戰、也不會提供在臺灣的中國軍隊軍事援助。[10]接著，國務卿艾奇遜也宣布「美國在西太平洋的防衛線，北從阿留申群島、阿拉斯加、日本、沖繩、到菲律賓」，將臺灣排除在外。

在中國內戰大勢底定的情況下，臺灣問題暫時被擺在一邊。

韓戰爆發與臺灣問題國際化

一九五〇年六月二十五日韓戰爆發，強烈刺激美國政府對臺灣問題的態度。聯合國安理會應美國要求召開緊急會議，譴責北韓的侵略行動。二十七日，杜魯門總統發表聲明呼應安理會決議，指出臺灣如果遭共產黨武力占領將直接威脅太平洋地區的安全，因此下令第七艦隊防止對臺灣的任何攻擊，同時要求在臺灣的中國（國民黨）政府停止對大陸的海空行動；臺灣未來地位，必須等待太平洋安全回復，由對日和約或由聯合國決定。[11]

杜魯門發表聲明之後，北京當局立即強烈抗議，認為美國的行動無異侵略中國領土，抨擊美國帝國主義干涉亞洲事務。蘇聯在安理會的代表馬立克（Yakov Malik, 1906-1980）則利用擔任會議主席的機會，譴責美國以聯合國為工具，侵略中國。八月，中華人民共和國外交部長周恩來多次致函聯合國祕書長賴伊（Trygve H. Lie, 1896-1968），指控美國違反《聯合國憲章》、侵略中國領土，要求安理會制裁美國，並令其軍隊撤出臺海；周也抨擊美國蓄意侵犯中國東北領空，要求安理會譴責美國，並立即採取行動，使美軍全部撤出朝鮮。中蘇密切合作譴責美國，二十四日並致函安理會正式提出控訴，指控美國違反《聯合國憲章》侵害中國領土完整與政治獨立，要求制裁美國政府罪行，並命美國撤出武裝侵略部隊。二十九日，蘇聯更提出「控訴〔美國〕武裝侵略臺灣案」（簡稱為「控美侵臺案」，Complaint of Armed

Invasion of Taiwan (Formosa)）。[12]

出乎意外的，美國代表團立即正面迎戰，決定提案由安理會十一個會員國組成調查委員
會，赴臺調查後做成報告提交安理會。[13]原來美國國務院正醞釀利用此一機會進一步處理臺灣
問題。前文已指出國務院早在一九四九年夏天就開始研議由聯合國處理臺灣問題，但因時機
不宜而推遲。此刻，歷史性的機會之門似乎已經開啟，美方積極反守為攻，打算將臺灣地位
問題送上聯合國議程處理。

美方首先須取得英國的合作，國務卿艾奇遜先與英國駐美大使法蘭克斯（Sir Oliver
Franks, 1905-1992）會談，希望雙方先形成共識再爭取其他友好國家支持，以便在聯合國形
成堅定多數。[14]接著，以美、英、法三國外長會議為平臺討論臺灣問題，九月獲得結論：一、
同意依據《聯合國憲章》有關維持國際和平安全之規定，在聯合國提出臺灣問題案；二、由
聯合國成立委員會研究臺灣問題，並於下會期向大會提出建議；三、由聯合國大會發表宣言，
在研究期間，各方應避免任何敵對行動。[15]

美國綿密鋪排在聯合國處理臺灣問題案，此事嚴重關乎中華民國政府對臺灣之主權主張。
但美方從未與國民黨當局商議、徵詢，甚至不曾透露，直到代表團正式提案的前一天，助理
國務卿魯斯克才告知駐美大使顧維鈞。魯斯克說明韓戰爆發當時僅由美國單獨聲明協防臺灣，
未獲得聯合國多數同意，亞洲各國也有諸多懷疑，因此美國政府希望在聯合國針對臺灣問題

有所討論，並不期待短期內獲得結果。[16]

一九五〇年九月二十日，美國代表團由艾奇遜在聯合國大會提出「臺灣問題案」（The Question of Formosa），二十一日正式向聯合國祕書處提案。至此，聯合國受理有關臺灣之案件有二：一是蘇聯代替中共提出之「控美侵臺案」，聯合國大會總委員會於九月二十一日決定列入大會議程；另一是美國代表團所提「臺灣問題案」，於十月五日列入大會議程。[17]

臺灣問題成為美蘇在聯合國攻防焦點，實牽涉韓戰爆發後美國對臺行動所承受之壓力、中共是否加入韓戰、聯合國中國代表權問題，以及各國對臺灣地位處置爭議等多重課題。這些課題相互交織連動，形成極為複雜的局面。

首先，自美國總統杜魯門下令第七艦隊介入臺海以來，蘇聯、中共高分貝抨擊，引起國際議論，使美方承受極大國際壓力。為了取得各國信任，同年（一九五〇）八月三十一日總統杜魯門甚至表示，如果朝鮮問題解決，第七艦隊就沒有必要留在臺灣海峽，目前也只是對聯合國部隊的側面保護。[18]九月一日，杜魯門總統再度表示，希望中國人民不要被誤導而與聯合國或美國人民為敵，臺灣的未來應該和平解決，且應該透過國際行動解決，第七艦隊的任務是使臺灣遠離衝突，美國的目的是和平，而不是征服。[19]九日，助理國務卿魯斯克在退伍軍人協會發表遠東政策演講，也強調亞洲問題由亞洲人解決，美國對亞洲無領土野心或特權要求；美國作為聯合國會員國之一，必須阻止韓戰擴大，臺灣問題應由國際行動和平解決。[20]美國政府藉著一連串聲明，希望化解國際疑慮。因此，將臺灣問題交由聯合國處理，可由各國共同承擔責任，分散美國單獨承受之壓力。

其次，自中共在內戰中取得勝利以來，美國政府對中共政權密切觀察、試圖接觸。美國政府期待中國「狄托化」，與蘇聯保持距離，而臺灣問題可作為試金石，測試中共是否向蘇聯一邊倒。[21]另方面，美國政府也利用臺灣問題案之操作，安排中共列席聯合國安理會，試探其合作程度，希望阻止其參與韓戰。

一九五〇年十月，日本《朝日新聞》、《讀賣新聞》、《每日新聞》三媒體高層即分析：美國對中共存有幻想，希望中共脫離蘇聯掌控，並再三要求中共切勿參加韓戰。美國政府將聯合國臺灣問題案推遲到十一月十五日討論，乃是估計朝鮮戰爭在此之前必可結束；如中共遵照美國意旨，在美軍越過三十八度線後仍不援助北朝鮮，將來美國可進而承認中共。美國將先准許中共以觀察員身分參加聯合國安理會，再評估中共行動後決定是否允許其加入聯合國。反之，如果中共參戰，亞洲局面發生重大變動，美國的綏靖政策將一筆勾銷。①換句話說，臺灣問題案是一試劑，與中國代表權、中共參戰問題相互關連。

最後，臺灣問題案的最終處置與自由陣營各國態度密切相關，但各國意見與美國並不一致。重要盟友英國的地緣政治利益與美國大不相同，考量香港問題、對中貿易往來、東南亞大量華僑人口，以及亞洲各國對中國革命成功的友善態度等等，不僅率先承認中共政權，長期而言更希望引導中華人民共和國進入聯合國體系。[22]此外，印度自獨立以來即刻意與美國保持距離，表現出中間路線，並以亞洲領袖自居，積極推動中共加入聯合國。[23]駐美大使顧維鈞就指出，英國與印度對美國第七艦隊保護臺灣的行動強烈反對，英國批評此一行動違反北大西洋公約組織各國利益，印度也認為此舉引起亞洲各國反感，而法國與其他西歐國家則不願美國介入亞洲問題過深。[24]

美國政府的規畫

為了讓臺灣問題案在聯合國順利推進，美國國務院中國事務司在一九五〇年十月底完成一份詳細長篇研究報告，完整檢討臺灣問題糾葛，也提出具體建議。報告首先從安全立場指出，美國尋求一個防止敵對政權在臺灣成立基地的方案；再從政治立場而言，美國需要一個

①美方同意北京派遣代表列席安理會旁聽臺灣問題案，令國民黨政府深感不安，要求駐日代表團協助蒐集資料探詢美國真正用意。駐日代表團向盟軍總部探聽不得要領，轉而向日本《朝日》、《讀賣》、《每日》三大報幹部詢問看法。參「安理會調查美是否侵臺致蔣代表電稿送請轉陳核定後送還」，〈聯合國審議蘇聯誣控美國侵臺暨美提出臺灣地位問題案及我國因應經過情形〉，《總統府檔案》，檔案管理局藏，檔號：A200000000A/0039/3110702/0323/001/010/0001-0003。

友邦可接受、亞洲國家廣泛支持、臺灣不會成為永久衝突焦點、有利於美國對華關係，並且不會罔顧美國先前承諾的方案。報告中羅列出處理臺灣問題有幾個必須考量的重要因素：一、中共潛在力量強大，要將臺灣從中國分離終將失敗，除非有外力支持；二、任何否認中國對臺灣主權的企圖，都將受到中國人民的痛恨；三、國共雙方都不會放棄對臺灣主權的主張，中共將會用盡所有手段，甚至動用武力；四、國民黨政府不受多數中國人民與外國政府所信任。

因此，研究報告認為臺灣問題有兩個主要選項：一是承認中國的宣稱，將臺灣併入中國；但此選項不利美國的安全需求。二是將臺灣自中國分離，成為一個獨立國家，或由聯合國託管，又或是成為日本的一部分；但這樣做的話，中國不會放棄合併臺灣的企圖。報告中認為，臺灣無力自我防衛，必須由聯合國以集體安全原則（the principle of collective security）提供保護，這是一個新的概念，聯合國會員國並不情願提供保護，最終還是需要美國以武力保衛臺灣，簡言之，若採取第二個選項，最後仍會成為美國的軍事負擔。

此一研究報告反覆思考針對臺灣問題的說詞與對策，**尤其討論了該如何破解《開羅宣言》的約束？**報告中建議美國對臺灣問題可採取以下政治說詞：一、美國在《開羅宣言》中所允諾的，是將臺灣、澎湖歸還「中華民國」，這在《波茨坦宣言》與杜魯門總統一九五〇年一月五日的聲明獲得再次確認；但這不啻如同律師的狡辯之詞（quibbling on lawyer's words）。二、《開羅宣言》僅有美英中三國參加，無法約束聯合國臺灣問題之決議。三、一九四三年發表《開羅宣言》的情勢已經改變；何況，從那時起蘇聯就已違反許多承諾，美國也可以不再受當時的承諾所約束。但這些說詞無異須以美國的信譽作為代價，何況，美國政府也需注意臺灣問題的處理態度不能只考慮軍事戰略安全，還必須考慮亞洲人民會怎麼看待美國，由於亞洲各國對西方帝國主義的疑慮，如果美國在聯合國提案將臺灣從中國分離，將招致帝國主義的批評。

研究報告總結，中國對臺灣的主權宣稱效力十分強大，唯一可以對此構成挑戰的就是臺灣人民的意願。報告中建議，聯合國考量臺灣問題時，應該將臺灣人的期望視作重要的因素，讓臺灣人有自由表達意見的可能。換句話說，中國事務司認為，要推翻《開羅宣言》的承諾成本雖高，但臺灣人民自決原則是強有力的對抗武器。不過，**該研究報告也不諱言，臺灣人雖不滿中國政府統治，卻尚未出現像波蘭人、芬蘭人要脫離帝俄統治的強烈獨立意願**。

總之，國務院中國事務司提醒，臺灣問題的核心在於，目前所採取做法的政治軍事成本是否高於將臺灣自共產中國分離的軍事利益。臺灣問題如此棘手，需要留待時間來解決，因此建議：在聯合國研究調查臺灣問題期間，美國應避免對長遠臺灣地位實質問題表態，應表現美國對該島並無特別主張、也無特別利益。美國應該跟隨世界、尤其是亞洲對臺灣問題的意見，如果亞洲趨向將臺灣自中國分離，美國應表明支持以及願意負擔軍事協助；如果亞洲繼續支持中國的主權宣稱，美國不應反對此宣稱。但中國事務司也一再提醒，如果聯合國承認中國對臺之主權主張，則美國政府必須要求聯合國同時承認臺灣在西太平洋和平安全的重要性，努力促成以國際協議達成臺灣的非軍事化或安全防衛。[25]

國務院中國事務司的此一研究報告，將二戰以來美國政府對臺灣問題的顧慮、因應論述、可行策略做了最深入完整的分析。十一月十一日國務卿艾奇遜致函新任國防部長馬歇爾（George C. Marshall, 1880-1959），說明有關美方在聯合國將提出之〈臺灣問題決議草案〉，在此一草案中，國務院將建議聯合國大會成立一個委員會，由五至七個國家組成，以一年的時間進行研究後，向聯合國大會提出有關臺灣、澎湖未來地位最終處置之建議，並強調在此之前誰都不可企圖以武力改變臺灣地位。[26]

但就在國務院規劃以一年時間解決臺灣問題的同時，美國國內政情變化卻增添變數。一九五〇年十一月，民主黨在美國國會期中選舉大敗，多位支持中華民國的共和黨議員則連任，國務院是否還能堅持由聯合國處理臺灣問題，備受挑戰。[27]十四、十五日兩日，來自國務院、國會與聯合國代表等四十八位美國代表團成員針對國務院所提出之〈臺灣問題決議草案〉進行密集商議。多位參議員質疑，無論是臺灣人民的利益、美國公眾的意見，抑或是目前統治臺灣的國民黨政府立場，都未在草案中被充分呈現。最後，美國駐聯合國首席代表奧斯汀（Warren Austin, 1877-1962）裁示，由於代表團內部對〈臺灣問題決議草案〉有強烈不同意見，應予緩議。[28]

會後，奧斯汀致電艾奇遜指出，代表團反對提出國務院所擬之〈臺灣問題決議草案〉。他並指出，無論從國內政策立場、軍事立場，或與英國等友好國家之外交立場觀之，此時向聯合國大會提出〈臺灣問題決議草案〉相當不智，建議當日下午不提出該草案，將臺灣問題案置於議程最末，擇日再議。十一月十五日下午三時，聯合國第一委員會（政治委員會）上，美國代表團由顧問杜勒斯提議推遲臺灣問題案，獲得五十三票同意、零票反對、三票棄權，通過。[29]

蔣介石的最壞打算

聯合國公開討論臺灣地位問題無異揭露「臺灣主權尚未屬於中國」的事實，嚴重衝擊中華民國政府的主權宣稱。一九五〇年八月二十九日蘇聯所提的控美侵臺案列入安理會議程，消息傳到臺北，群情激憤，認為臺灣本屬中國，怎可在聯合國成案討論？駐美大使顧維鈞接獲外交部長葉公超電話，指包括蔣介石總統、立法院、總統府祕書長王世杰等都極力反對聯合國派遣調查團來臺調查，屆時不惜行使否決權。[30]

面對突來情勢，蔣介石在日記中大罵艾奇遜，焦慮之情讓他夜不成眠：「近三夜以來，夢魂顛倒，是心神不安之象。對於聯合國內形勢之險惡，於我前途之黑暗，英國已揭破其面具。

其目的：第一、臺灣地位必欲使之國際化。第二、必欲驅逐我於聯合國之外。此二者皆將使我政府澈底毀滅。」[31]

蔣介石幾度親自召開會議，打算動用安理會否決權阻止聯合國組織調查團，但行政院陳誠、外交部長葉公超、駐美大使顧維鈞、駐聯合國大使蔣廷黻都為維持對美關係而加以阻止。蔣介石在日記中責怪陳誠「所部無人」、「以為多智，委婉曲解，徒耗時間」，更痛斥葉公超「可說無腦筋已極，此等人何能再任外長耶？痛憤之至！」[32]他也責怪顧維鈞、蔣廷黻等職業外交官不敢理直氣壯、害國不淺。外交部官員力主以大局為重，盛怒的蔣介石在代表團將出發第五屆聯合國大會前夕，下令取消葉公超出訪。[33]

外交官員試圖讓蔣介石認清國際現勢，顧維鈞力陳中共提出控美侵臺案是蘇聯所指使，意圖攻擊美國以收外交宣傳功效，美國同意組織調查團實屬不得已，**我方若單獨反對，不僅勢難見效，恐反將造成美方反感**。尤其，法律上臺灣究竟屬於何種地位頗有爭議，韓戰爆發後杜魯門總統之聲明文件，認為臺灣是戰爭結束後之軍事占領地，臺灣地位須經對日和約或聯合國確定，保臺之舉方能言之成理；中共與蘇聯均認為臺灣為中國領土，**我方若也認為臺灣是中國領土，此一主張與蘇聯、中共不謀而合**，所爭之點僅在於何方代表中國。顧維鈞建議：「姑先以目前臺灣已由我治理控制且為我政府駐在地之事實為重，而置臺灣法律上之地位問題於日後解決，一面在未解決前盼能將保臺之責任歸聯合國擔任，不由美國無限制單獨負擔。現在國際局勢動盪日甚，今後演變難測，綜觀利弊，美之看法未必於我損多益少。」[34]

顧維鈞的務實分析似乎逐漸說服蔣介石，一九五〇年九月九日晚再召集外交會談，終於勉強聽從眾議，同意聯合國調查團來臺。外交部長葉公超乃指示蔣廷黻傳達我方政府的主張，強調對臺灣主權之立場：一、第七艦隊協防臺灣係經我方政府同意，我方認為美方對臺並無侵略行為；二、堅決反對一切涉及臺灣未來地位之討論；三、「**對於臺灣現時地位性質，我當盡可能避免與美方爭論，但我不能承認臺灣為戰後軍事占領地，因臺灣除經我接收外，並經開羅及波茨坦宣言認為係應歸還中國之土地。**」[35]顯示政府當局清楚臺灣僅是戰後軍事占領狀態，尚非中國領土，但不能公開承認。

最高當局明白現下臺灣僅是盟國託付的軍事占領地，眼前情勢必須與美合作，接受聯合國調查團。蔣介石在日記中透露了他的真實盤算：

> 艾其生（艾奇遜）將欲以調查美國侵臺案為契機，使臺灣置於聯合國之保衛，一以免俄共藉口認為中國之領土而攻佔臺灣，一以減輕其美國單獨之責任，以免除其侵臺之嫌。**此一陰謀於我利害參半，不如逆來順受，先杜絕俄共侵臺之野心，暫為中立化之形態（但我決不正式公認），以穩定內部軍民之心理，……**只要臺灣事實上統治權並不動搖，則我反攻大陸之準備未完成以前，**率性讓其中立化，且使其性質（國際）更為複雜，以對付俄**

共與英、印，未始非一中策也，此時應以沉機觀變處之。[36]（按：括弧內文字為日記原文）

換句話說，對蔣介石而言，國際社會同意臺灣歸屬中華民國固為上策，但事實上不可能；臺灣中立化是中策，可阻擋中共與蘇聯對臺灣之主張；臺灣歸屬中華人民共和國則是下下之策。為了阻擋中蘇英印等國攻勢，蔣介石願意接受臺灣地位中立化作為權變，但是絕對不可公開承認，亦即他已打定表裡有別的盤算。

惟從一九五〇年十月初起的兩週內，壞消息接踵而至，聯合國不僅要組團來臺調查，更同意中共列席安理會控美侵臺案，美國所提臺灣問題案也正式列入議程。這是蔣介石最為煎熬的時刻，他寢食難安、反覆推敲，並做了最壞的打算：

國際形勢對我危機益深，……惟今日臺灣本身力量，無論軍事、經濟皆已較前進步，第一期整理計畫告成，勉可自立自主，**此時惟有準備隨時脫退聯合國，獨立自強，與萬惡之國際群魔奮鬥……**[37]

美國對臺灣將來地位問題，昨日正式提出聯大列入議事日程之故。此又為美艾〔奇遜〕遵奉英國意旨，實現其毀蔣賣華作最後之一擊。國際之道義掃地，美艾之拙劣如此，不能不令人刺激痛憤，……但此並不能動搖吾國在臺灣統治之地位，即使聯大通過其案，我不執行，作最後之準備可也。惟天佑之，何憂何懼。[38]

應以確報〔保〕臺灣基地為第一。與其為保持聯合國會員國名義，而使臺灣被攻，不能安定，則寧放棄會員之虛名，暫時退出國際社會，雖在國際上失去地位而力求自立自主，確保臺灣主權，實為利多而害少，……此為永久根本計。[39]

對蔣介石而言，中國廣袤國土盡失，臺灣是最後的根據地，退此一步，即無死所。聯合國處理臺灣問題如同逼他入絕境，為了保有「臺灣基地」，他打算力抗到底，寧可退出聯合國在所不惜。一九五〇年國民黨政府已是山窮水盡，臺灣成為國民黨政權續命的最後機會，重要性不可言喻。

十月二十一日，外交部提出〈聯合國有關臺灣各案之因應方案〉，對臺灣地位問題做了完整考查。外交部回顧政府向來之主張：一、自一九四一年對日宣戰起，《馬關條約》等中日所有條約一律失效；二、一九四三年《開羅宣言》主張戰爭結束後臺灣、澎湖歸還中國；三、日本竊據臺灣，既為竊據之非法行為，自始無效，臺灣未嘗一日脫離中國主權，不必另經歸還手續，且國民黨政府自日本投降後已在臺灣行使統治權。

但是，外交部心知肚明上述種種主張，在聯合國大會討論時都會遭遇反對，外交部分析：一、依照國際法及國際慣例，宣戰並不具有廢止一切條約之效力，中國單方的宣示對他國也無約束力；何況宣戰所廢止者以「執行中的條約」（executory treaty）為限，並不能追溯已執行之條約（executed treaty）、使其喪失效力；二、儘管《開羅宣言》載有臺灣、澎湖「應予歸還」（restored）字樣，仍需辦理歸還手續，在手續完成前臺灣仍非中國領土；三、《開羅宣言》、《波茨坦宣言》的效力僅及於中美英蘇及日本，不能及於他國；四、縱使會員國咸認臺灣已是中國領土，但仍有屬於中華人民共和國還是中華民國之爭，如蘇聯、英國認為應歸屬前者，美國、法國認為應歸屬後者。[40] **簡言之，外交部完全明白國民黨政府對臺灣主權之各種主張，都是片面宣稱，在國際法與國際慣例上根本站不住腳，不會被國際社會所接受，更不可能貫徹施行**。

外交部進一步分析中蘇向聯合國控訴美國侵略臺灣，法理辯護有三種可能：一、臺灣係中國領土，美國協防是協助聯合國會員國抵抗外來侵略；二、臺灣係中國領土，美國協防一事經國民黨政府同意，並非侵略行為；三、臺灣歸還程序尚未完成前，仍視為盟軍占領地，此地區如遭威脅時，對日參戰國家有防衛之權利與責任。外交部認為，杜魯門總統派遣第七艦隊協防臺灣，即是採取第三說，用意在消除侵略疑慮，並希望將協防舉動改為聯合國授權之集體行動，因此建議「**改由聯合國協防臺灣一節，逆料必付以臺灣中立化之條件，此一條**

件對我自屬有害。惟基於以下考慮，在原則上仍不得不勉予接受」，並勸說蔣介石應同意聯合國調查團來臺。[41]換句話說，外交部十分清楚國際法與國際慣例上臺灣主權仍不屬於中國，建議尊重國際法與國際慣例，務實接受臺灣中立化作為美國協防臺灣之法理基礎。

針對美國向聯合國提出之臺灣法律地位問題案，外交部認為，為避免影響民心士氣，仍應抱持「無論在法律上或事實上均已為中國領土」的基本立場。外交部預料此一主張除蘇聯及其衛星國外，恐難獲得他國支持，此案無立即解決之可能性，在聯合國一番舌辯之後勢將延擱，「我國對此案欲謀滿意解決，甚為困難，但圖暫予拖延，則目的不難達成。」[42]最後，針對國際間傳言美國、印度研擬臺灣託管之議，外交部掌握情報認為並無具體跡象，即使國際間有此提議，外交部仍可訴諸最後手段：

> **我在臺灣握有相當強大之軍事力量。此一力量存在一日，即臺灣一日無被託管之虞，**蓋以任何人均難想像聯合國能以武力在臺灣強樹託管制度也。[43]

一九五〇年臺灣問題送上聯合國議程，國民黨政府對臺灣的主權宣稱面臨嚴重挑戰。從蔣介石總統到外交部官員的因應對策，呈現幾點重要意義：一、政府高層完全清楚「臺灣、澎湖主權屬於中國」的宣稱，並不符合國際法與國際慣例，各國不會接受；二、因國際處境不利，國民黨政府無法阻止臺灣問題各案排上聯合國議程，以免造成美國反感、失去國際同情，為此只能勉予接受，並盡可能與美國政府配合，以拖待變；三、為避免影響民心士氣，對內仍應堅持主張「臺澎為中國領土」；四、從最高當局到外交部都堅信，固守臺灣是國民黨政府的最後生機，甚至已做了退出聯合國、以武力堅拒到底等最壞打算。

國民黨政府強力宣傳動員

臺灣問題國際化危及國民黨政府統治合法性，如何維繫島內社會向心力，至為緊要。為避免動搖民心士氣，失去在臺立足根基，國民黨中央宣傳部展開了一系列強力宣傳。

一九五〇年六月韓戰爆發之初，美國總統杜魯門聲明臺灣中立化，「臺灣主權屬於中國」說詞開始面臨挑戰。但因國民黨政府亟需美國軍事防衛解救危機，國民黨中央宣傳部乃通令各級黨部、各通訊社、各報社、各廣播電臺，禁止報刊談論臺灣地位問題，「希望對此問題不宜有任何論說，以免無風生浪，引起莫須有之疑慮，而影響民心。」[44]

八月，蘇聯提出控美侵臺案、美國支持安理會組調查團來臺，臺北政壇為之震動。九月四日下午，負責文宣工作的國民黨中央黨部第四組主任曾虛白、副主任蔣君章邀集各報社主筆與總編輯，由陶希聖說明外交情勢，要求堅決維護政府立場。十一日，國民黨總裁蔣介石親自指示，對美國助理國務卿魯斯克的亞洲政策十一點發言，各報不予反應。[45]

接著，美國代表團在聯合國提出臺灣問題案，是再一次打擊。九月二十一日總裁蔣介石在國民黨中央改造委員會上說明聯合國臺灣問題，進行小組討論後，當晚陶希聖草擬成〈臺灣問題宣傳要點〉。[46]二十三日，黨改造委員會發出〈宣傳通報〉，指示各報社、通訊社與廣播電臺密切注意臺灣問題之宣傳原則。宣傳內容有九項，主要在重申「臺灣在法律上、事實上都屬於中國」的基本立場，如「對日宣戰時即鄭重聲明中國過去與日本所訂任何條約，一概無效，故割讓臺灣之《馬關條約》亦當無效，而臺灣亦即當然為中華民國領土的一部分」等，但正如前述，外交部早已知道這些主張並不為國際社會所接受。其次，強調聯合國做出任何決議對我不具效力，如「聯大關於臺灣問題之討論，並不影響臺灣法律地位，且臺灣問題之討論，無論構成何種建議，對於我國亦無拘束力，蓋因接受與否其主權操之在我國也」，也與前述外交部提出的因應對策一致。黨改造委員會還提醒，以上各點無論採取何種方式論述，「均應竭力避免對美國政府外交當局，做無益之爭辯」。[47]

二十四日陶希聖草擬完成〈臺灣問題問答十則〉，上呈總裁蔣介石裁示。次日再與外交部次長胡慶育商議、修改。再次日與總統府祕書長王世杰商定後發表。[48]二十七日，陶希聖所擬的問答文稿在《中央日報》以〈「臺灣問題」和我們的立場〉專題刊出，其中重要問答包括：

一、**聯合國將臺灣問題列入議程，是否表示臺灣問題將在聯合國大會中解決？**答稱新聞報導中都稱為「臺灣問題」，這一名詞容易引起誤解，以為就是臺灣地位問題、以為聯大討論與決議將影響臺灣地位，這是誤解。因為聯合國對臺灣問題的討論一時難以得到具體結果，即令有結果，在執行時也斷難置我政府意見於不顧。

二、**臺灣地位在國際上是不是發生了問題？**答稱無論在種族上、歷史上、法律上，臺灣都是中華民國領土的一部分。單就法律上而言，首先，臺澎本來就是中國的領土，雖然在《馬關條約》割讓給日本，但一九四一年對日宣戰時，已聲明過去與日所訂條約一概無效，所以《馬關條約》已失去效力，臺澎重歸我所有。其次，《開羅宣言》、《波茨坦宣言》確定臺灣、澎湖歸還中國，臺澎為中國之領土，是世界所公認。再者，日本投降時，臺澎由國民政府統治，五年來受人民擁戴，其他任何國家都未曾提出異議。基於以上三個理由，臺澎是中華民國領土，毫無疑義。

三、**臺灣地位既無問題，為何又需在對日和約中確定呢？**答稱這並非實質問題，只是手續而已，臺灣地位要經過一個手續，將對日宣戰聲明、《開羅宣言》、《波茨坦宣言》等文件，在對日和約中規定下來，才算完成手續。

四、**關於中美協防臺灣，中美兩國立場如何？**答稱為確保臺灣不落入蘇俄、中共之手，中（中華民國）美兩國利害相同。美國派遣艦隊協防臺灣，是為了太平洋區域安全，所以將臺灣問題提出聯合國大會討論。

五、**聯大的討論，對臺灣地位有何影響？**答稱由於臺灣在種族上、歷史上、法律上都是中國的領土，聯大自無討論臺灣問題的必要。《聯合國憲章》規定，聯大所通過的議案，對於有關國家只是一種「建議」，並無法律上的拘束力。有關臺灣問題的決議若未得到中華民國的接受與合作，無法實施。[49]

〈臺灣問題問答十則〉是政府當局向社會大眾所提有關臺灣主權主張的完整宣傳論述，其內容與前述外交部因應對策、國民黨中央改造委員會之〈宣傳通報〉幾乎完全相同，只是文字上更加詳細鋪陳。儘管政府部門十分清楚有關臺灣主權屬於中國的種種主張，在國際法上根本站不住腳，但是卻成為黨部宣傳重點；宣傳中並避重就輕聲稱對日和約訂定「只是手續」、美中利益一致、聯合國討論臺灣問題是為促使美國協防，同時強調聯合國決議並無拘束力。

除了自上而下的洗腦宣傳外，當局也動員各級民意機關發出一波波擁護政府的政治表態。一九五〇年九月五日，臺中市參議會、農會、工會、商會、婦女會、記者公會等十餘個人民團體聯合發表聲明，反對聯合國討論「所謂臺灣問題」：

最近認賊作父的北平匪偽集團，又接受了赤色蘇聯帝國主義者陰狡的指示，運用其無恥

> 分化的外交手段，企圖透過聯合國，來影響我們臺灣堅強的地位。我們臺省人民聞悉之餘，莫不萬分憤慨！
>
> 關於臺灣地位問題，我們臺灣人民僅以基本的態度奉告：第一，臺灣是中華民國的臺灣，現在也是中國唯一合法政府所在地。第二，臺灣是反共反侵略的臺灣，……第三，任何外來侵略，我們臺灣人民誓死在我們政府領導下堅強抵抗，力保我中華民國領土主權之完整，並加強反攻大陸的準備，……第四，臺灣是三民主義的臺灣，臺灣人民絕對擁護我們崇高偉大的蔣總統，在蔣總統領導下來建設新臺灣……[50]

此一聲明發表之後，緊接著彰化市參議會等十餘個機關團體、新竹市各機關黨團學校、澎湖縣與臺南縣人民團體、一〇八個省級人民團體、嘉義市參議會等機關團體相繼發表聲明，並致電聯合國。這些民意機關與人民團體的聲明內容如出一轍，部分團體甚至是在國民黨省黨部開會後行動。透過各機關團體聲明再三複誦「臺灣是中國領土，臺灣主權早已在開羅會議決定，臺灣問題由中華民國政府全權處理」，一則展現臺灣社會赤忱擁戴，二則擴散此系統性論述。[51]

在這一波波擁護國民黨政府的表態風潮中，臺灣省參議會議長黃朝琴居於無可取代的重

圖2.2 聯合國代表團唯一臺籍人士黃朝琴（後）返臺，受到盛大歡迎。

來源：中央社

要地位。一九五〇年八月二十三日行政院院會通過中華民國第五屆聯合國代表團成員，由外交部長葉公超為首席全權代表，蔣廷黻、劉師舜、張彭春與黃朝琴為全權代表。[52]五人中除黃朝琴外，都是職業外交官。媒體報導，蔣總統決定在聯合國代表團中安排一名臺籍人士，黃朝琴因其省參議會議長身分、具有代表臺灣民意的象徵意義而獲選。[53]媒體分析，西方國家重視民意與民主，可以此作為外交手段的技巧運用，臺灣地位問題當然應以臺灣人的意見最為重要，因此，黃朝琴出任代表團團員「是臺灣地位攻勢的一著重要棋子、一種致勝因素的部署」。[54]

黃朝琴受命後，完全沒有辜負當局

的託付。九月八日停留馬尼拉期間拜訪僑胞，黃朝琴致詞強調「臺灣的存亡，就是中國的存亡，今天臺灣是祖國自由獨立的唯一象徵」、「聯合國中國代表團決定竭力維護國家主權」，全場掌聲雷動。[55]他並在美國僑界穿梭，儼然成為臺灣人民支持國民黨政府的化身，《公論報》如此報導：

> 這次聯大是否將討論所謂臺灣地位問題，……黃先生以臺灣人士的立場，自應力爭國民政府對臺的主權。……正當臺灣所謂未來地位問題將成為問題的時候，**我們看見一位真正的臺灣省人民的中國代表黃氏來到美國出席聯大，讓全世界人士可以聽真正的臺灣人民——臺灣省級的中國人民說些什麼話**。[56]

作為臺灣民意機關的大家長，黃朝琴的屢次發言無疑強化了臺灣民意支持國民黨政府的印象，並使官方的臺灣主權論述與臺灣民意巧妙接合。在國民黨政府的危機時刻，黃朝琴力挽狂瀾、居功厥偉。

一九七二年黃朝琴病逝，《中央日報》悼念文中特別表彰他「卅九年奉派為中國出席聯合國大會全權代表，堅持正義，打擊蘇俄共匪，使國際友人明瞭本省同胞擁護政府，反攻大陸收復國土的決心」。[57]

中共參戰情勢逆轉

一九五〇年十月二十七日上午，美國聯合國代表團顧問杜勒斯與中華民國駐聯合國代表蔣廷黻討論臺灣問題案，透露了國務院的底牌。杜勒斯表示，美國政府將要求聯合國組織委員會，研究《開羅宣言》、《波茨坦宣言》，以及如何維持太平洋之和平，**並使住民自決原則可以適用於本案**。蔣廷黻大吃一驚，追問：「委員會將探詢臺灣人民對於自治的意見，是否表示美國政府想像臺灣人民有棄絕國民政府（尋求獨立）之可能？」杜勒斯回答：

> **開羅及波茨坦協定並未設想臺灣人民應受極權政權之統治**。此種可能性實非當初所能預料。美國政府現在面臨此種可能性，**深感臺灣人民對於此事，應有表示其意願之權利**。**至於臺灣人民是否將棄絕國民政府，美國政府不能提供任何保證**。委員會之組成分子將會慎加選擇，俾使該會不致對國府存有偏見。但亦不能保證該會不致提出主張臺灣完全自治之報告。[58]

杜勒斯的談話顯示美國政府打算廢棄《開羅宣言》、《波茨坦宣言》中將臺灣歸還中國的承諾，轉而標舉住民自決原則，在聯合國處理臺灣問題，並且不排除臺灣人否決國民黨政府統治的可能性。

就在美方態度日益明顯之時，韓戰局面出現急遽變化。十月二十九日，蔣介石依據美韓所俘虜中共官兵，以及東北地區向北韓運輸大批車輛等情報，研判中共已經加入韓戰，只是美方為避免戰事擴大，不願公開承認。三十一日，蔣介石更加確認情勢已逆轉，欣喜若狂：

> 本月國際對我情勢最為險惡。……直至月杪，共匪參加韓戰之陰謀漸露，加之其對越、對藏皆發動攻勢，周圍樹敵，陷於自殺之境，此實多行不義必自斃之明證，若非上帝佑華滅共，豈人力所能旋轉此危局乎。整個中華民族之命運，其亦由此復生乎。[59]

十一月四日，葉公超急電顧維鈞、蔣廷黻，指中共大規模參戰已有事實證據，鑒於局勢變化，先前各種指示應否稍緩告知美方，請兩人斟酌。[60]顧蔣二人商議後，決定由蔣廷黻向杜勒斯表達，希望在聯合國的臺灣問題議案，只提臺灣與太平洋和平安全之關係，避免提及臺灣法律地位問題；另外，希望美方不派調查團來臺，僅由聯合國大會交付研究或組研究委員會，不從事實地調查。[61]十四日外交部指示蔣廷黻，要求美方打消安理會組派調查團之議，並建議聯合國安理會先討論控蘇案②。[62]

上述外交部處置態度顯示，中共參戰之下情勢大為逆轉，原本只能配合美方政策、以拖待變的國民黨政府，不再居於守勢。由於中共人民志願軍出兵朝鮮，韓戰緊張局勢驟升，東亞冷戰局面備受國際矚目，臺灣地位問題不再是焦點；並且中共人民志願軍參與韓戰，向蘇聯一面倒，美國期待中共狄托化已不可能，國民黨政府終於大大鬆了一口氣，並趁此大好機會，反守為攻，要求美國政府打消臺灣問題案。在此同時，美國代表團針對臺灣問題案連日開會，但如前述所說無法獲得共識，決定推遲臺灣問題案。

中共出兵北韓後，美國政府正式向聯合國提出譴責案，指責共匪為侵略者，再無嚴守中立之理由。十二月五日，國務卿艾奇遜指示美國代表團，鑒於中共入侵朝鮮問題更為緊急，提議擱置臺灣問題案至第六屆聯合國大會再討論。63

一九五一年二月第六屆聯合國大會開議，七日英國代表團以遠東局勢仍然變動未定為由，提議臺灣問題案無限期擱置，美國代表團表示支持，聯合國第一委員會以三十八票同意、五

② 一九四九年九月，中華民國以蘇聯違反《中蘇友好同盟條約》、侵犯中國主權與危害遠東和平為由，在第四屆聯合國大會提案控訴蘇聯（Accusation against the Soviet Union）。本案對國民黨政府有轉移內戰失敗責任之用，但對美、英各國並無實益，所以在聯合國並未受到支持。全案延宕至韓戰爆發後出現轉機，於一九五二年聯大第六屆會議通過。國民黨政府以本案通過為由，宣布廢止《中蘇友好同盟條約》。可參蕭道中，〈冷戰與中華民國外交：「控蘇案」研究，1946-1952〉，《輔仁歷史學報》一七（二〇〇六年十一月），頁四七一—五一五。

票反對、八票棄權，決議通過。[64]擾攘一時的臺灣問題各議案，至此在聯合國畫下句點。

滿心寄望聯合國託管臺灣的林獻堂，緊盯這一切發展，但是，他終究失望了。一九五二年二月，前美國臺北領事館副領事葛超智（George H. Kerr, 1911-1992）到日本拜訪林獻堂，林獻堂透露心願表示「希望獨立如菲律賓」。[65]

一九五六年九月八日，林獻堂孤寂地客死異鄉。

第三章　對日和約中對臺灣問題的處置

戰後，美國占領日本本土，開始著手進行對日和約工作。最初，遠東事務局局長波頓（Hugh Borton, 1903-1995）所擘劃的對日和約草案，是以預防日本軍國主義復活為目標，並計劃由盟國遠東委員會各國代表組成監管委員會，締約後繼續監督日本二十五年。波頓主張由中美英蘇四國為主推動日本非軍事化、民主化，如同一戰後《凡爾賽和約》的複製，被稱為「嚴峻的講和」。[1]

但隨著冷戰局勢的形成，美國對日政策逐漸走向「寬大的講和」。國務院政策規畫局局長肯楠發出一封著名的「長電報」，反對共產主義擴張，成為圍堵政策的開端。他建議美國政府必須重視德國與日本的經濟復興，強化這些國家與自由陣營之團結合作，方能有效圍堵蘇聯。

由於國務院、軍方與東京盟軍總部意見分歧，戰後數年間對日和約進度遲滯不前，直到東亞冷戰局勢惡化，終於加速了對日和約的進程。一九四九年十月，中國共產黨在內戰中取得勝利，中華人民共和國成立，東亞地區國際政治版圖產生巨大變化。美國政府決定盡速簽訂對日和約、結束占領狀態，使日本恢復為正常國家，重新站立並擔起重任。

一九五〇年三月，杜魯門總統任命國務院顧問杜勒斯專責籌劃對日和約事宜。五月十八日，杜勒斯向負責遠東事務的助理國務卿魯斯克提出備忘錄。他指出，美國地位正面臨新而嚴酷的挑戰，中國共產黨在內戰中獲勝，將成為蘇聯共產主義在亞洲的夥伴，此一打破美蘇均勢之情況有利於蘇聯、卻不利於美國，進而對世界秩序造成重大影響。如果美國坐視局勢發展，則日本將無法維持穩定，接著菲律賓、南亞到近東，都會受衝擊，美國對太平洋的影響力也將急速惡化。因此，美國政府必須採取行動、表明決心，阻止這場災難。杜勒斯建議：

在可能採取這種立場（按：阻止共產主義蔓延）的地區中，福爾摩沙擁有優於其他任何地區的優勢，它不受蘇聯陸權的直接影響，它距離我們的海

圖3.1　一九五六年杜勒斯（右二）來臺，與蔣介石討論臺灣防衛問題。
來源：國史館藏，數位典藏號：002-050101-00025-282。

空武力十分相近，它被傳統上是我們盟友的非共產主義者殘餘勢力所占領，它的國際地位尚未受任何國際行為決定，而我們對當地居民負有一些道義責任，它受到正形成的中蘇聯合勢力的嚴重威脅，全世界的目光都聚焦在它身上。

如果美國宣布將使臺灣中立，既不允許它被共產黨占領，也不允許其成為對抗中國大陸的軍事基地，這個決定是我們一定能夠維持的，除非蘇聯發動戰爭。眾所周知，如果我們不採取行動，會被解釋為我們因為不敢冒險而再次撤退，……那麼災難幾乎肯定會發生。[2]

杜勒斯極力阻止共產主義蔓延，尤其重視臺灣在東亞安全防衛的關鍵地位。前兩章所述美國政府的兩種臺灣處置方案都失敗後，杜勒斯的角色變得格外重要。

顧維鈞提議「日本僅須在和約中放棄臺澎」

杜勒斯膺負對日和約重任後，立即協調整合國務院、國會、軍方與國家安全局等國內各種不同意見，並率團赴東京溝通，一九五〇年九月提出〈對日和約七原則〉，作為是年秋天在紐約舉行的遠東委員會一系列對日和約非正式商議的討論基礎。[3]

中華民國外交部注視和約發展，早已指示駐美大使顧維鈞「於原則上盡量接納美方意見」。[4]十月二十日，杜勒斯將〈對日和約七原則〉面交顧維鈞，內容包括：參與訂約國家、加入聯合國、領土問題、日本軍備問題、政治與商務關係、索賠問題與爭端解決。美方希望盡快結束戰爭狀態，會限縮日本的領土，但要各國放棄賠償並讓日本重新加入國際社會。〈對日和約七原則〉中有關領土問題規定：一、承認韓國獨立；二、琉球、小笠原群島交由聯合國託管，由美國治理；三、由英蘇美中四國決定臺灣、澎湖、庫頁島南半及千島群島之地位，倘若在和約施行一年內不能解決，應交聯合國大會決定。[5]

收到美方〈對日和約七原則〉後，國民黨政府以外交部次長胡慶育為首立即召集「對日和約研究會」①因應，行政院長陳誠也召開「對日和約及聯合國有關臺灣各案會議」。行政院認為〈對日和約七原則〉中，我方最需考量的是領土問題、日本軍備問題、賠償問題三大項，尤其是「**英蘇中美四國對臺灣澎湖、庫頁島南半島及千島地位將來之決定，倘於和約實行後一年內不能解決，聯合國大會應做決定**」此一規定，與「我向主張臺灣、澎湖已係我國領土」不同。行政院認為臺澎之未來法律地位問題應該「盡量予以拖延」，建議美方：一、所訂一年期限酌予延長；二、南庫頁島及千島問題應與臺灣、澎湖問題同時同樣解決，其餘有關領土各節我方可贊同。[6]

十一月，外交部做成〈關於美方所提對日和約節略之因應方案說明書〉，認為在極為不利的國際處境下，向美國政府討價還價的空間有限，既然美國已決心推動和約，我方反對無益。因此對於和約中臺灣問題之處理採取以拖待變策略，只要求將四國須在和約締結後一年內決議臺灣問題的期限，「酌予延長，改為兩年或不做時間上之硬性規定。」外交部把眼光放遠，希望與美合作、對日寬大能夠換取將來參與和平條約簽訂之機會。[7]

顧維鈞遵照外交部「盡量予以拖延」指示，表示我政府大致同意美方提出的對日和約原則。他並提出建議：**有關臺灣等領土問題，日本政府只須依照《波茨坦宣言》投降條件聲明放棄對該領土等一切主權，由協約國自行處理即可，毋須日本追認撥歸何國**。杜勒斯回覆，這也是美國的主張，但因美國派第七艦隊保護臺灣缺乏法理根據，而且許多國家主張臺灣應歸中共，臺灣問題仍須由聯合國討論。[8]

顧維鈞此一「日本僅須聲明放棄臺灣等領土」之議，並非出於外交部的指示，可謂神來一筆。外交部得知之後表示同意，並指示顧維鈞以備忘錄形式正式向美方提出。一九五一年一月二十二日〈關於對日和約案駐美顧大使致杜勒斯節略〉中完整說明政府立場：

---

① 外交部對日和約研究會成員包括：外交部次長胡慶育、東亞司司長汪孝熙、美洲司司長陳岱礎、外交部幫辦薛毓麒、科長胡駿、祕書邵梃與賴家球。

中國政府又認為此項決定（按：指由英蘇美中四國決定臺澎地位）應**在和約締結後一年內為之之期限，實嫌太促，並建議應改為至少二年或二年以上。**……倘在上述建議之期限內不能獲得決定，則是否宜將此項問題提交聯合國大會一節，或可斟酌彼時情形，予以考慮。**就日本而言，祗須在和約內就其對於各該領土之主權，做一般性之放棄，即為已足。**[9]

正當國際地位低落之際，國民黨政府對於臺灣問題只能「盡量予以拖延」，甚至為了防止國際社會接受共產黨中國、不利國民黨中國，竟然主動建議日本在和約中僅須放棄領土即可。國民黨政府基於自我利益考量而提出此一建議，並非出於美方的壓迫，對美方而言則是正中下懷。

一九五一年一月，杜勒斯再度率領國務院與國防部官員訪日協商，二月白宮也發表聲明宣稱此行已促進各國的諒解，各國對和約的意見益形接近。三月一日杜勒斯向全國廣播，報告日本之行收穫，以及推動對日和約對於東亞和平安全之重要性。二十日顧維鈞再與杜勒斯會談，探知各國對和約的意見。杜勒斯透露將只規定日本放棄臺澎、南庫頁島、千島群島之一切權利，至於各該領土應如何處置，日本不必過問。[10] 先前顧維鈞所提「日本僅須聲明放棄臺灣等領土」建議，果真為美國政府所接受。

美國政府為何願意接受顧維鈞的建議？剛從華府述職返臺的公使藍欽，在與外交部長葉公超晤談中，說明了美方的考量。藍欽指出，臺灣問題如在和約內予以解決、明訂臺灣歸屬中國，則臺灣問題成為內政問題，美國將頓失協防臺灣的法理依據，這顯然並非國民黨中國與美國雙方所樂見。[11]外交部從藍欽的談話中推敲，並認為此一轉變對我方更為有利：

> 就藍欽公使所述一節以觀，美似將主張在和約內僅規定日本放棄其海外領土，至臺灣歸屬問題，最後或仍由聯合國予以決定。從我國立場言，我既認為臺灣澎湖已歸我有，日本之予以放棄，即為最後手續之完成，再由聯合國予以解決，自有蛇足之嫌。**惟如此則美國得仍維持其協防臺灣之根據，且如在和約內不規定聯合國予以解決之期限，則此事儘可拖延，較諸前此由四國在一年內予以解決之主張，於我轉為有利。**[12]

換言之，依據國民黨當局的精明盤算，僅在和約中規定日本放棄臺澎一節，是最為有利的做法：一則臺澎已在國民黨政府控制下，二則美國協防臺灣取得法理依據，三則臺灣問題可以無限期拖延。

接下來美國政府以〈對日和約七原則〉為基礎，完成〈對日和約草案初稿〉二十二條，有關領土部分已有所修改。草案初稿第三章規定：一、日本放棄對於朝鮮、臺灣及澎湖群島之一切權利、名義與要求」(Japan renounces all rights, titles and claims to Korea, Formosa and the Pescadores)；日本放棄南太平洋委任統治島嶼與日本人活動區域之一切權利、名義與要求；二、琉球群島、小笠原群島、硫磺列島、南鳥島各地置於託管制度下，並以美國為管理當局；三、南庫頁島歸還蘇聯，千島群島交予蘇聯。[13]

美方所提〈對日和約草案初稿〉僅規定日本放棄臺澎，正是國民黨政府所主張的。但是外交部也發現和約初稿將日本海外領土分為三種方式處理，與七原則實質上已不相同，其中明訂南庫頁島、千島群島歸屬於蘇聯，卻未規定臺澎歸屬，兩相比較，正好烘托臺灣地位懸而未決，如此將使中華民國政府的主權主張露出破綻。為此，外交部建議三個因應步驟：一、向美方交涉和約中將南庫頁島、千島群島、朝鮮、臺澎等地之處理納入同一條款，都規定日本放棄即可；二、或請美方同意在日本放棄臺澎的條文中，加入「臺灣澎湖應盡速依照開羅宣言及樸次坦（按：波茨坦）宣言完成歸還中國之程序」文字；三、如前兩案均不為美方所接受，則我方應於簽約時自行聲明「臺灣澎湖原為我國領土，嗣為日本所據，抗戰勝利後，日本已依照投降條款將臺灣澎湖歸還於我，現日本復於和約內予以放棄，故各該領土歸還於我之最後手續，業已完成等語」。外交部認為，此項聲明雖無拘束和約的法律效力，對美國協防臺灣之舉亦無妨礙，但可強調我國基本主張，使各國有所認識。[14]

行政院「對日和約問題研究小組」②則於同年（一九五一）四月十一日在陳誠院長官邸召

開第一次會議，討論外交部處理步驟，認為第一、第二案能否獲得美方支持殊難逆料，如果遭挫之後再依第三案辦理，反而影響民心。當局還有另一項更重要的顧慮：

抑目前英國一面主張邀請匪偽參加簽約，一面主張將臺灣澎湖依照開羅宣言歸還中國，……**我如積極主張將臺灣澎湖之歸還於我，規定於和約之中，適有助於英方陰謀之逐步實現**。[15]

四月十六日行政院對日和約問題研究小組第二次會議確認與美洽商途徑：一、美國放棄將臺澎問題交給四國解決，我方深表同意，並希望美方不再重提此議；二、希望美方將千島群島、南庫頁島問題與臺灣、澎湖同等看待，如美方未能接受或未能取得其他盟國同意，我方可就約稿勉予接受；三、我方將發表聲明謂日本放棄臺澎，臺澎歸屬中國最後手續業已完成，此聲明於事前告知美國，望能取得諒解，或至少不做相反之聲明。[16]外交部將對日和約

② 小組成員包括行政院長陳誠、總統府資政張群、司法院院長王寵惠、總統府祕書長王世杰、行政院祕書長黃少谷、外交部長葉公超、外交部次長胡慶育、臺灣省主席吳國楨、國民黨祕書長張其昀、行政院顧問陶希聖、行政院顧問沈昌煥。

問題研究小組決議做成〈關於對日和約案我方復文草案〉，十九日下午送士林官邸呈蔣介石總統核定。復文中建議以口頭方式向美方表達「臺灣澎湖為中國領土之一部分，此係中國政府之一貫主張，和約中如未將此點明予規定，中國政府將於簽署該和約時發表一聲明，闡明臺灣之屬於中國，毋須再經任何程序。此項聲明發表時望美政府能予諒解或至少不做相反之聲明」。但是，**蔣介石總統將我方發表聲明的部分予以刪除**。[17]

國民黨政府與美國雙方基於各自利益達成共識，僅在對日和約中載明日本放棄臺澎主權、不明確規定主權歸屬。此舉無異解除《開羅宣言》「臺澎歸還中國」之約定，成為臺灣地位未定論之基礎。

美英「杜勒斯—莫里森協議」

英國與美國之間有長久歷史淵源，雙方向來為堅實盟友。美國政府推動對日和約簽訂，希望獲得英國的支持，尤其從冷戰觀點而言，英國能影響其所領導的大英國協各國，美英一體更能強化與蘇聯之對抗。[18]

但英國是最早承認中華人民共和國的國家之一，與共產黨中國之間因香港問題具利害關係。作為在東南亞擁有諸多殖民地前帝國的英國，也顧慮和約訂定後日本再軍備化、經濟再復興，未來可能在東南亞形成競爭，不願追隨美國遠東政策。[19]因此，在對日和約問題上英美存在極大歧見。

一九五一年三月三十日，英國內閣會議拒絕了美國所提對日和約草案，明確主張邀請中華人民共和國參與和約締結，並將臺澎讓與中國（ceded by Japan to China）。[20]四月五日，英國駐美大使法蘭克斯也表達，中華人民共和國應參加和約之協商，並且應將臺灣、澎湖讓與中國，十二日再度做同樣要求。美國政府則表明不承認中華人民共和國，不可能邀請該政權參與談判、締結和約，並指《開羅宣言》中明載臺灣應歸還「中華民國」，而非「中國」。**杜勒斯並提示，不應在未理解臺灣人民願望時就把臺灣交給中共政權，臺灣未來可能必須另以某種方式處置**。例如臺灣可能被承認具有相當程度的自治權，又或者鑒於應維持其中立與延續其對日互惠貿易關係而被施以某些國際義務。[21]面對英國旗幟鮮明地支持共產黨中國，美英兩國對於中國代表權、臺灣地位問題的歧見益趨尖銳化。

隨著簽約期程的逼近，國際間要求由中共代表中國的聲浪愈來愈大。五月蘇聯也要求中共參加締約，並認為對和約中僅規定日本聲明放棄臺澎、不提歸還中國一節，明顯違反《開羅宣言》。《紐約論壇報》報導，盟國中大多數國家都反對邀請國民黨政府簽訂對日和約，英荷澳紐則認為即使中共拒絕訂約，也不表示應由國民黨政府參加，寧可中國暫時不參加訂約。[22]報導又說，英國政府、印度政府及大英邦聯國家都反對國民黨政府參加和約簽訂，如果堅持邀請國民黨政府，各國將斷然拒絕參加。[23]

為了化解僵局，美國國務院東北亞事務局與英國駐美大使館密切進行作業會議，杜勒斯風塵僕僕前往倫敦展開協商。經過數個月磋商，終於獲得以下結論：一、有關中國代表權問題，中國政府將不受邀簽署多邊條約，但對日作戰國家，包括中國，即使非原始簽約國，仍有權在條約生效後加入；二、日本可與包括中國在內的任何交戰國談判締結雙邊和平條約，其條件與多邊條約相同；三、有關臺灣地位問題，英國接受美國建議方式，由日本放棄臺灣，使臺灣維持現狀，避免再提《開羅宣言》。[24]

美英談判能夠獲致結論，主要在於美方同意兩個中國都不參加多邊和約，英方則不再堅持《開羅宣言》中「臺澎歸還中國」的承諾，雙方各讓一步之下，終於達成協議。

一九五一年六月十九日，美英兩國針對如何在所推動的和約中處理中國代表權與臺灣問題，做成共同聲明。此一美英共同聲明被稱為「杜勒斯－莫里森協議」（Dulles-Morrison agreement）[25]，內容包括：一、**建議在沒有中國共同簽署的情況下進行多邊和約**。二、**日本因和約生效而恢復主權和獨立地位，未來對中國的態度必須由日本自己決定**。三、**日本在和約中放棄對臺灣、澎湖的主權，條約本身不決定這些島嶼的未來**。[26]

莫里森（Herbert Morrison, 1888-1965）是英國工黨政治家，一九四五年協助艾德禮（Clement R. Attlee, 1883-1967）組織工黨贏得國會選舉，擊敗邱吉爾（Winston L. Spencer-

Churchill, 1874-1965）。莫里森成為下議院領袖，擔任內閣副相至一九五一年。

「杜勒斯－莫里森協議」決定無論國民黨中國或共產黨中國都不參與多邊條約，未來再由日本選擇與誰簽訂雙邊條約，以利和約之推進。其中針對臺灣問題，解除了《開羅宣言》「臺灣歸還中國」之限制，不在和約中決定臺灣未來歸屬。**簡言之，在「杜勒斯－莫里森協議」規範下的對日和約，其實就是「凍結臺灣地位之和約」、「廢棄《開羅宣言》之和約」**。

排除中華民國參與《舊金山和約》

在「杜勒斯－莫里森協議」三個原則形成後，接下來對日和約都在這框架下完成。首先，美國政府不斷施壓國民黨當局不參加多邊和約簽訂。杜勒斯告訴顧維鈞，遠東委員會除中華民國外的十二國中，贊成與中華民國政府締約簽字者僅有美、菲兩國，甚至未承認中共的加拿大、澳洲、紐西蘭都認為與中華民國政府締約將不能在中國大陸發生效力。美國希望盡速簽訂和約，如果因為中國代表權問題導致和約不能順利，實於東亞局勢極為不利，一旦日本赤化，臺澎亦將不保。[27]杜勒斯還說，中華民國政府參與和約問題，是他數十年來辦理外交所經歷最為棘手之事，他建議最好的折衷辦法就是由我方主動提出或公開聲明不參與和會。[28]由於杜勒斯不斷要求中華民國政府不參與多邊和約，外交部研判美國政府已不再支持我方。

美國政府為達目的，或以小手段誘使葉公超探詢「由其他各盟國與日本簽訂多邊條約，並於相同時間另由中國（按：中華民國）與日本簽訂一雙邊和約」此一方案之可能性；[29]或以強硬態度施壓顧維鈞，導致後者最後只能讓步，轉而探詢美方是否日方已同意與我方簽訂雙邊和約，杜勒斯透露日本必願與我方簽約，魯斯克囑咐此事不可外洩，須嚴守祕密。[30]

美英兩國不讓中華民國出席多邊和約的協議，令蔣介石大為憤慨，聲明「中華民國政府參加對日和約之權，絕不容疑；中華民國政府僅能以平等地位參加對日和約，任何含有歧視性之簽約條件，均不接受」。[31]杜勒斯與魯斯克對蔣的大動作十分惱火，華府方面甚至打算還以顏色發表美英共同聲明作為反制，[32]中美雙方你來我往、互不相讓，到了劍拔弩張的程度。

為了化解僵局，中華民國外交部建議可在三個條件下接受杜勒斯方案：一、中日雙邊和約應與其他各盟國之對日和約於相仿時間簽署。二、中日雙邊和約與正在擬議中之多邊和約內容大體相同；**有關中日間特有問題之條款，全部由我與美方商定**。三、**中日和約由美國協助我國實施**。[33]外交部面對國際現實，退而求其次確保日本與我訂約，並要求美國政府負起連帶責任。

正當美中雙方因對日和約而關係緊張之際，為了控制輿論、避免擦槍走火，國民黨中央改造委員會第四組發出〈臨時緊急宣傳通報〉，指示以下方針：一、各團體、各機關一切有關此事之聲明、通電、請願，或類似文件，一律不予發表；二、政府負責人士有關之談話，其用意在對美方批評或抗議者，一律不予發表；三、言論上力避刺激美國或攻擊英國之語句。[34]在中美關係緊張之際，政府當局封鎖一切批評意見，避免刺激美方。

一九五一年六月二十八日顧維鈞再會杜勒斯，杜勒斯終於透露規劃在各國簽訂多邊條約後，再由我方與日本簽訂雙邊條約；但多邊、雙邊條約可同時生效。在情勢已無可挽回下，顧維鈞只能要求美方信守承諾，及早與日本談判，使之與我方簽約。[35]

七月十二日美國國務院向新聞界發布對日和約修訂草案，預定在美國加州舊金山召開和約簽署會議。中國不在簽約國名單內，也未提及中日雙邊條約問題。面對此一局面，蔣介石在日記中發洩怒氣：

美國發表對日和約稿，未列我國之名，必欲排除於聯合戰勝國之外，此為古今中外未有之悲史，亦為我國空前無比之奇恥大辱。……美國政府之無恥與不道，至此必將造成其本身無窮之惡果，不能不自受其報矣。豈僅無恥，而且無知，杜〔魯門〕、馬〔歇爾〕、艾〔奇遜〕之卑劣至此，人類之不幸極矣。[36]

先前當局一度嚴禁國內媒體評論對日和約、批評美國政府，不料美方仍然一意孤行排除我國。盛怒下的蔣介石，在國民黨中央改造委員會會議中指示「立法院、監察院兩院院長及友黨人士，可由其自行對日和約表示意見」，[37]等於是鼓勵民意機關批評美方處置。次日，監察院長于右任、立法院長劉健群都發表談話，主張我國有權參加和約；臺北市議會通過決議，將通電美國國務院、美國退伍軍人協會等團體，呼籲支持我國參與對日和約；中國青年黨陳啟天等人也發表聲明，擁戴政府對日和約主張。[38]但是，這些聲明、通電、抗議等政治動作，終究對內宣傳效果大於對外實質作用，於情勢無所彌補。

一九五一年九月八日，四十九國參加舊金山對日和約簽署儀式，中華民國與中華人民共和國都未獲邀，蔣總統在日記中表示「近日為美國賣華侮華之舊金山對日和約之故，心神悲憤，不知所止，認為此舉如非天地末日之來臨，即為世界人類悲劇慘禍之開始，豈僅中華民族之奇恥大辱而已哉」，次日並禁絕朝食，以示抗議。[39]

「杜勒斯—莫里森協議」第一個原則，中國不參加多邊和約簽屬，於此順利達成。

美國施壓下的「吉田書簡」

「杜勒斯—莫里森協議」的第二個原則是尊重日本主權與獨立地位，由其決定與哪一個中國締結雙邊和約。但是日本政府在「兩個中國」之間採取「等距離外交」立場，希望與雙邊同時發展貿易關係，避開政治承認問題。雖然杜勒斯一再催促，但日方仍遲遲不與臺北交涉，因為國民黨政府退守臺灣，無法實質支配中國大陸，中日締約明顯有法理上的困難。[40]

中華民國政府實質統治領域不及於中國大陸，如何訂定中日和約實施範圍成為締結的障礙。美方乃著手排除種種障礙，杜勒斯多次提示顧維鈞須對中日雙邊和約適用範圍有所讓步；國務院也透過藍欽公使向臺北方面傳達相同訊息。

在失去出席舊金山和會的機會後，國民黨政府不能再失去更多。外交部認為，在美方支持下，中日締結雙邊和約才有望，建議面對現實、回應美國要求。[41]但是最高當局蔣介石強烈反對在和約中承認統治權不及於中國大陸。他在一九五一年八月三十一日指示對日雙邊和約原則：一、不以實施範圍為中日和約之先決條件；二、絕不同意將實施範圍問題載入條約內文；三、實施範圍問題可載入雙方同意之紀錄；四、和約內容及諒解先行議定、商談後，完成簽約程序。[42]九月四日，再次指示對日雙邊和約三條件：一、美須負責居間作證；二、多邊與雙邊同時生效；三、和約實施範圍只能列在紀錄中，不可有涉及大陸領土主權絲毫損害之語意。[43]

外交部在遵循蔣總統指示之原則下與美方往返磋商，最後做出結論：「雙方茲瞭解，本約應適用於現在締約國雙方任何一方控制下及將來在其控制下之全部領土。」[44]至此國民黨政府就條約適用範圍已有所讓步，杜勒斯得以推進對日本方面之說服工作。

另一方面，美英「杜勒斯—莫里森協議」是為促使和約早日完成的政治妥協產物，但是，雙方對於中國代表權的歧見持續未解。日本政府為求和約在大國順利批准，盡速恢復為正常國家，處處謹慎小心唯恐生變。偏偏美英兩國分別支持中華民國與中華人民共和國，日本無論與哪一個中國締約，都將引起困擾。

一九五一年十月日本首相吉田茂在國會答覆社會黨議員曾禰益質詢時表示，對日本而言，外交與政治暫時可予擱置，應全力專注貿易與經濟發展，近期在臺北設立駐外事務所的目的即在通商與保僑，並無政治關係；如果中共邀請日本在上海設立駐外事務所，亦不妨設立。[45]吉田首相的答覆引發關注，美國國務院中國事務司擔心日本政府對與國民黨政府締約感到遲疑，恢復主權後的日本若與共產黨中國和解，將對美國在遠東地位造成危險，建議直接詢問吉田政府對早日與國民黨政府締結和約的態度。[46]十一月初，盟軍總部政治顧問席博德與日本外務省次官井口貞夫（1899-1980）會談，井口保證日本並無意與中共建立外交關係，但因英國不滿日本政府設立臺北海外辦事處，吉田的發言是為了安撫英國政府，希望在它批准對日和約前盡可能避免激怒它。[47]

為避免英國繼續影響日本，十二月杜勒斯偕同參議院外交委員會議員再度訪日，先後與日本外務省官員及首相會晤，推動中日締約。杜勒斯表明鑒於美國國會共和黨議員親國民黨政府色彩濃厚、「中國遊說團」勢力強大，如果未能適切處理雙邊和約問題、促成日本與國民黨政府締約，《舊金山和約》將無法在參議院順利批准。杜勒斯替吉田首相代筆擬好一封信表達日本將與國民黨政府締約的立場，並請吉田等他返國後再將信簡寄出給他。[48]

此一被稱為「吉田書簡」的文件中，吉田首相表示日本政府希望與中華民國政府發展全面的政治和平與商務往來關係，並與大多數聯合國會員國保持外交關係。如果中華民國政府同意，日本政府準備盡快與之締結條約，雙邊條約將根據多邊和約規定，重建兩國政府間的正常關係，該雙邊條約將適用於現在或以後由日本和中華民國政府實際控制的領土。至於中國共產黨政權已被聯合國譴責為侵略者，又中共政權支持日本共產黨暴力推翻憲政制度和日本政府，基於這些考量，日本政府無意與中共政權締結雙邊條約。[49]

「吉田書簡」的出現，其實是美國政府以《舊金山和約》批准與否對日本政府強力施壓。吉田首相為使和約早日生效、日本恢復為主權國家，只能接受杜勒斯的要求，承諾盡快與國民黨政府締約。

一九五二年一月十六日，吉田首相公布致杜勒斯之書簡，明確表示日本希望與中華民國政府發展政治和平與商務關係。[50]「吉田書簡」公布後，日本政府與國民黨政府議約已成定局。

儘管美方已經強力操作促使日本就範，但蔣介石總統仍不放心，希望美國政府全程「監軍」，以保證議約順利進行。十八日蔣總統做成五點重要指示：一、有關「吉田書簡」，在文字上略予整理後可即發表。二、由外交部研擬中日和約草案，準備與日本開啟談判；草案以《舊金山和約》為藍本，內容不必多所更動，而予對方稽延之藉口。三、中日和約最好能在《舊金山和約》生效前簽字。若有困難，可先草簽，並在多邊和約生效後再行補簽。**四、中日談判，應請美國派員以觀察員身分參加**。五、為謀日方便於選派大員來臺商議和約，可營造空氣，我方大員為張岳軍（張群）。[51]

蔣總統要求「請美國派員以觀察員身分參加」中日締約，外交部長葉公超深感不妥。他與司法院長王寵惠、總統府顧問張群、總統府祕書長王世杰等商議後，呈文總統指出，國際會議、多邊談判雖有邀請他國派人以觀察員身分參加之前例，但雙邊和約採此方式殊不多見。尤其，我方是主權國家，如果由美國派員參加我與日本之談判，可能引起民間誤解，有損政府尊嚴。對日本而言，也有損國家尊嚴，應顧及對方感受。葉公超認為應以別的方式促使美國全程主導、無從卸責，建議告知美方：一、美國政府是對日多邊和約主持者與日本主要占領國，故對中日和約之促成負有責任，應予貫徹；二、**中日和約草案擬成後，就送美方查照**，歡迎表示意見，美方對草案應予支持，並明告日方；三、**中日和約談判情形應隨時告知美方，如遇困難應由美方協助解決，直至該和約批准生效為止**。[52]

此一過程顯示，最高當局深知中日和約能否議定，關鍵在美國政府支持，為確保和約順利完成，竟然要求美方直接派員監督。最終，外交部基於國家尊嚴考量，說服總統放棄此一主張。[53]

「杜勒斯－莫里斯協議」的第二個重點是由日本自由決定與哪一個中國締約，經美國政府強力操作下，英國讓步，日本政府選擇與中華民國政府議約。一九五二年二月十八日，中華民國政府與日本政府分別以葉公超、河田烈為全權代表，在臺北展開中日雙邊和約會議。

國民黨政府企圖偷渡臺澎主權

「杜勒斯─莫里斯協議」的第三個原則是對日和約不約束臺灣的未來。雖然《舊金山和約》規定日本放棄臺澎、未明定歸屬，但國民黨政府仍希望在中日雙邊和約明訂臺澎歸還中華民國，以圖完備統治臺灣之合法性。一九五一年九月外交部預擬中日和約初稿時，在第二條領土（乙）項中，自行加入《舊金山和約》第二條關於領土規定所未有之文字（按：原檔案有加底線）：

> 日本茲依照一九四〇年（按：應為一九四三年）十二月一日開羅宣言及一九四五年七月廿六日樸茨坦（按：波茨坦）宣言，將其對於臺灣及澎湖群島之一切權利，權利名義，與要求，放棄與中華民國。[54]

國民黨政府此一企圖偷渡臺澎主權的做法，立即遭到美方阻止。九月十七日，藍欽公使轉達美國國務院意見指出：

> **在研擬任何方案時，貴方須注意避免使用技術上之詞句以暗示臺灣已因該條約之簽訂而在法律上成中國領土之一部分。**此點因與聯合國之利益有關，不僅適用於在多邊和約生效前之雙邊和約，抑且適用於以後之各項協定。[55]

由於美國國務院已明確反對在和約中暗示臺灣是中國領土，外交部想要偷渡臺灣主權之意圖，無法繼續推進。九月二十二日，蔣介石總統在草山官邸召集會議，指示「約稿領土部分明文規定將臺灣澎湖歸還中華民國一段應刪除」。[56]二十六日，外交部呈文行政院說明和約處理情形，有關領土問題，表示「茲查中日雙邊和約內容既與在（舊）金山簽訂之多邊和約內容大致相同，則我自不宜就領土條款另作主張」。[57]

十月外交部以《舊金山和約》為藍本，將多邊和約的各條文內容轉化為雙邊和約，提出中日和約草案。《舊金山和約》第十八條規定盟國與日本的債權債務關係，第二十五條規定參與多邊和約「盟國」之定義。但中華民國並不在「盟國」名單內，因此外交部另擬中日雙邊和約草約第二十五條：「中華民國之國民及船舶暨公司，應包括日本所放棄而由中華民國統治領土內之居民及依法登記之船舶暨公司，俾為臺灣省我國人民及法人收回在日資產之張本」，以保障我方與盟國擁有相同之權利。[58]

一九五二年一月二十六日外交部完成中日和約初稿，又改於第二十條規定：「**就本約而言，中華民國國民應認為包括依照中華民國在臺灣及澎湖所已施行或將來可能施行之法令規章而具有中國國籍之一切臺灣及澎湖居民**；法人及船舶應認為包括依照中華民國在臺灣及澎湖所已施行或將來可能施行之法律規章所登記之一切法人及船舶；產品應認為包括發源於臺灣及澎湖之一切產品。」[59]外交部呈文行政院時特別說明：

> **查「舊金山」「和約」僅規定日本放棄臺灣、澎湖，而未明定其誰屬，此點自非雙邊和約所能補救**。惟因此臺灣、澎湖之人民、法人、船隻及產品，是否可解釋為中華民國之人民、法人、船隻及產品，俾我方得依和約之規定維護其權利或利益，亦乏依據。本部爰在「稿約」內擬列第二十條，予以規定，而在談判時，試予提出，如不獲日方之同意，則我方似亦可建議在和約之外成立換文予以規定。[60]

外交部的說明顯示，此一條文之原旨是使臺澎居民、法人、船舶在失去日本國籍之後，其權利或利益能夠獲得保障，因此給予中華民國國籍。但是，國民黨政府在和約初稿中明訂「中華民國國民應包括臺灣澎湖居民」此一舉措，再度引起美方警覺，立即表示反對。二月九日，國務院意見以書面方式送達外交部，十二日外交部以復文加以解釋。但二十五日國務院仍令美國大使館一等祕書董遠峰（Robert W. Rinden, 1914-）再度拜訪外交部，口頭傳達國務院密電：

一、就大使館最近所報各節以觀，中國政府亟欲在中日和約內，將臺灣澎湖視為中國之一部分，而以中華民國一詞解釋為包括臺灣澎湖在內。中國政府對於此一問題之歧見，恐將成為中日談判圓滿成功之一嚴重障礙（a serious obstacle）。

二、日本政府恐難接受中國政府此項見解，蓋中日和約如有此項規定，自已超出〔舊〕金山和約之範圍，且已超出吉田致杜勒斯函件之範圍。

三、國務院認為中國政府原曾主張在和約內不將臺灣澎湖地位予以確定，現最好避免使用特殊地理定義（specific geographical definition），而回復至前所商討有關和約適用範圍之方案。[61]

面對美國國務院針對草案二十條的強烈反應，負責處理此事的外交部條約司長薛毓麒不斷重申：

該條之目的不在確定臺灣澎湖之地位，而在使臺澎之人民、法人、船隻、產品得以享受和約所予中華民國之權利。舉例以言，中日和約初草第十條係照〔舊〕金山和約第十二條擬成，其中規定日本應就關稅事項給予中華民國人民、法人、船隻及產品以最惠國之待遇，現因和約內對於臺灣澎湖之歸屬既未明定，則臺澎人民、法人、船隻及產品之享受此項待遇，將失依據。第二十條之目的，即在補救此類情形。[62]

外交部為預防董遠峰傳達錯誤，特以書面方式將薛毓麒之說明告知美國大使館。一九五二年三月四日，行政院對日和約小組會議結論，仍決議「臺澎問題維持我原定立場」。[63]外交部是否企圖以條約文字確立臺澎主權歸還中國？畢竟先前國民黨政府曾企圖在中日和約草案第二條載入臺灣澎湖歸還中國，是否因前一嘗試失敗，故而改以草案二十條將臺灣澎湖居民定義為中華民國國民以伸張臺澎主權歸屬？筆者詳細查閱外交部與總統府檔案，但並無相關發現。反而是外交部多次重申「確保臺澎人民權利與利益」理由，說明草案二十條立法意旨。

另方面，由於美國國務院明確阻止和約內有暗示臺澎主權之文字，蔣介石總統只能思考以其他方式主張。三月十一日，蔣總統召集「對日和約指導小組」會談，指示在臺灣問題上須使「開羅宣言重加有效之聲明，以補和約內未提臺灣地位問題之缺憾也」。二十五日，蔣總統再度召集會談，**並認為「余以為只要有（領土）臺灣為我現有之領土，則主權字樣不必多爭也」**（按：括弧內為日記原文）。[64] 二十六日，蔣總統召見葉公超指示「開羅宣言必須於對日和意（議）簽訂時重新聲明其有效，並先要求美國同意也」。[65] 顯示美國政府抗議後，蔣總統並不堅持在中日和約中明訂臺澎主權歸屬，退而求其次重申《開羅宣言》之主張。

《中日和約》中有關臺澎居民國籍之安排

中日議約之始，由雙方各自提出草案，日本政府所提初稿原本只有六個條文，並關切條約適用範圍，第六條規定「本約應適用於現在在中華民國政府控制下或將來在其控制下之全部領土」。[66] 中華民國政府所提初稿則有二十二條，第二十條規定「就本約而言，中華民國國民應認為包括依照中華民國在臺灣及澎湖所已施行或將來可能施行之法令規章而具有中國國籍之一切臺灣及澎湖居民」已如前述。雙方各有關切，和約談判陷入膠著。

一九五二年三月十一日日本代表團首席團員木村四郎七（1902-1996）與我方代表團副團長胡慶育會談時，突然表示日方已充分明瞭我方關於原約稿第二十條、二十一條③之重視，「日方對二十條當可接受」。[67]

日本方面為何突然願意接受中方和約初稿第二十條「中華民國國民包括臺澎居民」之條

文？據學者鶴園裕基的研究，戰後日本政府面對為數眾多在日朝鮮人、在日臺灣人居留問題，大為苦惱，尤其如何適當處理「兩個中國」所屬人民，甚感棘手。一九五二年三月，日本國會密集審查出入國管理法令，日本政府必須區別臺灣出身者、大陸出身者，以利戰後華僑管理與遣返處置。此時恰巧正值中日和約談判之際，因此日本政府同意將臺灣人「視為」中華民國國民，以使管轄權明確化，便於遣返臺灣出身者；至於中國大陸出身者則不屬中華民國管轄，不能遣返臺灣。日本政府官員在國會詢答時再三聲明，此一條文是為臺澎人民失去日本國籍後的身分便利與權益保障所設，與臺澎主權歸屬無關。[68]

經過中日雙方多次會談後，第二次稿約草案有十四條，第十二條規定「就本約而言，中華民國國民應認為包括依照中華民國在臺灣及澎湖所已施行或將來可能施行之法律規章而具有中國國籍之一切臺灣及澎湖居民」。第三次約稿共十四條，有關中華民國國民範圍移到第十一條。

四月八日，日方主張修改約稿第十一條，在「中華民國國民應認為包括依照中華民國在臺灣及澎湖所已施行或將來可能施行之法律規章而具有中國國籍之一切〔臺灣及澎湖〕居民」

③ 我方和約草案第二十一條是我國享有與《舊金山和約》各簽約國同樣之對日和約利益，日方對此條文不表同意，雙方存在重大歧見。

之後，**再加入「及前屬臺灣及澎湖之居民及其後裔」文字**。外交部認為日方主張將臺澎居民及其後裔也納入中華民國國民之範圍，「此一建議對我亦屬有利，應予接受。」[69]

值得注意的是，日方此一修訂刻意將「中華民國在臺灣及澎湖所已施行或將來可能施行之法律規章而具有中國國籍之一切臺灣及澎湖居民」與「前屬臺灣及澎湖之居民及其後裔」兩種居民加以區隔，以顯示其差別，其間意涵相當值得推敲。

國民黨政府原本在和約初稿第二十條規定中華民國國民包括臺灣澎湖居民，美方表達反對與警告，並認為日本政府恐怕不會同意，此條文將成為雙方談判之嚴重障礙。但是，既然日本政府同意中華民國國民包括臺澎居民，外交部也一再強調此規定與臺澎主權無關，於是，美國政府未再堅持反對態度。

一九五二年四月，中日和約爭議終於底定，因和約第六、七條合併，臺澎居民國籍問題往前推進成為第十條。[70]

《中日（臺北）和約》共經歷十八次非正式會議、三次正式會議，雙方在條約名稱、最惠國待遇、條約適用範圍、賠償等重大問題上往返折衝，最終趕在四月二十八日《舊金山和約》生效七小時前完成簽署，共計條文十四條、議定書一件、換文兩件、同意紀錄一件。

《中日和約》第十條規定：「**就本約而言，中華民國國民應認為包括依照中華民國在臺灣及澎湖所已施行或將來可能施行之法律規章而具有中國國籍之一切臺灣及澎湖居民及前屬臺**

灣及澎湖之居民及其後裔；中華民國法人應認為包括依照中華民國在臺灣及澎湖所已施行或將來可能施行之法律規章所登記之一切法人。」就條文文字顯示，**日本政府認為中華民國國民有兩種：一種是具有中華民國國籍之一切臺澎居民，另一種則是前屬臺灣及澎湖之居民及其後裔。**這段文字別具意涵，**前者具有中華民國國籍、後者被承認是中華民國國民**，兩者並不相同；「前屬臺灣及澎湖之居民及其後裔」是否已經具有中華民國國籍，抑或只是被視為中華民國國民，仍然存在詮釋空間。

《中日和約》經過諸多折衝終於完成簽訂，國民黨政府堅持初衷表明第十條只是為了保障臺澎人民權益。在外交部向立法院提出的〈議訂中華民國與日本國間和平條約總報告書〉中，如此說明和約中有關臺澎居民國籍問題之處理：

> **查〔舊〕金山和約僅規定日本放棄臺灣澎湖，而未明定其誰屬，此點自非中日和約所能補救**，惟因此臺灣、澎湖之自然人、法人、船隻及產品，是否可解釋為具有中華民國之國籍之自然人、法人、船隻及產品，**俾我得依和約之規定，維護其權利或利益，亦乏依據。我為補救此項情形起見**，曾在最初提出之約草中，加列一條，就臺澎人民、法人、船隻及產品之地位予以規定，**經談判結果，已分別列為中日和約第十條及議定書第二項（丁）款（子）目。**71

《中日和約》簽訂後須經立法院批准，同年（一九五二）七月十六日外交部長葉公超向立法院提出〈中華民國與日本國間中日和平條約案之補充說明〉，再度重申《中日和約》第十條規定臺澎人民及法人地位，「在法律上因〔舊〕金山和約及中日和約均未明定臺澎之歸屬，故有此項補充規定之必要。」[72]

日本政府方面，也主張《中日和約》並未決定臺澎主權。一九五二年五月，日本眾議院外交委員會審查《中日和約》，眾議員追問外務省是否承認中華民國擁有臺澎主權，相關詢答如下：

> 眾議員並木芳雄（改進黨）問：然則是否認為臺澎係中國之領土？石原（外務省政務次官）答：此點在**該約中並無任何規定**，**在盟國間正式決定以前**，**日本已予以放棄**，**其歸屬尚未分明**。……眾議員佐佐木盛雄（自由黨）問：日本之立場雖與決定臺澎歸屬問題無關，但該地區既被置於國府之權之下，似不能不認為國府對該地區已持有領土權？倭島（外務省亞洲局長）答：**日本僅在〔舊〕金山和約中明白宣示放棄此項地區**，**此外並不能作任何意思表示**。[73]

另方面，前文指出美國政府要求《中日和約》必須限定適用範圍，但因蔣介石總統堅決反對在條文中正式明訂，最後以換文方式呈現：「本約各條款，關於中華民國之一方，應適用於現在中華民國政府控制下或將來在控制下之全部領土。」葉公超在〈中華民國與日本國間中日和平條約案之補充說明〉也指出：

> 該換文所定適用範圍，為我政府所控制下之全部領土，**所謂控制，乃屬一種事實狀態，並無任何法律意義，與法律上之主權，截然不同。**[74]

《中日和約》在美國政府全程主導下完成，其主要前提是：必須與《舊金山和約》內容相同，並且限定條約適用範圍。因此，《中日和約》遵照《舊金山和約》規定日本

圖3.2　中華民國代表葉公超（左一坐者）與日本代表河田烈（右坐者）於臺北簽署中日和平條約

來源：國史館藏，數位典藏號：002-050101-00018-023。

放棄臺澎，並未處理臺澎主權歸屬；至於條約適用範圍則僅限於中華民國政府所控制的臺澎金馬。在此二前提框限下，雖然中華民國國民包括臺澎居民，中華民國政府統治臺澎，卻與主權無關。美英「杜勒斯—莫里森協議」有關和約不決定臺澎未來的第三項原則，果真被貫徹落實。

因為東亞冷戰局勢，美國政府加速推動對日和平條約，以構築反共防線。杜勒斯認為臺灣為反共防線的重要據點，不能落入共產陣營手中，因此決定廢棄《開羅宣言》，凍結臺灣地位。在美國政府主導下，對日和平條約僅規定日本放棄臺澎，並未明定臺澎主權歸屬，但由中華民國政府實質控制。此一處置自此延續，使臺灣處於極為特殊的國際地位狀態。

第二部

蔣介石的反共王國

美國政府的臺灣方案中，第三方案是扶植非蔣非共的中國人政權。在美方強大壓力下，國民黨政府以吳國楨、孫立人分掌省政、軍事大權。一九五〇年代，國民黨政府推動地方選舉，以有限的政治參與攏絡臺灣人；又為了改善農民生活、避免階級對立，進行土地改革。兩大政治經濟改革成功，促使國民黨政府獲得美方的肯定，政權起死回生，蔣介石更以巧妙手腕重掌大權。

但實際上，國民黨政府一面應對美方的期望，一面打造威權統治的基礎工程。透過黨的改造、軍隊重整、情治機關重組，國民黨政府在政治、社會、軍隊、青年等各方面都建立起深入且嚴密的滲透機制。

國民黨政府以反攻大陸為口實，權力集中在外省籍高層的統治模式，造成臺灣社會嚴重的省籍問題。面對威權獨裁體制日甚，本省籍菁英與《自由中國》集團外省籍人士醞釀跨越族群對立，攜手籌組反對黨「中國民主黨」以為制衡。正當此時，南韓李承晚（1875-1965）政權倒臺，更激勵組黨運動加速前進。但在冷戰年代，美國政府選擇反共的蔣介石政權作為合作夥伴，不樂見反對黨取而代之，蔣介石為了維繫威權體制也施展霹靂手段阻止組黨行動。一九六〇年，蔣介石在順利無限期連任、解除島內外第三勢力與自由派逼宮後，加上成功壓制反對黨運動，他的反共威權王國於焉徹底穩固。

中國民主黨組黨運動失敗後，島內自發性臺灣獨立運動萌芽。一部分青年醞釀武裝革命手段，不惜以性命相搏；一部分知識分子則發展現代國家的建國論述，試圖以體制內路線翻轉體制。而應該如何有效處置臺獨運動，成為國民黨政府棘手的課題。

第四章 國民黨政府絕地逢生

一九五〇年臺灣舉行第一次地方自治選舉，臺灣省民政廳長楊肇嘉負責籌辦選務，他到處演講說明地方自治意義與選舉辦法，鼓勵臺灣人參選。在臺中、臺南宣傳場次，他竟忍不住抨擊國民黨政府。

臺南的宣講活動在全成戲院（今全美戲院）舉行，由官派臺南市長卓高煊和一干軍警官員陪同。楊肇嘉站上舞臺，以雷公般的聲音表示：「我們為了臺灣，要做的是地方自治，選我們的市長。我們要知道市長該做什麼，該選甚麼人，來好好治理地方。」接著，伸手一指身邊的外省籍官員說：「把這些豬仔都趕回去！」[1]

楊肇嘉是臺中清水人，是日治時期活躍的政治社會運動家。早年他進入早稻田大學攻讀政治經濟科，投身臺灣議會設置請願運動；一九三〇年主持臺灣地方自治聯盟，並曾偕同葉清耀、葉榮鐘等人赴朝鮮考察地方自治制度，提出〈臺灣地方自治制度改革案〉；戰爭時期，因為批評臺灣米穀統制問題遭受統治當局壓力，於是移居上海。

日本戰敗後，楊肇嘉積極投入旅滬臺灣同鄉會活動，協助臺胞返鄉。二二八事件發生時，他與上海、南京等臺灣同鄉團體積極奔走呼號，向中央政府請願，要求阻止屠殺慘案，並返臺考察。行政長官陳儀視他為眼中釘，竟在他返臺時施以看管、限制行動，楊肇嘉只好匆匆返滬。

一九四九年底情勢巨變，吳國楨出任臺灣省政府主席。為拉攏人心，吳國楨任命的二十三名省府委員中有十七名是臺灣人，楊肇嘉是其中之一。此時因權力鬥爭嚴重，省府人事動盪，民政廳長蔣渭川、建設廳長彭德遭半山派合力拉下馬，夙有民間聲望的楊肇嘉因此被延攬出任民政廳長。

楊肇嘉的主要任務是推動第一屆地方自治選舉。他在推動地方自治選舉的宣講中，毫不掩飾對外省人士的厭惡。同年底，他的姪子楊基先參選臺中市長，在汽車上綁上豬公遊行全市。蔣總統震怒，以「楊基先非法競選，誹謗政府」、「無所不用其極，已早失其合法競選立場」，下令撤銷其候選人資格，並追究楊肇嘉在演講中「公開詆毀政府，乃為助威其姪之競選」、「假公濟私，利用民政廳長之政府地位影響選舉，應即查辦為要」。[2]

美方介入下的政治改革

一九四九年國民黨政府在國共內戰中一敗塗地，大量軍隊與難民湧入，臺灣經濟瀕臨崩潰邊緣，「美國將接管臺灣」的謠言滿天飛。

為了穩定局面並獲取美國政府的援助，蔣宋美齡赴美奔走，卻四處碰壁，美國國會中同情國民黨政府的中國遊說團（China Lobby）也遭輿論無情抨擊。美國政府觀望局勢，保留與共產黨中國發展關係的可能性。因此，國民黨政府撤退臺灣之初，美方並未將大使館移到臺北，僅保持領事館層級，派駐代辦、領事主持館務。

這一整個夏天，吳國楨不斷出入臺北領事館，乞求美國政府伸出援手。他建議美方明講希望往哪些方向改革才願意提供協助。美國政府認為，島上中國政府的根本問題在於移植了在大陸時期的貪瀆與惡習，單靠外來經濟與軍事援助，於事無補；除非建立有效能的政府，提升政治經濟福祉以滿足臺灣人的正當渴望，才能避免動亂。[3]

十月二十八日，已下野的蔣介石收到美國臺北領事館總領事麥唐納轉來國務卿艾奇遜密電，表達美國政府對臺灣的態度，將取決於島上的中國政權是否能成為有效能的政府，帶給人民較好的政治經濟水準。[4]麥唐納建議國務院明白指出應改善之具體內容，包括盡速設立地方自治政府、提拔臺灣人進入政府重要職位等等。[5]

十一月三日，麥唐納面見蔣介石，除了傳達美國政府主張，更具體表示美方關注到本地人民不滿日深，如果可以延攬一些有能力的臺灣人進入省政府，將有助於臺灣人感覺自己是政府組織的一部分，進而鼓舞他們協力防禦本島免於赤化。[6]五日，麥唐納會見臺灣省主席陳誠傳達同樣的訊息。陳誠表示政治經濟的改革已在進行之中，並且願意完全遵照美方意旨去做，希望能夠盡快獲得軍經援助。[7]

蔣介石對於美國政府願意與他重新接觸，欣喜異常，認為這表示老盟友並未完全拋棄他，吳國楨則提醒蔣介石，這是與美交往最後的機會，必須同意未來的任何條件。[8]十一月九日，臺灣省政府主席陳誠表明省府年度工作計畫中，最重要的政治計畫即是經由普選逐步建立地方自治政府，經濟方面則是以增產為目標，促進人民福利，尤其著重農民與工人。[9]

美方除關心臺灣政治經濟狀況，也高度介入人事安排。十一月十四日總領事麥唐納向國務院報告指出，陳誠掌權之下對經濟無知、作風保守，無法使美援真正發揮效用；加上陳誠本人不諳英文、難以溝通。麥唐納認為除非由吳國楨出任臺灣省主席、孫立人出任臺灣軍事最高司令，並由蔣介石委員長保證去除組織沉疴、剔除老將與政客，否則無法達成改革目標。[10]同一時間，國防部次長鄭介民訪美後也帶回消息，美國海軍第七艦隊總司令白吉爾（Oscar C. Badger, 1890-1958）建議臺灣省政府改組，由吳國楨主持省政，則美方將同意提供援助。[11]

蔣介石已沒有其他選擇，他親自召見吳國楨，拿出美國國務院密電譯文給他，要求他接受省主席職位，吳國楨一度遲疑，蔣逼問：「你是打算拒絕任職來危及美援嗎？」[12]

十二月七日，吳國楨突然拜訪臺北領事館，告知國民黨政府最高當局已邀請他擔任臺灣省政府主席，並授予他建立真正民主政府、選派官員、掌控中央與省單位、列席軍事會議等重大權力。吳國楨希望美國政府可以接受這個「往正確方向的第一步改變」，並提供可能的援助。[13]

十二月十五日，國民黨中常會通過吳國楨人事案，國民黨政府接受美方的條件，絕地求生。年底，蔣介石在日記中表達了對吳國楨任省主席的不信任：「臺省府改組，經過一番波折，總算妥洽成立，此一大舉實為冒險之最後一著。每念操之在我則存，操之在人則亡之句，不勝憂惶。吳國楨言行情性皆以依賴美國為惟一救亡之道，更足憂慮。」[14] 但是，他也認為自己因此獲得重生機會：

從前種種譬如昨日死，此後種種譬如今日生。過去一年間黨務、政治、經濟、軍事、外交、教育，已因胡宗南逃瓊島之故澈底失敗而絕望矣。如余仍能持志養氣，貫澈到底，則因〔應〕澈悟新事業、新歷史，皆從今日做起。[15]

吳國楨對於自己雀屏中選為臺灣省主席的原因深有體會，他心知肚明蔣介石選擇他的主要原因就是「作為謀取美援的一個工具而已」，自己最迫切、最重要任務，就是改善臺灣人與大陸人之間的關係，因此任命十七名本省籍省府委員招攬人心，同時快速著手臺灣地方自治選舉，爭取臺灣人的信任。[16]

二二八事件以來臺灣社會強烈要求讓臺灣人參政並落實地方自治選舉，但從未獲得國民黨政府具體回應。如今國民黨政府走投無路，在美國政府的強大壓力下，為了挽救危局，終於開始推動臺灣地方自治選舉。

民主為先？安定至上？

一九五〇年第一屆地方自治選舉，二十歲以上公民、不分男女都具有投票權，普選選出縣市議員與縣市長，這是臺灣選舉史上的創舉。日治時期臺灣地方自治選舉，總督府以納稅額限制投票人資格，設計有利於在臺日人的選舉制度。戰後初期，除了基層鄉鎮民意代表由人民投票外，其他縣市參議員、省參議員、國民參政員、制憲國大各級民意代表等都由間接選舉產生。

當局為有效控制第一屆地方自治選舉局面，採取特殊投票方式。全臺二十一縣市議員選舉自一九五〇年七月至一九五一年一月分為六期投票，先在花蓮、臺東等偏遠縣市舉辦，再逐漸推進到西部、中北部縣市。縣市長選舉則自一九五〇年八月至一九五一年七月分為八期辦理完成。[17]第二屆縣市議員選舉，自一九五二年十二月至一九五三年二月，分兩期舉辦，第三屆縣市議員選舉自一九五四年十二月起至一九五五年二月分兩期舉辦。直到一九五八年一月第四屆縣市議員選舉，全臺才統一舉行投票。[18]

美國國務院密切觀察臺灣首次地方自治選舉，並透過領事館掌握不同來源資訊，持續約談臺灣菁英以掌握選舉情況。花蓮、臺東兩縣剛完成投票後不久，領事館即約談活躍本土人士。負責選務的楊肇嘉表示，多數臺灣人感謝美國政府的間接壓力，也推崇吳國楨推動改革，但仍抱怨國民黨政府壓迫人民、忽視人權，嚴密控制臺灣，派遣祕密警察滲透全臺，各區都有十二、三個不同的特務小組，結合黑道控制地方社會，所謂的政治改革是騙人的。[19]蔣渭川則指出，花蓮的候選人假裝是無黨籍人士，事實上大多數與國民黨有關或是即將加入國民黨，且兩地投票率偏低；他也建議美方應該敦促國民黨政府與臺灣人協商，進行政治改革。[20]

省主席吳國楨向美方透露，臺南市葉廷珪、臺中市楊基先兩位無黨籍人士決定參選後，他接到命令要求撤銷這兩人的參選登記。吳國楨找來這兩位候選人說明他們的處境、要求他們退出選舉，但遭拒絕。於是他面見蔣介石，說明強制撤銷兩位非國民黨籍候選人將會徹底傷害「自由中國」形象，甚至表明如果當局執意為之將立刻辭職，因為他無法接受一面宣傳自由選舉，一面卻限制人們參選。蔣介石沉默半晌後，不再堅持。[21]此事顯示國民黨政府介入選舉情況嚴重，連主持省務的吳國楨都直接承受來自高層的壓力。

第一屆省市議員選舉結果，在臺北市、臺中市兩大都會區，非國民黨籍議員席次分別占有四六％和四三％，與國民黨籍席次幾乎不相上下；臺南市非國民黨籍議員占五七％，更是超越國民黨籍席次。而農業縣新竹縣、苗栗縣、嘉義縣，非國民黨籍議員都超過四成，屏東縣非國民黨籍議員更高達六五％。二二八事件後、在統治當局高度操縱之下的選舉，竟然出

圖4.1　一九七二年省主席謝東閔（右）拜訪退休的楊肇嘉

來源：國史館藏，數位典藏號：009-030204-00005-012。

現這樣的結果，國民黨政府見識到臺灣地方仕紳、地主階層的活力與實力。[22]

於是一九五一年九月，行政院頒布《臺灣省臨時省議會組織規程》、《臺灣省臨時省議會議員選舉罷免規程》，規定臺灣省議會須由縣市議員投票，亦即以間接選舉方式產生，直到反攻大陸後頒布《省縣自治通則》、《省自治法》為止。統治當局限縮人民參政權，控制臺灣省級議會產生方式，招致民間廣泛批評。[23]

一九五四年三月第二屆臺灣省臨時省議會選舉舉行之前，當局再度修訂選舉法規。雖然將臺灣省議會議員選舉方式改為直接選舉產生，但其定位只是諮詢機關，而非實質立法機關。美國大使館認為，法規修訂加強限制候選人資格，顯示政府當局在選舉中企圖去除競爭者、掌握實權、不信任人民能力，三年來臺灣的地方自治並無明顯進步，仍停留在十分狹窄的範圍。[24]楊肇嘉也反映，各地的選舉只有國民黨提名的候選人可以活動，甚至利用警察施壓等各種下作手段贏得選舉；他抱怨**美國政府提供美援，強化了國民黨的控制，美援與武器並不是用來對付共產黨，而是用來壓制臺灣人；臺灣**

人厭惡國民黨政府、希望他們回去中國大陸，卻有美國政府與美援作為後盾。[25]

一九五七年的第三屆縣市長選舉，二十一個縣市中僅有臺南市長葉廷珪以獨立候選人身分搶得一席，國民黨囊括二十個縣市長寶座，大獲全勝。但美國大使館在各地的觀選報告指出選舉舞弊情況嚴重，包括官方操縱人民投票、製造廢票、禁止非國民黨籍提名候選人進行競選活動、投票前候選人被迫撤回登記等等。[26]臺北市選情競爭激烈，國民黨政府透過警察施壓選民、黨工控制開票，使非國民黨籍候選人高玉樹的得票變成廢票，國民黨籍候選人黃啟瑞多出五、六萬張非法選票，致使數千名群眾聚集抗議。[27]嘉義、高雄都出現警察介入投票、國民黨民眾服務社與選務人員作票等不法情事，高雄某處甚至出現整個票櫃都是國民黨選票的情形。

美國大使館對於國民黨政府在選舉中的介入操控、非法舞弊情況都深入掌握，瞭然於胸。一九五三年藍欽大使向國務院報告，一九五〇年開始的選舉是有限的地方自治範圍的選舉，省主席並非選舉產生，臺灣省級議會選舉由間接投票產生、只是諮詢建議的機關。各次選舉法規修訂，目的在建立緊密的選舉監督系統，並限制候選人資格，使國民黨能夠確保優勢，更有效地控制地方。選舉過程中，國民黨政府介入干涉的證據更是不勝枚舉。儘管如此，藍欽仍認為臺灣地方選舉具有重要政治意義，在國家安全與反共的前提下，不得不如此：

> 地方自治選舉制度只是作為正當化的手段，用以強化國民黨政府獲得臺灣人民的支持，吸引

在大陸的中國人，並贏得國際社會、尤其是美國的認可。……**在當前，無限制擴張地方自治的主張，將會弱化〔國民黨〕政府拯救國家的至高任務**。[28]

藍欽認為，雖然一九四七年公布的《中華民國憲法》許諾一個民主政府，但是，民主實踐必須以更安全、和平的條件為前提，目前在共產黨威脅之下，無法期待在臺灣實現民主政治。一旦在島上實現真正的地方自治，臺灣社會具有更大自主勢力，將削弱國民黨政府的控制能力。

總而言之，這位戰後第一任駐臺美國大使給予吳國楨的改革極高評價，並認為行政院長陳誠、臺灣省主席吳國楨兩人雖有競爭關係，但仍促使臺灣達成政治安定。他肯定國民黨政府在政治上有明顯進步，中國大陸時期的貪汙腐化與派系鬥爭已被清除；更指出，組織性、意識形態性的有效反共手段已被建立起來，成功阻止共產黨滲透，確保臺灣內部安定與秩序。[29]顯然，在反共前提下，政治安定的重要性凌駕於民主之上。

土地改革與政權鞏固

二戰後，美國政府認為農業為主的亞洲國家必須推動土地改革，方能促進糧食增產、改善農民生活，緩和無產階級與地主階級之間對立關係，如此才可有效避免共產主義蔓延。

美軍占領下的日本、南韓，都著手推動農地改革政策。日本方面，盟軍總部以農地改革作為民主化第一階段的要務，一九四五年十月成立的幣原內閣提出「提高自耕農人數」作為政策目標，推動第一波農地改革。一九四六年四月在對日理事會要求下，盟軍總部推動不在地主（不居住於土地所在地區的土地所有權人）之土地強制賣給佃農的第二波改革。在盟軍總部大膽主導下，日本官僚細緻立法、用心推動，一九四一年全部耕地本有四六％由佃農耕作，至一九四九年銳減為一三％，農地改革成為美軍占領期間重大的成果。[30]

南韓方面，美國國務院於一九四六年二月完成韓國農地改革基本政策，針對戰前在朝鮮日本人擁有之農地進行處分。接著，美國軍政府與左翼溫和派人士呂運亨（1866-1947）、右翼金奎植（1881-1950）合作，推動農地改革政策，並獲得李承晚、金九（1876-1949）等人支持。一九四七年美國軍政府為建立「共產主義防波堤」，韓方代表與美方專家組成農地改革委員會討論法律草案，進行立法準備。一九四八年在聯合國監督下南韓舉行總統選舉並制定憲法，選出李承晚為第一任大統領（總統），接著，農地改革法案在國會中獲得推進，一九五〇年實施農地改革。[31]

為確保戰後東亞穩定，美國政府也相當關心中國農業與農村重建。一九四八年十月在南京成立了「中國農村復興聯合委員會」，由杜魯門總統任命的專家穆懿爾（Raymond T.

Moyer, 1899-1993）、貝克（John Earl Baker），與蔣介石總統任命的蔣夢麟、晏陽初、沈宗瀚五人共同組成。農復會主任委員蔣夢麟指出，該會的主要工作有二：一是戰後糧食增產，透過農業新知之推廣、機械發明之引進，在全國各地試驗與示範；二是建立社會安全架構，因為中國共產黨藉著清算地主與富農、沒收地主土地分配於貧農等主張逐漸獲得擁護，因此，農業國家如中國之社會安全關鍵即在於土地改革。農復會主張的土地改革有兩個方法，一是減租，保障佃農權益；二是採取限田政策，使地主僅能保有限定數量之農地，其餘須出售予佃農，使耕者有其田。[32]

農復會鼓勵中國政府進行土地改革，蔣總統表示支持，並成立地政部，籌備選擇在貴州、四川、福建等部分地區進行二五減租。[①]但因國共內戰烽火連天，加上通貨膨脹問題雙重夾擊，在中國大陸的土地改革未能有效推動。

一九四九年二月，農復會到臺北籌設辦事處，蔣夢麟偕同穆懿爾、沈宗瀚會見省府主席

①「二五減租」指將地主原本的佃租減少二五%，即是打七五折。例如地主原本收租七〇%，經二五減租後，則地租降為五二・五%。臺灣平均地租是五成，減租二五%，因此地租就是三七・五%。參〈蔣彥士先生訪問紀錄（一）〉，收入黃俊傑訪問、記錄，《中國農村復興聯合委員會口述歷史訪問紀錄》（臺北：中央研究院近代史研究所，一九九二），頁一五七；張憲秋，《農復會回憶》（臺北：行政院農業委員會，一九九〇），頁一五。

陳誠，探詢推動土地改革的意願：

我們到省政府去見省主席陳辭修先生，我們對他說，農復會的工作方針是兩方面的，好像一把兩面快的劍，一面用之於社會，以推行公平的分配；一面則運用近代的科學方法來增產。……我們一方面談公道，一方面講生產，這就是我們的兩邊鋒利的一把寶劍。這個政策，經我代表農復會說明之後，辭修先生聽了非常贊成，說：「好啊，我們很歡迎。」

我們又說，公平分配最要緊的是土地改革，那便是耕者有其田。……陳辭修先生說，他贊成這個辦法，當他任湖北省政府主席時，也曾做過土地改革，收效很大。所以他也想在臺灣做，不過目前的臺灣百廢待舉，……我當時就代表農復會說：「只要省政府有推動土地改革的決心，農復會一定盡量幫忙。」主席說：「好，我們就這樣辦吧！」[33]

在取得陳誠承諾後，農復會決定遷往臺灣，以土地改革為首要目標，激勵農民增產，並防止共產黨滲透。[34]

一九四九年大批難民撤退臺灣，造成島內龐大的糧食壓力，糧食增產是萬分迫切的課題。臺灣省政府主席陳誠在記者會上就表示，推動三七五減租政策的主要動機一方面是為了糧食增產，一方面要防止增產所得利益落入少數人手中的不公平現象。[35]

由於臺灣並非美軍占領地，美國政府不能扮演如同在日本、南韓一樣的政策主導角色。因此在臺灣，土地改革的決策者是中華民國行政院、省政府，執行者是省政府地政局、各縣市政府地政事務所，與美方關係密切的農復會則扮演鼓勵與指導角色。農復會的主要工作是：一、政策配合與協調，提示土地改革的必要性，綜合在中國大陸經驗提供協助；二、專家指導與建議，尤其是當各方利益出現衝突時扮演潤滑劑，政策出現偏差時發揮建言功能；三、經費補助與業務支援，以利政策推動。[36]

圖4.2　（左起）吳國楨、藍欽、陳誠與美國專家穆懿爾夫婦。

來源：國史館藏，數位典藏號：008-030800-00010-014。

在臺灣推動土地改革之前，必須先進行許多調查、規畫、準備工作，以及人力、財力支援。例如，實施三七五減租時，得先從事地籍清查總歸戶、依據土質好壞區分等級、評定標準收穫量等工作著手，將全臺四十萬公頃、八十二萬筆耕地等級、使用狀況、所有權一一查明。實施公地放領、耕者有其田時，土地買賣過戶程序更須周全。這些都有賴農復會土地改革組的設計規畫。其次，要推進上述調查工作得依賴大量人力，據統計，各縣市、鄉鎮、村里為執行、訓練、督導土地改革工作所僱用人力曾經高達三萬三千多名，但因當時政府員額編制無法支應，所有用於差旅費、交通費、薪資鐘點費、印刷費等龐大行政經費，也都由農復會負擔，[37]歷年補助土地改革經費共達新臺幣二〇二七萬七二四六元。[38]另外，農復會選派專業技術官僚規劃督導，並提供必要經費落實執行，使土地改革政策得以順利推動。

土地改革政策初期並不順利，陳誠主推的三七五減租造成地主損失。地主為了維護自身利益，強迫撤佃退耕、收回土地、僱工自耕、脫售農地等等，造成階級關係緊張、業佃糾紛層出不窮，農村問題更加嚴重。一九五〇年初到一九五一年中，退租及業佃糾紛共有一萬六三四九件；至一九五二年六月更達三萬五三一三件，農民失去耕地，勢將引起嚴重的社會問題。[39]中共地下黨於是要求黨員加緊利用三七五減租所造成的業佃關係變化，煽動農民、吸收入黨，迅速擴大組織，企圖動搖國民黨統治基礎。

吳國楨出任省主席後，推動公地放領政策。但國民黨中央認為公地放領違背三民主義土地收歸國有的政策原則，黨所主張的是耕者有其田，是將地主手中的田地分配給自耕農，而不是將國有地變為私有地。吳國楨的政策未獲黨中央全力支持，當時最大的國有地擁有者臺糖公司所放領的土地也品質不佳，引起農復會顧問雷正琪（Wolf I. Ladejinsky, 1899-1975）關切。

一九五二年九月雷正琪致函蔣介石總統，批評臺糖公司所放領土地大部分地質甚劣、不利耕種，農民對公地放領政策感到失望，他建議公有土地應該盡量售予佃農，公營企業、特別是臺糖公司只需保有最低限度之土地，方能對於經濟與政治、土地與人民有所助益。但是，蔣介石總統對於國有地用途另有規畫。國防部奉總統指示「臺糖餘田甚多，應撥出六千甲為老弱退伍軍人一萬五千人安置之用；並准退伍者分得之田向土地銀行暫押，其收入之款，作為建房之用」；並要求經濟部轉知臺糖公司「盡量選撥比較優良之土地，以便安置老弱退除役士兵」。吳國楨的公地放領主張與蔣總統的安置老兵政策背道而馳，大批來臺的政權依附者成為本地農民的利益競爭對手。[40]

同時，前述第一屆地方自治選舉結果也刺激統治當局的政策選擇。由於地主與地方菁英在部分都會區及農村地區都展現了驚人實力，一九五一年國民黨中央改造委員會在針對地方選舉總檢討中，將地方競爭者定義為「流氓土劣及地主勢力」，指控他們在選舉中耗費甚鉅，決定強力回擊。[41]

第二屆地方選舉開始前的一九五二年十月，大批臺籍人士求見省主席吳國楨，因為他們許多親友被以「流氓」罪名拘捕，卻不知觸犯何種法律。吳國楨從保安司令部參謀長李立柏口中得知，已遭逮捕人士共有九九八名。這些人並非什麼地痞流氓，而是當地意見領袖，因為選舉即將到來，情治機關逮捕這些人士施以威脅，迫使他們改變支持對象。吳國楨並獲悉，當局預計發動的大規模「取締流氓」行動，名單達三千多人。他要求保安司令部三天內必須釐清所有指控，未有犯罪證據者應即釋放，結果只有十八人因輕罪送法院審判，絕大多數人都予以釋放。儘管如此，逮捕行動已嚴重打擊地方勢力，許多人退出選舉或屈服於壓力，國民黨籍候選人在第二屆地方自治選舉中因此獲得壓倒性勝利。[42]

一九五三年行政院長陳誠施行「耕者有其田」之限田政策，規定地主只能保留少許土地，

圖4.3　在警察陪同下地主將多收的稻穀歸還佃農

來源：國史館藏，數位典藏號：008-030601-00006-005。

讓出的土地由佃農承購成為自耕農。國民黨中央確立了拉攏農民的宣傳策略，強調打擊地主劣紳、扶助農民大眾，並利用第二屆地方選舉動員群眾支持此一扶植自耕農的限田政策。[43]在如此一手逮捕壓制、一手懷柔宣傳的策略下，原本應該是以農業增產、社會安定為目標的臺灣土地改革政策，逐漸流露鞏固政權的政治傾向。

曾參與推動土地改革政策的前央行總裁謝森中坦白指出，臺灣的土地改革政策得以成功，**「政權所有者和土地擁有者不是同一群人」是關鍵原因**。[44]由於政治權力與立法權力掌握在外來者手中，同時本土地主勢力又是外來政權的競爭者，自然在決策中無法成為當局保障對象。更有甚者，學者指出相較於中國大陸時期各省之土地改革，臺灣土地改革政策中對「地主」的定義極為嚴酷，凡是擁有耕地且將其出租，就被視為地主，地主定義大幅擴張。又因臺灣私有農地多屬共有，絕大多數地主屬於小土地所有人，依賴小面積耕地維生，卻都被徵收放領給佃農，成為土地改革政策中命運最為悲慘者。②

---

② 依據一九二八年武漢中央土地委員會所定義的「小地主」，擁有土地面積至少需達五十畝，約臺灣甲數三．七甲。但根據地籍總歸戶統計，臺灣人擁有三甲土地以上的只有六．七七%，亦即，臺灣超過九〇%的業主不夠資格被稱為地主。又，國民政府主計對江蘇等十一省之統計調查，地主的定義必須至少擁有二十甲以上的土地，而一九五二年臺灣業主中僅有一．一九%符合所謂地主的資格。徐世榮，〈悲慘的共有出租耕地業主——臺灣的土地改革〉，收入謝國興主編，《改革與改造：冷戰初期兩岸的糧食、土地與工商業變革》（臺北：中央研究院近代史研究所，二〇一〇），頁四七—九五。

總體而言，土地改革政策強力推動後，確實達到國民黨政府所設定的兩大目標。一方面農民在獲得耕地後，提高生產意願，更加精進耕作技術，農業生產力大增，一九四九年臺灣產稻米量是一二〇萬公噸，一九五四年已達一七〇萬公噸，糧食增產超過四成。另方面，自耕農人數大幅增長，一九四九年土地改革前臺灣自耕農只有三分之一，至一九五三年自耕農達五〇%，連同半自耕農則達七五%。一九四九年佃耕地占四一%，至一九五三年已降到一六%。[45]土地改革確實發揮緩和社會矛盾、改善佃農處境的作用，也穩定了國民黨政府的統治基礎。

自一九五三年農業生產力回復到戰前水準，農業生產占國民所得比例到達三八%，直到一九六一年都維持在三成以上，而得以

圖4.4　官員下鄉宣傳三七五減租

來源：國史館藏，數位典藏號：008-030601-00006-001。

推動「以農業培養工業，以工業發展農業」政策，利用農業剩餘挹注工業發展。[46]

協助土地改革貢獻極大的農復會，也大力推動各項工作改善農村生活，包括改組農會、漁會、水利會，提升農漁民權利；重視農村衛生、改善農民健康、環境與醫療服務；引進農業機具設備加強效率；從事農作物栽培試驗與推廣；推動農村社區改良與社會問題改善等等。[47]一九五〇至一九六〇年十年間，正是臺灣農村經濟改善最明顯的時期。

美國大使館人員對臺灣農村的明顯變化都看在眼裡。一九五〇年代末期，農復會專家亨德博士（James A. Hunter, 1890-1966）認為臺灣農村經濟條件已經逐漸改善，農村糧食逐漸充裕、衣物變好、新房子不斷建造、腳踏車隨處可見，農民主要的抱怨在於稅賦太重、糧食價格太低。[48]美國大使館一等祕書皮斯理（Alexander L. Peaslee, 1922-1996）也在考察臺灣中部後寫報告指出：

> 臺灣經濟情況在近幾年有顯著的進步，雲林、南投等地方民眾購買腳踏車、收音機等過去甚為稀有的奢侈品，路上可以看到衣著光鮮的民眾，與緬甸地區形成明顯對比。坐落在沙鹿的一家紡織廠，即可成為增進整個地區繁榮的源頭。農民廣泛使用臺灣製造、稱為「鐵牛」的曳引機，……雖然地方上臺灣商人經常抱怨稅賦太重、政府阻礙生意，地方上一位觀察家認為，政府雖不民主、但相當良性，所有各階級的人民似乎都明顯變好。[49]

早年因為臺灣再解放聯盟案而離開臺灣的歐斯本，一九五七年十一月再度抵臺擔任美國大使館政治顧問，是美國外交官員中的「臺灣通」。他分析，經過一九五〇年代的改革，早年較為富有的臺灣人地主階級感覺自己社會地位遭受剝奪者，最痛恨國民黨政府；相對之下，原本貧窮的臺灣人則感受到國民黨政府改革後，自己在經濟與政治地位上的改善，而願意接受國民黨政府，其中包括原住民也在政治改革中受到好處，而農民大眾更是土地改革政策中主要的受惠者。[50]前臺北市長高玉樹與歐斯本會談時，大肆批評國民黨政府，歐斯本就曾當面反駁，臺灣農村大眾似乎正享受相當不錯的生活水平，高玉樹的說法太偏頗。[51]

一九五〇年代末期，美國農業專家、外交官員都不約而同指出，因為經濟發展成果逐漸顯現，農村大眾從中受益、生活條件改善，臺灣社會中的不同階級對國民黨政府的看法逐漸出現分歧：地主資產階級、受良好教育的上層臺灣人對國民黨政府依舊強烈不滿；但底層農民大眾因為生活條件獲得改善，逐漸改變對國民黨政府的看法。

國民黨政府在內戰中敗逃臺灣，政權朝不保夕，扶植非蔣非共的中國人政權，原是美國政府的臺灣方案之一。但冷戰局勢下，美國政府依賴反共政權協力合作；反共強人也以高明手段從事政治與經濟改革，取得美方背書。在美國政府恢復經濟援助、確立軍事協防保障後，吳國楨去職，楊肇嘉隨之結束政治生命，一九五五年孫立人被捕、遭長期軟禁。蔣介石施展巧妙手腕，不僅讓政權起死回生，並且讓權力重新回到他的掌握中。

第五章　打造威權基礎工程

國共內戰中，國民黨政府歷經遼西會戰、徐蚌會戰與平津會戰三大戰役失利，在毛澤東逼蔣下臺作為和談條件，加上白崇禧等桂系軍人視蔣為和平障礙、步步相逼之下，一九四九年元月，蔣介石宣布下野。在這眾叛親離、危急存亡的一年，蔣經國隨侍在側，成為蔣介石唯一可以信賴的人。

回到浙江省奉化縣溪口村故鄉後，蔣介石苦思雪恥之道，他最心繫的三大關鍵工作就是黨的改造、軍隊整頓與情報組織重整。日記中，他痛陳「黨內分裂、紀律掃地、組織崩潰為革命失敗之總因」，必須「選訓大批新幹部，使之祕密方式組織深入社會各階層，嚴格執行綱紀，提高組織尊嚴。黨政軍幹部痛改過去鬆懈散漫惡習，以群眾力量維護綱紀，保證每一黨員服從革命領導，執行革命綱領」。面對桂系逼宮、軍隊叛變，他除深感痛心之外，更因此認為務必徹底整頓軍隊，「整軍要領，皆以為政治教育之重要，思想與精神應使之恢復，而不任其長此崩潰也。」同時，他也籌謀「黨政制度、軍隊生活與社會政策亟思有一具體方案，期能制裁共產、比肩英美」，「偵探情報與監察人員之組訓為剿共惟一要務」。[1]

大廈將傾之際，蔣介石進行了各種保存實力的安排，而這些最緊要的工作都唯有獨子可以信任。他交給蔣經國辦的第一件事，是要空軍總部盡速把浙江定海機場建好，起初蔣經國不明白其用意，只是奉命行事，但父親十分關心進度，三天兩頭就來查問，直到機場竣工。後來國軍棄守淞、滬，湯恩伯的部隊就是靠著從定海基地起飛的空軍掩護，才能夠從舟山安全撤退到臺灣。[2]接著，蔣介石又派蔣經國到上海將中央銀行庫存的黃金都運到臺灣，蔣經國在一九四九年二月十日的日記中說：「中央銀行金銀之轉運於安全地帶，是一個重要的工作……直至今日，始能將大部分金銀運存臺灣和廈門，上海只留十萬兩黃金。此種同胞血汗之結晶，如不能負責保存、妥善使用，而供諸無謂浪費，乃至資共，那是一種很大的罪惡。」[3]

四月中共渡江，國民黨棄守南京，蔣經國決計將妻兒送往臺灣，免除後顧之憂，「昨日妻兒走了，傍晚到豐鎬房家中探望，冷落非常，觸景傷懷。……天氣陰沉，益增傷痛，大好河山，幾至無立錐之地！且溪口為祖宗廬墓所在，今一旦拋別，其沉痛之心情，更非筆墨所能形容於萬一。誰為為之，孰令致之？一息尚存，誓必重回故土。」五月十七日，國民黨決定撤退臺灣，蔣經國在日記中說：「此時中樞無主，江南半壁業已風聲鶴唳，草木皆兵，父親決計去臺，重振革命大業。」[4]十九日，臺灣省警備總司令部發布《戒嚴令》，所有港口嚴密管制進出，臺灣地區進入軍事統治狀態。

蔣介石嘗試在西南重慶、東南廣州建立最後基地，都無法力挽狂瀾。八月，美國國務院發表《中美關係白皮書》，指責國民黨政府貪汙腐敗，要為丟失大陸負起最大責任。接著，華北、西北、西南都相繼失陷。一九四九年十二月七日，中華民國政府遷往臺灣。

臺灣海島一隅，成為蔣氏父子必須牢牢在握的最後一塊淨土。

黨組織改造

下野後的蔣介石組織「總裁辦公室」，密集討論黨務改造事宜，蔣經國擔任總裁辦公室第一組副主任，這是他插手黨務的開始。

蔣介石認為革命失敗的主因在於黨內派系分裂，原本希望在一九四七年透過黨與團（三民主義青年團）合併化解危機，但是掌握黨組織的陳立夫包攬大權、蒙蔽詐欺，反使鬥爭更加激烈。因此，陳立夫必須負起黨在大陸的失敗責任，黨務改革務必剝除陳立夫、摒除CC派[①]腐化分子。[5]

一九四九年十二月三十日，蔣介石在日月潭涵碧樓召見陳立夫、黃少谷、谷正綱、陶希

①「CC派」指國民黨中陳果夫、陳立夫兄弟人馬。陳氏兄弟掌握黨內大權，主導黨務之發展，一九三〇年代有「蔣家天下陳家黨」之說。一說他們組成「中央俱樂部」(Central Club)，故簡稱「CC」，也有一說指「CC」來自陳果夫、陳立夫兄弟之英文縮寫。

聖、鄭彥棻等人，決定改造方針，並責備道：「現在中央委員四百餘人之多，不僅意見紛歧，無法統一意志、集中力量以對共產國際之革命，而且此等委員可說大多數皆靠黨營私、有恃無恐，不僅阻撓黨務，斷絕新生力量，而且只有阻礙革新、破壞革命，……至此再不能姑息養奸，若不毅然斷行，無異自葬汙坑，何必徒勞耶。」三十一日，又單獨與陳立夫見面，強調必須徹底湔滌過失、改正領導作風、改造革命風氣，「凡不能與共黨鬥爭之行動、生活與思想精神者，上自領袖起皆應自動退黨。」[6]一九五〇年六月，蔣介石勒令陳立夫出國，斬除這位CC派龍頭。

一九五〇年七月二十二日，中國國民黨中常會通過〈本黨改造案〉。二十六日成立中央改造委員會，蔣介石任命陳誠、蔣經國等十六人為改造委員。改造方案揭示「中國國民黨為革命民主政黨」，黨的組織原則是「民主集權制」、「個人服從組織，組織決定一切，少數服從多數，下級服從上級」，[7]效法共產黨組織型態，成為列寧式政黨。

經過改造後，黨的組織涵蓋四大領域：一、建立「機關黨部」掌控行政機關與立法機關；行政院及轄下各部會設立黨部組織，立法院、監察院及國民大會設立黨團。此外，所有「從政同志」必須先獲得黨的同意和中常會通過，方能推動重要政策，以落實「以黨領政」。二、建立「海外黨部」，將海外也納入控制範圍；在亞洲、美洲、歐洲、澳洲分別設立了十一個中央直屬黨部、六十二個直屬支部，以掌握僑社，進行對匪鬥爭。三、設置「特別黨部」，記取在內戰失敗的教訓，掌控知識青年及軍隊、警察等勢力。首先，在各大專院校設立「知識青年黨部」，黨小組直達各科系、各年級，由校長擔任黨部主委、訓導長擔任黨部書記，定期報告校園狀況；並成立「中國青年反共救國團」，作為控制青年之協作組織。其次，國防部以降各軍種、各部隊設置「軍中黨部」（王師凱黨部），將現役軍人與軍眷（眷村）都納入統轄範圍，以達到「以黨領軍」的目標；退役軍人與榮民之家則設置「黃復興黨部」管理。再者，為防止工運，設立「產業職業黨部」涵蓋工礦、海員、公路、鐵路、公營事業等。四、全臺設立「區域黨部」，以組織方式深入滲透省市─縣市─鄉鎮市的每個角落。地方黨部以鄉鎮市

圖5.1　一九五〇年蔣介石主持中央改造委員會第一次會議

來源：國史館藏，數位典藏號：002-050101-00013-247。

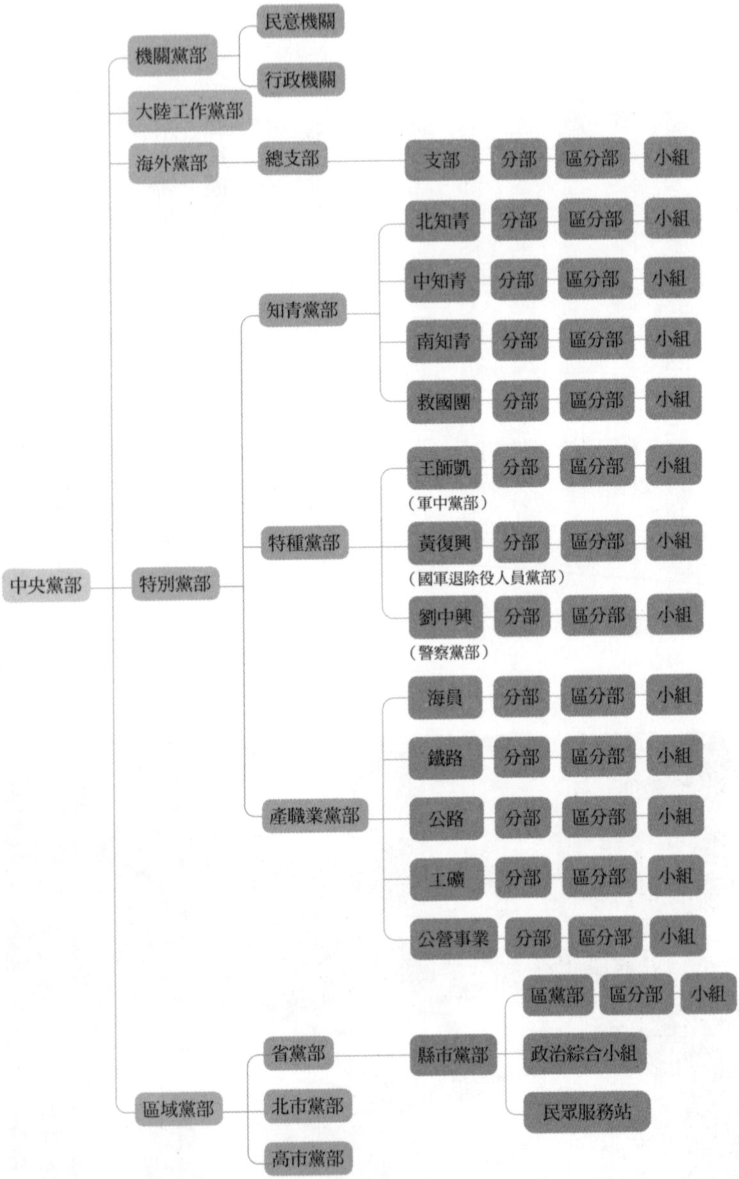

圖5.2　一九五二年改造後的國民黨組織

資料來源：作者整合自許福明，《中國國民黨的改造（1950-1952）》（臺北：正中書局，1986），頁92；龔宜君，《「外來政權」與本土社會：改造後國民黨政權社會基礎的形成（1950-1969）》（臺北：稻鄉，1998），頁49。

為基本單元設立「區黨部」，是黨在地方的公開組織，進行常態性地方黨務。檯面下則有黨（區黨部主委）、政（鄉鎮區長）、經（農漁會總幹事）、文教（國小校長）所組成四位一體的「政治綜合小組」貫徹黨意，在選舉時期進行政治動員。至於各鄉鎮市民眾服務社，表面上是服務性單位，實際上負有監控任務。[8]

黨務改造結果剷除了黨內派系爭鬥，確立蔣介石一元領導，但更重要的是，此後國民黨成為一部強大機器，可在島內與海外全面滲透。透過黨小組定期報告、社會調查，逐步深入監控社會各角落，打造「以黨領政」、「以黨領軍」、「以黨治國」、「黨國一體」的巨大怪獸。

覆蓋層面廣大的黨機器，勢必需要龐大的黨工人力與經費方能運作。在那個黨國不分的時代，黨組織與政府機關平行，各級黨部人事與業務經費均編列於中央、省級、縣籍、鄉鎮市政府的預算中。國民黨就寄生在各級政府之中，政治上訴求「以黨領政」，經濟上則是「以政養黨」、「黨庫通國庫」。

一九五九年國民黨財務委員吳嵩慶上呈蔣介石的一份報告，說明政府一年間編列供國民黨運用的預算就高達八千五百餘萬元。吳嵩慶出身國民政府軍事委員會委員長侍從室，早年曾負責押運黃金來臺，擔任過聯勤副總司令。在這份極機密《財務改進分組報告書》中，吳嵩慶說：

夷考歷年本黨歷年經費，大半有賴於政府預算之寄列，……就革命立場言，本黨為國奮鬥，責無旁貸，所需經費由政府預算補助，故未可厚非。惟就民主習慣言，政黨經費如公開列入預算，究非久遠之道，在本黨籌劃經費，多方設法寄列，已屬煞費苦心，而民意代表，仍多明知故詢，詢究挑剔，此不特中央為然，即省縣鄉鎮莫不皆然，……本來執政黨實權在握，應有氣吞河岳之慨，今乃覥腆求人，損及尊嚴，……應有自力更生之打算，今後似應揭「以黨養黨」為本黨財務政策之最高原則。[9]

於是在吳嵩慶的建議下，國民黨當局從「以政養黨」逐步走向「以黨養黨」，藉著長期執政之便，發展出富可敵國的黨營事業。一九九三年國民黨黨營事業中央投資公司總經理劉維琪指出，經過四十多年的經營，該黨所投資的七家控股公司、九十四家企業總共擁有約九六三九億元資產。[10]

軍隊整頓與政工制度

在中國大陸時期，國軍存在各種派系，地方軍與中央軍相互鬥爭，處於分裂狀態。而戰後整編過程中，中央軍的三大系統陳誠、胡宗南、湯恩伯利用機會擴大，占國軍四〇%規模。

各部隊撤退到臺灣後，歷經再整編的過程，中央軍保留了部隊番號，並進行權力汰換，陳誠出任行政院長，湯恩伯、胡宗南則被排除在軍令系統之外。地方軍如山東軍、廣東軍等則被解除編制、撤銷番號，西北軍劉汝明部隊甚至完全被打散。[11]軍隊多次進行內部人事調整，結果是無法再維持過去各自效忠傳統，一九五一年底，蔣介石已經能夠完全掌握旅級以上軍官人事權，而所有軍官晉用名單則須經過蔣經國的篩選。[12]

蔣介石認為國民黨軍隊在內戰中不堪一擊，根本原因是軍事將領與軍隊幹部思想動搖、精神崩潰。為了重振局面，他下令改革政工制度，由黃少谷、谷正綱成立專案小組進行研究，確立新制的三大方向是：一、提高政工人員的地位與權責；二、恢復黨在軍中的組織與運作；三、政工人員在軍中需進行教育、監察與鬥爭工作。一九五〇年四月，國防部政工局改組為「政治部」，由蔣經國擔任主任，國防部以下陸海空軍總司令部、聯勤司令部、各軍事機關學校師級以上單位設「政治部」，團級、獨立營、醫院設「政治處」，營、連設「政治指導員」及「政治幹事」，獨立排設「政治指導員」。[13]

依據〈國軍政治工作綱領〉，政治部直屬於參謀總長，主辦軍隊政治業務，其基本任務是「主持軍隊政治教育思想領導，建立精神武裝」、「策劃軍中組織，考核官兵思想」、「推行保密防諜教育，發動官兵展開保防工作」等。政治部主要工作內容則包括：一、政訓工作；實施政治教育，培養官兵「主義、領袖、國家、責任、榮譽」五大信念，堅定反共抗俄決心。二、監察工作；監察官兵思想、檢舉動搖分子。三、保防工作；提高政治警覺，防制共匪挑撥離間、收買分化，加強保防工作等等。[14]政工幹部並掌握了官兵人事資料，介入人事考核，影響軍中升遷。[15]

除了政工系統外，國民黨改造之後也向軍中滲透，設立「王師凱」特種黨部，軍中各級黨部黨工由政工人員調兼，一九五二年並規定「各級軍事主管、重要幕僚、政工人員、主辦機要人員，均應以黨員充任」，至一九五四年才在軍隊中設立專職黨工。特種黨部也在軍中祕密考核官兵背景、思想，防範異黨分子活動，保密防諜，吸收入黨，並於特定時刻進行政治動員。政工制度與軍中黨部雙軌合作下，達成「以黨領軍」、「軍隊黨化」目標。[16]

由此，軍中的兩大控制機制逐步穩固，一是政工制度，一是軍中黨部。國防部政治部主任蔣經國，在黨務改造時又擔任特種黨務委員會書記長，實際深入掌握軍隊。[17]

由於政工系統明顯具有「黨向軍中滲透」之組織色彩，美軍顧問團（Military Assistance Advisory Group, MAAG）認為此一制度與蘇聯、中華人民共和國相同，違反軍隊國家化原則。美軍顧問團團長蔡斯（William C. Chase, 1895-1986）指政工系統是「部隊中的間諜」，要求廢止。為此，蔣介石大為憤怒，認為是高級將領向美軍顧問團告狀所致，在軍事會談上表示：

你們高級將領總司令等並且集矢政治部制度，甚至對蔡斯顧問團毀謗形同告狀，以期撤銷政治

> 部制度，因之反對經國者，此種無人格之行為，無異自殺。須知經國任政治部為余犧牲經國以保全國軍與你們將領的生命，一年餘來，如無經國負此政工之責，勞怨不避，督察整軍，則你們生命早已不保，不惟革命事業失敗而已。[18]

政工人員果然猶如「軍中特務」，其「防諜工作」以肅清潛伏敵人為目標，在部隊中掀起白色巨浪。一九五〇年起國防部頒布《潛伏國軍內之匪諜自首辦法》，受理軍中自首案七十五件。一九五一年因頒布《發動檢肅匪諜運動辦法》，再次掀起軍中肅匪高潮，受理八十四件匪諜案，一九五二年有南日島俘虜二三一人宣誓脫離匪黨。一九五五年國防部又頒行《國軍

圖5.3　一九五〇年蔣經國（右二）與彭孟緝（右三）在政工會議上

來源：國史館藏，數位典藏號：002-050101-00013-198。

中曾被匪誘迫人員登記辦法》，鼓勵官兵自首自新，有一〇七四人登記自新。[19]除上述自首自新、檢肅匪諜外，總政治部歷年破獲「軍中匪諜案」有一九五〇年三七九人、一九五一年二五二人、一九五二年二〇一人、一九五三年一九九人、一九五四年二五七人、一九五五年一八五人、一九五六年一八一人、一九五七年二二二人、一九五八年一八一人，總計這幾年間軍中匪諜竟達二〇四七人，「成績斐然」令人怵目驚心。[20]其中孫立人案、湖口兵變案、馬尾系海軍案等白色恐怖重大案件，實則不乏軍中權力鬥爭意味。[21]

重整情治機關

蔣介石要在巨創後重新站起，特務機關仍被視為最核心武器。

在中國大陸統治時期，國民黨政府相當依賴特務機關作為統治機器，但因中統與軍統兩大特務機關競爭激烈，為向當局表功，在剷除異議分子和對付青年學生的手段上，都相當凶狠、毫不留情。一九四六年以來陸續爆發較場口慘案、下關慘案、聞一多血案、李公樸血案，盡皆暴露特務機關血腥作風，使國民黨政府形象大壞，備受輿論嚴厲抨擊。

一九四九年六月蔣介石飛抵臺灣後，立即在高雄召集特務機關親信，祕密成立「政治行動委員會」，指定唐縱、蔣經國、鄭介民、毛人鳳、葉秀峰、張鎮、毛森、陶一珊、彭孟緝、魏大銘為委員，由唐縱擔任辦公室主任，負責統一、充實並強化情報工作。次年三月，蔣介石「復行視事」，四月政治行動委員會撤銷，改名「總統府機要室資料組」，從體制外進駐總統府內。[22]此時情報機構統一指揮工作由唐縱轉移到蔣經國手上，蔣出任機要室主任，唐則轉往國民黨中央改造委員會擔任第六組主任，負責黨部之情報研蒐工作。

總統府機要室資料組這個看起來不起眼的單位，卻是一九五〇年代初期臺灣情報工作的總樞紐，指揮國防部保密局、調查局、保安司令部、警務處等令人聞之喪膽的情治機關。如第一章所述，一九五〇年五月起該單位在蔣經國指揮下，大舉破獲中共地下黨組織、逮捕臺灣再解放聯盟相關人員，成為五〇年代白色恐怖的起點。

一九五二年九月，蔣介石企圖擴大總統實權，於是設立國防會議，再由國防會議決議通過於其下成立國家安全局、國防動員計畫局與科學研究委員會，並任命周至柔為國防會議祕書長、蔣經國為副祕書長。一九五五年三月，總統府機要室資料組改組為國家安全局，鄭介民、陳大慶為正副局長。

國家安全局是模仿美國國家安全會議下所設置之「中央情報局」（CIA），除了接手前總統府機要室資料組的情報業務外，又增加和國民黨中央黨部、國內外情報工作的聯繫，成為最高情報指揮機關，負責統籌各情治機關的情報、調查與保防業務，主掌各機關人員訓練與考核，監督各機關經費之編配與使用。[23]而國安局的指揮者正是國防會議副祕書長蔣經國。

在國家安全局的指揮下，調查局、情報局、總政治部、憲兵司令部調查組、警備總部、警務處、外交部情報司，以及國民黨各工作會，這些所謂「八大情治機關」通力合作，無論士、農、工、商，所有民眾的日常生活，盡皆納入重重疊疊的複式監控之下。

情治機關在蔣經國指揮下掌握生殺大權、橫行無阻。保安司令部副總司令彭孟緝任意逮捕臺灣火柴公司總經理王則甫等官員，省主席兼保安司令吳國楨認為缺乏證據，下令釋放。但彭孟緝根本不把他放在眼裡，吳國楨只好求見總統，控訴特務濫捕與軍法審判暴行，以辭職相逼。他向蔣介石直言：「如鈞座厚愛經國兄，則不應使其主持特務，蓋無論其是否仗勢越權，必將成為人民仇恨之焦點。」[24]

王則甫入獄後，董事長吳性栽滯留中國不歸，兩人所持有的臺火公司二十二萬餘股票財產遭沒收。國民黨黨營事業裕臺公司董事長胡家鳳寫信給蔣經國，表明因「資產匱乏負債頗多」，為使免於倒閉，並且「增益黨產」，請求將上述股權轉讓給裕臺公司而能如願。[25]

情治機關也製作黑名單，長期進行社會監控。二二八事件後，警備總部核准三九〇五人辦理自新，[26]這些人成為當局長期監控的對象。一九五五年十一月，國防會議副祕書長蔣經國在安全工作會報上提示，應注意防範二二八事件積極分子，進行調查登記。警備總部因此重新全面查核叛亂分子名單，監控偵防對象增加到六三一七人。[27]

黑暗時代，情治機關層層監控，以嚴刑峻罰威嚇人民。一九四九年五一九戒嚴後，臺灣

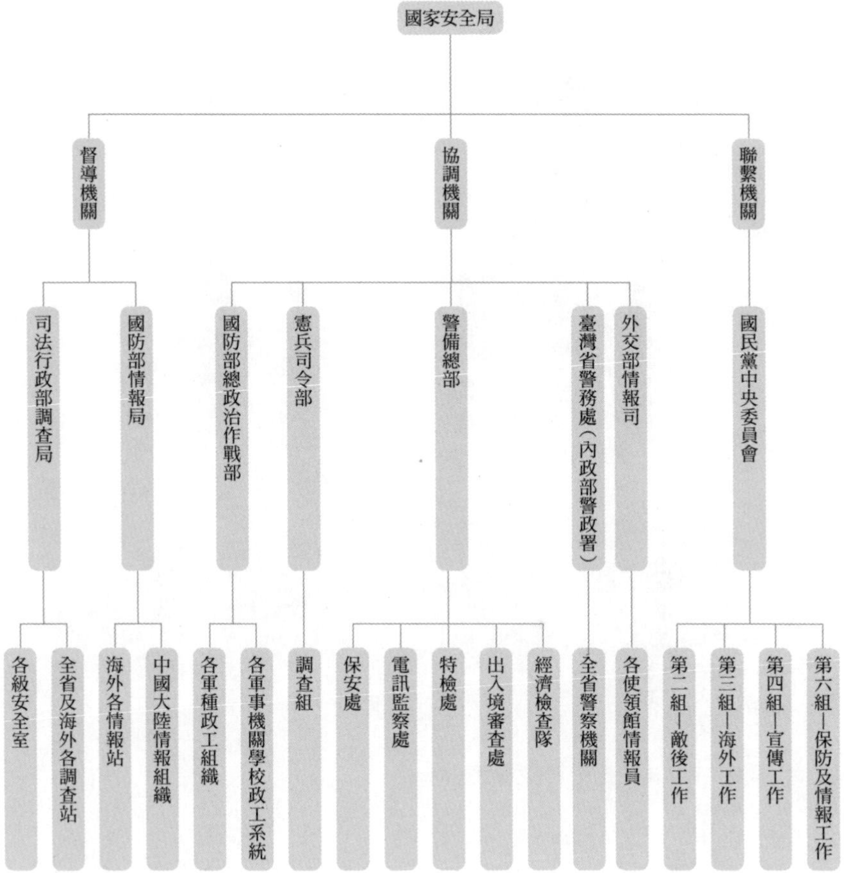

圖5.4　國家安全局與情治機關工作關係

資料來源：作者整合自〈國防會議簡史（一）〉，《蔣經國總統文物》，國史館藏，典藏號：005-010100-00043-001；孫家麒，《蔣經國建立臺灣特務系統秘辛》（香港：日力，1961），頁27。

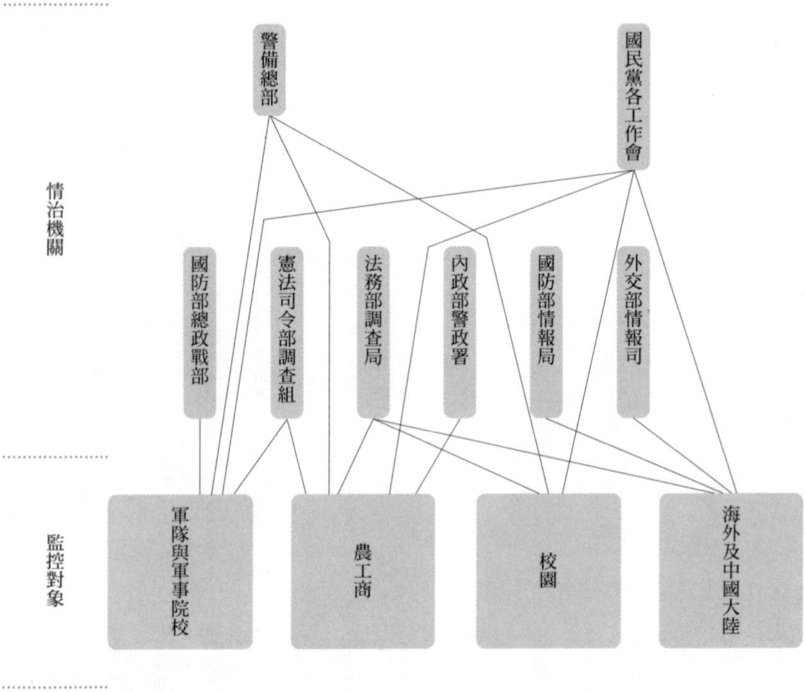

圖5.5　戒嚴時期臺灣社會所受到之複式監控

資料來源：作者繪製

進入軍事統治狀態，非軍人也須受軍事審判。接著發布《懲治叛亂條例》，第二條第一項規定只要觸犯《刑法》內亂罪、外患罪者，一律處以死刑。一九五〇年六月再公布《戡亂時期檢肅匪諜條例》，規定所有人民都有「檢舉匪諜」之責，知匪不報將受重懲；但檢舉匪諜成案則可坐領獎金。統治當局利用人性弱點，以重賞嚴懲的機制，將社會全體打造成一個相互監視體系。身處其中的人們或明哲保身，避免惹禍出事；或自我審查，謹慎小心處處設限；等而下之則成為暗黑體制的附從者、協力者，追逐利益、趨炎附勢。臺灣社會逐漸淪落，缺乏互信與公共關懷，人們成為孤立個體，難以合作互助，遑論集體行動。

特務統治下，臺灣成為監獄島。根據《國家安全局局史》，一九五〇至一九六七年間共有二萬八二八六人曾因「肅奸工作」遭到偵查，其中有二萬六二二八人經交付軍法審判、辦理附匪登記、辦理自首、辦理自新、辦理自覺表白、交付管訓或罪嫌不足獲得釋放等各種處分。其次，交付軍法審判的「叛亂犯」有一萬一七〇五人，判決確定者六一一五人。二〇二二年行政院促進轉型正義委員會的總結報告，則初步推估一九四五至一九九一年威權統治時期，政治案件當事人有二萬二〇二八人。[28]國安局所記錄僅僅十七年間的受害人數，與促轉會所比對出的四十七年間受害人數，在時間、類型與人數上有相當落差，確實受害規模仍無法確定。但是，兩方數據都顯示了在白色恐怖籠罩下，受害者眾多。

戒嚴時期，政治案件受軍法審判，並以《懲治叛亂條例》治罪，往往輕罪重判。不僅如此，軍法審判最後會送至蔣介石桌上進行「核覆」，只要他大筆一揮，就可以決定政治犯的生死。學者沈筱綺研究指出，已知的軍法審判死刑者共達一一五三人，其中經由蔣介石批核的九七〇人中，有二五九人被改判為死刑；其中有五人原本無罪，卻被改判處死。[29] 軍事審判的核覆制度使得蔣介石可以輕易介入軍法審判，成為終局判決者。

兩面受害的臺灣人

自一九三〇年代以來國民黨與共產黨在中國爭奪政權，有長久鬥爭歷史，為求自我壯大無所不用其極；甚至發展出各種極端手段瓦解對方。戰後，此種你死我活的奪權鬥爭由大陸跨海而來，臺灣人民不識「國共潛規則」，淪為無辜的犧牲品。

戒嚴時期國民黨政府大肆逮捕中共地下黨人，但並非一視同仁給予處分。情治機關鼓勵共黨重要幹部辦理自首自新以瓦解敵人組織，另方面卻對沒有利用價值的一般民眾嚴厲處分。

國共鬥爭過程中，國民黨為了號召共產黨人投降，早在一九二八年就通過《共產黨人自首法》，鼓勵悔悟以換取減刑。一九三三年再發布《共產黨人自首法修正案》，申明只要誠心悔悟、脫離共黨，即可免除一切刑責。完成自首者將獲得「自新分子」的身分。但是，自首自新者必須戴罪立功，坦白供出他所知的同黨分子、地下組織情形，並負責引導破獲組織，藉此表現忠誠，才可受到優待。[30]

簡言之，這一套自首自新辦法鼓勵出賣組織作為保命代價，大陸時期即有諸多案例，國共雙方都不陌生。例如原為中共黨員的郭乾輝（郭華倫、郭潛），在大陸時期辦理自新，來臺後擔任過調查局臺灣省調查處處長、調查局副局長、政大國關中心副主任；而令人聞之喪膽的「活閻羅」國防部保密局偵防組長谷正文，原名郭同震（又名郭守紀），曾是抗戰初期林彪所帶領一一五師下的偵查大隊長，後來投效國民黨軍統局。[31]

國民黨政府敗逃臺灣後，繼續採用此一自首自新政策，一九五〇年公布《共匪及附匪分子自首辦法》，規定共黨人員必須「徹底坦白，毫無保留，提供有價值之資料」，才能獲得自新機會，並且在自新後，需接受「運用」，安插在獄中從事偵查、協助說服匪犯、試探匪黨底線、公開響應政治號召或協助研擬對匪策略。[32]

一九五〇年春，保密局破獲中共在臺組織「中國共產黨臺灣省工作委員會」，在副書記兼組織部長陳澤民、武工部長張志忠、書記蔡孝乾、宣傳部長洪幼樵陸續落網後，運用匪首優待條件，說服他們坦白從寬。地下黨幹部蔡孝乾等人不但一一供出各地組織、人員、運作情況，更牽扯出國防部參謀次長吳石案、臺電公司總經理劉晉鈺案、國民黨臺灣省黨部副主委李友邦等大案。[33]蔡孝乾並指示洪幼樵（老劉）起草自新文告，聲明省工委會組織解散，呼籲地下黨員辦理自首、出面交代組織關係。[34]五月十四日《中央日報》第四版刊出蔡孝乾、陳澤民、洪幼樵、張志忠四人簽署的〈告全省中共黨員書〉，[35]保密局不僅破案、並在宣傳上打了漂亮的一仗。

保密局（後改組為情報局）特別優待蔡孝乾，為他興建住宅，讓他與小姨子馬雯鵑共組家庭、長住於此，並支領少將薪資終老。[36]蔡孝乾也協助保密局，在鹿窟事件核心人物陳本江、陳通和兄弟落網後親自出馬，勸說陳本江勿作「戰爭傻瓜」、白白犧牲，陳於是同意輸誠，「在自由中國的新生號召下積極工作學習」。[37]

情治機關處理地下黨人的手段兩極，像是張志忠在自新的兩年考核期間並未悔改，因態度頑強最後仍被處以死刑。[38]至於蔡孝乾、陳澤民、洪幼樵三位中共地下黨主要幹部，以及許效蘭、蔡寄天、陳定中、陳克鳴等多名黨員都受到安頓照料。一九五二年，調查局逮捕地下黨幹部曾永賢、黎明華、陳福星、蕭道應、劉興炎、林希鵬、黃樹滋、王子英、郭維芳、范新戊、王顯明等人，他們同樣在自新後加入調查局，分派到局本部與各調查站工作。[39]原省工委會書記蔡孝乾自新後成為情報局匪情研究室副主任，蕭道應是調查局科學鑑識處副處長。一九七〇年代蔣經國重視匪情研究，成立政治大學東亞研究所、淡江大學與文化大學的大陸問題研究所，曾永賢、蔡孝乾、洪幼樵、陳澤民等人都化身「匪情專家」，到大學任教。[40]

這一套自首自新政策利用人性弱點，吸引為求保命的地下黨人合作，一九五〇至一九五三年共有一八九〇人出面辦理自首自新，情治機關因此得以在一九五〇年代初期就將共黨組織清除殆盡。

但是臺灣民眾並不清楚「自首無罪，坦白從寬」這套國共潛規則的背後，是要供出同黨才算作數，在詭譎凶險時代中仍然堅守人情義理，卻成為最大受害者。燕巢支部案中，黃溫恭早在一九五一年底就向國民黨屏東縣黨部辦理自首，但未交代他曾吸收陳廷祥入黨，待陳廷祥被捕後，黃溫恭旋即因「自首不誠，希圖隱蔽組織擴大叛亂」理由被判處十五年有期徒刑，又因蔣介石大筆一揮，改判死刑。[41]鹿窟基地案中，跟隨陳義農學習木工技藝的施業，雖然知道陳義農、汪枝、許希寬等人是共產黨徒，但是念著「陳義農是我的師父，多受其愛護」、「許希寬、陳朝陽又是陳義農之好友，均係我的師兄弟，在良心上不能檢舉他們」。[42]

學者蘇彥斌爬梳「轉型正義資料庫」發現，白色恐怖遭判死刑的案件中高達二四％是農林漁牧業與技術工、一九％無正式工作或從事粗工，亦即，遭判死刑者超過四成是底層農工階級。[43]

另方面，中共地下黨則是為了壯大紅色隊伍、對抗國民黨，不惜以臺灣民眾作為人肉盾牌。二二八事件後，中共地下黨幹部蔡孝乾等多人在中共中央華東局指示下，一九四八年六月潛赴香港召開會議，檢討臺灣工作狀況與未來組織發展。香港會議總結認為，未來統一戰線工作應以「臺人治臺」的自治口號來號召臺灣人民，藉此團結臺灣各階層，進而「改造」群眾，由地下黨控制與領導。會議後謝雪紅在香港成立「臺灣民主自治同盟」，派人赴臺吸收民眾參加，蔡孝乾主持的地下黨則繼續以隱蔽潛伏方式發展。[44]共產黨利用臺灣民眾的不滿情緒，以「民主自治」作為包裝，號召加入組織，廣納知情與不知情的臺灣人儲備為鬥爭彈藥。

地下黨並以血腥暴力手段發展組織。臺中青年施部生、呂煥章等發展白毛山、竹山坑基地，但因山區生活條件極度嚴酷，連基本物質需求都難以滿足，一九四九年底起他們陸續犯下暴力案件，攜帶刀械多次搶劫臺中市倉庫利用合作社、臺中往日月潭公車旅客、臺中商業職業學校出納組長林榮華所領公款，號稱「經濟鬥爭」。他們又殺害霧峰大屯區警察分局刑警黃金坤、擊殺臺中商職教員畢克鈞，謂之「執行打擊特務工作」。[45]這些殺人搶劫的殘暴做法，施部生說是「沒有辦法，在這個時代，組織的命令、革命的目標，我必須遵循鐵的紀律去完成」。[46]

鹿窟基地案中可以看到中共黨人為求自保的種種恐怖行徑。其一，陳本江、陳通和等人躲入鹿窟山區，以當地民眾掩護九名黨員，但因山區物質條件十分困苦，為防止民眾動搖、向當局檢舉，地下黨人想方設法組編村民加入「臺灣人民武裝保衛隊」，甚至強迫村民集體宣誓加入組織，威脅違背誓言將受最嚴厲之「血親連坐法」制裁，才得以勉強維繫支撐。[47]

所謂「血親連坐法」，正是共產黨人為避免遭出賣而使用的極端恫嚇手段。一九三一年四月，中共特務組織最高負責人顧順章被捕後自新，指認潛伏在國民黨內的黨員，使中共各地組織遭瓦解。共產黨得知顧順章叛變後，旋即將他一家八口殺害。此事經國民黨中統局逮捕兇手，並會同法租界捕房到埋屍地點愛棠村挖掘，竟起出三、四十具屍體，死者除顧順章家屬外、都是共黨叛徒，成為轟動全上海的大新聞。[48]「愛棠村掘屍案」即是共產黨血親連坐法的典型例證。

其次，雖然共產主義標榜平等博愛、反對階級壓迫，但地下黨內部卻是階級地位分明。鹿窟基地階級森然，分為指導員—聯絡員—戰鬥員—黨員—群眾，勞力耕種全賴底層農民，生活上缺乏平等。同時，內部關係強調下級服從上級權威，稍有違背即遭嚴厲處罰，內部關係緊張而暴戾。

更令人毛骨悚然的是，鹿窟基地中共產黨人為了預防出賣，不惜先下手為強、殺害自己同志。共黨幹部張棟柱就指出，鹿窟基地內派系對立關係緊張，又有人不聽禁令私自下山，因擔心有人投降反叛，一九五〇年五月、六月，在上級指示下兩度出手殺害自己同志。張棟柱被迫參與絞殺同志的行動，並將屍體草草掩埋於茅屋外草地，由於此事太過慘酷，在第二次殘殺同志後，他已心神俱裂，猶如行屍走肉。所以張棟柱遭警方逮捕後，竟然額首稱慶，欣喜得以「脫離人間地獄」、逃離「慘無人道的奴役」。[49]

共產黨人為達目的、不惜將人工具化，完全背離人道主義，對待女性亦甚有可議之處，在情治機關追捕逃竄的嚴酷條件下，地下黨領導幹部仍不忘滿足自身慾望，將女性當成消費工具。蔡孝乾在一九三四年拋下懷有身孕的妻子劉月蟾，隨紅軍西行長征，戰後一九四六年來臺發展組織時，新任妻子馬惠玲同行，但馬於一九四九年返回上海後未歸。當時年僅十四歲、就讀北一女初中部的小姨子馬雯鵑成為他染指的對象。[50]一九五〇年春，蔡孝乾四處逃亡時仍不忘帶著「小馬」，最後在嘉義竹崎一起被捕。保密局偵防組長谷正文看準蔡孝乾的弱點，將已送綠島管訓隊的馬雯鵑調回保密局，滿足蔡孝乾的要求，以取得他的合作。[51]

鹿窟案中，陳本江、陳通和兄弟上山藏匿，以「老劉」、「老楊」相稱，從不透露姓名。陳本江入山後與村長陳啟旺十八歲的女兒陳銀在一起，陳啟旺得知非常生氣，卻也無可奈何。陳通和則與下屬陳三合妻子林素月相戀，陳三合黯然退出。軍警包圍鹿窟基地後，陳本江兄弟打算帶著陳銀、林素月等人逃亡；當時陳本江與陳銀已有一子，他命下屬張棟柱和陳銀假裝是情侶，兩人抱著嬰兒，央求張母幫忙撫養。[52]直到被捕後，陳銀才知道陳本江兄弟的本名，坦言「確實有受騙的感覺」。陳本江後來在未告知陳銀的情況下與舊愛陳嫦娥同居、結婚，陳銀則獨自回到鹿窟山上撫養兒子。[53]

政治犯黃天的女兒黃秋爽也對共黨幹部簡吉印象極度惡劣。簡吉是地下黨山地工作委員會幹部，經茂榮鐵工廠負責人李天生帶領到中山北路六條通附近黃天的大宅躲藏。黃天女兒黃秋爽，對這位黃家兒女們口中的「老阿公仔」簡吉十分反感，因為他不僅對黃家人的行動做種種限制，竟然還對黃秋爽有非分之舉。黃秋爽向母親哭訴，母親氣憤之餘要求女兒別再靠近他。個性剛烈的黃秋爽甚至當著父親黃天面前要趕走「老阿公仔」。[54]這些例子顯示，在這些革命者眼中，女性只是滿足慾望的工具，不管是未成年的少女、還是革命同志的女兒，都只是革命事業中的消耗品。

二二八事件後，許多臺灣青年因為痛恨國民黨政府轉而期望於共產黨，尋求組織性的反抗行動。但國共雙方延續在大陸時期爭奪權力的殊死鬥爭，為了自我生存、為了打擊對方，哪裡還有什麼是必須謹守的道德底線？臺灣民眾不識此種泯滅人性的鬥爭文化，在白色恐怖過程淪為國共雙方的工具而雙重受害。

第六章 省籍問題與反對黨

自從加入《自由中國》半月刊擔任編輯，傅正時不時就會收到政工幹校老友們「關照」的消息。朋友轉述，調查局找他們問事：傅正是什麼時候開始左傾的？有什麼方法可以爭取他？要什麼條件？雜誌社也不時接到各種奇怪的電話，有的透露國民黨方面要對雜誌社如何如何，有的則似乎意圖引誘構陷，他們必須很小心因應，才不會招來禍端。

傅正一九二七年生，本名傅中梅，江蘇人。對日抗戰期間，響應蔣介石「十萬青年十萬軍」的號召，投筆從戎。戰後復學，先後就讀於上海大同大學經濟系、武漢大學政治系，因躲避國共戰禍，輾轉來臺。

來臺之後，傅正進入政工幹校，成了蔣經國門生。一九五三年他開始在《自由中國》雜誌上投稿，遭政工幹校調查，最後決定脫下軍裝。一九五五年他插班考試進入臺灣大學政治學系後，更加勤於筆耕，常在《自由中國》、《自由人》、《自立晚報》發表文章。臺大畢業後，曾在新竹關西中學短暫任教，一九五八年四月起，正式成為《自由中國》一員。

傅正在《自由中國》寫出一篇篇擲地有聲的文章，挑戰黨國體制、一黨專政與黨產問題；批評地方選舉舞弊，聲援無黨籍人士，要求公平公正競爭；抨擊蔣介石毀憲連任，呼籲從速召開反共救國會議。他鋒利的文筆、豐沛的寫作能量，成為當局鎖定監視的對象。

一九六〇年傅正追隨雷震積極投入「中國民主黨」組黨運動，雜誌社人員承受愈來愈大的壓力。八月初，雜誌社又接到電話，透露國民黨中央黨部已經組成專案小組要對付新黨成員，採取的手段有：軟化吳三連，困住李萬居，對雷震與高玉樹下毒手，包括收買周圍的人、撞車傷人、在咖啡館下毒等等。[1]

八月十五日，蔣介石總統關切警備總部對雷震及《自由中國》偵查蒐證的進度（「田雨專案」），蔣認為雷震祕書傅正極為可疑，此人先在上海某大學、後轉入武漢大學、又進入臺灣大學，卻從未謀取公職，僅僅專為充任雷震助手？「年輕人讀書之抱負，果如是乎？」因此，他指示「以此情形推斷，當係共匪之職業學生，來臺從事滲透工作者」。[2]

傅正負責新黨的政綱、宣言之草擬工作，組黨行動已箭在弦上。八月二十四日，傅正在日記上說：

其實，今天臺灣的政治環境根本不宜於從事合法的組黨活動，而我們本身的各種條件也不大健全，這完全是我所深知的。但是，世界潮流對我們有利，臺灣的民心對我們有利，只要我們能堅決奮鬥，用最大的努力來推動這一工作，我們還是有成功的希望。

總之，在今天，我已決心把我的一切，獻給這一個組黨工作。因為我深信，這是促進民主的有效途徑，我們應該去做。[3]

省籍問題的由來

一九四八年行憲之初，國民黨政府以「戡平共匪叛亂」名義通過《動員戡亂時期臨時條款》，凍結憲法條文、放寬總統緊急命令權的行使。撤退臺灣後，宣稱自己代表正統中國，擁有全中國各省選出的三個中央民意機關（立法院、監察院、國民大會）代表之「法統」，聲稱要「反攻大陸，光復河山」，宣傳口號「一年準備，兩年反攻，三年掃蕩，五年成功」喊得震天價響。

可是反共大業遲遲無法推進，而《中華民國憲法》明確規定立法委員任期三年、監察委員任期六年、國民大會代表任期六年，轉眼即將屆滿。一九五一年起立法院連續三年通過由總統咨請該院「繼續行使職權」決議，自行延任。到了一九五四年，監察委員與國民大會代表任期也都將屆滿，國民大會聲稱憲法第二十八條規定「國民大會代表每六年改選一次，每屆國民大會代表之任期，至次屆國民大會代表開會之日為止」，也就是說，在次屆國代產生前，第一屆國代可繼續行使職權；一九五四年一月大法官會議釋字第三十一號則解釋：「在第二屆委員未能依法選出與召集以前，自應仍由第一屆立法委員、監察委員繼續行使其職權。」[4]於是，立院、監院、國民大會三個中央民意機關都不需改選，成為「萬年國會」、「法統神話」。

但一九五〇年臺灣地方自治選舉開始舉辦，以本省人為主的縣市長、地方民意代表必須定期接受民意檢驗；中央政府官員與民意代表絕大多數都是外省人，卻萬年不必改選。對比之下，形成鮮明的「中央／外省人／不改選VS.地方／本省人／定期改選」的「二重菁英體制」。[5]

地方選舉產生的臺籍政治菁英關心權力分配不均、臺灣人遭歧視，早就在省議會不斷質詢。郭雨新對此一議題最為關切，自一九五四年第二屆臨時省議會起年年提出未曾間斷，建請立法院應增加臺籍名額、從速改選；臺灣省警察機關、公營事業機關、農林廳、林務局、交通處、鐵路局、公路局等也應多進用臺灣人；並批評政府各級機關主管、中學以上與專科以上臺籍校長所占名額太少。一九五七年更指出全省二十一縣市警察局長中，竟然僅有一位本省籍局長；全省九十五個警察分局中僅有三位本省籍分局長。[6]郭國基也提案要求修訂《公務人員考試法》，刪除「分區定額制」依省籍分配公務員名額之規定，拔擢本省籍高級文武官員，以及外交官考試應憑成績錄取、勿限制省籍名額。[7]李萬居則在省政總質詢中追問省政府委員、高級軍官、省警察局、警察分局局長與督察長有多少位臺籍人士，要求多多培植任用臺籍人才。[8]

但是這些臺籍菁英在省議會的發言，並不會出現在新聞媒體報導中，省籍問題無法在公共領域討論。省籍權力分配不公在民間引發怨恨，省籍對立是臺灣社會重要的潛在問題，這些現象連臺北美國大使館都十分注意。臺北美國大使館長期關注臺灣社會意向，在上呈國務院的定期報告中，有一特定欄位即是「臺灣人—大陸人關係」(Taiwanese-Mainlander Relations)。

大使館於報告中指出，臺灣人厭惡國民黨政府的原因包括：二二八大屠殺後，國民黨政府以警察國家的手段控制臺灣；臺灣人感覺自己被國民黨政府歧視、被當作另一種人群對待；國民黨政府中並無真正代表臺灣人的聲音。特別是，受過良好教育的臺灣人認為，歷經日本人五十年統治，生活方式與價值信念方面已逐漸西化，他們稱自己是「臺灣人」，不同於中國人，應該像日本人、菲律賓人一樣被視為一個群體。大使館提醒，國民黨政府之中雖有臺灣人參與，但主要是具有大陸經驗、卻對臺灣無真心的「半山」。真正的臺灣人代表楊肇嘉被去職、吳三連婉拒入黨前途難測，花蓮縣長楊仲鯨拒絕入黨遭監察院彈劾，這些例子都顯示臺灣人政治處境的艱難。[9]

美方官員環島考察也發現，儘管近年地方選舉展開，政治改革逐步推動，政治上進步仍太過遲緩。外省人與本省人無法互相理解，外省人被視為外來客，而臺灣人則被貶為無知的鄉下人。尤其，上層臺灣人隱藏內心對外省人的深深憎恨，沉溺在自憐情緒中，甚至懷念日本統治時代是臺灣的「黃金年代」。[10]

一九五四年，彰化地區無黨籍人士石錫勳在第二屆縣市長選舉落敗後，地方人士王燈岸建議應仿效英國工黨組黨步驟，由無黨無派候選人、民主運動人士、中國民主社會黨與中國青年黨共組聯誼會，商議選務改進方案，向政府交涉，阻止選舉舞弊；同時仿效日治時期文化協會的文化演講，籌組「民主法治啟蒙團」赴各地舉辦啟蒙演講，激發大眾的民主認識，重振反對運動。石錫勳邀請日治時期《臺灣民報》成員郭發負責聯繫工作，遍訪各地無黨籍人士與民青兩黨幹部，獲得回響。一九五七年四月第三屆縣市長及省議員選舉前夕，無黨籍人士在臺中召開選務座談會，向政府提出推動公平選舉五項建議。[11]

中國青年黨由曾琦、李璜等人於一九二三年在巴黎創立，該黨標榜國家社會主義，以「外抗強權，力爭中華民國之獨立與自主；內除國賊，建設全民福利之國家」為建黨宗旨。二戰結束後一度周旋在國共之間成為具影響力的「第三勢力」，並參與政治協商會議、制定《中華民國憲法》。夏濤聲、李萬居為該黨黨員，戰後隨陳儀接收臺灣，李萬居並擔任《臺灣新生報》社長。一九四九年撤退臺灣後青年黨一度因國民黨當局利誘而分裂，一九五四年積極振作、恢復團結，並擴大吸收黨員，包括郭雨新、黃順興、蘇洪月嬌等先後入黨，並有機關刊物《民主潮》。[12]中國民主社會黨乃是由清末康梁遺緒的民主憲政黨與中國國家社會黨於一九四六年合併而來，該黨主席張君勱還是中華民國憲政架構的草創者，一九四九年後，張君勱在海外從事反共反蔣的第三勢力運動。民社黨自身同樣因國民黨政府以權位與反共抗俄宣傳費利誘，致使黨內陷入分裂與紛亂。但因戒嚴之下不准成立新政黨，臺籍政治人物如花蓮縣長楊仲鯨、基隆市長林番王、高雄市長楊金虎、臺北市長高玉樹等人都曾加入該黨。[13]

一九五七年這次選舉依舊舞弊不斷，選後的五月十八日，在李萬居奔走下，臺籍地方菁英、民社黨、青年黨人士在臺北市新蓬萊公共食堂舉行選舉檢討座談會，一致批評選舉過程中的諸多弊端。雷震也出席了這項會議，並發表演說。會中通過將籌組「中國地方自治研究會」，由李萬居、郭雨新、吳三連、高玉樹、楊金虎、許世賢、石錫勳等七十八人為發起人。[14]

一九五八年七月，地方自治研究會向臺北市政府申請設立，遭駁回，八月再向臺灣省政府提出申請，亦不獲准。

國民黨中央黨部認為，地方自治研究會在全省各縣市設有分支組織，企圖從地方組織轉變成為全國性組織，將對國民黨政府不滿的情感轉變為政治作用，為建立反對黨鋪路。該會絕大多數是臺籍人士，只有雷震等八名外省籍人士，並選出李萬居等三十九人為籌備委員，政治企圖明確，應提早預防。蔣介石指示對臺籍人士之處理原則：「除對言行越軌影響重大者依法處理外，**對少數有相當社會聲譽之人士，必要時擬吸收為本黨之祕密黨員，對外仍以無黨派人士姿態從事對臺籍反政府分子之廣泛疏導工作**。」[15]

儘管地方自治研究會未獲准成立，但開啟本省人、外省人合作的契機。雷震於日記中記載一九五八年夏七十多名臺籍地方菁英組織地方自治研究會，吳三連、高玉樹、李萬居、郭雨新、王地、許世賢、李源棧等七人擔任常委，是「反對黨之先聲」。[16]地方自治研究會最終未能成立，但仍以「民主人士聯誼會」的方式存在，一到選舉時期則改為「選舉改進座談會」，成為一「似有組織而非組織」型態的團體。[17]

一九六〇年前後的政治情勢

蔣介石於一九五〇年重新掌權後，愈加走向獨裁集權體制，並且運作元首終身制。面對此一情勢，早先因反共而擁蔣的自由主義派人士、海外反共反蔣的第三勢力、島內渴望組黨的臺籍政治人物已無法再坐視。

戰後中國自由主義派人士胡適、雷震、張佛泉等人因反對共產主義、宣揚自由民主理念，獲得國民黨政府的支持，一九四九年十一月在臺北創刊《自由中國》雜誌，由胡適掛名發行人，實際負責人是雷震。

《自由中國》雜誌初期因反共而擁蔣，但同時因倡議自由、民主，反對一黨專政、黨庫通國庫、特務統治、教育控制等等，與國民黨政府理念不同，關係逐漸緊張。一九五六年更製作「祝壽專號」勸告蔣介石總統遵守憲法，切勿尋求三連任。隨著蔣介石第二任任期將屆滿，該刊不斷以〈籌安會的醜劇〉、〈曹丕怎樣在群臣勸進下稱帝的？〉嘲諷各界勸進，抨擊三連任毀憲亂政，反對修改《動員戡亂時期臨時條款》。一九六〇年，蔣介石第二任總統任期屆滿，三連任問題成為該刊與最高當局關係的引爆點。

與此同時，香港第三勢力也表態反對蔣介石三連任。一九五八年春左舜生、張發奎等人組織「民主團結運動」，呼籲各界改造臺灣、結束獨裁政權。[18]一九五九年又組織「中國民主反共聯盟」，在東京召開「反共救國會議」，發動「反修憲、反連任簽名運動」，並在《聯合評論》抨擊蔣介石與蔣經國，發表〈搶救中華民國時間已經不多了〉等文章。[19]

面對第三勢力醞釀反蔣風潮，蔣介石在日記中大罵「人心惡劣如左舜生之流無恥投機之政客」、「以學者身分向政府投機要脅，以官位與錢財為其目的」，痛斥「喪心病狂」、「投機文人自殺之結果」。[20]一九六〇年四月更在中常會上指示黨營之《香港時報》，應把握對匪鬥爭目標，針對第三勢力之反動言行給予毫無保留的批判。[21]

島內自由派學者也有合圍之勢。胡適公開反對修憲、反對蔣介石三連任，並且建議蔣氏應該「毀黨救國」。一九五九年一月，胡適、蔣夢麟、王世杰、梅貽琦四人與副總統兼行政院長陳誠遊歷臺灣各地建設、祝賀陳誠生日，被稱為擁陳的「商山四皓」。[22]自由派人士支持陳誠的態勢，令蔣介石與陳誠心生芥蒂。胡適試圖面見蔣介石、勸他遵守憲政規範，蔣介石忍無可忍，日記中怒斥：「此種無恥政客，自抬身價、莫名其妙，誠不知他人對之如何厭惡也，可憐實甚。」[23]

就在此時，一九五九年十一月十二日美國國務院發表報告書，肯定中華民國政府已經在臺灣表現出力求進步與發展的能力，將日益成為中國大陸人民效忠的目標。美國政府重申將給予蔣介石總統所領導的政府以強力支持，並宣稱中華民國是自由世界在遠東的防禦堡壘，是嚇阻中共從事進一步侵略的強大力量。[24]美國的支持為蔣介石打了強心針，認為國務院此一報告「實為十年來中美最大事件之澄清」、「抵銷最近所謂康隆研究報告書①等左派之陰謀」，並且「對目前國內反動派胡適等反蔣之心理無異予打擊」。[25]

圖6.1　胡適與陳誠

來源：國史館藏，數位典藏號：008-030800-00005-03

①　一九五九年，加州康隆協會應國務院外交委員會之委託，提出美國對亞洲外交政策之評估與建議。該報告有關「共產中國與臺灣」部分由加州大學著名學者施樂伯（Robert A. Scalapino, 1919-2011）執筆，建議美國應試探與共產黨中國交往之可能，容許共產黨中國加入聯合國；並由臺灣人民透過公民投票建立「臺灣共和國」，美國政府應予承認，及使之取得聯合國席次。此一建議美國政府採取「一中一臺」政策的研究報告，一般稱為〈康隆報告〉(The Conlon Report)。參陳儀深，〈從《康隆報告》到《臺灣關係法》——美國對臺政策的曲折歷程〉，收入臺灣教授協會編，《中華民國流亡臺灣六十年暨戰後臺灣國際處境》（臺北：前衛，二〇一〇），頁一五—五〇。

美國國務院報告書為蔣介石增加莫大信心，即使香港第三勢力、自由派學者、《自由中國》雜誌這三股力量匯聚合流，也無法阻止他繼續連任的決心。一九六〇年三月國民大會修訂《動員戡亂時期臨時條款》，規定「動員戡亂時期，總統副總統得連選連任，不受憲法第四十七條連任一次之限制」，蔣介石終於取得終身連任的法律依據。接著，國民大會選舉蔣介石為第三任總統。

為了順利運作連任，統治當局對國大代表給予重大讓步，提供三大條件換取支持：國民大會成立常設研究機構，國大代表從無給職變成有給職，並得制定辦法行使創制、複決權。[26]

蔣介石毀憲三連任，諤諤之士的苦心建言完全被排除在決策之外，雷震等自由派人士失望透頂之餘，終於認清缺乏政治實力的咄咄空言無法對時局產生任何作用。《動員戡亂時期臨時條款》修訂通過後，雷震拜訪胡適探問今後對應之道，胡適明白表示：「只有民青兩黨和國民黨民主派和臺灣人合組反對黨。」[27]

一九六〇年三月，鄰近大韓民國八十五歲高齡的獨裁者李承晚也正在競選第四屆連任。十五日舉行總統選舉，南韓當局以各種方法操縱選舉企圖勝選，引發各地抗議事件，被反對黨批評是「最骯髒汙穢的選舉」。美國總統艾森豪（Dwight D. Eisenhower, 1890-1969）、國務卿赫特（Christian A. Herter, 1895-1966）發表談話表示遺憾，未對選舉結果發出賀電。[28]

南韓民眾拒絕承認舞弊選舉結果，各主要城市不斷發生示威遊行，遭到政府出動軍警血腥鎮壓。四月十九日，美國國務卿赫特召見韓國駐美大使梁裕燦（1897-1975）後，發表聲明指責南韓政府的不當：

> 美國相信韓國國內的示威行動是人民不滿最近選舉作風的反映，採取鎮壓措施不適宜於一個自由民主的國家。……韓國政府為了其本身的最佳利益，為了恢復公共的信任，應該採取必要及有效的行動，以保護言論自由、集會自由及新聞自由的權利，並維護祕密投票，避免對執政黨的政治反對者的不公平差別待遇。[29]

南韓政情發生劇烈變化，反對運動人士密切關注。雷震認為美國政府態度強硬，不惜干涉內政。胡適也對此局勢感到興奮，稱讚南韓事件中受社會尊敬的大學教授帶頭上街示威遊行，臺灣的大學教授不如南韓。[30]《自由中國》編輯傅正則認為，「韓國所發生的一連串事件，對臺灣而言，無疑的已在朝野的心理上，發生了極大而又極不同的影響。對於在朝者，這是一個嚴重的警告，對於在野者，則是一次有力的鼓勵。」他認為，韓國的事件如果發生在三個月前，將對臺灣政局直接產生衝擊，蔣介石修訂臨時條款連任之事，勢必遭到強大阻力而中途收兵。[31]

《自由中國》雜誌刊出多篇有關南韓情勢之報導評論，肯定韓國反對黨在選舉過程中勇於面對政府鎮壓暴行的勇氣與精神極其可貴。尤其，該刊注意到美國國務卿赫特採取了斥責韓國政府做法不當的空前斷然行動，認為美國政府是以過問盟國內政的方式在彌補糾正過去的錯誤，對美、韓雙方與自由世界長遠而言有利，因此向美國的道德勇氣與明智行動，給予讚譽與支持。[32]

在南韓強大民意反對及美國政府撤回支持情況下，李承晚於四月二十六日下臺，政權瓦解。李承晚倒臺後，《自由中國》難掩興奮之情地在社論中大發議論，結論指出：「現在韓國的政變給這個問題以具體的答案：反共不是黑暗統治之護符；反共不能使人成為神聖。任何人不能藉著『反共』招牌做盡一切壞事。」[33]

南韓政變則令國民黨當局深感震驚，

圖6.2　一九五三年蔣介石總統迎接訪臺的韓國大統領李承晚

來源：國史館藏，數位典藏號：002-050101-00020-261。

蔣介石更認為美國干涉是導致李承晚下臺的主要原因，日記中記載：「**國務院對南韓李承晚政府指責無理，可謂狂妄幼稚，徒張其內部反動氣焰**」；「**美國干涉韓政，逼使李承晚總統辭職，將使東亞共匪得計、貽害無窮**」。[34]

就在南韓政局巨變之際，臺灣也於四月二十四日舉行第四屆縣市長選舉。選前，《自由中國》揭發國民黨的選舉舞弊，要求公平合法的選舉，並刊登在野黨與無黨籍人士的十五點要求，以社論公開呼籲選民「請投在野黨和無黨無派候選人一票」。[35]但是，此次選舉舞弊情況變本加厲，在野人士所有要求公正選舉的努力全部白費。

一九六〇年，蔣介石毀憲三連任、南韓李承晚獨裁政權垮臺、第四屆地方選舉不法舞弊這三件事接連發生，激發本省籍地方政治人物與雷震等外省籍知識分子攜手合作的決心。一九六〇年五月，《自由中國》社論上宣告：「今後唯一有效的補救辦法，就是要靠這些篤信民主政治的人士，大家聯合起來組織一個強有力的反對黨，以與國民黨抗爭。」[36]

五月十八日下午三時，七十二位在野黨及無黨無派人士齊聚臺北市和平東路民社黨總部召開「本屆地方選舉檢討會」，會中發言盈庭，除對選舉舞弊問題炮聲隆隆外，前述地方自治研究會發起人之一的楊金虎，提出了組織反對黨之建議：

> 所以想將來臺灣的選舉能夠辦好，我們把希望寄託在執政黨，那是永遠沒有希望的。**除非各**

位先生，大家能夠聯合團結起來，組織一個強有力的反對黨，來對抗國民黨，否則是沒有辦法的。[37]

此一建議獲得在場人士熱烈呼應，決議即日組織「地方選舉改進座談會」，各地設置分會，由主席團約三十人推動選舉改進工作。五一八會議後，雷震開始積極拜訪青年黨、民社黨，以及國民黨內民主派人士，邀請加入反對黨。

六月十五日，地方選舉改進座談會發表聲明：一、在不分省籍、不分黨派原則下，遴選委員五十五人，督促同年十一月將舉行的縣市議員選舉，革除違法舞弊問題；二、宣布將立即籌組新政黨。[38]十九日，選舉改進座談會第三次主席團會議在《自由中國》雜誌社召開，此次會議名義上為座談會，實際上是新黨籌備會。[39]新黨召集人七名，分別為雷震、李萬居、高玉樹、夏濤聲、吳三連、郭雨新、齊世英，其中雷震、李萬居、高玉樹三人兼任發言人。[40]二十九日，新黨定名為「中國民主黨」，邀請胡適為顧問，將於九月底正式成立。[41]

七月起，選舉改進座談會每兩週舉行一次常務委員會議，商議如何組成新黨，在同年十一月即將舉行的縣市議員選舉中擴大當選席次。[42]緊接著，在豐原、嘉義、臺南、高雄等地密集舉辦座談會，地方人士熱烈出席參與，新黨籌組活動熱熱鬧鬧展開。

新黨運動中的省籍考量

雷震在與臺籍菁英合作組黨過程中，不斷感受到省籍問題的嚴重性。他和地方人士深談得知，統治階級令人反感、內地人持優越感、國民黨控制太嚴、地方黨部作惡多端等等，都是省籍問題的原因。[43] 日後，雷震在獄中思考，對於省籍問題有更加清楚完整的描述：

> 今日統治臺灣的人，不僅多數為大陸人，而且重要的權力都握在大陸人手中，因此，臺灣人的心目中，總覺得大陸人是統治階層，猶之如殖民地時代的統治者，而自視為「受治階層」，對於政治沒有充分的發言權，只是供人驅使的工具而已。於是**一般臺灣人的心目中，就有「強者」、「弱者」、「治者」、「被治者」的感觸，而認為自己吃了虧，沒有受到應得的重視**，即是盡了義務而沒有享受應得的權利，因而常有憤憤不平之念。
>
> **大陸人對臺灣人之抱有優越感，幾乎是普遍的心理，因而輕視臺灣人，到處自以為是「了不得的」、是「征服者」、是「文明人」、是「上國人物」**，儘管沒有明白表示，而下意識裡卻普遍的存著這類感覺，連一個臺灣女子生出的小孩也不例外，連一個大陸人的三輪車夫也是看不起臺灣人。誠然這是極不應該地，但存有這種心理，卻是極普遍的事實。[44]

省籍問題由來已久，雷震推動省籍合作組織新黨，馬上面對此一挑戰。事實上，他接觸過的大多數外省菁英都反對省籍合作組黨，他們擔心一旦喚起臺灣人的政治意識，將對外省族群造成威脅。安東省立法委員劉博崑認為「臺灣人起來了，不好辦，將來很難受」，決定不參加；民社黨人陳啟天也說「新黨是臺灣人的黨，臺灣人起來了不好」；青年黨王師曾害怕「把臺灣人搞起來了不得了」，指責雷震在「玩火」。**雷震則解釋，他是處於被動的處境，組織反對黨是五一八會議的結果、是民眾的呼聲，並非他所建議，「臺灣人要起來，壓制不住，我們參加，最少不使走錯方向。」**[45]一九六〇年九月雷震邀學者徐復觀參加新黨，徐氏得知有本省人士參加，當即嚴肅拒絕。[46]甚至有的外省人明顯抱持優越感，認為與臺灣人合作有損身分，國民黨籍國大代表王新衡就認為雷震「和臺灣人搞在一起，把自己的地位降低了」。[47]

《自由中國》集團內部也不乏反對省籍合作組黨的聲音，該刊重要寫手戴杜衡即是其一。戴杜衡認為「把臺灣人搞起來了，大陸人將來要受其欺壓的，大陸來的人，百分之九十不贊成這種做法」。雷震力勸再三，說明自己並非主動者，只是被動贊成，因為「我們不參加，他們也要自動地出來組織，因為選舉舞弊太甚，而南韓事件又鼓勵了他們，我們參加之後，還可防止惡化」。[48]雷震請戴杜衡為《自由中國》撰寫〈大陸人與臺灣人〉社論，也遭拒絕，最終由夏道平執筆。[49]

反對省籍合作組黨的外省人因擔心臺灣人崛起而反對，支持合作組黨的外省人同樣是基於族群政治的考量而支持。他們認為放任臺灣人自己組織政黨，未來將難以控制，合作組黨可給予匡正，正如前述雷震所言。齊世英也做如是想，他是立法院內CC派的領導人，所主持的革新俱樂部據說有一百一十餘名成員，力抗陳誠的座談會派。這位國民黨內的改革派主張：「臺灣人正苦悶，如果反對黨能把臺灣匡入，可減少流血之慘。」[50]胡秋原、程滄波希望胡適出來領導組黨時也指出，「可以把臺灣匡入，省得流血，因為臺灣人對國民黨及現政府之惡感太深也。」胡秋原並認為：「胡適不搞反對黨、雷震一定要搞；雷震不搞，臺灣人一定要搞；胡先生和雷某搞，總比臺灣人搞為佳。」[51]

支持組黨的外省籍菁英所想像的反對黨，必須以外省人為主體。例如胡秋原建議應以雷震的《自由中國》及青年黨的《民主潮》為中心，促使青年黨參加，並利用國民黨人成舍我的新聞學校培植生力軍，待穩定後再與臺灣人、美國人連繫，以和平方式組成反對黨。胡秋原主張反對黨應以海外中國人為主體，如果無法活躍於海外，臺灣島內是不易組成的；反之海外做得有聲有色，臺灣自然可以響應。[52]立法委員黃宇人則致函雷震，表示儘管新黨總部設於臺灣，以選舉為中心任務，但必須結合香港與美國的海外中國人，「具全國性，始能發揮力量。」[53]

即使是推動新黨工作的雷震本身，也反對以臺灣人為主的反對黨。早在一九五八年臺籍政治人物組織地方自治研究會時，楊肇嘉之姪楊基振就曾著手起草黨綱、組織章程。面對臺灣人率先組織反對黨，當時雷震認為是「臺灣地方主義之黨，我們不應參加」，主張「必須內地人和臺灣人合起來搞，以免偏差」。他雖然稱許地方自治研究會是「反對黨的先聲」，但擔心臺灣人一旦組成反對黨，將對外省人造成威脅、可能引起流血衝突。[54]雷震日記中更是屢屢透露自己並未主動籌組反對黨，直到一九六〇年五一八會議，在大家推舉下才被動加入組黨運動。

贊成與臺灣人合作組黨的外省人中，僅有胡適、殷海光、傅正等少數人是從壯大反對運動、建立民主政治的角度著眼。胡適是最早鼓勵雷震組織反對黨的人，他強調自己與臺灣的關係，希望臺灣人與大陸人在同一目標向前努力、無分彼此。五一八選舉檢討會後決議組黨，胡適極感興奮，他認為「不和臺灣人在一起，新黨不會有力量」。[55]不過，胡適催生反對黨，自己卻堅持不參加，希望保持無黨無派身分。在給雷震的書信中，胡適說明自己缺乏政治能力，不敢妄想領導反對黨，也不願參與組黨行動。[56]

殷海光強烈主張組織反對黨才能實現自由民主，並且新黨成敗與否的關鍵，在於跨越省籍界線，「只有抹除外省人和本省人這一條人為的界線，臺灣的民主自由人權運動才會成功。」[57]在接受《公論報》的訪問時，他如此表明：

照我的看法，如果地方觀念不打破的話，反對黨縱然搞起來，也不會發生什麼作用的。為什麼理由？大陸來臺的人，政治經驗比較豐富；本省籍的人多、錢多、力量大；這兩者結合起來，才能產生一個真正的強大的有力的反對黨，在自由中國政治民主化推進的過程中，才會發生積極的作用。[58]

不過，殷海光和胡適一樣，也不從事政治活動，認為自己缺乏從事實際政治工作的能力。《自由中國》編輯傅正在新黨運動中參與頗深，他認為在臺灣從事政治運動必須抓住兩種對象：一是臺灣地方政治人物，一是各大專學校學生。雖然組黨的各種條件並未健全，當前政治環境也十分不利，但是為了有效促進民主政治，應該努力推動。[59]

相對於外省人被動、觀望的態度，臺籍菁英對於組織反對黨則顯得積極許多。他們自一九五八年以來就想要組黨，並複製日治時期臺灣文化協會政治社會運動的推展模式，到各地巡迴舉辦座談會、演講會，進行地方串連動員，推升反對黨氣勢。

本省政治人物極力拉攏外省籍菁英，一致希望由後者領導運動。起初他們高度期待胡適擔任反對黨領袖，郭雨新、李萬居、楊金虎等人都曾當面鼓勵他出馬領導。[60]甚至，投靠國民黨陣營的蔡培火也說，如果胡適出來，他可以脫離國民黨而加入這個團體。[61]

在胡適推辭不就之後，臺灣地方菁英又將希望寄託於雷震身上。臺南市葉廷珪的人馬特地拜訪雷震，稱他是「臺灣人的總統」。一九六〇年七月，雷震到彰化、豐原、臺中、嘉義等各地巡迴，所到之處備受尊敬，被稱為是「臺灣人的救星」；八月，郭雨新到臺南各地也聽聞人稱雷震為「救世主」。[62]傅正認為，從南到北臺灣人「對雷公崇拜得不得了」的主要原因，是因為《自由中國》這小小刊物這幾年來所發生的影響所致。[63]

臺籍人士對支持組黨的外省人極為信任，並樂意服膺其領導，此一現象原因何在？一九六〇年五月八日，新黨運動十數名人士與胡適聚餐，眾人交心熱議之餘，郭雨新等人再度力勸胡適出面領導，胡適依然婉辭，並期待眾人奮進、臺灣人民眾可為後盾。楊肇嘉有感而發表示：「**二二八時期，臺灣知識分子被殺有一萬七千五百人，三十年亦補不過來的**，還是沒有得到結果，可是〔今日〕已經走近了一步。」[64]二二八事件是臺灣社會的巨大創痛，眾多臺籍菁英在事件中喪生，楊肇嘉之言，感嘆此一事件造成的人才斷層，或許是臺灣人願意接受外省菁英領導的原因。

當然，更可能的原因是二二八事件的震懾效果，戒嚴之下組織反對黨很可能會被殺頭的，見識過國民黨政府殘酷手段的臺灣人，誰願意首當其衝？

省籍問題在新黨組織過程中無可迴避，如何妥善處理，牽涉著合作關係能否維繫。五一八會議後的第一次主席團會議，開始觸及省籍問題。雷震認為必須化解省籍鴻溝，要求疏導本省人民眾，強調是「在野不滿在朝，而不是本省人反對外省人」。高玉樹希望多安排外省籍具聲望與號召力的政治家加入新黨，雷震表示贊同，但也要求組黨過程應不使外省人反感。[65]第二次主席團會議，高玉樹認為財務委員會除了由吳三連、郭雨新與他三人負責外，其他各委員會必須本省籍、外省籍都有，才能彼此互信，防止國民黨的分化。會中無異議通過以雷震、李萬居、高玉樹為發言人，作為新黨領導核心。[66]

就在新黨組成已是箭在弦上之際，省籍權力分配成為重中之重的課題。合眾國際社在記者會上追問新黨主席團的大陸人和臺灣人比例，雷震說明將來省籍比例是一比三或一比二。[67]為推動新黨而成立的「七人小組」，每個星期開會時輪值擔任主席，成員包括雷震、李萬居、高玉樹、齊世英、夏濤聲、許世賢、郭雨新，[68]外省籍三席、本省籍四席。第三次主席團會議通過十五人為籌備委員會召集人，其中外省人五名（雷震、成舍我、夏濤聲、楊毓滋、齊世英）、本省人十名（李萬居、吳三連、楊金虎、許世賢、高玉樹、王地、郭雨新、石錫勳、許竹楧、葉廷珪），[69]外省本省比例為一比二。

顯然反對黨組成過程中，本省與外省菁英相當有意識地處理省籍問題，試圖避免誤會而受到分化，並主動化解猜疑、強化互信，尤其小心翼翼處理七位輪值主席、十五位新黨籌備委員會的席次配比，力求做到省籍平衡。

新黨籌組過程中，內政部長連震東出言批評，選舉改進座談會於是將矛頭指向連震東，抨擊他是「選舉舞弊措施直接間接的推動者」、「摧毀臺灣地方選舉的執行者」。[70]《自由中國》並將省籍問題端上檯面：

> 政治上的不良，原是當政者的罪過。可是在若干臺灣人的心目中，統治臺灣的是大陸人，因此把政治上的怨憤擴大成對大陸人的怨恨，這顯然是個錯覺。事實上，**受到不良政治之害的，不限於臺灣人，大陸人身受其害的，正多的是**。從另一方面來看，政府官吏固然大多數是大陸人，但警察與稅吏當中也有的是臺灣人；而現任內政部長連震東先生，又正是歷年來以選舉監督的名位，幫助選舉違法舞弊的臺籍人士。由此可以看出**政治上的統治者與被統治者，不是以大陸人與臺灣人來分野的**。[71]

> 有若干人士或明或暗地在所謂「外省人」和「本省人」之間努力築一道圍牆，或加深隱然存在的鴻溝。他們從這一所謂的「矛盾的對立」中獲取統治的便利。從事這種工作的人似乎只顧眼前的利益，一點也不顧後果。……只有抹除「外省人」和「本省人」這一條人為的界線，臺灣的民主自由人權運動才會成功。新黨要求實現他們底目標，必須不在「外省人」和「本省人」之間做一劃分，而只在「民主」和「反民主」之間做一劃分。[72]

《自由中國》正視本省外省之間鴻溝，直指省籍問題的主因在於一黨專政、少數統治，致使臺灣人遷怒於外省人，因此化解省籍問題的解方即在實施民主政治、公平競爭、容許反對黨成立、推動地方自治選舉。

蔣介石主導逮捕行動

早在一九五八年雷震探詢各界組黨意見之初，蔣經國就透過徐復觀傳達訊息給雷震，表示對他「與臺灣獨立人士搞在一起」不能諒解。[73]十一月，又透過許孝炎等黨政人士力勸雷震，不要和臺灣人來往，同時也有人告誡胡適不要和臺灣人往來。[74]一九五九年初臺籍人士組織地方自治座談會時，青年黨人朱文伯敏銳地察覺到國民黨可能施以詭計而提出警告：執政黨疑忌民主人士與本省地方人士結合，將可能「故意將民主自由運動與共匪顛覆陰謀硬扯胡拉在一起，用紅帽子嚇唬人」。[75]

事後觀之，朱文伯果真有先見之明，蔣介石確實早就對《自由中國》集團及其組黨行動失去耐性。一九五九年元月，蔣介石在宣傳指導委員會做了幾項指示：一、宣傳委員會工作重點在島內而非海外，應從輿論上發生影響、安定臺灣，尤其應注意《自由中國》言論偏激、違反國策，不能任其存在，其思想毒素尤不能任其蔓延；二、對於其中可以轉移傾向者，應努力使其轉移，頑梗不化者，應收集一切資料，予以取締；三、雷震個人如確有「匪的關係」，應以匪諜論處；四、該刊與美國亞洲基金會訂有合約，應告知駐美大使葉公超交涉，從速解除合約。[76]同月，針對雷震與《自由中國》集團的「田雨專案」成立，警備總部軍法處開始準備起訴作業，會同保安處、政治部協助資料蒐集。[77]顯然，最高當局一開始就想要以匪諜罪名、以軍法手段處置雷震。

蔣介石於一九六〇年三月順利三連任後，已有餘裕可以騰出手來處理《自由中國》集團與反對黨運動。但四月南韓政變增添變數，令蔣介石大感憂慮，一再提醒情治、軍警要有效控制秩序，避免重演南韓暴動示威。李承晚宣布辭職那日，蔣介石更是膽戰心驚，整夜夢見南韓局勢，無法安眠，認為「近日一般投機反動分子又受韓國政變影響，以為美國反對韓〔國〕李〔承晚〕不民主之態度，而其對我國亦將如此，故皆蠢蠢欲動也」。五月，他甚至直接對情治機關下指導棋，指示須在群眾隊伍中安排警察便衣之滲透工作、聯繫協調教授與記者加以運用、孤立並監視著名反叛分子、懷柔分化臺籍反黨分子等等。[78]七月二十日，蔣介石下定決心對《自由中國》有所處置，日記中記載：「**《自由中國》半月刊，雷逆反動挑撥臺民與政府惡劣關係，如不速即處置，即將噬臍莫及，不能不作最後決心矣。**」[79]

在最高當局指示下，國民黨中央第四組（文化工作會）最先發動攻擊。七月各種媒體的謠言攻勢大量出籠，新黨被指為是在搞「臺灣獨立運動」、是在大陸時期「民主同盟②的同路人」、是地方色彩極為濃厚的組織。[80]八月，軍方的《國魂》月刊全面展開攻擊，指控新黨挑撥省籍對立，撈取政治利益。[81]在黨國媒體報導中，原本希望面對並化解省籍問題的民主運動人士，反而成為省籍問題的製造者。

接著，新聞媒體更進一步抹紅反對黨運動。國民黨政府資助的《新聞天地》加入攻擊行列，卜少夫所執筆的「周末雜筆」專欄，先是含沙射影指新黨恐非純然國人推動，背後另有勢力，將破壞社會、造成親痛仇快局面；新黨目標不在於推進民主，而是藉民主為掩護，使國家陷於動盪不安之中。[82]隨著組黨時程逼近，該專欄措辭愈加粗暴，批判反對黨會把自由中國搞得天下大亂、風雨橫生，給予敵人可乘之機；懷疑新黨來路不明，應該公布經費來源；又指該黨組成分子只不過是「一群落伍分子、腐敗政客，一無是處」，在組黨之前應該先做好自清、自肅的工作。[83]

七月三十一日國民黨《中央日報》的一則報導，給成立中的反對黨一記重擊：

> 權威方面昨天透露：朱毛共匪最近又在日本、香港等地積極展開對外統戰工作，企圖利用臺灣「新黨」的活動，藉所謂「和平解放臺灣」的叫囂，在政治上製造臺灣內部的混亂，以「內

② 民主同盟，全名為中國民主同盟，簡稱民盟，一九四一年由中國青年黨、國家社會黨（後改稱中國民主社會黨）、中華民族解放行動委員會（後改為中國農工民主黨）、中國鄉村建設協會、全國各界救國聯合會等政治團體所組成。戰後民盟參加政治協商會議，提倡「統一、和平、團結、民主」，反對國民黨政府一黨專權。後中國青年黨與中國民主社會黨參加了南京制憲國民大會，遭民盟開除，國民黨政府則宣布民盟為非法團體。一九四九年中華人民共和國成立後，民盟成為新中國十一大民主黨派樣板政治團體之一，但在文化大革命期間被迫停止活動。參中國民主同盟網頁，https://www.mmzy.org.cn/mmgk/jianjie/11796.aspx，二〇二三年九月二十一日瀏覽。

外夾攻」的方式，實現顛覆政府的陰謀。
權威方面並指出，共匪最近又通過前曾赴平銜共匪命令到香港擔任統戰任務的程逆思遠，持黃逆紹雄〔竑〕之函去訪黃x初（按：黃旭初），請其為匪方負責支持臺灣「新黨」的活動。
〔共匪〕配合所謂「和平解放臺灣的陰謀」，由匪黨社會部、統一戰線部及「和平解放臺灣委員會」與「臺灣民主自治同盟」等機構所主持，……尤其特別注意拉攏居留港、日各地而和政府有距離的人士，如香港方面的孫某、黃某，在日本方面則以經費支持廖逆文毅等少數叛亂分子的活動……[84]

此一報導將新黨活動、香港反蔣人士黃紹竑等、日本廖文毅臺獨運動等全部網羅，一併指為中共「和平解放臺灣」的統戰工作。同日，省政府的《臺灣新生報》也刊出如出一轍的「共匪為遂行其所謂和平解放臺灣」報導，指控此些活動意圖內外夾攻、顛覆政府。[85]黨報與官報在同一日，以不明消息來源為組黨運動戴上紅帽子。

八月，《新聞天地》又連續報導中共中央統一戰線工作部部長李維漢，在香港會見即將加入籌組中之中國民主黨的海外民盟人士，指示實現「和平解放臺灣」陰謀。《新聞天地》藉此指控新黨運動真正企圖是：一、以聯合陣線，打垮國民黨；二、以驅逐荷蘭人的精神，趕走大陸人；三、以南韓、土耳其式的政變奪取政權，最終目的，則是在美、日雙方協助下，組織臺灣政府。[86]這次，是將新黨運動導向臺獨主張。

在媒體鋪天蓋地圍剿之下，塑造出主要論述：新黨企圖煽動省籍對立，執行共黨暴力奪權指示，目的在追求臺灣獨立。面對如此嚴重的指控，九月一日《自由中國》刊載了雷震、李萬居、高玉樹三人聯名發表的緊急聲明：

> 我們鄭重聲明我們組織新黨，係基於愛國心切，不能坐視因國民黨的一黨專制，過分集中政治權力而誤人誤國。……不久以前國民黨以及黨所控制的報紙，均以頭條新聞的地位故意造謠說中共正透過其統戰組織向正在組織中的新黨滲透。……我們鄭重聲明：**不久即將要成立的新黨是絕對反共的，是全國性的，是堅決反對分化中華民國的任何國際陰謀的，尤其絕不是所謂本省人的離心運動的**。[87]

但在最高當局心意已決之下，所有的解釋都是多餘。總統府祕書長張群、中央黨部祕書長唐縱、宣傳指導委員會主任陶希聖召集「田雨專案」，由警備總部奉命執行，八月起密集開會、擬定行動計畫。蔣介石本人更是三天兩頭詢問「田雨專案」進度與關心軍法官指派等細節，並親自決定九月四日發動逮捕行動。[88]

九月四日上午，《自由中國》發行人雷震、編輯傅正、經理馬之驌、會計劉子英陸續被捕，當天晚上國民黨中央黨部發給各報社負責人〈《自由中國》半月刊違法言論摘要〉小冊子，指控該刊倡議反共無望、主張美國干涉我國內政、煽動軍人憤恨政府、為共匪做統戰宣傳、挑撥本省人與大陸人感情、鼓動人民反抗政府流血革命等六大類「違法言論」。[89]

雷震等四人被捕後，蔣介石更是事必躬親，親自指揮辦案。他以劉子英自白內容無力，擬定偵訊問題要求答覆；指示雷案須與中共統戰關連；提示傅正既無附匪事實，可交付感化；甚至親自修改起訴書文字、指定辯護律師，並下令必須在國慶日前結案。[90]

十月八日上午在總統府開會，蔣介石做成「題目（按指判決主文而言）要平淡，須注意及一般人心理」、「雷之刑期不得少於十年」、「《自由中國》半月刊一定要撤銷其登記」、「覆判不能變更初審判決」四項指示。[91]當天下午，軍事法庭宣判，以「為匪宣傳」、「知匪不報」罪名將雷震判處十年有期徒刑、劉子英判處十二年有期徒刑、馬之驌有期徒刑五年、傅正感化三年。十一月十七日覆判確定，雷震、劉子英、傅正維持原判，馬之驌改判感化教育三年。

雷震被捕後，暫代主席的李萬居堅持籌組新黨決不退縮，但九月二十六日眾人開會決定新黨暫不組成，等胡適返臺後再議。十月二十七日胡適、齊世英、夏濤聲、蔣勻田、宋英、朱文伯、殷海光、高玉樹、李萬居、王地、許世賢等十五人在陽明山高玉樹寓所開會，胡適建議新黨暫緩成立、獲得蔣勻田等人支持。[92]新黨為何喊停？據齊世英透露，原本新黨組成的目標即是讓有決心與勇氣推行民主政治的外省人，與本土政治勢力結合，並安排「七人核心小組」的本省人與外省人比例是四比三，這是相當理想的組合。但是，雷震被捕後只剩他與夏濤聲兩名外省人，本省人則有四席，衡量政治現實，是否還能朝著原先省籍平衡的方向不偏不倚發展下去，不無疑問。[93]雷震被捕打破了新黨內部省籍權力平衡，正是反對黨運動無法繼續的主要原因之一。原本希望跨越省籍問題而組成的反對黨，最終仍因省籍考量而無以為繼。

一九六二年，中央研究院院長胡適心臟病驟逝；一九六五年副總統陳誠肝癌病逝。蔣介石不再有形象聲望上的畏友，蔣經國不再有權力競爭者，威權獨裁統治在六〇年代進入前所未有的穩固狀態。

美國政府對組黨運動的態度

南韓政局動盪，影響所及鼓舞了臺灣的反對黨運動，美國政府面對東亞兩個主要反共盟邦政局發生連動，絲毫不敢大意。派駐在臺北美國大使館的資深政治顧問歐斯本，進行了深入的觀察分析。

歐斯本在一九五〇年曾派駐臺北領事館，負責接觸臺灣再解放聯盟成員。之後調離臺灣，歷經國務院、日內瓦等職務，再度回到臺北任職，主責政治情勢分析。

一九六〇年六月初歐斯本提出〈韓國對臺灣政治情勢的衝擊〉評估報告，說明南韓政變發生後，臺灣媒體先是一片靜默，直到無法忽視時才開始報導，強調政治安定的重要性，認為美式民主無法移植到其他國家，並宣稱蔣介石總統的無可替代性。歐斯本指出，島內部分親國民黨媒體認為美國政府不僅介入、還教唆南韓暴動與政變，並推測華府支持盟邦的政策有所改變；國民黨媒體的文章甚至表現出反美主義傾向，國民黨政府官員也認為美國政府介入南韓政變，擔心會在臺灣複製南韓的悲劇。歐斯本觀察到，南韓政變為臺灣的反對黨運動注入活力，本省與外省人士密集討論政治行動計畫；葉廷珪參選臺南市長落敗後，想仿效南韓因選舉作票導致政變一事，來翻轉選舉結果，卻也擔心群眾聚集會招致二二八事件般的血腥鎮壓。[94]

值得注意的是，此一報告的主要重點是對國民黨政府的社會控制能力進行整體評估。報告中指出，**臺灣與南韓首要的差異處在於，臺灣缺乏具組織的、有力的反對黨**。臺灣社會各處都能感受到滲透與監控，人民不敢在公開場合自由地討論政治，此種氛圍足以阻擋人們對反對黨的支持。情治機關不僅滲透青年黨、民社黨，並用行政手段阻絕反對黨的出現，地方自治研究會無法申請通過，只能以非法方式存在。另方面，國民黨的「黨小組」深入統治領域的最末端，村、里等任何地方基層動向都無所遁形，因此，地方政治人物不是加入國民黨，就是選擇與國民黨合作。透過特務、行政、黨組織的層層運作，任何挑戰國民黨政府的反對勢力根本不容易形成。

其次，國民黨政府控制了青年與軍隊。蔣經國所主持的中國青年反共救國團雖然尚未贏得青年的完全效忠，但卻是消滅青年學生反政府行動的重要組織；救國團的重要工作是透過軍訓課程訓練青年服從，並防止校園出現學生運動。國防部總政治部所指揮的政工系統在各部隊進行偵查，有效消除軍中的反對意見，強化支持與效忠。

再者，國民黨政府還用複雜而微妙的手段支配臺灣政治，這使得該黨不需動用到南韓那樣令人無法容忍的大規模舞弊，就能贏得選舉、獲得令人滿意的多數支持。國民黨政府小心地使用暴力、恐嚇、非法手段，避免引起衝突，它的運作沒有定則，經常視個案處置，並保持相當的彈性。例如，它讓無黨籍的陳啟川當選高雄市長，以讓步方式來緩和地方的不滿。又例如，行政院長陳誠任用臺灣人連震東擔任具有實權、非傀儡性質的內政部長，省級層次的政治職位也採取象徵性任用手法，讓部分非國民黨籍臺灣人擔任省府官員。[95]

基於以上理由，歐斯本認為國民黨政府對臺灣社會掌控極為嚴密且深入，不致出現像南韓那樣嚴重的動亂，因此**建議國務院不要錯估局面、表現出任何支持反對黨的舉措**。如果美國政府決策稍有偏差、韓國情勢在臺灣上演，他一步一步推演國民黨政府可能採取的手段：

> 此一平衡非常容易被打翻，一旦美國政府方面出現錯估行動。例如，如果造成一種美國政府正在施壓國民黨政府允許成立真正的反對黨的印象，此一發展可能會給民眾帶來成功在掌握中的幻覺，進而鼓動民眾與警方及公共權威衝撞。而國民黨政府一定會用它的警力保衛當前政治結構，主要警力將投注在拔除任何最初出現的挑戰，再以司法手段逮捕主要人物，散布或警告黑名單人物將被逮捕等等。如果這些預防手段沒有發生效果，警察、警備總部，甚至正規武力都將出動來壓制抗議。
>
> 鎮壓示威抗議最可能導致的結果，就是警察、軍隊與民眾嚴重衝突，這將是最血腥殘酷與令人不安的事情。[96]

歐斯本強烈建議國務院應致力於引導國民黨政府進行政治改革，而非使用非正式方法施壓，否則將造成重大傷害。

一九六〇年九月四日警備總部逮捕雷震、馬之驌、傅正、劉子英四人後，次日臺北美國大使館立即向國務卿報告，說明警備總部發言人的說法、新聞媒體的報導、高玉樹與李萬居等人的反應。[97]雷震被捕在美國引發關注，雷震之女雷德全向國會議員求援，議員向國務院表達關切。國務卿赫特認為，「無論依據中華民國政府法律雷震案會如何處理，此事已造成美國與海外在政治上與心理上的不利影響，並且會隨著中華民國政府處置此案的不正常狀況而擴大。」[98]

美方最擔心的是國民黨政府後續的逮捕行動，將觸及敏感的省籍關係。九月十三日，美國臺北大使館報告指出，民間謠傳高玉樹將被捕，有必要警告國民黨政府此舉可能引起不良後果，並建議華府同時向中華民國駐美大使館傳達此一關切。[99]十四日，大使館再次電國務卿，研判前臺北市長高玉樹、《公論報》發行人李萬居這兩位新黨運動的領導人，可能成為國民黨政府下一波追究目標，將被法院分別以司法案件起訴。[100]

華府方面，國務院多次召見中華民國駐美大使葉公超，表達美國政府對雷案的嚴重關切。九月十三日，國務院遠東事務助卿柏森斯（J. Graham Parsons, 1907-1991）會見駐美大使葉公超，開門見山要求轉達美方對雷案的關注。他指出，逮捕雷震事件已引起美國國會議員的詢問，來自民眾的關心信件也大量湧入，因為人們認為雷震等會遭遇不公平的審判、國民黨政府會壓制反對者；此事將對國民黨政府形象十分不利，也將影響美國政府的中國政策，以及聯合國中國代表權問題。**柏森斯並提醒，聽說高玉樹、李萬居即將被捕，這將更讓外界認為國民黨政府的行動是在壓制新的反對黨的成立**。[101]

面對美方的關切，蔣介石並未動搖，他認為國務院對葉公超提出警告、恫嚇，但是美國輿論中只有少數自由主義與左派報刊對其不利，這是預料中事，堅持「此次顧慮周詳，決心堅定，毫不為內外反對之邪惡評論與美國壓力所動搖」，至於本國自由主義知識分子如胡適，「實昧良知洋奴而已」。[102]

十月，雷震案判決出爐，國務院遠東事務副助卿史帝夫（John M. Steeves, 1905–1998）等人再度約見葉公超，表明由於此案以軍法審判，速審速結，致使外界認為是在鎮壓反對黨，連向來與國民黨政府友好的《時代》雜誌都給予惡評。**史帝夫再次提醒國民黨政府，切勿在雷案之後繼續逮捕其他反對運動領袖，尤其是臺灣人**，否則美國公共輿論與國會意見走向將對其十分不利。[103]

同時國務院也把會談內容告知臺北美國大使館，指示大使莊萊德向國民黨政府傳達，國務院持續嚴重關切此案。**國務院提醒國民黨政府應充分注意，如果對其他反對運動領袖、尤其是臺灣人採取相同行動，將會引起的巨大反彈**。[104]

十一月，雷震等人覆判確定，副國務卿莫成德會見葉公超大使，表達美國政府關切雷震等人被捕與判刑，國民黨政府處理此案的方式在美國引起強烈批評，因國會議員對此事之責備造成國務院巨大壓力，美國政府會繼續關切此事所造成的傷害。[105]

從國務院三次召見葉公超大使傳達的內容可知，雷震案發生後，美國政府面對公共輿論與國會壓力，不斷向國民黨政府表達對此事的嚴重關切，要求必須公平審判、審慎處理；更重要的是要求國民黨政府進行損害控管，阻止進一步逮捕、壓迫臺灣人反對運動者高玉樹、李萬居等人。

然而美國政府雖然關切雷震案，但是並未支持臺灣人與外省人菁英合組反對黨的行動。相反的，因為國民黨政府懷疑美方在南韓政變中的角色，美方一再解釋澄清，並刻意與臺灣的反對黨運動劃清界線。

美國大使莊萊德認為，雷震被捕、雷案爆發，與國民黨當局誤解美國政府介入南韓政變有關，雖然國務院官員與葉公超大使會面、莊萊德面見蔣介石時都曾予以說明，但國民黨高層並未接受。莊萊德指出雷震等人組織反對黨行動威脅到國民黨的無上統治權力，蔣介石不可能容許一個有組織的、強有力的反對黨出現，因此在反對運動剛剛發軔之初、尚未生成之前，就會將之剪除。事實發展也證明蔣介石為確保其政權安定，親自下令逮捕雷震，與臺北美國大使館先前的預測完全吻合。106

美國政府應該在臺灣的反對黨運中秉持何種態度？莊萊德認為，蔣介石與他的特務系統十分擔心雷震與臺灣人合作組織反對黨，將對省籍關係造成刺激；同時，一旦具組織規模的反對黨出現，勢必會直接向臺灣人提出訴求，成為國民黨以外的另一個政治選項。莊萊德強調，如果放任反對黨成立、在選舉中表述政策主張，屆時國民黨將被宣告死亡，勢必嚴重影響美國利益：

> 此一結果將對美國利益造成災難性的損害。臺灣人政治人物主要是對於自治缺乏經驗、沒有原則的機會主義者，他們未曾展現過協力合作的能力，他們所組成政府的前景將是一團混亂。甚至，**臺灣人政治人物幾乎都是採取「臺灣獨立」的政策，將會撤回蔣介石在反共大陸政策下所答允的重軍事承諾**。
>
> 我們支持蔣介石與國民黨已經十年，中間有過吳國楨、孫立人的插曲。我們一直都知道，如果我們希望安定，軍事上保衛臺灣、拒斥共產黨，並保全我們的周邊防衛，自由政治氛圍是無法獲得的目標。我們已經在這項工作上投資數十億美元，並且獲得相對良好的回報。失去臺灣，我們在太平洋的軍事地位將會嚴重削弱。
>
> 我的判斷是，**為了我們自己的安全，我們沒有其他的選項，只能繼續過去十年的政策，支持蔣介石與國民黨。這裡的世界局勢與客觀條件，都不允許奢侈地自由組織政治反對黨**。[107]

莊萊德並在電文中重複歐斯本的看法，認為臺灣控制嚴密不同於南韓，在經濟上也較為繁榮，如果能致力於加速經濟計畫，將更為安定，並可帶動政治自由化。為了安全與安定，耐心是必要的，如果現在就打開自由化大門，將會帶來混亂與災難。

莊萊德大使的看法赤裸裸呈現冷戰結構下的美國利益觀點：一、肯定獨裁政府，認為國民黨當局社會控制能力精密靈巧，不會出現像南韓一樣的危機；二、質疑臺灣人缺乏政治經驗，尤其較諸國民黨的反共承諾，臺灣菁英的「臺灣獨立」主張對美國不利；三、為了美國在太平洋的戰略利益，只能依循過去路徑，繼續與國民黨政府合作，確保反共防線。簡而言之，對美國政府而言，臺灣的穩定與安全，比政治改革、自由民主更重要，過快的自由化將不利於臺灣的政治安定。

莊萊德大使的報告完全站在美國政府利益考量，絲毫不考慮臺灣人的感受。對此，國務院另有顧慮。遠東事務助卿柏森斯回覆莊萊德電文指出，雖然同意他的看法，美國不需為了追求臺灣的政治自由化而犧牲安全與安定，但也提醒，必須步驟得宜，否則南韓暴動將在臺灣重演。因為國務院收到來自傳教士等方面的訊息，雷震案後臺灣社會對外省人的情感快速惡化，而在美臺灣留學生獨立運動開始萌芽。柏森斯指出，如果美國希望平穩地改革，國民黨政府中必須提供更多機會給臺灣人，讓他們更加有經驗、能負責。國民黨政府常宣傳省府行政官員有半數是臺灣人，柏森斯拿出數據一一反駁，指出省府層級行政官員中仍以外省人占絕大多數，如果繼續壓制臺灣人政治參與機會，將促使南韓的例子在臺灣爆發。因此，柏森斯要求莊萊德審慎斟酌長期可行的方針，唯有妥善回應臺灣人要求，才能真正確保臺灣的安定。108

一九六二年甘迺迪總統（John F. Kennedy, 1917-1963）時期，國務院遠東事務助卿哈里曼（William A. Harriman, 1891-1986）認為莊萊德太過傾向臺北國民黨當局立場，將他調離臺北。[109]

雷震案後，美國臺北大使館資深顧問歐斯本提出臺灣省籍關係分析報告，他認為國民黨政府以特務監視、黨組織滲透手段，仍能夠有效控制臺灣社會，五至十年內臺灣人與外省人間的憎惡情感將無法有效緩解，但也不致出現暴力衝突。臺灣的問題不必急著解決，因為長期來看，時間站在臺灣人這邊。歐斯本預測：

圖6.3　一九五八年蔣介石接見莊萊德夫婦

來源：國史館藏，數位典藏號：002-050101-00031-056。

此問題（按：省籍問題）的重要面向是時間因素。現在制度所造成的臺灣人與外省人問題，最晚不會超過一九六六年。目前立法院委員平均年齡約六十歲，監察院委員約六十一歲，國民大會代表約六十四歲，國民大會下一個會期（按：一九六六年）可能是它的最後一個會期，可能會成為國民黨政府立法機關全面重構的機會。在這過程中，國民黨政府不可能繼續維持當前臺灣人代表的比例，重構的過程將提供臺灣人與外省人在政治上大步伐整合的機會。[110]

歐斯本的看法反映了某種態度：他人的自由，事不關己。對美國而言，臺灣的制度性不公、臺灣人要求自由民主，並非急迫問題，交給時間即可，最晚到一九六六年自然會化解，臺灣人何不耐心等待？

問題是，臺灣人願意等嗎？

第七章　另一種抵抗路徑

彭明敏被特赦後在家軟禁，受到二十四小時的監視，特務人員分三班看守，親朋好友都不敢接近他。但是卻有一幫關心國事、擔憂臺灣前途的年輕人經常上門。他們不怕監視人員登記身分證，一起在彭明敏家中激昂憤慨地討論國民黨的統治政策、臺灣人的處境、如何成立組織或參與選舉等具體行動，他們想為臺灣做點事。[1]

這個光景在幾年前也出現過。一九五五年，彭明敏剛從法國取得博士學位回臺，進入臺灣大學政治學系任教，三十四歲就升上教授、三十七歲被聘為國家科學委員會「國家講座教授」、四十歲當選第一屆十大傑出青年。一九六一年彭明敏出任臺大政治系主任，同年又被派任為聯合國大會中國代表團顧問。從聯合國回來後，他的國際法學術聲譽達到生涯高峰，大批演講邀請蜂擁而至，家裡也不時聚集許多臺大與其他各大學學生，圍繞著他熱烈討論臺灣問題。

其實彭明敏有一度只關心自己的學術事業、不願涉入實際政治，但是，複雜的內外情勢卻不斷進逼。作為一位國際法專家，在國際學術研討上很難迴避臺灣問題。學生傅正因為雷震案被捕，令他感到不寒而慄。獲得十大傑出青年獎項時，因不願讓學生見他與號稱「青年導師」、實為特務頭子的可怕人物酬酢合影，他婉拒了救國團主任蔣經國的茶敘邀請，卻反而在年輕學生中更受歡迎。聯合國代表團出發前，國民黨高層約見，希望他順道調查臺灣獨立運動在美國的發展。這種種事態都令彭明敏感到心情沉重。

一九六一年第十六屆聯合國大會上，彭明敏親眼見證中華民國的處境愈來愈危殆。因外蒙入聯問題引發中國代表權混戰，他深深體認到蔣介石聲稱代表中國的荒謬性。中華人民共和國節節進逼，聯合國的中國代表權之爭已無法再拖延，這不僅影響國民黨政府，更嚴重關係著臺灣人的命運。[2]

經常來家裡討論臺灣前途的青年中，謝聰敏與魏廷朝兩人總是將國民黨統治下的內外局勢分析得十分透澈。師生三人都認為應該讓更多人理解臺灣的處境，只要有更多人認識並討論這些問題，國民黨獨裁統治就會受到公開的挑戰。他們決定將相關看法擬成一份文件，經謝聰敏起草、彭明敏修改、魏廷朝以流暢中文完成定稿，將這份聲明稱為〈臺灣人民自救運動宣言〉。[3]

一九六四年夏天，他們預定印製一萬份宣言並廣為散發。但是，宣言還未出印刷廠就遭檢舉，彭明敏三人在九月二十日被捕。

圖7.1　一九六一年彭明敏獲當局邀請參加陽明山會談名牌

來源：國史館藏，數位典藏號：008-030604-00019-086。

次年四月，謝聰敏被判有期徒刑十年、彭明敏與魏廷朝各判有期徒刑八年。彭明敏母親提出悔過書表達認錯悔改之意，十一月彭明敏獲得特赦。

返家後的彭明敏被嚴密監視，過去炙手可熱的當紅學者成了眾人躲避的麻煩人物。但是，關心臺灣前途的青年們絲毫不畏懼，仍有許多大學生、年輕議員與教員像以前一樣前往彭家，熱切議論政治，為臺灣找出路。

不料，一九六七年這些青年陸續被捕，彭明敏感覺周遭情勢已惡化到極點，連個人生命都受到威脅。

「危機已迫近，是該做決斷的時候到了。」彭明敏眼前只有幾個選擇：一是拋棄尊嚴，依照國民黨政府的職位安排，乖乖做個順民；二是拒絕接受國民黨政府的條件，繼續與熱血青年議論時政，但代價很可能是再度被捕，甚至被暗殺或終身監禁。最後一條路，就是冒險逃出臺灣。[4]

臺獨武裝革命計畫

一九五〇年代末期起，島內臺灣獨立案件如雨後春般不斷冒出，令統治當局無法忽視。領導情治工作的蔣經國指示清理島內臺獨案件，警備總部奉命做成〈近年判結臺獨案件清冊〉，發現一九六一至一九六六年審結的臺獨案件就有十七案、一一九人涉案。[5]

值得注意的是，在這些臺獨案件中，只有少部分與海外廖文毅臺灣共和國有關，大多數是島內自主出現的臺獨主張。這些島內自發性的臺獨案件，尤其在軍中不斷發生，讓國民黨當局十分苦惱。

為了有效控制軍中臺獨問題，國家安全局指示國防部總政治部密切注意，一九六七年六月，總政治部整理出〈軍中防制「臺獨」活動參考資料〉，更發現軍中臺獨案遍布陸、海、空各軍種。其中有一類是士兵發起者，較屬於臨時起意，缺乏無長遠計畫；另一類則是軍校學生發起，多具有長遠計畫，活動較為隱蔽。[6]

同年十月，國防部又統計「歷年偵辦反動案件」，提供了一九五八至一九六六年更完整的軍中臺獨案件資料。

國防部以「軍中反動活動」稱呼的這些案件，其實都是臺獨案。從表7.2統計資料可以看出幾項特點：一、軍中臺獨案件遍及陸、海、憲兵等軍種，也有多起案件是陸軍官校、政工幹校學生；二、涉案的二四七人中，明顯以臺籍軍校學生士兵為主；三、國防部依據案件規模大小做不同處置，涉案數十人的幾個大案，多採「大案小辦」模式，遭軍法審判人數有限，大部分留在原單位「教育考管」。但規模較小的案件懲處較重，送軍法審判比例偏高。

這些案件中最值得注意的，是一九六一年起連續發生的陸軍官校學生臺獨案，以及駐紮雲林的海軍陸戰隊與地方人士合力圖謀起事的蘇東啟案。

一九六一年三月，陸軍官校卅期學生吳炳坤、張泉地與卅二期學生陳恩泉等人長期以來利用假期聚會，起初以「臺灣自治互助會」名義聚集，後來轉為臺灣獨立自治組織，共有成員三十人。陸軍官校政治部調查指出，吳炳坤、張泉地等人因不滿政府貪汙腐化，又受《自由中國》反對黨運動影響，遂以學長身分接觸低年級學生，利用假日聚會進行組織化工作，鼓勵認識的同學投考軍校。並且，陳恩泉蒐集日治時期臺灣民眾黨黨綱等資料，並以此為藍本草擬黨綱，在吳炳坤等人畢業離校後，企圖繼續領導該組織，目的是追求臺灣自治獨立。[7]警備總部接手調查後認為，本案參與者不僅官校學生三十人，吳炳坤胞兄吳呈輝有幕後策動之嫌，友人黃金鴻、王勝治等確有臺灣獨立之妄圖。[8]

臺籍官校生為何竟主張臺獨？吳炳坤被捕後陳述，臺籍學生在陸軍官校受到嚴重歧視，受外省籍學長欺侮，訓練時遭踐踏、在地上爬，並被斥喝「你們臺灣人受日本五十年的奴隸教化，到現在仍奴隸習氣未改」，被譏笑本省文化低落、教化差、「臺灣妓女百分之百都是本省籍女性」等等。這些充斥於日常的侮辱攻訐造成臺籍學生強烈反感，吳炳坤遭到多次汙辱，深惡痛絕，認為臺灣人必須團結，因此在軍中組織團體。[9]

吳炳坤案涉及軍中省籍對立、臺籍學生遭受欺壓等問題，頗為敏感。警備總部偵查後提出兩個處置方案：甲案、將吳炳坤等四人依法審判，使其他參與者知所警惕，以儆效尤；乙

表7.1 一九六六年臺灣警備總司令部統計判結臺獨案件清冊

年分	案件名稱	判刑人數	姓名
1961	廖啟川案	8人	廖啟川、孫秋源、利足禹、陳東川、蔡金鏗、曾壬癸、詹萬財、吳耿隆
	蘇東啟案	33人	蘇東啟、張茂鐘、詹益仁、陳庚辛、林東鏗、黃樹琳、鄭金河、李慶斌、陳金全、沈 坤、張世欽、鄭正成、鄭清田、洪才榮、詹天增、陳 良、洪進發、蘇 映、林光庸、蔡光武、李志元、張邦彥、黃錫琅、陳世鑑、謝登科、陳火城、王戊己、廖阿琪、王錦春、廖景星、黃德賢、江 柱、吳進來
	林金煌案	5人	林金煌、方鳳揚、李吉村、張耀鈿、陳玉常
	林文澤案	5人	林文澤、鄭清海、李德榮、陳明楷、賴培雄
1962	陳智雄案	3人	陳智雄、戴村澤、蕭坤旺
	宋景松案	11人	宋景松、陳三興、陳三旺、劉金獅、高尾雄、董自得、王清山、邱朝輝、蘇鎮和、郭哲雄、林輝強
	施明德案	5人	施明德、蔡財源、張茂雄、陳春榮、黃憶源
	施明正案	2人	施明正、施明雄
	莊寬裕案	3人	莊寬裕、李森榮、張啟堂
	王丁德案	2人	王丁德、王啟昌
	廖蔡綉鸞案	1人	廖蔡綉鸞
	黃紀男等案	16人	黃紀男、廖史豪、廖溫進、林奉恩、林南增、鍾謙順、陳嘉炘、郭振坤、廖慶瑞、鄭瓜甦、許朝卿、陳火桐、楊連成、陳慶輝、斜冰操、廖文毅
1963	洪天時案	8人	洪天時、陳茂榕、林順天、劉天順、張萬樹、張進川、劉家順、李崑勝
	吳俊輝案	4人	吳俊輝、江炳興、黃重光、陳新吉
1964	陳清鍛案	3人	陳清鍛、陳明發、廖登矚
	彭明敏案	4人	彭明敏、謝聰敏、魏廷朝、張泉地
	陳堃山案	6人	陳堃山、廖義輝、王派淵、洪金漳、顏明聖、陳天發

資料來源：「臺灣警備總司令部近年判結臺獨案件清冊」，〈臺獨案件清理及名冊〉，《國防部後備司令部》，檔案管理局藏，檔號：A305440000C/0055/1571/2360/0001/003/0001-0011。

表7.2 軍中歷年偵辦臺獨案件統計

案件	涉案身分					處理情形			破案年分
	軍官	學生	士官	士兵	小計	軍法審判	原單位考管	小計	年月
海軍許昭榮等「臺灣獨立民主黨」案	1		25	9	35	9	26	35	1958.09
憲兵林文澤等「臺灣獨立黨」案			1	1	2	2		2	1960.08
陸軍官校吳炳坤等「臺灣自治互助會」案		30			30	4	26	30	1961.07
施明德等「亞細亞共和聯盟」案	6	2	1	1	10	5	5	10	1962.08
政工幹校黃聰明等「臺灣青年同志會」案（邱萬來戰鬥專案）		21			21	2	19	21	1962.04
金門士兵王明丸等案（永靖專案）			9	42	51	3	48	51	1962.11
海軍陸戰隊陳庚辛等參加蘇東啟陰謀武裝案（鎮平專案）	1		3	26	30	15	15	30	1962.11
海軍邱萬來等企圖劫艦叛逃臺獨案				5	5	5		5	1963.07
陸軍官校江炳興等「臺灣獨立自治同盟」案（永泰專案）		45	8	2	56（應為55）	7	49	56（應為55）	1963.10
顏英哲等「自由黨」臺獨活動案	1			1	2	2		2	1964.05
張鴻賓未檢舉林新照臺獨案	1				1	1		1	1966.05
黃建榮等臺獨活動案（清源專案）			2	3	5	2	3	5	1966.05
合計12案	10	99（應為98）	49	90	248（應為247）	57	191	248（應為247）	

資料來源：「軍中歷年偵辦反動活動案件統計表」，〈安全資料〉，《國防部》，檔案管理局藏，檔號：A305000000C/0064/1353/3040/0025/001/0090。檔案數字加總有誤，故筆者予以更正。

案、全案交付軍法裁定交付感化，使改過向上、重新做人。[10] 國防部總政治部決定選擇甲案將吳炳坤等四人交付軍法審判，依《陸海空軍刑法》第一二〇條違背職守而祕密結社集會罪名判刑。[11] 結果，警備總部軍法處以吳炳坤因受外省同學歧視，為謀本省同學之團結合作，未經准許組織自治互助會，輕判有期徒刑二年，張泉地有期徒刑一年六個月，陳恩泉、許直勝各判有期徒刑一年，[12] 其他二十六名涉案學生留校教育考管。此案在雷聲大雨點小中落幕。

但是陸官學生臺獨活動並未就此結束。一九六二年六月，陸軍官校卅一期學生陳春榮、卅三期學生蔡財源與初中同學陳三興等多人共組「亞細亞共和同盟」（又稱「興臺會案」），吸收陸軍十七師候補軍官施明德（蔡財源高中同學）、裝甲兵候補軍官黃憶源等人，企圖利用聯合國大會討論中國代表權、國民黨政府於國際局勢陷入低潮之際追求臺灣獨立。此一案件除軍中十二人涉入外，另有社會人士施明雄十六人被捲入。[13]

同一時間，世界新聞專科學校軍訓教官王士亨，向擔任陸軍官校上尉指導員的兄長王士正，檢舉陸官第卅三期學生江炳興在軍中密籌組織，因為案件牽涉層面甚廣，陸軍總部會同司法行政部調查局成立「永泰專案」進行偵辦。一九六三年六月至十二月，包括江炳興等陸軍官校、陸軍供應部、海軍、空軍共有五十五人，以及吳俊輝等東海大學、中興大學、臺灣大學、師範大學、成功大學、臺北醫學院、淡江理工學院、世新專校學生四十三人被逮捕偵訊。此一「臺灣獨立自治同盟案」總計九十八名臺籍青年被捕。[14]

為何此案會有多名大專院校學生涉入？原來，江炳興（陸軍官校）、吳俊輝（東海大學）、張重信（中興大學）、蔡乃章（臺灣產物保險公司職員）等人是臺中二中同學，情感甚密。江炳興進入陸軍官校後，與班長吳炳坤相處融洽，受吳炳坤影響，認為應團結對抗外省人，加入「臺灣自治互助會」。他遂與二中同學吳俊輝等人多次集會討論改善臺灣人民生活、脫離大陸人壓迫的方法，並擬以臺中為中心，占領成功嶺斷絕南北交通、奪取裝甲兵部隊、攻陷公館機場等兵變計畫。[15] 日後，吳俊輝口述回憶，對當時臺灣人遭歧視、政府腐敗十分不滿，因家庭經濟條件的不同，與江炳興約定一進大學、一進軍校，進行組織活動。[16]

調查局指出，一九六一年吳炳坤被捕後，江炳興並不灰心，繼續糾合吳俊輝、張重信等人在軍校、大專院校召集志同道合的朋友，並至彰化拜訪學長陳春榮，成立組織、追求臺灣獨立。該組織以江炳興、吳俊輝為核心，並進行分工，江炳興主軍事、吳俊輝主政治、林俊光負責宣傳、張重信負責聯絡。[17]

依據調查局的看法，陸軍官校「臺灣獨立自治同盟」是「臺灣自治互助會」的延續，核心人物是吳炳坤、吳呈輝兄弟。吳炳坤案發被捕後，吳呈輝繼續領導，並與陳春榮等官校學生會面，選擇適當分子謀求發展。調查局甚至認為，曾經參與反對黨運動的彰化地區頗富名望醫師石錫勳是幕後領導人。而「臺灣獨立自治同盟」得以偵破，負責聯絡工作的林俊光（世界新聞專科學校）正是調查局的內線。[18]

陸軍總司令部調查本案時發現，吳炳坤獲釋後，曾數度到校，對留校同案分子心理發生影響，少數學生甚至以「吳炳坤學長為爭取本省獨立自治，為謀取同胞自由幸福，此舉雖被發覺，僅只犧牲其個人自由二年就無事」，相互鼓勵。[19]

陸總部與調查局調查認為，官校學生還就如何居於適當位置、對軍隊發生影響進行過種種討論。卅二期學生在畢業前聚會商議選兵科時，要志願選步兵科，以求畢業後分發預訓部各新兵訓練中心，掌握領導臺籍充員兵之便利。[20]江炳興則主張選裝甲兵，因其速度快、威力大，在未來兵變中當能發揮莫大作用，所以軍校畢業後擬選擇分發裝甲兵部隊，以期未來能夠控制部隊。[21]

如果上述官方檔案這些說法屬實，臺灣青年曾經思考在軍中掌握領導權，從而推動臺獨運動、建立新國家，此一武力奪取政權路線足以修正長期以來人們對島內臺獨運動的理解。

軍中連續發生官校學生臺獨案令陸總部悚然心驚，調查報告指出「臺灣獨立自治同盟」、「亞細亞共和同盟」與「臺灣自治互助會」三案連發，以顛覆政府、臺灣獨立為目的，構成軍中與社會之安全問題。尤其，涉案分子全部都是臺籍青年，平均年齡只有二十四歲，大多曾受中等以上教育，這些人思想之轉變乃因青年前途苦悶，臺籍青年不受政府重視使然，如何導正臺籍青年思想、從根本上解決問題，殊值得重視。因此，陸軍總部以本案「涉案人員均係臺籍知識青年，人數眾多，若不論輕重均繩之以法，甚易造成社會誤解，使反動分子作為反動宣傳之藉口」，建議從寬處置。至於陳春榮曾去拜訪的彰化醫師石錫勳，因倡議反對黨遭警備總部列管有案，但石錫勳勸告陳春榮不可衝動冒險、應當謹慎從事，自難認定其是幕後主使人物。[22]

陸軍總部建議除軍中主要涉嫌分子江炳興、黃重光、陳新吉三人解送警備總部審理外，其他軍中人員視情節分別給予教育考管。總政治作戰部同意該建議，認為符合「首惡從嚴，餘眾從寬」原則，交軍法局處理。[23]此案江炳興判處十年有期徒刑，黃重光、陳新吉分別判處五年有期徒刑，軍中並有五十五人遭到「教育考管」之長期監控。[24]

官校學生臺獨案導致吳家兄弟三人命運悲慘，吳炳坤在前案服刑期滿後，又因後案遭調查局偵訊，不堪刑求之下精神失常，不時高喊「一年準備，兩年反攻，三年掃蕩，五年成功」口號，高唱陸軍軍歌，可是有時卻又清醒似地鼓勵關在隔壁牢房的張泉地「要勇敢」。吳炳坤的兄長吳呈輝、弟弟吳忠和也先後被捕，但後來吳忠和的屍體卻在苗栗通霄鐵路旁被發現，吳呈輝則於兩年後才被無罪釋放。[25]

一九六一年初，另一件驚天動地的臺獨案在雲林地區悄悄醞釀，雲林地方人士結合臺籍士兵發動的臺灣獨立革命計畫，令當局大為震驚。

雲林虎尾黃金戲院管理員張茂鐘，曾目睹二二八時嘉義火車站前槍決人犯的慘絕人寰畫面，對國民黨政府產生惡劣印象。雷震被捕、反對黨運動失敗後，他出於好奇心找來《自由中國》雜誌閱讀，大受啟發，認為只有臺灣獨立才有出路。戲院員工林東鏗與他志同道合，他們經常以詹益仁的國際照相館為中心，和照相館員工陳金全、農會獸醫黃樹琳、戲院同事李慶斌等人痛罵國民黨政府，討論臺灣獨立問題，並計劃擴大同志、有所行動。[26]

經常來看電影的陳庚辛是海軍陸戰隊一〇七四部隊第二營第六連上等兵，一九六〇年駐紮雲林莿桐樹仔腳營區（今饒平國小）時，結識張茂鐘等人，雙方理念相同、一拍即合，開始呼朋引伴，爭取陸戰隊戰友鄭金河、陳良、洪才榮、鄭正成、詹天增、林江波、莊來明等人的認同。[27]於是，假日來到黃金戲院的陸戰隊士兵，紛紛被請進另一間會議室，由林東鏗演講有關國民黨欺壓行為、二二八事件等話題，對臺籍士兵進行「政治教育」。[28]

這些缺乏社會地位與號召力的底層大眾屢屢集會討論，希望找尋具有影響力的領導者。蘇東啟是雲林北港人，一九五三年當選雲林縣議員，在議會內批判國民黨政府「國庫通黨庫」，問政犀利、表現出色。一九六〇年他參選雲林縣長失利，但在選舉中的政見言論充滿臺灣意識，深獲張茂鐘等人心意。於是張茂鐘等人在次年的縣議員選舉中，主動開著吉普車從虎尾到北港幫他助選。蘇東啟連任縣議員後，張茂鐘等人向他表示「我們應該和韓國一樣發動政變，用武力打倒政府」，邀請他擔任領導人。[29]

蘇東啟認為武力打倒政府的想法太天真，反對這個提議。但張茂鐘他們並不死心，過一陣子又來找，表示已有組織，將先接收莿桐的海軍陸戰隊，再到林內、虎尾，然後到嘉義民雄控制廣播電臺，並已準備好廣播錄音帶。蘇東啟仍然要求他們不要輕舉妄動。

一九六一年三月七日，海軍陸戰隊士兵陳庚辛緊急通知張茂鐘，部隊將於十日移防高雄林園，必須有所行動。他們想要通知蘇東啟，但蘇隨縣議會北上參訪，張茂鐘、詹益仁等人決定：一、三月九日起義，由張茂鐘率領群眾襲擊樹仔腳軍營；二、陳庚辛率領部隊內同志做內應；三、派林東鏗急赴臺北聯絡蘇東啟。[30]

林東鏗到臺北找到蘇東啟，告知後天將發動兵變，並要求介紹高玉樹尋求支持。蘇東啟果真於次日引見高玉樹，高一聽是要兵變，認為不可能成功，但此舉將嚴重打擊政府聲譽。高玉樹建議改在八、九月聯合國開會，美國對臺政策較為明朗化時發動，更為合適。林東鏗被勸回後，高玉樹則與蘇東啟約定聯絡暗語，如果海軍陸戰隊臺籍士兵真的採取行動，必須立即電話相告。[31]

然而林東鏗並未接受勸告，他認為已經召集了上百人，「不管怎樣，一定要拚一場！而且一定會成功」，因此在返回雲林前發出電報「定貨須照期交」，示意張茂鐘與陸戰隊員如期舉事。[32]張茂鐘實際上只招募到十幾人，手無寸鐵的眾人一聽要劫軍營、奪武器，紛紛打退堂鼓。[33]三九起事失敗，蘇東啟對張茂鐘等人魯莽行事相當不滿。

值得注意的是，蘇東啟並沒有因三九起事失敗就放棄主張，反而更積極對外召募同志，向軍中及社會各界發展組織。他透過雲林縣政府人事室職員林光庸取得役男資料、接觸臺中裝甲部隊的臺籍士兵，以及與政工幹校畢業的陳世鑑交往、討論臺灣地位問題。[34]他又經朋友介紹認識省立師範大學學生顏錦福，第一次見面就主張「臺灣要建立自己的國家」，並透露海軍陸戰隊各方人馬準備起義。顏錦福對蘇東啟的看法是，此人真誠與信任，但未免「交淺言深」、「給我的印象是很草莽」。[35]

三月十二日晚上，高玉樹、許竹模、王地、許世賢、李秋遠、何春木、蘇東啟七人在高玉樹宅繼續商議組黨事宜。高玉樹竟主動提起海軍陸戰隊士兵願以武力支持新黨之事，請蘇東啟向大家報告。蘇東啟乃透露海軍陸戰隊中已有組織，且經數年之久經營，原擬以武力占領民雄電臺、發動革命，並準備好文告，雖然未成功，但該等士兵「勇氣可嘉」。報告完此事後，蘇東啟建議遵照齊世英先前所提示的「水鴨行動」，外靜內動，繼續由各縣市民主人士分層聯絡、積極活動。[36]

在情治機關線民密布的時代，蘇東啟此些發言內容立即被呈報。與會的臺北縣議員李秋遠（化名袁春雨）於十三日凌晨二時密報國家安全局，國防會議副祕書長蔣經國獲報後指示：「此情報極為重要，應即與總政治部做迅速與妥當之處理，並將辦理情形告知。」[37]二十一日，蔣介石總統批示：「此事應研究與查明其底末。」[38]

警備總部成立「鎮平專案」擴大偵辦，在蘇東啟身邊布滿眼線，一舉一動都已遭到鎖定。九月，警備總部認為蘇東啟即將舉事，十九日凌晨發動逮捕行動，陸續有九十多人被捕，次年（一九六二）五十人遭送軍法審判。

軍中臺獨案與雲林蘇東啟臺獨案顯示，島內自發性臺獨運動除了源自二二八事件以來臺灣社會對國民黨政府的惡劣印象外，更主要的原因是長期的省籍歧視、特別是軍中的省籍壓迫更造成深層憤恨。在溫和的《自由中國》組黨運動遭扼殺後，迫使不滿人士轉而尋求更激烈的抵抗行動。

孤注一擲的泰源行動

位於臺東縣東河鄉泰源谷地的「國防部感訓監獄」於一九六二年完成後，政治犯陸續集中於此，泰源監獄成為「純度最高的政治犯大本營」。[39]臺獨政治犯江炳興、鄭金河、陳良、詹天增、謝東榮、鄭正成等人因案被關押於此，仍不放棄主張，計劃占領監獄、對外傳播臺獨理念。一九七〇年二月爆發了驚心動魄的泰源監獄事件，六人企圖劫奪武器、占領監獄失敗。驚人的是，包括蘇東啟案、陳三興施明德案、江炳興案、澧江軍艦案等諸多臺獨政治犯，都與聞行動。

臺獨政治犯被監禁已久，對未來不抱持希望，不如轟轟烈烈大幹一場，因此構想占領監獄，但停留在討論階段。直到熟悉軍事布署的江炳興移監到泰源監獄後，醞釀多時的監獄舉事開始進入具體規劃。[40]泰源行動核心人物江炳興與鄭金河，打算以行動較為自由的外役為主進行串聯，並爭取監獄內政治犯、警衛連士兵支持；計劃先占領泰源監獄後奪取武器，炸掉通信站，接收監獄的三部卡車、兩部吉普車；然後直駛臺東占領電臺、脅持縣長，宣讀「臺灣獨立宣言」，號召全國有志之士共同起義。[41]

在爭取支持過程中，除了少數政治犯如柯旗化等人，因為樹大招風而對舉事計畫所知有限，[42]幾乎臺獨案政治犯都有所與聞。包括蘇東啟案、陸官軍校臺獨案、興臺會案、澧江軍艦案、政工幹校案的相關人等均參與討論。由於監獄中有「紅帽子」（共產黨政治案犯）與「白帽子」（臺獨政治案犯）的鬥爭，既然計畫已在獄中流傳，一旦洩露或被出賣，所有人皆是死路一條，在別無選擇餘地的情況下，逐漸轉為積極。[43]

原定計畫是在農曆正月初一（二月一日）行動，鄭金河指派鄭正成前往警衛連刺殺正在午睡的連長金汝樵，但鄭正成心生畏懼、不敢行動，[44]所以又延到二月八日。[45]八日近午，鄭金河、江炳興、陳良、詹天增、謝東榮、鄭正成等六人發難前，鄭正成畏懼逃離，其他五人持尖刀行動。警衛連班長龍潤年率衛兵多人前往第三崗哨時，遭鄭金河以尖刀刺入腹部。眾人順利搶奪步槍、押住衛兵，江炳興則高喊：「臺灣獨立了，趕快繳槍！」「我們都是臺灣人，不會傷害你們的。」[46]

江炳興等人控制局面後先奪取槍枝，但衛兵王義則趁隙逃往連部報告。在強奪槍械過程中，第三、第五崗哨衛兵吳朝全、黃鴻旗兩人居高臨下目睹實況，驚慌失措不知用槍，黃鴻旗甚至逃回連部。班長龍潤年被刺後，詹天增再補一刀，但並未立即死亡（不過最後仍因右胸及左後背各中一刀，傷重死亡），大聲呼救下，警衛連輔導長謝金聲帶領士兵前來勸阻。鄭金河、謝東榮鳴槍三發後，分頭逃逸。匆匆抵達的輔導長謝金聲，因武器裝備均尚鎖在槍械庫中，待拿到鑰匙取得槍械，鄭金河等人已逃逸。[47]

針對泰源行動過程，政治犯有不同說法。參與者之一蔡寬裕指出，「輔導長是我們的人」，鄭金河早已多次接觸，當輔導長謝金聲聞聲前來，鄭金河向他攤牌，請他帶隊起義，謝金聲沒有心理準備，要鄭金河快走，因此舉事的幾人才不得不撤入山中。[48]另一位參與者鄭清田也說，臺籍的輔導長向鄭金河說：「胳臂只有往內彎，不可能往外彎」，雙方當場談判，輔導長說，不到半個鐘頭部隊和直升機都會過來，勸他們快逃。[49]

下午二時，陸軍十九師五五旅一營派出兩批部隊約五十餘人最早趕到支援，並動員警、民協助搜捕；九日，警備總部、憲警也前往協緝。警備總部於十日成立聯合指揮部，統一軍、憲、警、民實施全面搜捕，十三日於花蓮富里谷地捕獲江炳興、陳良、詹天增。江炳興被捕後立即在當地警察派出所進行初步偵訊，吸引許多民眾圍觀，他無懼地高喊「臺灣獨立萬歲！」[50]

接著，十六日逮捕鄭正成，十八日再捕獲鄭金河、謝東榮。警備總部指揮數波追捕，動用軍力二萬七九三四人，警察、原住民青年、民防隊員、後備軍人三萬四二三三人。[51]搜捕工作總計動用軍民人力超過六萬人，規模相當可觀。

泰源監獄起事諸人曾經準備了獨立宣言，據鄭金河供述是江炳興所撰。[52]從〈臺灣獨立宣言書〉中可以清楚看到他們的主張：

深信壓迫與奴隸存在時，為自由奮鬥是應該的，迫害與恐懼跟著時，為爭取幸福是一種權利，在今天，為此努力實現只是克盡天職與恢復人類的尊嚴而已。

國民黨統治臺灣從始即不懷善意，臺灣在久受日本壓迫之後，極思有一平等誠意之政府待我民眾，然國民黨的壓迫，更甚於日本，二二八事變的大屠殺照〔昭〕彰於世，以後的繼續追殺監禁，無有寧日。我們不斷的請求緩和其殘暴，但請求只更增加殘暴，我們祈望國際間的援助，但國際間的正義感如此遲頓〔鈍〕，我們曾耐心的等待，期望內外或終有所改善，但等待只更接近死亡，強權總是被歌頌，祈求總是被譏笑。

臺灣是屬於所有臺灣人的臺灣，我們決心不再受壓迫，我們決心不再被奴隸，我們決心不再使它重演被出賣的歷史醜運，這是臺灣所有居民的願望，很顯然的，這島上乃是愛好和平與自由的人，停留的地方，亦是人們相率遷徙來此的原因，臺灣在殘暴，貪汙，無能的情形下，已經獨立二十多年，使我們充滿信心，只要我們具有建國的決心，則建國必成，只要我們具有保衛國家的決心，則國家必永久常存。

我們深信唯有臺灣獨立，人民的自由與幸福能得到保障，唯有臺灣獨立亞洲能得到安寧，世界能得到和平，我們的奮鬥是有意義的，我們的犧牲是有代價的，相信我們的呼求必得到響應，我們的行動必得到正義支持，我們祈求苦難的人們，早日得著安息，世界早日進入和平。[53]

江炳興除痛惜過往悲慘黑暗的被壓迫屠殺經驗，鼓勵同胞別再忍辱偷生，更鼓勵年輕人開創命運：

年青的兄弟姊妹們，你們應該滿有活力，富有公義，作著社會國家的主人，但在獨裁奴化的統治下卻充滿恐懼，意氣消沉，現在我要你們拿起勇氣，堅強毅力，負起責任，創造新國家新社會，世界各地的人們在嘰〔譏〕笑我們沉睡時，我們要清醒，在這時代是屬於年青人的時代，唯有奮鬥，才能稱得起是時代的青年。[54]

執行槍決前，江炳興曾給父母留下遺書：「死使兒心甚悲悽，但甚坦然，概〔蓋〕至死以天下為己任者，即以此為安慰。男兒當頂天立地，繼往開來，死而後已。」[55]幾人之中唯一有小孩的鄭金河為兒子命名「鄭建國」，希望他「在悲痛中要克制神聖的眼淚，把痛苦吞進去，吐出歡笑來」。[56]陳良給母親的遺書也說「該為時代犧牲的孩兒而驕傲」，[57]泰源事件中眾人視死如歸的精神躍然紙上。

這些至情至性的話語，在軍法處眼中豈止是大逆不道。檢察組認為，江炳興遺書稱「男兒當頂天立地，繼往開來，死而後已」等句，有暗示泰源暴動「壯烈」之意；陳良致其母、兄遺書稱「這條路時時都有降臨在每個人身上的可能」、「該為時代犧牲的孩兒而驕傲」，亦有「暗示臺灣獨立為時代使命」之意，為免發生不良影響，竟扣留兩人遺書不發送給家屬。[58]

威權當局對臺獨案的多重考量

上述源自於島內之臺獨運動，與廖文毅等海外臺獨運動起因不盡相同。投身此運動的青年不僅僅是因對二二八事件不滿，更因為切身感受到國民黨政府對臺灣人的歧視與壓迫，而決定採取反抗行動。即使在威權體制嚴密控制下臺獨行動並無勝算，他們也決意孤注一擲。

島內臺獨案件層出不窮，尤其臺灣青年企圖在軍中進行組織與反抗，令統治當局極為不安。尤其令總政治部感到心驚的是，陳庚辛案兵變計畫，臺籍戰士三十多人早有耳聞，且軍隊移防前夕鄭金河告訴大家「今晚就要舉事」，竟無任何一位臺籍戰士出面檢舉。一九六二年總政治部完成〈臺灣紛歧思想對軍中的影響和我們的對策〉，報告中指出「臺灣分歧思想」已滲入軍中、構成安全危害，分歧分子認為「只有武力鬥爭，才能取代政權」，故在軍中發展組織，企圖掌握「槍桿子」、建立武裝力量。總政治部認為，臺獨分子在軍事學校爭取到一個學生，就等於將來的一個排、一個連；在軍中建立一個「點」，將來就是一個「面」，必須嚴肅對待。[59]

對國民黨政府而言，臺獨運動不同於共產黨。中共政權在美國軍事協防下被阻擋於海峽對岸，只是遙遠虛幻的敵人；島內臺獨運動發自本土反抗意識、具有社會基礎，一旦坐大，足以動搖統治政權，才是真實可怕的敵人。究竟該如何處置不斷出現的臺獨案件，是莫大的考驗。而對蘇東啟案、泰源事件之處理方式，正顯示統治當局的步步為營。

蘇東啟案中，警備總部提出〈鎮平專案擴大偵查報告表〉，有意擴大偵辦為全臺規模的叛亂案。為了取得鎮壓蘇東啟案的正當性，警備總部將「臺獨運動」與「共匪統戰」連結，指共匪統戰分子曾於一九六〇年六月在香港祕密集會，商議「中國民主黨如何奪取政權的策略問題」，雷震案雖然瓦解了新黨運動，後續的蘇案是「執行反對黨最後一次座談會的顛覆政府決議」、「是共匪統戰陰謀策略軌跡所發展出來的」。[60]

〈鎮平專案擴大偵查報告表〉處處透露大舉處置蘇東啟案的顧忌，報告中說：

現階段臺獨活動，已由意識的傳播，演進到實際的組織與行動，普遍與猖獗的程度，不下於卅八、卅九年間臺共（按：應為中共）地下黨的活動狀況。因為**它是以「臺灣自治」為號召，處理起來比臺共（按：應為中共）尤為困難**。[61]

警總分析，因為臺灣內部存在省籍地域觀念、失業問題、大專知識分子的苦悶、失意政客野心、臺籍充員兵戰士日益增等等因素，臺灣獨立主張在臺胞當相當普遍，政府在偵辦時必須留意：「（一）不便公開審判，不宜新聞發布，因為這樣，適足以顯示臺獨的聲勢，產生偵辦的反作用。（二）牽涉到反對黨分子與涉外的臺人，投鼠忌器，怕產生不良的影響。（三）因臺獨案件逮捕臺人，更易促起臺胞與政府的對立，引起反感、激起事變。」[62]從檔案可知，情治機關對於如何一面清除臺獨案，一面不引起臺灣社會反感，處處顯得小心翼翼。

一九六一年九月十六日，蔣經國指示國安局長陳大慶「此案（蘇東啟案）希從速做妥當之處理」後，[63]決定收網抓人。為了有效控制局面、使逮捕行動獲得正當性，當局採取幾項策略部署：

一、**準備將蘇東啟等人的臺獨運動與共產黨關連**：警備總部準備好「新聞發布」，必要時由警備總部中南部地區諜報組妥為運用關係，製造「牽涉匪嫌」之傳言，以俾移轉社會注意力。[64]

二、**避免讓民眾知道正發生臺灣獨立活動**：蘇東啟被捕後，九月二十一日《民族晚報》第四版加以報導，並指「蘇東啟除涉嫌與潛居日本從事臺灣獨立運動的叛亂分子廖逆文毅互通聲息外，並妄想暗中為廖逆文毅在臺從事顛覆活動」。警備總部大為緊張，當天午夜發表聲明指《民族晚報》報導「諸多失實，足以混淆視聽，除追究其責任外，特此聲明」。警備總部發言人王超凡也漏夜致電各報社社長，說明此類不實新聞對國家之影響，不准各報社再報導相關消息。[65]

三、**針對「高級關係」縮小打擊面**：蘇東啟案牽涉到高玉樹、郭雨新、李秋遠、李賜卿、王地、許竹模、許世賢等臺籍菁英，案情是否要向上發展，警備總部斟酌再三，最後研擬了三個方案：**第一方案是徹底究辦**，依照法律程序偵查起訴、審理判刑。此方案優點是完整追訴可予分歧首腦分子嚴重打擊；缺點是**刺激省民反應，政府壓力大，也給予國外臺獨分子增加煽惑藉口與機會**。第二方案為適可而止，欲傳即傳、欲問即問。優點是以偵查審判程序為手段，使分歧分子感到莫測高深、產生精神上之威嚇；缺點是已打草驚蛇之下難免發生意外。第三方案是免予究辦，不傳不問。

優點是顯示政府寬大為懷，可減少處理蘇案之外界壓力；缺點是對已發現之嫌疑人不加追訴，如同鼓勵有聲望者反對政府，態度軟弱易遭部分人士指責。[66]

蘇案收網後，蔣經國日記中說「本省流氓頭蘇東啟，企圖勾結在部隊服役的臺灣兵發動政變，並預定於九月中旬有所行動。因為蘇為青年黨的議員，大家恐怕發生政治風波，不肯負責加以處置。余認為非拘捕徹辦不可，要安全局轉令警備總部拘捕蘇某及其同黨十二人。訊問結果，破獲很大的叛亂組織」，[67]顯示蘇案逮捕行動由情報頭子蔣經國一手指揮。但一九六二年一月，蔣經國仍選擇「鎮平專案高級關係處理方案第二案辦理」，亦即採取「適可而止」方式，並未使案情向上發展，未對「高級關係」高玉樹等七人逮捕起訴。

蘇東啟案初判結果，蘇東啟、張茂鐘、詹益仁、陳庚辛四人原本被判處死刑，多人被處以無期徒刑。因為美國《紐約時報》、日本《臺灣青年》已刊出消息，臺北美國大使館也頻頻打探消息，在外界的關切壓力下，覆判時被告五十人中蘇東啟、張茂鐘、詹益仁、陳庚辛四人從死刑改判無期徒刑，林東鏗、黃樹琳、鄭金河改判有期徒刑十五年，李慶斌等九人改判有期徒刑十二年，其他從犯三十四名分別判處有期徒刑二年、五年、七年，或予以緩刑。

一九六四年三月國防部將覆判情形上呈總統，蔣介石十分介意為何未追究高玉樹的罪責？批示「餘可如擬照准。惟對高玉樹是否即交軍事檢察官偵查，應即從速處理為要」，[68]似乎不打算放過高玉樹。參謀總長彭孟緝、國防部長俞大維等人與前後任國民黨祕書長唐縱、谷鳳翔以及前後任第一組（組織）主任倪文亞、張寶樹等黨政軍大員會商之後，一起向蔣介石建言：

> 目前偵辦此案尚非適當時機，**如此時由本部傳訊而不羈押，不但貽人口實，且轉足助長其聲勢。倘予扣押訊辦，誠恐刺激人心，引致國際上不良影響**，有使本屬純法律問題轉變為政治問題之顧慮。[69]

最後在黨政軍大員的分析與勸阻下，因顧忌刺激人心、招致國際矚目，蔣介石未再堅持追究高玉樹等人。

蘇東啟案處置過程顯示威權當局處理臺獨案件的各種政治性考量：一、為取得逮捕正當性，計劃將蘇東啟案牽扯上共產黨色彩；二、顧慮臺獨案件將刺激人心，過程中嚴防消息走露、禁止新聞報導；三、為避免案件向上發展引起國際關注，須盡可能縮小打擊面，高玉樹等臺籍政治菁英因此得以逃過一劫。

蘇東啟案中的處置方式，此後並成為臺獨案件的重要運作模式。一九六〇年代海外獨立運動日漸活躍；一九六一年十二月，國民黨中央「海外對匪鬥爭工作統一指導委員會」（海指會）成立「應正本專案小組」，研究對付臺獨活動的具體做法。該小組第二次會議時，提出〈「應正本案」實施計畫綱要〉，確立「正本清源消彌隱患於無形」的宣傳方針：

> 甲、基本方針……宣傳方面**在國內對「臺獨」活動仍採不予重視態度**，而著重積極的民族精神教育。在海外著重指出所謂「臺灣獨立運動」為共匪指揮運用的統戰活動。
>
> 乙、工作要項……對廖逆文毅等在共匪指導運用下從事顛覆活動在**國內宣傳**，應按照左列各點進行：（一）有關**所謂「臺灣獨立」之新聞與活動，國內報刊不予採登，不予直接評論**。（二）運用本省籍忠貞同志透過各種集會與活動，進行深入側面之宣傳，以揭穿分歧分子為匪利用從事分化顛覆之陰謀。
>
> ……在**海外宣傳**方面，應按照左列各點進行：（一）明確**指出所謂「臺灣獨立運動」實為共匪祕密運用「兩個中國」陰謀的一體兩面**，其目的在假借名義、欺騙本省同胞，陰謀攫取臺灣。[70]

簡言之，國民黨政府對付臺獨運動的「正本清源方針」有二：一是在國內封鎖新聞媒體報導，不使臺獨運動案件端上檯面，避免民眾獲悉同胞正在倡議臺灣獨立運動，更使民眾無從得知臺灣獨立此一政治選項；二是將臺獨運動與共產黨掛勾，抹紅為中共陰謀，促使國人警戒提防。

另方面，泰源事件是臺獨案件中真正起事行動，並造成班長龍潤年死亡的案件。戒嚴時期，統治當局對政治犯於獄中再犯，決不寬貸，例如一九五三至一九五六年綠島新生訓導處的「再叛亂案」，陳華等十四人被判處死刑、數十名政治犯受到牽連清算。[71]泰源事件無異是「臺獨再叛亂案」，臺獨政治犯在獄中非但不知悔悟，反而暗中策謀舉事，茲事體大。如果比照新生訓導處再叛亂案追究，肯定無法輕饒。

但泰源案處理過程顯然採取「大事化小」做法。首先是有關本案之性質與定位，案發之初軍事檢察官的調查、總政治部的報告都將案情無限上綱，欲牽扯彭明敏案、臺東教會等外力協助，並懷疑警衛連臺籍士兵與政治犯有所勾結，[72]但本案送到參謀總長手上後，案情急轉直下。一九七〇年四月十三日參謀總長高魁元向總統府提出〈泰源監獄叛亂犯劫械逃獄案處理經過報告〉，對本案之性質與規模重新定義，認定本案是「劫械逃獄案」，幕後無人指使，外界亦無接應，[73]與案發之初的定位出現大轉折。

其次是對參與本案政治犯之追究程度。前述高魁元的報告決定判處江炳興等五人死刑、鄭正成有期徒刑十五年；警衛部隊中臺籍士兵賴在、張金隆、李加生等三名與聞逆謀未能檢舉，交由陸軍總部法辦。陸總部並將針對軍監缺失檢討改進，並且預計把叛亂犯監禁綠島集中管訓。報告書上呈蔣總統後，老總統生氣地批示：「如此重大叛亂案豈可以集中綠島管訓了事，應將此六犯皆判刑槍決，而賴、張、李等三犯以警衛部隊士兵而竟預聞逆謀不報，其罪難宥，應照法重處，勿誤。」[74]

面對總統的嚴厲指示，總統府祕書長張群、參軍長黎玉璽呈文說明未將鄭正成判處死刑的原因：

就法律觀點言，所謂顛覆政府罪須至著手實行階段，始得判處死刑，該鄭正成既已中止行動，獨自脫逃，核其犯行，顯屬預備階段，依法僅能判處十年以上有期徒刑。**至就政治觀點言，如將該鄭正成一併判處死刑，難免不被陰謀臺獨分子藉詞宣傳，影響臺胞心理，頗堪顧慮。**基上原因，原審分別犯情，論處罪刑，似屬妥適。[75]

亦即，江炳興案之判決除了衡酌法律行為不同之外，還須考量防止臺獨分子宣傳、社會心理等政治因素。最後，蔣介石總統不再堅持，批示「照准」。不僅如此，泰源行動籌劃已久，監獄中大部分的臺獨政治犯都曾與聞，但當局並未像處理綠島再叛亂案一樣擴大株連，除了江炳興等六人外未有其他泰源政治犯受懲罰。

再者是警衛連官兵的懲處規模。泰源事件相關政治犯指出，監獄警衛連臺籍官兵多有臺灣意識、與政治犯建立感情，鄭金河曾試探輔導長謝金聲，如果發生某些狀況，國民黨要屠殺政治犯時他會怎麼做？謝金聲回答：「大家都是臺灣人。」又謂，班長龍潤年被刺殺後，輔導長謝金聲最先趕到，不但未下令逮捕犯人，反而示意要他們「快逃！快走！」[76]案發後，警備總部軍法處軍事檢察的初步偵訊報告中，也曾懷疑警衛連臺籍士兵參與其中：

> 惟據被告詹天增供稱：此次暴動，鄭金河曾於事前聯絡警衛連臺籍充員賴在響應，並告知該連輔導長（謝金聲少尉，臺籍），又查被告等暴動時，第五及第三堡衛兵，目睹其情，竟未鳴槍鎮壓，班長被殺時，前後各有三名衛兵，無一開槍射擊抵抗，究有無勾結或知情不舉，有待深入追查澄清。[77]

但陸軍總司令部軍事檢察官偵查終結後，僅陸軍第十九師五十五旅第一營第一連一等兵賴在遭起訴。判決書中指出，賴在隨該連於泰源監獄擔任警衛，經外役叛亂犯鄭金河三次說服，參加江炳興為首的臺灣獨立叛亂組織，相約以衛兵身分為內應實施暴動、釋放監犯，但當日因膽怯未參與行動，被判處無期徒刑、褫奪公權終身。[78]陸軍總司令部對警衛連臺籍士兵的處置，可謂相當節制。

江炳興等人舉事後，最先趕到的輔導長謝金聲並未採取積極行動加以阻止或逮捕，致令六人逃離。一九七〇年四月陸軍總部議處時，原本打算以「對泰源事件防範不週，發生時處置失當」為由，將謝金聲送軍法偵辦。但是，總政治作戰部認為：

> 泰源案之發生，屬平時管教防範不當因素較多，屬於臨時處置不當者較少。該連輔導長謝金聲少尉獲悉狀況發生後，反應敏捷，行動積極，無縱容逃犯之事實。唯因到職未及兩月，對狀況未盡深入，處事經驗不足，致處置欠適切。衡諸情理，如移交法辦似嫌過重。……**又謝員係臺籍，如處分較該管連長為重，不僅對個人心理產生不良反應，且有影響其他臺籍軍官之慮**，請一併考量。[79]

最後少尉輔導長謝金聲僅處以記大過一次之處分。此案中，無論是對於政治犯的追究，對警衛連官兵的懲處，處處充滿法律之外政治考量，擔心刺激臺人心理。

從蘇東啟案到泰源事件，可以看出統治當局對重大臺獨案件之處置，既顧慮刺激社會人心，又擔心影響臺籍官兵心理，更不願引起國際關注，因此處處瞻前顧後、動輒得咎。島內臺獨運動出自社會基層，一旦壯大將成為真實的敵人，可能動搖統治正當性。威權當局一方面不願社會大眾得知正在發生的臺獨案件，一方面不敢嚴厲出手、清除淨盡，足見臺獨運動對當局構成的困境。

臺獨主張論述化與實踐化

一九六〇年代島內臺獨運動多路齊發，除了前述武裝革命行動外，更有知識分子探索臺灣獨立的可行路徑，努力提出「臺灣應該獨立成為新國家」的完整論述。

彭明敏師生所提出的〈臺灣人民自救運動宣言〉指出，蔣介石統治下，「一個中國，一個臺灣」已是鐵一般的事實。「反攻大陸」只是維繫獨裁政權的口號，是二十世紀的大騙局。蔣介石政權既無法代表中國、也無法代表臺灣，而反攻大陸政策已使軍事經費成為沉重負擔。為了擺脫國民黨與共產黨，選擇第三條路是臺灣唯一的自救途徑。他們呼籲：一、團結一千兩百萬人，不分省籍，建立新國家與新政府；二、制定新憲法，保障基本人權、實現真正的民主政治；三、以新會員國身分重新加入聯合國，與其他國家建立邦交，共同為世界和平而努力。[80]

〈臺灣人民自救運動宣言〉全文並未使用「臺灣獨立」字眼，很謹慎地只提「自由」、「民主」、「反共」，避免當局尋釁，[81]但實際上是不折不扣的臺灣獨立宣言。這份獨立宣言有幾層重要意義：

一、**現代政治共同體性格**：早年廖文毅的獨立運動採取血緣論，主張臺灣人摻雜了漢人、原住民、荷蘭、西班牙、滿族、日本的血脈，早已不同於中國人，自成一個民族。[82]〈臺灣人民自救運動宣言〉則跳脫種族血緣思考，邀請臺灣人、大陸人不分省籍、竭誠合作，建立新國家與新政府，以認同取代血緣，具有現代公民國家的色彩。

二、**面向未來的獨立理由**：先前的臺獨運動大多面向過去，緣自二二八事件的悲情歷史、臺灣人所受的壓迫，主張抗暴獨立。〈臺灣人民自救運動宣言〉特別著重當前情勢，揭露國民黨政府宣稱代表中國的荒謬性，更批判不改選的萬年國會缺乏民意正當性。宣言中並針對臺灣所面臨之政治、經濟、國際困局，尋求解決方法，開創集體生存空間。

三、**基於共同意志尋求獨立**：早期臺獨手段是向國際社會訴求，尋求外力支持協助；前述島內武裝革命臺獨運動則打算付出血的代價，與統治當局正面對決。〈臺灣人民自救運動宣言〉的方法大為不同，主要是訴諸共同體成員的政治實踐，以共同意志制定新憲法、建立新國家、加入聯合國，符合人民自決原則。

四、**新國家的內涵**：早期臺獨運動著重批判國民黨政權，但對究竟要建立怎樣的新國家較少描述，直至臺灣共和國臨時政府時期於一九五七年出版《臺灣民本主義》一書，才新增了「將來的臺灣」有關政經文教政策的闡述。[83]〈臺灣人民自救運動宣言〉則是從人口規模、經濟生產力、文化水平等具體數據，評估臺灣在聯合國一百一十多個國家中排名在三十餘名，具有成為獨立國家的實力。宣言中更清楚構想新國家藍圖，希望建構臺灣成為國家元首由普選產生、受民意節制的民主國家；擁有言論、集會、結社自由，反對黨受保障的自由國家；防止非法逮捕與審訊、司法獨立、保障人權的國家；建立廉能政府，消除貪汙腐敗、廢止特權存在、增進政府效能的文明國家；以及健全資源配置與經濟發展、減少大量軍事支出、增進國民生產、減少貧富差距、保障農民利益的進步國家。[84]

簡言之，〈臺灣人民自救運動宣言〉超越先前臺獨運動主張，認真思考政治學領域中的「國族」（nation）界線與現代國家標準，提出建設性的新國家想像。

彭明敏案後，知識分子推動臺灣獨立運動的行動並未結束。許多青年仍不畏監控地前往彭家討論政治問題；尤其是臺灣大學的青年，包括法律系的呂國民、顏尹謨、林欽添；政治系的林中禮、許曹德；農推系劉佳欽等人，在一九六四年透過臺北市議員的林水泉引介，都投入臺北市為高玉樹助選的活動。他們進一步深思，臺灣地狹人稠、縱深不足，反對運動既無將領、更無槍炮武器，難以採取游擊戰或武力抵抗。要喚醒民眾政治意識，除了選舉以外別無他途。因此，認為利用選舉期間的政見演說公開傳播理念，訴諸民眾支持，批判獨裁專制、喚醒民眾，亦即，必須採取「民主運動」的模式。[85]青年們也關心聯合國中國代表權之爭對臺灣命運的影響，主張唯有臺灣獨立一途，並且必須形成組織型態的反對力量。[86]

當時在戒嚴之下不准許組黨，該如何進行「組織式的反對運動」？他們主張選拔大學畢業生參選，採取聯合競選模式，由清新知識分子改變地方議會的政治生態。[87]他們計劃提名一百人參加選舉，結合青年新生代與議會裡的黨外議員，進行政治活動。當時包括黃華、林水泉、林中禮、呂國民、劉佳欽、張明彰、吳文就等人，都有意投入選舉，希望透過選舉啟蒙群眾。[88]

經過不斷討論，這群年輕人認為應鼓舞同樣懷抱臺灣獨立信念的青年們投入選舉路線；並設想一旦能囊括縣市議會席次，國會將全面改選，總統將改由民選，臺灣獨立近在咫尺。[89]許曹德指出：

這一團體起初雖以選戰為手段，但基於強烈的臺灣人意識，漸由討論選舉而分析群眾運動，而觸及拯救臺灣的重大問題。……單純的參與國民黨設定的遊戲（指選舉），臺灣人不可能出頭天。**臺灣人必須研究以組織對組織，以公開的群眾運動與祕密的組織，同時並進，交替運用。要喚起臺灣人覺醒，應把臺灣人的目標清楚說出，這個目標就是臺灣獨立。**這種觀點，漸成為大家的共識……[90]

一九六五年十月，臺北市議員林水泉赴日考察，和日本臺獨運動者辜寬敏、廖春榮、王育德、林啟旭、黃昭堂等人接觸，並加入臺灣青年獨立聯盟。獨盟派人將彭明敏〈臺灣人民自救運動宣言〉送來臺灣，由林水泉把文件交給青年們傳閱，[91]並祕密告知在日接觸獨盟的情形以及海外臺灣獨立運動的發展。一九六六年夏天，眾人在林水泉召集下於臺北市民生東路玉山莊旅社進行了一次重要會議，討論是否成立組織。部分成員不希望有任何明確的組織，以免被國民黨當局偵知、扣上各種罪名，一旦破獲將造成一網打盡的後果；並提醒中國民主黨運動的失敗經驗，顯示具體組織從事反對運動的危險性。

儘管如此，以張明彰、黃華、呂

圖7.2　副總統兼行政院長嚴家淦（右）接見美國駐臺大使馬康衛（左）

來源：國史館藏，數位典藏號：006-030202-00003-114。

國民、吳文就為主的部分青年，仍在一九六六年十一月組成了「全國青年團結促進會」。[92] 該會由張明彰擔任總幹事、許曹德負責財務、林中禮擔任祕書、黃華負責組織工作、呂國民負責文宣、吳文就負責選務。因顏尹謨與劉佳欽都要到日本留學，所以就由他們擔任與日本留學生聯絡、邀請入會的工作。該會的組織章程和誓詞由黃華負責撰寫。黃華指出，他支持〈臺灣人民自救運動宣言〉主張，並希望推舉彭明敏、郭雨新為主席團主席。[93]

全國青年團結促進會宗旨在「促進政治民主、經濟自由、社會合理，反對共產主義，反對一黨專政」，主要工作是籌備選舉與輔選事宜，並希望募集二百萬元，在全臺各地推舉二百位大專程度青年出來競選縣市議員，選舉登記與輔選費用每人一萬元。[94]

然而，知識青年們的組織行動早已在調查局密切監視中。調查局安排線民陳光英滲透進入組織，雲林斗六人陳光英是吳文就的同鄉，他自稱是《自立晚報》記者，加入促進會並參與各種討論。吳文就將所有文件都交給陳光英保管，迅速被調查局掌握。[95]

陳光英不僅滲透進入該會、蒐集資料密報，並且積極製造相關人的「犯罪證據」。一九六七年四月，陳光英赴日蒐集顏尹謨、劉佳欽與日本臺獨運動團體交往活動的證據。赴日前，他拜訪彭明敏，請求彭明敏寫一封介紹信給史明。幾個月後陳光英自日本返臺，再度拜訪彭明敏，轉交史明託給的新臺幣五千元、宣傳刊物與小廣播器。彭明敏歸還金錢，但將宣傳刊物與小廣播器留下。這些成為調查局日後認定彭明敏「繼續從事叛亂工作」的證據。[96]

很快的，一九六七年調查局偵破全國青年團結促進會案，十五位青年被判處兩年到十五年的有期徒刑。彭明敏研判自己即將再度被捕、生命安全受到威脅，決定出逃。

彭明敏曾經尋求臺北美國大使館的協助，希望以學術活動的理由離開臺灣。但是，大使馬康衛（Walter P. McConaughy, 1908-2000）認為國民黨政府不會同意、彭明敏赴美後也不會安於學術，美國政府若介入交涉彭明敏赴美事宜將使兩國關係緊張。[97]彭明敏發現自己成為「美國大使館的禁忌」，只能自力救濟。最後，在美國傳教士唐培禮（Milo L. Thornberry, 1937-2017）、國際特赦組織（Amnesty International, AI）、日本臺獨聯盟宗像隆幸（1936-2020）等人的精密策畫下，一九七〇年一月成功逃到瑞典。

第三部

民主化的進程

一九七〇年代，國民黨政府在臺統治已超過二十年，因內外情勢變化所造成的危機一一浮現。國際上，中華人民共和國在聯合國贏得中國代表權；在島內，政治移民年紀增長自然淘汰，「臺灣化」成為無可避免的趨勢。但是威權當局仍然以各種方式拖延續命，島內新生代民主運動於焉崛起。

獨裁政權第二代蔣經國繼承了父親留給他的「黨國」，為了王朝延續，初期採取「有限度的本土化」政策。但是中央政府任用臺灣人、中央民意代表增額選舉兩項本土化政策，不僅無法滿足臺灣人的期望，反而提供了黨外勢力發展空間。一九七七年地方公職選舉後，反對運動愈形壯大，蔣經國決心施以鐵腕剷除後患。他和父親蔣介石一樣站上第一線指揮辦案，以叛亂罪名指控反對者，美麗島事件正是防止反對運動組織化的預防性鎮壓。

就在島內民主運動遭到重挫之際，海外臺灣人團體也群起要求民主改革。他們強力遊說美國國會，間接影響國務院施壓臺灣當局。此時正逢美中關係正常化時期，臺灣重要性下降，國民黨政府陷於單方面仰賴美方軍售以確保安全；美國政府則大力推展人權外交與民主促進政策，鼓勵臺灣走向民主化與本土化。蔣經國在內外交迫下，為了黨國存續，不得不稍做讓步。

一九八八年元月蔣經國病逝，第一位臺灣人總統李登輝登上權力寶座。此一難得的歷史機遇，終於促使臺灣民主化得以能夠大步邁進。

第八章　蔣經國的挑戰

一九七二年十二月某個晚上，康寧祥租來當作選戰宣傳用的小發財車開到了臺大校園門口，在靠進新生南路的一側，權充起臨時的競選演講臺，許多人被吸引而聚集。康寧祥面向傅園、站在宣傳車上，以流暢的臺語，向在場的臺大學生致意：

我今天真歡喜可以站在臺灣大學的校門口跟大家講話，這是我們國家的最高學府，各位是我們國家最優秀的人才。

然後，他左手指向臺大校園說：

但是各位要知道，這個大學原來叫作臺北帝國大學，它原本是日本帝國主義為了要剝削臺灣人民、為了要侵略東南亞，而設立的大學。它原本是一個為統治者與侵略者服務的大學。

這段開場白將臺灣大學拉回日治時代，攫取了大家的注意力，然後，他把過去與今日連結，呼籲大學生不要為統治者與侵略者服務，要關心社會與人民，追求自由與民主。如此具有歷史視野的演講，出自一位草根民主運動者口中，令在場者感到震撼。[1]

康寧祥以「臺灣歷史的使命感」作為他第一次中央民意代表增額選舉的競選主軸，賦予黨外民主運動承繼歷史使命的高貴感，使運動提升到一個新境界。[2]

康寧祥是萬華崛江町餅店長大的孩子，隔著後門的陋巷，康家廚房正對著王詩琅家的書房。王詩琅，這位日治時期的無政府主義者，夜夜在枯燈下埋首苦讀，成為好奇少年最好的歷史老師。

初中畢業後未能考上高中，康寧祥在親戚黃金穗教授的鼓勵下進入延平補校就讀，因而發現了延平學院這個早夭的臺灣人大學。他結識了省議員郭國基次子郭蓋世，並與之成為好友，屢次到郭家聆聽郭國基談古論今，由政壇老將親自為他進行政治啟蒙。在順利考取法商學院（今臺北大學）後，又接觸《自由中國》、《民主潮》、《時與潮》及《臺灣文藝》等刊物，對臺灣的政治問題與歷史文化愈來愈感興趣。

大學畢業後，康寧祥考入中油公司擔任加油站工人，目睹國民黨產業黨部對國營事業的全面控制，深知像他這樣沒有入黨、缺乏背景的基層工人是沒有更上層樓機會的。充沛的歷史意識與政治關懷，讓他決定以無黨籍身分投入一九六九年臺北市改制為直轄市後的第一屆市議員選舉，而這位三十一歲的初生之犢竟然高票當選。[3]

接著，資深臺北市議員黃信介參選中央民代補選，邀康寧祥助選。康寧祥琢磨著助講該講些什麼呢？中央級的國會議員選舉總不能「練肖話」、「吐劍光」，應該有一定的高度。某日得知黃信介的母舅就是日治時期社會運動家連溫卿，康寧祥心頭一震，於是在往後的政見會助講，就從連溫卿、林獻堂、臺灣文化協會、日治時期臺灣議會設置運動、臺灣民眾黨等臺灣人追求自由、平等與自治的故事講起。連續數場立委補選助講變成臺灣史講座，康寧祥以他道地的臺語、特有的磁性嗓音表達，引起熱烈回響，成功幫助黃信介順利當選。

一九七二年底，青年康寧祥決定挑戰第一次中央民代增額選舉，以臺灣意識與當前危機作為選戰主軸，再度掀起熱潮。選前最後一夜寒風刺骨、細雨霏霏，淡水河三號水門河堤前的政見會滿溢著熱情聽眾遲遲不肯散去。康寧祥命人拆去講臺布帆，面對群眾充滿感情地說：「今晚的風是為我康寧祥吹的，今晚的雨是為我康寧祥落的，我願意跟大家一起為臺灣的民主吹風淋雨。」臺下群眾歡聲雷動，深夜大家一起走向龍山寺才解散。

康寧祥順利當選立法委員，他與黃信介居於國會殿堂，成為全國性黨外領導人物，帶領臺灣民主運動走出新格局。

中國代表權危機

自從一九四九年中華人民共和國成立以來，有關「中國代表權」一直是聯合國年年上演、爭議不休的問題。一九五一年起，聯合國大會以「緩議」（moratorium）方式拖延，但隨著情勢變化，愈來愈難處理。一九六一年美國總統甘迺迪時期，改提「重要問題決議」（important question resolution），亦即須有聯合國會員國三分之二以上多數同意才能處理中國代表權問題。然而，此一提高門檻的做法，也無法阻擋中共在聯合國影響力日增。為了一勞永逸解決此一難題，一九六六年詹森（Lyndon B. Johnson, 1908-1973）政府開始構思「兩個中國」模式，但因為中國文化大革命爆發、北京政局陷入混亂，以及蔣介石強力抗拒，並未付諸施行。[4]

此時美國因為捲入越南戰爭泥淖無法脫身，超過一萬五千名年輕士兵喪生戰場，使得國內反戰聲浪節節升高。一九六九年尼克森當選總統後，積極尋求與中華人民共和國發展外交關係，希望透過中共影響北越，早日結束越戰。同時，美國也希望藉由拉攏中共來分化共產陣營、牽制蘇聯。對中華人民共和國而言，則急於擺脫文化大革命封閉政策所造成的國際孤立，希望重新獲得外來資本、技術與市場。選擇與美國修好，是對中美雙方都有利的事。

在這樣的背景下，尼克森總統著手改善與中華人民共和國的關係，他取消對中國貿易禁運、准許美國人前往中國旅行、下令停止第七艦隊在臺海巡弋、降低與中華民國之軍事合作。[5]更重要的是，美國恢復與中國的華沙會談，並坦白告知願意改變長期以來的親蔣政策，希望與中方展開新關係。尼克森總統延攬季辛吉擔任國家安全顧問，暗中進行此一任務。尼克森與季辛吉避開正常外交軌道，利用中央情報局駐巴基斯坦、羅馬尼亞等管道進行祕密外交，完全將國務卿羅吉斯（William P. Rogers, 1913–2001）蒙在鼓裡。[6]

事實上聯合國大會已出現警訊，阿爾巴尼亞年年提出由中華人民共和國代表中國之提案，雖屢屢被三分之二門檻的重要問題案阻擋，但就在一九七〇年這一年，阿爾巴尼亞再提出驅除蔣介石集團、恢復中華人民共和國是中國合法代表之提案時，竟獲得五十一票贊成、四十九票反對、二十五票棄權，眼看著重要問題案的三分之二門檻將被攻破。[7]

蔣介石為中華民國在聯合國的惡劣處境憂心不已，日記中幾乎每天都在思考對策，反反覆覆拿捏去留之道，有時說「臺澎金馬基地一千四百萬人所在，只要我政府不自棄，則無人能否認中華民國在聯合國之地位」、「我必保留席次，決不退出聯合國以保衛憲章之精神，並與共匪在會內會外奮鬥到底」；[8]有時又認為「聯合國太無正義也，如為我國本身計，則雖敗猶榮，以此時寧為玉碎之時也」、「余意已決，國際混亂非法至此，實在無留戀之必要，應乘機退出以保我國格也」。[9]

一九七一年四月，尼克森總統派出特使墨菲（Robert D. Murphy, 1894–1978）赴臺，在外交部長周書楷、駐美大使沈劍虹陪同下與蔣介石總統會談，表達重要問題案已不合時宜，美國政府計劃將提出「雙重代表權」（dual representation）方案以為因應。但蔣介石認為《聯合國憲章》規定會員國必須是愛好和平的國家，美國政府不可取悅中共而放棄法律原則，我方仍堅持重要問題案，雖無法阻止美國提議新方案，但新方案不能對我方造成嚴重損害。蔣介石並特別強調，中華民國在聯合國的席次及安理會席次不可分割，如果取消安理會席次，則「寧為玉碎，不為瓦全」。他要墨菲轉告尼克森，華府對中共示好將引起禍害，美國若不停止對中共讓步，中共最終將進入安理會；如果有一天中華民國離開聯合國，世人將知道我非為中共所迫，乃係美國逼迫而退出。[10]

墨菲返美後，數個月時間，美方無任何聯繫。外交部不得不指示駐美大使沈劍虹催洽國務院回訊。[11]原來，尼克森與季辛吉正忙於安排訪問北京，根本無暇理會蔣介石的高姿態。一九七一年五月底，尼克森、季辛吉與羅吉斯開會討論中國代表權問題，待羅吉斯離席後，尼克森才透露心裡真正想法是表面上「堅持原則，等著被否決，好把他們（按：蔣介石政府）趕出去」；季辛吉的盤算則是在聯合國「盡可能推延，拖到最後提出兩個中國立場，然後失敗收場。這樣我們已是仁至義盡」，[12]顯示尼克森與季辛吉已棄蔣介石如敝屣，連「雙重代表權」都不想考慮了。

眼見美方的冷淡態度，蔣介石已經有心理準備。一九七一年六月他在國家安全會議演說〈我們國家的立場和國民的精神〉，提示國家命運前途多艱：

> 只要大家能夠莊敬自強，處變不驚，慎謀能斷，「堅持國家及國民獨立不撓之精神」，亦就是鬥志而不鬥氣，那就沒有經不起的考驗、衝不破的難關，也沒有打不倒的敵人！而這亦就是告訴了大家「形勢是客觀的，成之於人，力量是主觀的，操之在我」的道理。[13]

蔣總統此一訓示不僅新聞媒體大幅報導，還被寫成〈莊敬自強歌〉愛國歌曲，在中小學教唱。

一九七一年七月十日，美國國家安全顧問季辛吉祕密前往北京與周恩來會談，周恩來提出三要求：美國承認臺灣是中國的一省、美軍限期退出臺灣、廢除《中美共同防禦條約》。季辛吉則表達美國反對兩個中國、一中一臺以及不支持臺灣獨立的立場，並承諾在尼克森總統的第二個任期內實現美中關係「正常化」（normalization）。[14]

美國與中華人民共和國雙方關係取得突破性進展，強烈動搖國民黨政府是中國唯一合法代表的宣稱，也對中華民國在聯合國的席位造成致命性衝擊。

七月十五日，美國政府公開季辛吉訪問北京之事，並宣布總統也計劃訪問中國，臺北方面大為震驚。我方至此方知過去三個月美國政府遲未回覆，主要是在安排密訪事宜，並準備將我方安理會席位轉讓給中共。[15]美國公開宣布與共產黨中國交往，事已至此，國民黨政府被逼到牆角，已無反抗餘地。二十五日，蔣介石總統親自核定三項指示答覆美國：一、同意放棄使用多年之重要問題案；二、同意美日提出「變相重要問題案」①；三、美日等友邦須盡一切力量擊敗阿爾巴尼亞提案。同時，以下兩點請美方絕對保密，並切勿列入紀錄：一、**美日確認有提出雙重代表案之必要，我方可予理解，但切勿提及我方在安理會常任理事席次；二、表面上我方對任何雙重代表案仍必須發言反對**。[16]

從上述過程可知，蔣介石並非冥頑不靈，當外在情勢極度危急，他還是會蹲下身來避過災難，最終同意了美方雙重代表權的安排。外交部長周書楷並向美國大使馬康衛透露，九月九日臺北高層召開全天會議，進行激烈辯論，強硬派主張堅持原則，但最後國際派占了上風，說服蔣介石做出痛苦決定，不輕言退出聯合國；馬康衛認為臺北好不容易才走到這一步，展現務實外交態度，華府不能再期待更多讓步。[17]

但尼克森政府已鐵了心，臺北的讓步來得太遲。中華民國聯合國代表團出發之時，壞消息接踵而來。九月十六日美國總統尼克森宣布，美國政府將投票贊成中共加入聯合國大會，並給予安理會席次，同時謀求阻止世界組織排除中華民國。[18]十月四日白宮宣布季辛吉將再度造訪北京，安排尼克森總統訪中事宜。[19]羅吉斯反對季辛吉在聯合國大會召開此一關鍵時刻訪中，卻阻止無效。整體態勢顯示，美國政府將美中關係正常化視為最優先政策，並不在意中華民國在聯合國的席次問題，各國對於風向轉變反應敏銳，雙重代表權提案注定要落空。[20]

聯合國局勢已明顯對我不利，蔣介石還在做最後掙扎，於十月十四日做出重要指示：如變相重要問題案未能獲得先議權、或該案表決失敗，不待阿爾巴尼亞案（驅逐蔣介石代表、由中華人民共和國代表中國）表決，即聲明退出聯合國。但如果美日等友邦採取補救措施，例如對阿案提修正案或要求分段表決等，則稍後以觀補救措施之成效；一旦補救無效則我必須在阿案表決前聲明退會。[21]

十月十九日，蔣介石命總統府祕書長黃少谷轉告周書楷：「我退出聯合國之決心，切勿動搖猶豫。」二十一日黃少谷回報代表團建議，蔣介石日記中說「代表團來電勸我電尼丑（按：尼克森），要求其發言助我，此不能為力，乃拒絕之。」[22]

美國代表團在聯合國大會提出兩個提案，一是變相重要問題案，即任何使中華民國喪失代表權之提案，均為重要問題案，須三分之二多數方能通過。二是雙重代表權案，即承認中華人民共和國之代表權及中華民國代表權。

十月二十五日當天下午，各國代表發言結束後，沙烏地阿拉伯提出程序問題，要求暫停本案之處理，但遭否決。美國所提之變相重要問題案也未能過關，大會上支持中共的各國代表在

① 先前美國所提「重要問題案」主張中國代表權問題屬重要問題，須獲三分之二多數。「變相重要問題案」則反過來，變成中華民國喪失中國代表權是重要問題，須獲三分之二多數。亦即先前欲以三分之二高門檻阻止中華人民共和國入會，如今改以三分之二高門檻保護中華民國不被排除。

會場上高聲歡呼。接著，美國駐聯合國大使布希（George H. W. Bush, 1924-2018）建議將阿爾巴尼亞提案的一部分刪除，引起冗長辯論，沙烏地阿拉伯提出阿案之修正案，將接納中華人民共和國入會、驅逐中華民國分為兩案，再遭否決。中華民國代表團眼見友邦所提之補救措施已無效，周書楷即宣讀中華民國退出聯合國之聲明，率代表團全體成員退出大會會場。大會隨後將阿爾巴尼亞案付諸表決，以七十六票贊成、三十五票反對、十七票棄權，通過二七五八號決議。因為中華民國代表團已經主動退出聯合國，主席宣布，美國所提雙重代表權案不再付諸表決。[23]

第二十六屆聯合國大會所通過的二七五八號決議文內容指出，「承認中華人民共和國政府的代表是中國在聯合國組織的唯一合法代表，中華人民共和國是安全理事會五個常任理事國之一。決定：恢復中華人民共和國的一切權利，承認它的政府的代表為中國在聯合國組織的唯一合法代表，並立即把蔣介石的代表從它在聯合國組織及其所屬一切機構中所非法占據的席位上驅逐出去。」[24]決議文明言由中華人民共和國代表中國，中華民國代表中國的自我宣稱徹底被擊潰。值得注意的是，二七五八號決議全文並無一字涉及臺灣。

失去在聯合國的中國代表權之後，國民黨政府如何向國際社會宣稱要反攻大陸？如果不再反攻大陸，還能維持「戡亂—戒嚴體制」嗎？若不能繼續戡亂、戒嚴，又該如何確保在臺之穩固統治？

太子爺接班與「有限本土化」

自從一九六九年在陽明山發生車禍，蔣介石元氣大傷，健康走下坡，開始放手將政事交給長子蔣經國處理。一九七〇年代聯合國中國代表權問題讓他憂心不已，更覺力不從心。一九七一年四月，蔣介石總統興起交棒的念頭，日記中記載：

近來自覺體力日衰，對黨國前途時憂慮，幸於三年來建設加強，對於基本之防務已有計畫，財經改革亦有基礎，此時以守為攻之方略，經兒乃已瞭解，彼對人事選擇與培植有素，後起有人，乃足自慰也。[25]

蔣介石打定主意由蔣經國接班，又得知自己腦動脈血管硬化問題後，更下定決心，在日記中斟酌著身後事：

如醫藥與休息無效，則國家後事應預作安排。經國乃可繼此復國任務，惟其為我父子關係，不願有此遺囑。但其可為靜波（按：嚴家淦）之助手，出任行政院長，則於公於私皆有益。望我黨政軍同意，以助我之心助彼，完成我光復大陸之共同使命也。[26]

老總統很清楚接班過程不可太過粗魯，若以帝王遺詔方式讓長子繼位，太過封建落伍。因此，接班問題必須及早著手鋪排，而最好的路徑是讓蔣經國先擔任行政院長。

此時正逢釣魚臺問題等風潮，青年學生關心國事，要求政治改革呼聲高漲。國民黨中央黨部第四組改組《大學雜誌》作為論政平臺。一時之間討論國是風氣蓬勃，臺大學生運動興起，並呼籲言論自由、民主政治、國會全面改選，訴求節節升高。[27]

蔣經國對於青年學生關心政治情勢高度警覺，因為釣魚臺事件自臺大僑生發難、政大學生繼之，陸續發起示威遊行後，各大學出現不穩現象。蔣經國認為這是受了中共與海外臺獨勢力的影響，一旦引爆更大規模學潮，將造成政治社會動盪。他責怪臺大校長閻振興令人失望，約見臺大總教官張德溥掌握狀況，又疏通《大學雜誌》楊國樞、丘宏達等人，並動用救國團等組織的力量加以疏導阻止。[28]釣魚臺事件令蔣經國確認，今後關於青年運動應由救國團統一指揮知識青年黨部，掌握臺大、政大、中興、成大等重點學校，以積極領導代替消極防範，加強僑生輔導、調整軍訓教官人事、進行思想教育，務求對大專院校深入控制。[29]

在黨政軍特團聯合控管下，蔣經國不但有效疏導了青年知識分子與中產階級的參政熱情，更博得「廣開言路」、「自由開放」美名。一九七二年五月，各報同時出現大量各界籲請蔣經國出任行政院長的呼聲，二十六日蔣經國獲得立法院九三．三八%的高得票率，出任行政院長。權力接班順利完成後，《大學雜誌》黯然退場，曾經活躍一時的青年學生、臺大哲學系則遭到不同程度的無情打壓。[30]

接掌大權的蔣經國，所面對最大挑戰是在失去聯合國中國代表權後該如何強化統治正當性。從蔣經國日記中可知，自國民黨第十屆三中全會決定由他接任行政院長起，他就悉心檢討、思考各部門人事，打算提拔本省籍人才；但卻又認為人事安排中至感困難的，就是省籍問題，因為本省籍人才稀少，需要一段時間來培養。[31]最後好不容易在內閣中做了安排：行政院副院長徐慶鐘、內政部長林金生、交通部長高玉樹、政務委員連震東、李連春、李登輝；另外，臺灣省主席謝東閔、臺北市長張豐緒。過去中央政府鮮少臺籍人士入閣，大多擔任省政府官員，蔣經國的新內閣二十一席閣員中有六位臺灣人，是前所未有的「人事革新」，立即博得媒體高度稱許。[32]

新閣揆就職後的第一次行政院院會，就要求行政人員遵守「平凡、平淡、平實」六字原則，「做人方面，要求平凡；在名利方面，要求平淡；在做事方面，要求平實。」第二次主持行政院院會又提出「十項指示」，訓令全國行政人員停止非必要之興建辦公房舍、儀式典禮、出國考察、視察迎送、交際應酬、不得濫發訃聞喜帖、禁止出入酒吧舞廳、謝絕剪綵揭幕、不得假借名目出差加班、不辦不切實際之公文會議。次年（一九七三）五月，蔣經國指示偵辦貪汙舞弊案件，他的表弟、人事行政局長王正誼被判處無期徒刑。蔣家第二代上臺後刻意營造的「行政革新」、「廉能政府」形象，獲得媒體一片讚頌。[33]

值得探討的是，蔣經國提高內閣中的臺灣人比例，除了是因應局勢強化統治正當性之外，是否意味著他對臺灣人的重視？民間有一說法指出，黃文雄在紐約廣場飯店發動驚天一擊的刺蔣案，刺激了蔣經國的想法轉變，是日後他推動本土化的原因。[34]但事實上，細看一九七〇年四月刺蔣案發生後蔣經國的日記，未曾對臺灣人處境有過絲毫體恤、憐憫與反思，反而充斥憤怒與戰鬥心態：

整理訪美記事，回想起來有如一場惡夢，亦好像是一次颱風，希望一切風浪得能早日安靜下來，使我能夠安安心心的工作，快快樂樂的生活。美國左派分子已成了共匪的工具，對我個人之攻擊和毀謗日甚一日，精神常受刺激……[35]

〔沈〕之岳報告各方面對「紐約事件」之不同反應，值得吾人警惕之處甚多，但是決不可稍存灰心之念、恐懼之意，這個時候正是吾人須要拿出好辦法的時候，像卅八年那樣的難關都能打破，那還有什麼可怕的呢？[36]

《紐約時報》又做惡毒之造謠中傷，說：「在臺灣的臺灣人因為蔣經國未曾在紐約被刺死，而垂頭喪氣，否則很快就可結束大陸人的統治，臺灣人視凶手為英雄。」閱此報導後憤怒異常，魔鬼似在用各種方法和手段在激怒我，此時此地余應切記「處變應堅百忍以圖成」之格言而自勉之，到了忍無可忍的地步，還得忍受下去。[37]

臺北美國大使館長期觀察威權接班人蔣經國，對他的內閣人事安排提供了另一種詮釋角度。大使館認為，蔣經國在黨政的人事安排訴諸能力、年輕、活力，但實際上是為了排除父親留下的元老、任用他自己的人馬，並藉著提拔臺灣人來獲取改革的讚譽與民間的支持。[38]

另一份名為〈蔣經國的臺灣人〉的報告更進一步深入分析，蔣經國的新內閣布局看起來增進臺灣人的參政權利，但實際上人事安排不出三種模式：第一類是安頓長期效忠者，例如副院長徐慶鐘、政務委員連震東與李連春都是缺乏民意基礎的過氣人物，新任內政部長林金生因出賣臺灣人反抗者而受青睞，省主席謝東閔是長期支持國民黨的「半山」，並不受臺灣人信任。第二類是收編具有威脅性的臺灣人菁英，例如高玉樹出任交通部長，看似升官，目的卻是將他從具有實質影響力的臺北市長位子上移開。第三種是從沒沒無聞中崛起的類型，例如擔任過臺灣省議員、屏東縣長的張豐緒出任臺北市長，可能是用來瓦解高玉樹在臺北市政府的班底。又例如先前只是農復會組長的農業專家李登輝被拔擢為政務委員，此人支持改革、與《大學雜誌》親近，他的出線可能是用來收編受到青年知識分子支持的該集團。[39]

總而言之，**大使館報告指出，蔣經國的權力重組一方面排除潛在的權力競爭者，例如將**

高玉樹從實權位置移去、任用臺灣人副院長來削弱李國鼎的挑戰；一方面則呼應臺灣人的期待以獲取聲望。報告中也提醒，蔣經國任用臺籍青年也可能成為負債，因為大多數臺灣人會將此視為獲得政治權力的起點，期望不斷升高下促使更多臺灣人被任用，將成為難以停止的趨勢；而此舉更大的挑戰，會是來自國民黨內保守派的反彈。[40]

美方官員的觀察犀利地從權力競爭觀點切入，與一般「本土化」、「吹臺青」讚譽極為不同。日後，被提拔者之一李登輝也指出，蔣經國的「吹臺青」政策主要是為維持自己權力考量，他需要建立自己的人馬，才能真正接班。[41]

一九七二年七月，政府公布《動員

圖8.1　行政院長蔣經國任命張豐緒（左三）為臺北市長，取代高玉樹（左二）。

來源：國史館藏，數位典藏號：005-030206-00028-008。

戡亂時期自由地區增加中央民意代表增額選舉辦法》，開始推動萬年國會的年輕化。原本傳聞這一「充實中央民意機構方案」中，立法院、監察院、國民大會三個國會的增補名額，將是現有名額的五分之一至三分之一規模，[42]但實際推動時卻大縮減。臺北美國大使館報告中指出，中央民代增額選舉並非實質的國會改革，原本臺灣社會預期國會中將有一八〇個新席次，但實際上卻被削減至一一九名，其中國民大會五十三席，僅占全體四％；立法院五十一席，僅占全體一二％；監察院十五席，僅占全體二三％。**大使館認為蔣經國減縮增額中央民代選舉的決定，目的在於壓低反對運動者進入國會挑戰威權體制的機會，他並不希望臺灣政治氣氛出現變化，不願改選規模超出國民黨政府可控制範圍，也不願見到立法院成為真正活躍的民意論壇**。[43]

蔣經國組閣三個月後，臺北美國大使館副館長來天惠（William H. Gleysteen Jr., 1926–2002）對他的政治權力運作風格提出看法。蔣經國認為國民黨舊勢力將會阻礙他的統治，因此逐一掃除；他訴求臺灣年輕人的支持，積極擴大自己的政治基盤；但他有限開放不同意見表達管道的同時，更加嚴密地進行社會控制。來天惠認為，蔣經國企圖將黨、政、軍、特、救國團與年輕改革者打造成一個新的聯盟。[44]

日後，來天惠的口述歷史也指出他對蔣氏父子的看法很不同。蔣介石是一個令人失望的威權領導者，只想著反攻大陸，完全與時代脫節，蔣經國則比較臺灣取向（Taiwan oriented）。並且，蔣經國青年時期的蘇聯經驗，令他較關心一般民眾的命運，他走訪臺灣各地、親身接觸人們的生活方式，構想臺灣應該是一個繁榮的、接受良好教育的、平等的社會，希望臺灣人支持他的政權。但來天惠也承認，儘管蔣經國比他的父親進步，蔣經國仍是個十足的威權主義者，他牢牢地掌握情治機關，並且相當殘忍地對付反對人士。[45]

一九七〇年代臺灣的政治案件仍不斷發生。彭明敏成功脫逃之後，情治機關上天下地翻找關係線索，驅逐了協助他出逃的傳教士唐培禮等人。一九七一年二月，國民黨政府以美國花旗銀行爆炸案為由逮捕謝聰敏、魏廷朝、李敖、

圖8.2　一九七一年副總統兼行政院長嚴家淦接見馬康衛（中）與來天惠（右）

來源：國史館藏，數位典藏號：006-030203-00051-035。

李政一等人。四月，曾協助謝雪紅出逃的蔡懋棠、前臺獨案受刑人張茂雄、蔡金鏗、劉辰旦等人因洩漏泰源監獄政治犯名單事件被捕。五月，與彭明敏、郭雨新曾有往來的政治大學法律系畢業生白雅燦被捕。一九七三年，前臺獨案受刑人黃紀男以及鍾謙順、張勝濱等人被捕，其中黃紀男已是第三度被捕。一九七四年，陳深景因隨李棠華特技團赴美演出後與臺獨分子聯絡，被判處無期徒刑。一九七五年，白雅燦參選增額立法委員選舉，政見要求「蔣經國公布財產」、「召回蔣家在海外子女婿孫返國以示決心與臺灣人民共生死」，被以叛亂罪判處無期徒刑。一九七七年，戴華光因主張和平統一，被判處無期徒刑。蔣經國統治下的臺灣，情治機關依然嚴密監控社會末梢，白色恐怖案件層出不窮。

美國政府的「臺灣化」預測

就在對中國政策大幅轉變之際，美國政府內部開始出現各種有關中華民國「臺灣化」（Taiwanization）的討論。一九六八年四月，美國國家安全會議幕僚詹京斯（Alfred L. Jenkins, 1916–2000）向總統特別助理羅斯陶（Walt W. Rostow, 1916–2003）提出有關臺灣問題備忘錄指出，臺灣的「臺灣化」正在緩慢而堅定地進行中，國安會大多數幕僚都認為這是不可避免的趨勢，甚至有人推測臺灣獨立是最有可能的結果。同時有愈來愈多跡象顯示，蔣介石已經接受不可能返回大陸的事實。詹京斯分析，臺灣化的趨勢符合美國利益，美國政府不需公開表示預見臺灣最終可能獨立，但應採取幾項措施：一、鼓勵該島減少軍事負擔；二、促進經濟發展；三、促使臺灣在區域經濟與政治事務發揮更大的作用。[46]

一九七〇年再度被派駐臺北美國大使館政治官員李文（Burton Levin, 1930-2016）提出報告，與十五年前來臺時相較，他發現臺灣在經濟方面有明顯進步，他認為這是日治教育與物質遺產、加上大陸人集團管理與知識能力的結合所完成。過去美國政府很擔心一敗塗地的蔣介石政府會對中國大陸發動自殺式攻擊；蔣介石政府為了讓大批大陸人難民能夠維持溫飽，不斷汲取臺灣人血汗，也造成省籍關係高度緊張。所幸一九六〇年代以來臺灣的經濟發展與現代化已是國際間傑出的成功故事，大陸人享受著富足、安全與安定的同時，也逐漸接受只能在臺灣生存的事實。

李文極有見地地指出，雖然臺灣人被灌輸統治集團的語言、文化與價值觀，但大陸人青年的「臺灣化」程度卻也大增。他觀察發現，住在臺北以外的大陸人青年通常也能講臺灣話，並且臺灣人與大陸人通婚情形比十多年前更加頻繁，這些都使得省籍關係在改變中，大陸人第二代認為他們的家園在臺灣，不會像老一輩一樣急著移民美國。李文因此預測，四十至五十歲之間的大陸人將會是最後一代「真正的大陸人」（true mainlanders），如果兩岸分立的關係繼續維持不變，在他們之後的大陸人最終都將會臺灣化。

不過李文也強調，國民黨統治下多年來未能改變的一件事，就是完全不容許爭取自由的反對運動。他們將反對視為共匪、叛亂，採取強力手段鎮壓，這使得大多數人民對政治冷漠。雖然經濟發展帶來繁榮與快樂，卻無法轉化為臺灣人對政府的感情。[47]

同一時期，駐臺五年的阿姆斯壯（Oscar Armstrong, 1919-2002）即將調任前也提出報告。他指出，大陸人帶來島上已超過二十年的中華民國，正無可避免地消失中，因為教育、都市化、以及快速社會變遷所造成的「臺灣化」，正在侵蝕他們對本土臺灣人的控制。阿姆斯壯並大膽預測，一九八四年臺灣人將會得到真正的政治權力，中華民國將終結。

阿姆斯壯為何敢如此斷言？他分析：一、**大陸人正逐漸且無可避免地在臺灣政治地景中消失，他們每年不斷因為年邁而死亡，無可遞補**。大陸來臺的軍人若不是孤老終身，就是與臺灣女性結婚，所生下的孩子無法承繼和父親相同的政治態度與忠誠。有錢、有地位的上層官員，他們的子弟大都留學海外、移民變成美國人。大陸人不足，迫使政府當局必須甄拔臺灣人，立法院、監察院與國民大會若不甄補新血，二十年內將死亡。二、**在臺大陸人與臺灣人的比例是一：八，臺灣人占有人數優勢**。雖然大陸人控制政治、軍警與情治上層權力，但因人數比例懸殊，臺灣人不會被改造成大陸人；反而是底層大陸青年必須適應社會、臺灣化，這種自下層發生的同化現象十分普遍。三、**過去國民黨政府控制臺灣社會，主要是掌握農村的頭人，無法控制底層農民，隨著臺灣都市化，更無法有效控制**。臺北市長選舉就是例證，國民黨政府無法在都市中勝選，所以將臺北市升格，市長改為官派。**四、國民黨企圖透過教育改造臺灣人，但是，愈是受高等教育的臺灣人卻愈保有臺灣認同，甚至在海外加入臺灣獨立運動**。

阿姆斯壯推算，至一九八四年蔣介石已九十七歲、蔣經國也已七十四歲，外省菁英老化，立法委員、監察委員與國民大會代表大多數都會過世，大陸人政權頂多再維持幾年，不得不依靠臺灣人存續。因此，至一九八四年臺灣人就會真正獲得政治權力，蔣經國也必須授予臺灣人實權才能取得支持。他預料，一旦臺灣人掌握政治權力，情勢將會大不同。因為臺灣人不同於大陸人，他們有強烈的臺灣意識與共同體利益，他們將不再宣稱代表中國，將會放棄反攻大陸、縮減軍費，並且停止對自由、言論、結社之控制，新的報刊雜誌不再被禁，多元的新政黨將出現，臺灣國家意識將會上升，臺灣人政府將以美國政治型態為理想典範。

基於上述觀察分析，阿姆斯壯認為接下來十年內，美國政府的對臺政策會較過去困難。他提醒，臺灣不同於亞洲其他國家，臺灣人對美國是相當友善的；臺灣人擔憂美國政府支持大陸人政權、不關心臺灣人利益，一旦這個擔憂成為普遍的想法，臺灣人將轉向反美。面對未來的發展，他提出幾項建言：一、美國政府必須膠合臺灣政治領導人與大陸人的關係，使大陸人不致感到疏離；二、為了維持臺灣的安定與繁榮，必須鼓勵溫和的臺灣人與大陸人合作，阻止極端頑固者，例如將臺獨視為叛國的大陸人、或排斥大陸人參與政治的臺獨分子；

三、應鼓勵大陸人轉移更多實質權力給臺灣人，並默許「中華民國的臺灣化」，這對大陸人而言雖是苦藥，但少數大陸人若執意壟斷權力，將引發劇變，不利臺灣和平繁榮。總之，阿姆斯壯建議，美國政府要學習接受「中華民國臺灣化」，不要和大陸人保守集團綁在一起；未來臺灣化後雖政情多變，但臺灣人對美國仍會十分友善，將不影響美國在此的利益。[48]

阿姆斯壯深入而具體的「臺灣化」預測引起關注，早年曾兩度派駐臺北的「臺灣通」、時任香港領事歐斯本很快地予以回應。歐斯本認為，阿姆斯壯對臺灣政局發展提出了合理且深刻的分析，他同意臺灣人遲早會主政，並且大多數臺灣人傾向獨立，而非與大陸統一。但他提醒，阿姆斯壯所建議中華民國不復存在後、掌權的臺灣人政府「值得保留為盟友」一事，將使美國面臨嚴重的風險。因為《中美共同防禦條約》將會被轉化為確保臺灣與大陸永久分離的開放性軍事承諾（open-ended military commitment），此一轉化是基於雙方關係的長久慣性所致，而非基於美國國家利益與憲政過程的審慎計算。

歐斯本分析，臺灣人掌握政權、成為一個分離的政治實體後，若能對自我防禦負起全部責任，美國沒有理由抱怨。但必須注意的是，如果對於獲得美國軍事支持沒有相當信心，任何負責任的臺灣人團體不一定會尋求建立獨立政權。先前阿姆斯壯的預測，顯然是假設臺灣人以為美國願意給予軍事保證協助臺灣獨立。他提醒，美國一旦給予協助臺灣獨立的軍事承諾，將難以撤回，並造成不可逆料的後果；美國與共產黨中國因這個承諾而累積緊張關係，此一成本將遠遠大於從臺灣獨立能期望獲得的利益。他並警告，如果臺灣人政權曾經被鼓勵或允許指望於美國的軍事承諾，一旦美國在最後抹滅臺灣人的希望，恐將被譴責為背叛、懦弱。總之，歐斯本建議美國政府應採取更謹慎、有效的措施，應該讓臺灣人知道《中美共同防禦條約》並不必然自動轉移，以降低獨立政權對美國軍事保證的期望。[49]

歐斯本的看法獲得國務院的重視，並以備忘錄形式留下提醒：基於美國國家利益考量，應避免讓臺灣人以為未來臺灣化的政府，包括獨立的臺灣政府，甚或不再稱為中華民國的新政權，都可以獲得美國政府的軍事承諾。[50]

美方官員這些有關「中華民國臺灣化」的預測與討論極具意義，顯示一九七〇年代美國政府在推動美中關係正常化的同時，已經準備面對、接受臺灣化的趨勢，並願意繼續與臺灣維持友好關係。惟若臺灣化的終極結果是臺灣獨立，則美國政府不願承諾提供軍事防衛，以免影響美中關係，違背自身國家利益。

黨外運動崛起

新掌權的蔣經國並未如美方那樣也體認到臺灣化的趨勢，他以象徵性的「吹臺青」政策博得媒體掌聲，但是，許多臺籍知識分子並不衷心認同。例如臺北美國大使館邀請臺籍青年菁英聚餐，聽取他們對時局的看法，席間臺籍菁英們批評蔣經國任用的大多數臺籍官員都是「半山」(pan shans)，或是長期親國民黨的走狗（lackeys），認為這些精妙的政治操作只是技巧性地應付臺灣人的參政要求、擦脂抹粉地向臺人示好，卻反而可能延誤了政治改革與臺灣人參政運動。

這些年輕人也對美中簽署《上海公報》感到憂心，雖然臺灣前途黯淡，但是他們並不像多數臺灣人一樣屈服、對政治冷漠、或只專心於賺錢致富，他們透露將進行政治行動與組織計畫，一些人會參加增額立委選舉，另一些人希望掌握臺灣律師公會、青商會、臺大法律系、《大學雜誌》等組織，厚實基礎以開創有意義的權力結構。這十二位年輕人包括律師陳繼盛、臺大法律系主任王澤鑑、律師張德銘、半導體公司董事長洪敏弘、律師賴浩敏、亞洲基金會幹部王世榕、經合會官員蔡勳雄、《大學雜誌》編輯張俊宏、律師張政雄、律師林聯輝、律師姚嘉文，以及一位名字不詳的臺大電機系陳姓講師。[51]

新一波的反對運動就在一九七〇年代的外交危機、獨裁者二代接班的背景下登場。這些戰後成長的年輕世代運動者，未曾親身經歷二二八、白色恐怖壓迫，較諸老一輩抵抗者更開放進取、不畫地自限。他們普遍受高等教育，在知識、能力與創意上更勝一籌。同時，因為中央民代增額選舉展開後，新民意加持的增額立委進入立法院，國會有取代省議會成為議政重心的趨向。尤其，立法院的臺籍民意代表受到矚目，反對運動逐步從地方層級提升到全國性規模。

蔣經國初任行政院長必須赴立法院備詢，但實際上他對此感到無聊、浪費時間，卻又不得不應付。[52]在立法院質詢中，新科立委康寧祥是他較常回應的一位。初生之犢康寧祥將臺灣歷史搬上國會質詢臺，要求政府正視臺灣歷史文化的價值與地位，將臺灣歷史編入教科書；他也批評政府機關的人事任用均以國民黨籍為依據，違反蔣經國所宣示的「四大公開」原則；他要求制定《政黨法》，促成強有力的在野黨成立。[53]蔣經國將國會詢答當作展演個人政治風格的舞臺，經常實問虛答，總是大談到鄉下考察心得、關切農漁民生活困苦。這種「親

圖8.3　臺大學生陳添枝（後左一）、陳瑞仁（後左六）、周婉窈（後右一）、謝明達（前左一）、周弘憲（前左二）、劉毓秀（前右一）等人為郭雨新（前右二）助選。

來源：邱萬興先生提供

民愛民秀」前所未有，媒體大幅報導，民眾感激涕零，「親民愛民的蔣院長」形象深植人心，令蔣經國聲望日益崇隆。

康寧祥雖然得不到蔣經國的真心答覆，但經由新聞媒體的密集報導，知名度也不斷竄高。[54]本省籍、外省籍資深反對運動人士雷震、吳三連、高玉樹、郭雨新、齊世英五人與他定期聚會，[55]視他如腹心，將自己的政治經驗傾囊相授，這使得康寧祥成為承繼日治以來政治運動與一九六〇年代反對黨運動的核心人物。

一九七五年七月，康寧祥邀請黃信介擔任發行人、自己擔任社長、張俊宏為總編輯、姚嘉文為法律顧問，出刊了第一本黨外雜誌《臺灣政論》，在這一出刊五期就被查禁的雜誌中，他邀請葉榮鐘、王詩琅介紹日治時期政治社會運動人物，翻譯涉及臺灣一九二〇年代政治社會運動史的《臺灣總督府警察沿革誌》。青年世代如東海大學的林正杰、范巽綠、賀端蕃，政治大學的林世煜、陳國祥，臺灣大學的周弘憲、周婉窈、謝明達、蕭裕珍，以及高雄醫學院的陳永興等人，都是因為接觸《臺灣政論》，開始與黨外人士互動。[56]

一九七五年郭雨新投入第二次增額立委選舉，助理陳菊找來上述新生代年輕人幫忙助選。郭雨新在各地的政見會人山人海，但投票當晚，宜蘭各地投開票所作票傳聞不斷，開票結果竟有高達八萬多張廢票。憤怒不滿的大批群眾聚集在宜蘭縣政府前抗議，幾乎發生暴動，最後宜蘭縣消防局出動噴水車，終於驅散群眾。[57]郭雨新敗選後，姚嘉文、林義雄擔任辯護律師打選舉官司，未能扳回局面，選戰與官司資料集成《虎落平陽？》一書。

一九七七年舉行五項地方公職選舉，這是臺灣實施地方自治選舉以來最大規模的一次地方選舉。齊世英、吳三連等人認為機不可失，建議康寧祥到中南部串聯。選前兩個月，康寧祥先環島一週打聽各地選情及無黨籍人士參選情形；第二次環島則鼓勵無黨籍人士參選，並組成聯合陣線。當時爭取聯合競選的目標包括三類人：一是長期對抗國民黨的無黨籍地方菁英，包括臺中的何春木、桃園的黃玉嬌、高雄余家；二是不願加入國民黨且具有企業經營或社團活動長才的新興中產階級，例如林義雄、曾文坡、林文郎、王昆和等；三是前國民黨「叛將」，如張俊宏、許信良、蘇南成、邱連輝等。返北後，康寧祥向雷震等「五大老」報告探詢結果，並與黃信介商量巡迴輔選事宜。[58]這次選舉，康寧祥、黃信介兩人為主的「黨外巡迴助選團」從南到北展開助選。

「黨外」一詞原本是對非國民黨籍候選人的泛稱，因為戒嚴體制下禁止組織反對黨，非國民黨籍挑戰者自稱為「黨外」。一九七三年張俊宏、王昆和、康義雄、陳怡榮四人就曾組成「黨外四人聯合陣線」參選臺北市議員。自一九七七年康寧祥、黃信介巡迴助選後，「黨外」一詞大量使用，成為政治異議人士共同使用的符號。[59]

一九七七年這次地方自治選舉，黃信介、康寧祥為主的黨外人士以聯合參選擺開陣勢，陳菊再度組織青年學生到各地去助選，選戰打得如火如荼，民眾情緒極為高昂。尤其桃園縣長選舉中，許信良和他的新生代選舉團隊張富忠、林正杰等人，以節奏鮮明的選戰策略捲起狂潮。他們選擇「以歡樂克服恐懼」作為基調，將競選總部布置成嘉年華的氣氛，淡化民眾對政治參與的恐懼；又設置大字報板作為「公共論壇」，邀請民眾表達自己的意見；更重要的是「保護選票」，不讓國民黨政府作票得逞。[60]由於確信統治當局一定會使出慣技，因此訓練一千名監票員，動員民眾力量來保護選票，競選總部教育群眾：「只有共產黨才作票」、「發現作票立刻喊打」、「打死共產黨」。[61]

十一月十九日投票當天，中壢地區二一三投開票所發生疑似塗汙選票爭議，引起民眾圍觀，幾位當事人被檢察官帶回中壢分局訊問。但沒想到被指控的主任監察員范姜校長被釋回投開票所繼續工作，一時之間民眾鼓譟「校長舞弊，檢察官放水」。范姜校長在警察保護下逃到對面的中壢分局，群眾則將分局團團包圍。許信良總部並鼓勵民眾前往聲援，傍晚時分，中壢警察局前已是人山人海，許信良判斷不能留在中壢，驅車北上。[62]

當晚，群眾推翻警車、火燒警車與分局，軍警出動以瓦斯槍、催淚彈鎮壓無效。民間傳聞中央大學學生江文國、十九歲青年張治平喪生，但至今無法獲得證實。選舉結果，許信良以二十三萬票大勝對手歐憲瑜的十四萬票。

這是二二八事件後第一次出現的群眾暴動，人們針對選舉舞弊發出怒吼。長期以來在野人士面對選舉舞弊問題，只能忍氣吞聲，中壢事件群眾暴動卻迫使國民黨政府承認敗選，這可是前所未有的事！警備總部在事後提出檢討報告：

中壢事件，幸賴上級決策之正確，警察之冷靜沉著，以「小忍追求大謀」，使倖免災禍。如當時稍採過激行動，則可能發生重大流血，擴大為嚴重暴亂，依國家目前處境，實難以收拾。[63]

五項公職地方選舉結果，黨外與無黨籍人士攻下桃園縣（許信良）、臺中市（曾文坡）、臺南市（蘇南成）與高雄縣（黃友仁）四席縣市長寶座；省議員方面則獲得二十一席佳績，張俊宏、林義雄等人均高票當選；臺北市議員

圖8.4　中壢事件對蔣經國造成重大刺激（張富忠攝影）

來源：邱萬興先生提供

也拿下六席。這一場選舉，黨外人士大有斬獲，不過國民黨方面仍囊括了七六%的席次。但這樣的選舉結果對國民黨當局而言，已是前所未有的挫敗，主導選戰的蔣經國責無旁貸。接掌行政院長以來受媒體高規格吹捧的蔣經國大受打擊，黨內的冷眼與嘲笑，更令他無法承受，日日在痛苦中掙扎，甚至想要一死了之：

> 十九日公職人員挫敗（亦可說是失敗），乃是自從政以來所遭受的最大打擊，自知此次失敗包含了極為嚴重的不利於黨國的危機，至於決策與準備方面，我過估自己的本身力量而輕視反動力量之發展，對於提名之候選人未加深入之考核，聽信「幹部」之言，木已成舟，後悔莫及，余對選舉之失敗，應負全責，惶愧交感，一月來坐立不安，夜不成眠，但是我決不示弱而退卻，否則正中敵人之計矣。余所痛者，並不在敗於敵人，而是黨內同志（失意）竟以幸災樂禍之冷笑以論此一痛苦之失敗。[64]

> 數夜不能安眠，日間亦坐立不安，這都是由於地方選舉慘遭失敗後所受刺激之故，這確是政治生命中最嚴重而出於意外之打擊。[65]

> 因地方選舉所遭之挫折和打擊，可以說是「深痛」而永難忘，乃是奇恥大辱。[66]

> 自反之後，**心之深處忽生「生而受辱不如死而求心安」，確有此念**。惟今日之事無法一死了之，死要比活來得容易，在此一念之差耳。**為了黨國，為了同志親友，為了家庭，豈可走此盡頭路**？……敵人緊追而來，身為蔣氏之子，豈可一逃了之？[67]

> 服藥物、打針後仍終夜未眠，幾乎未睡一小時，這是少有之事，其原因不在於生理而在於心理，選舉挫折之餘波不但未能稍退，而且精神負荷益重，來自各方面的壓力日益加重。[68]

> 自選舉挫折以來，因有責在身，坐立不安，情緒低沉，外交內政，大事小事，無一不在向我挑戰，而我精神雖經做多次之努力，振作不起來，體力亦不如前，這是非常可憂之事。[69]

> 年終地方選舉的一次挫敗，勾銷了一年來所花的心血，政治事多麼的殘酷無情，再往新年看，充滿艱辛險阻，**要為黨國爭氣，不得不含淚忍辱、負起重擔，再往向上行**。[70]

對黨外人士而言，這一場選舉無疑是意義重大。其一，黨外人士不再孤軍奮戰，他們摸索出聯合參選的政團運作模式。其二，中壢事件是反對運動的分水嶺，黨外人士克服了長期以來國民黨選舉舞弊的困境，獲得勝利。選後，林正杰、張富忠等人整理選戰實錄與中壢事件經過，出版《選舉萬歲》一書，汲取選戰經驗並加以分享。其三，黨外人士發現了撬開民主大門的密碼：威權當局最大的恐懼就是群眾，只要能夠成功動員群眾和自己站在同一邊，就足以經由選舉途徑推進民主，改變臺灣。

第九章　遏制民主火種

林義雄是宜蘭五結鄉人，十歲喪父，他和三個妹妹都由母親林游阿妹辛苦撫養長大。臺大法律系畢業、短暫擔任教職一年後，順利以高等考試律師科第一名及格，隨即在臺北市、宜蘭縣兩地執業。隨著他與方素敏結婚，長女奐均與雙胞胎女兒亮均、亭均相繼出世，林義雄事業也漸入佳境。他是個愛家的男人。

一九七三年，富理想性格的林義雄出任宜蘭縣律師公會理事，與姚嘉文、陳繼盛等共同出力創辦「臺北平民法律服務中心」，免費提供貧民法律諮詢。以此為開端，他開始涉入公共事務，接著又擔任「中國比較法學會」祕書長。因為他對公共議題的關心與參與，一九七四年七月，美國國務院與亞洲基金會（Asia Foundation）邀請他前往加州柏克萊大學參加「亞洲貧民法律扶助工作講習班」(Asian Workshop on Legal Service to the Poor)。林義雄第一次離開臺灣，利用這個機會到美國研習，參觀律師事務所、法院運作等，在兩個月的參訪活動中，他眼界大開，在給妻子方素敏的信中透露：「我夢想有一天我的家鄉也能在人、物各方面建設成一個繁榮、和善和自由的樂園。」[1]

一九七五年宜蘭民主運動前輩郭雨新投入增額立委選舉，卻在家鄉開出大量廢票。林義雄和姚嘉文擔任郭雨新的辯護律師，控告對手林榮三賄選、當選無效，但終究敗訴。一九七七年郭雨新赴美休養，林義雄決心參加政治反對運動、投入選舉，但也因此改變了他一生的命運。

一九七七年五項地方公職選舉戰火熾烈，林義雄以選區第一高票當選臺灣省議員。他問政深入、言詞犀利，經常與省主席林洋港唇槍舌戰，成為極受矚目的黨外政治新星。一九七九年九月，林義雄又應美國在臺協會之邀，再度赴美訪問，考察美國國會運作、消費者保護措施、公害防治議題、黑人民權運動、少數民族印地安人生活等等。他在給妻子的家書中透露從政的動機是：「每當看到我們那幾位可愛的小女兒，不禁想到應該為她們創造一個更適於人活的自由和諧的社會。」[2]

隨著公共參與和政治活動愈來愈繁忙，林義雄愈來愈感到對家庭有虧。他內心十分矛盾，曾向妻子表示：「我真希望有一天能擺脫一切，歸隱田園，好好享受寧靜與天倫。」

但是，民主運動的時代巨輪已經啟動，林義雄側身黨外列車中不由自主地被推向了第一線。

獨裁者的困境

美國政府長期關注蔣經國政治性格、行為模式、思想與信仰等，並進行分析評估。一九七〇年四月，臺北美國大使館一篇〈蔣經國作為臺灣的領導人〉報告中指出，蔣經國在蘇聯十二年的嚴酷經驗，塑造他成為情感孤立、不信任任何人的性格。蔣經國把從共產黨學到的政治技能應用於黨務與救國團組織，但他並不信任奉共產主義，反而更傾向家父長制與儒家威權主義。大使館認為，由於過去情治系統背景，加上來自蔣介石授予的權威，使得大家都對蔣經國畏懼三分，他和父親領導風格迥異，並不擅長於在公共場合對人群演說，也不具有像父親那樣的領袖魅力，他喜怒不形於色、深沉寡言，不習慣與他人討論，偏好逕自做成決定。

美方也細膩地注意到，蘇聯經驗使蔣經國習於與底層工農大眾一起工作、貼近民眾觀點，這使他與其他國民黨官員極為不同。美方認為，蔣經國掌權後將是一位務實的政治領導人，他會繼續促進臺灣經濟發展，改善人民生活，但同時會更加強化對臺灣內部的安全控制；他也會培養臺灣人進入政府，但不能期待他有意義地增進臺灣人在政府高層的政治參與。[3]

一九七二年九月，美國大使館副館長來天惠也對出任閣揆的蔣經國的權力運作風格提出看法。來天惠指出，蔣經國組閣以來把重心都放在國內，積極表現出清廉、反貪、效能政府的公共形象，他的政治風格源自他理想中「明君」(good ruler)、「王道」(the wang tao)應該有的治理型態，這種統治型態混合了低物質欲望的清教主義、來自蘇聯經驗的列寧主義，以及家父長制的儒家主義。[4]

美國官員指出蔣經國親近底層大眾能力、偏好儒家模式的家父長制威權思想等特質，對比他日後的權力運作模式，此一觀察可說相當深入而準確。

一九七五年蔣介石逝世，行政院長蔣經國擔任國民黨主席，成為實際上的國家領導人。他絲毫沒有喘口氣的時間，馬上就須面對極為艱難的局面：對外，美國政府政正在尋求與中華人民共和國關係正常化，中華民國的國際地位日益危殆；對內，黨外民主運動隊伍逐漸壯大、海外臺獨運動聲勢上揚。蔣經國面對內外交迫局勢，肩頭壓力沉重，日夜焦心苦慮。

在繁重的公務行程中，下鄉訪查是蔣經國唯一感到放鬆的時刻。蔣經國日記中不時顯示他的儒家君王統治模式：他物質欲望低、生活簡樸；戮力從公、夙夜匪懈；並自認推行仁政、愛民如己。他上山下海與底層大眾互動接觸，關心農村的生活改善，不捨榮民弟兄困苦，也樂於享受農民、婦人、老兵對他的溫暖回饋與誠摯敬意。對蔣經國而言，親近底層大眾並不是政治表演，而是發自內心的喜悅，是沉重公務下僅有的快樂時光。

但蔣經國同時是一位獨裁專制的傳統帝王，缺乏現代國家概念。他將政治事業當作是子承父業，護衛「黨國」是責任與天職。初掌行政院時，他說：「在此國家危急存亡之秋，身為蔣氏之子和國民黨黨員，就是跳火坑余亦將往之」；「千斤重擔壓肩頭，一片忠心報黨國」；「深知父親做此重大決定，用心之苦，以及對兒期望之深厚，今後唯有鞠躬盡瘁，以赴重任，做到不愧蔣氏之子的家訓。」[5]

他厭惡議會政治，對權力制衡、民主競爭缺乏基本認識：「如果說有了立法院就有了民主，那是錯了，但是在今日的政治環境，又不得不予尊重」；「五項地方選舉，帶給我們不少政治的困擾，這亦是無可奈何的事，名之為民主，實則互爭權力而已」；「各種選舉美其名曰民主，或謂為民服務，事實上則為名利而爭也，並且為了達到目的不擇手段。政治上最卑鄙和惡劣的方法，可以在各項選舉活動中看得最清楚，可悲」；「難道只有選舉才算是民主政治？……在今日重利為先的社會中，選舉反而成了勞民傷財之舉，但是又不能不辦。」[6]

更有甚者，這位「現代帝王」認為挑戰者背後充滿陰謀詭計，必消滅之而後已。黨外人士參與選舉競爭，在他眼中是「共匪利用國內之反動分子，企圖以合法之選舉活動達成其反動的非法目的，即所謂發動『島內革命』，手段惡毒，吾人識破其陰謀，應妥應付」。[7]反對運動聲勢上漲是「流氓、地痞、政客，以及不法叛亂分子企圖搗亂之現象，日益明顯，且有共匪和臺獨做他們的後盾」；「內憂者在於國內少數野心家和卑鄙的敗類，如康〔寧祥〕、黃〔信介〕、張〔俊宏〕、林〔義雄〕之類，被共匪利用，從事破壞搗亂和打擊」。[8]而在美國與中華民國政府斷交後，也成了被怪罪的反派角色：「這些敗類（按：國內反對人士）受到美帝、共匪、日本、臺獨以及財閥和無知知識分子支援」；海外臺獨分子活動都是「在美帝掩護之下，謀害我國之惡毒行為」；「國賊企圖作亂，鬼計百出，他們之所以敢如此大膽，乃是因為有美國政府做後盾也，美國與我為敵，痛恨至極」；「國內的陰謀分子以美帝和共匪為背景，以各種惡毒的方法來打擊我，這是一場危險的鬥爭，過去以本黨作為打擊的對象，現在則轉向我個人和政府」。[9]

簡言之，威權最高當局面對內外困局，竟得出「黨外人士＝陰謀分子＝美帝＋共匪」的結論，此種將島內挑戰、外交困境、歷史敵人三者煉為一爐的詮釋方法相當奇特。而蔣經國也在日記中用盡一切惡毒文字詛咒他的挑戰者，顯示在他眼中順民才是子民，挑戰者即是寇讎。

蔣經國經常強調自己沒有權力欲、厭煩政治工作、對總統職位無意求之，「為了自己的心願，最好能一走了之，但為了黨國，似又不能不跳火坑」；而他的心願是「移居武陵農場，我夫妻和榮民粗茶淡食」。[10]一九七八年元月，當得知被中央黨部提名為總統候選人，蔣經國說自己「留下激動和惶恐的眼淚，這是形勢迫我走上這條路，背上了一個重重的十字架」、「惶恐無已，乃是以背十字架和跳火坑的心情接受之，國外以及國內的種種問題，困難重大無比，此時我不入地獄，誰入地獄」。[11]三月，國民大會投票通過蔣經國為第六任總統，他到慈湖謁陵，祈求父親在天之靈引領他一步一步前進。[12]

但事實上，作為獨裁國家最高領導人，蔣經國集所有權力於一身，重要政策都由他發號施令。蔣經國像古代帝王一樣時時自我檢視是否喜怒不形於色，以免被屬下掌握好惡、大權旁落；一面又因無人可商議大計，面對大量政務而疲憊不堪。當所有黨政軍特部屬都匍匐在他腳下乞求權力時，他卻感到無比孤單、因為「無人可用，乃是一件最感困難之事」，日記中不斷抱怨所用非人、屬下無法任事、黨政幹部無能是黨國之致命傷。[13]他日夜憂思、坐立不安、夜不成眠，經常從惡夢中驚醒，必須靠著鎮定劑和安眠藥苦撐。雖然他也曾數度嘗試戒藥與戒酒，但未能成功。他總是夢見父親，並詳細閱讀父親日記，希望從中尋求治國智慧。[14]

蔣經國不僅因為國事如麻而心力交瘁，連家事也處處不如意。他與妻子感情不睦，三個兒子孝文、孝武、孝勇都讓他頭痛操心，連鍾愛的孫女都不順他意，加上身體健康也頻出狀況，蔣經國身心俱疲，甚至表示「望我子孫再不要有人從事於政治了」。[15]

強硬路線登場

中壢事件後，蔣經國面對黨外崛起展開新的戰略布署。國民黨組工會主任兼革命實踐研究院主任、中國青年反共救國團主任的李煥失去三項黨職，被派赴高雄籌備設立中山大學。李煥本是遵循蔣經國指示推動有限的本土化政策，不料竟使黨外人士日漸壯大，證明溫和路線不可行。李煥代蔣受過，至此溫和路線偃旗息鼓，取而代之的是政戰系統王昇的強硬路線。

王昇青年時期即跟隨蔣經國，來臺之後擔任政工幹部學校訓導處長、教育長、校長，至一九六〇年出任總政治部副主任兼中將執行官，逐漸嶄露頭角。一九六三年國防部總政治部改為總政治作戰部，愈來愈強調「政治作戰、心理作戰」，從事心戰研究。一九六四年成立「心戰工作組」，聘請匪情專家曹敏、鄭學稼為顧問，李廉、何智浩、梁中銘、梁又銘等人為研究員，遴選擅長寫作軍官，從事心戰訓練。一九六九年又設「心戰研究班」，代號「心廬」，訓練政戰幹部專事論述宣傳、打擊敵人。[16]蔣經國原本每個月主持黨、政、軍、情、新聞、文宣所組成的「心戰指導會報」，但在出任行政院副院長後由王昇代替擔任召集人。[17]同時，總政治作戰部網羅當時知名學者每年進行「三民主義巡迴講座」，一九七一年中華電視公司設立後推動「莒光日教學」，政戰系統影響力日漸顯著，並對本土文學作家進行「鄉土文學論戰」文化鬥爭。政戰系統以打擊敵人名義不斷擴張勢力範圍，至一九七五年王昇升任總政治作戰部主任時，影響力已不可小覷。

一九七〇年代，總政治作戰部逐漸發展出「共匪、臺獨、黨外同路人」在大陸、海外、島內三個戰場分進合擊的

圖9.1　一九七五年行政院長蔣經國向升任總政戰部主任的王昇握手道賀

來源：國史館藏，數位典藏號：005-030206-00012-061。

「三合一敵人」論述。一九七七年中壢事件過後，十二月，行政院長蔣經國在國防會談當中指示，共匪統戰陰謀不擇手段，要求總政治作戰部成立專案小組研擬對策反擊，王昇於是成立「思想作戰指導小組」，制定〈現階段思想作戰指導綱要〉，並且擬具〈現階段思想文化作戰實施要點〉，結合十一個專案小組，動員學術界、文藝界、軍方文教單位，積極展開「對匪思想作戰」。[18]

一九七八年底又將舉行第三次中央民代增額選舉，黨外人士鬥志高昂，亟欲延續去年戰果與氣勢，各地參選者躍躍欲試。反對運動人士先是再度成立「臺灣黨外人士助選團」，同年十月並提出「十二項政治建設」作為共同政見，進一步擴大組織化的腳步。

「十二項政治建設」明顯針對行政院長蔣經國所標榜的「十大經濟建設」，拒絕以物質麻痺社會大眾，要求進行政治改革。共同政見中倡議追求「政治人權、經濟人權、社會人權」，第一項「徹底遵守憲法規定」，包括中央民意代表全面改選、省市長直接民選、軍隊國家化、司法獨立化、思想學術超然化、禁止黨派黨工控制校園、言論出版自由、開放報禁、開放黨禁、參政自由化、開放國外旅行自由化；第二項「解除戒嚴令」；第三項「禁止刑求與非法逮捕拘禁」；第十一項「反對省籍和語言歧視」；第十二項「大赦政治犯」，莫不直指威權統治要害。其他包括實施全民醫療保險、廢除保障資本家之企業政策、興建低利貸款國民住宅、廢止田賦與實施農民保險、制定勞動基準法、補助農漁民改善農村環境、制定防治環境汙染法與國家賠償法各項，則具有追求階級正義的社會民主主義色彩。[19]

一九七八年十一月，全省黨外助選團總部成立，黃信介擔任總聯絡人，施明德擔任總幹事兼發言人，陳菊為祕書，助選團下設美工、資料、英文祕書、選訊編輯、巡迴採訪、攝影、總務各組。黨外人士助選團並印製了紅藍白三色的大型海報，象徵「自由、平等、博愛」；海報中是一隻緊握的拳頭，周圍有一串橄欖枝環繞，並印著「人權」兩字；海報中也說明黨外人士目標在追求的「政治人權、經濟人權、社會人權」。[20]

國民黨政府嚴陣以待，國安局召開永靖會議、制定「明誠演習」。會中，王昇認為：「臺獨運動反動分子積極擴大參與此次選舉，目的並不是幾個立委與國代而已，而是視作推翻政府過程中的一種手段」；「**我們當前鬥爭的對象是共匪、臺獨分子、反黨分子，直接間接都是共匪的工具與走狗**」；「目前的選舉已經掀起一股歪風，以擴大

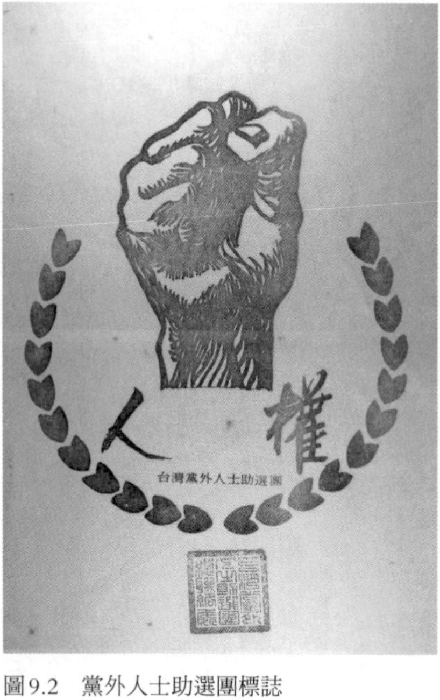

圖9.2 黨外人士助選團標誌

來源：邱萬興先生提供

政治汙染，甚至意圖製造暴亂為目的」。因此他主張在戰略上採取守勢，以消極、忍讓態度，表面上展現政府寬大；但戰術上則採取積極攻勢，以情報工作掌握全盤狀況、先發制人，截斷其財源、分化內部成員、粉碎其評論、防制其破壞。[21]

總政治作戰部轄下「心廬」在選戰中高度動員起來，會同警備總部人員密切合作。十一月，王昇在心廬總部舉行「臨時作戰會議」，下達指令：一、加強對共匪陰謀的攻勢作為，由新聞處隸屬心廬人員負責；二、掃蕩臺獨謬論，由國防部總政戰部二處同德小組負責；三是消除選戰中的政治汙染，由警備總部政治作戰部負責，並將必要人員集中在心廬辦公，王昇認為所作所為「一切為黨國」。[22]選舉競爭在統治當局眼中竟然成為危險時刻，尤其王昇為首的政戰系統更將選戰視為對匪作戰，全面動員防堵黨外人士稍越雷池一步。

十二月五日，全國黨外候選人座談會暨記者招待會在中山堂舉行，司儀蕭裕珍領唱國歌時，將「三民主義，吾黨所宗」改為「吾民所宗」，引起「反共義士」勞政武、蕭玉井、沈光秀等十多人抗議，演變成拳腳衝突。王昇認為「中山堂事件」顯示反動分子愈來愈猖狂，竟然以助選為名，公開成立全面性組織，實則無異反對黨的雛形；他們第一步挑戰國歌，下一步就會挑戰國旗、國號。王昇指示，為了防止政治汙染必須孤立這些少數人，以「拳頭幫」代替「黨外人士」的稱呼，並以思想戰與心理戰爭取群眾。[23]果然不久後，勞政武、沈光秀等右翼人士成立「反共愛國鋤奸行動委員會」，發表〈聲討黑拳幫叛國罪行宣言〉，指控黨外人士是「一小撮黑拳幫叛亂分子」。[24]

王昇主張，對付愈來愈猖狂的分歧分子必須積極主動。他對文工會的溫吞頗有微詞，甚至親自擬定〈祥和演習計畫綱要〉，前半部是預防措施，集中力量展開對敵政治作戰，使選舉順利、敵人陰謀在選舉中落空；後半部則是用於**萬一情勢惡化、危及國本之時，必須以迅雷不及掩耳的手段，實施軍事管制**。[25]

面對黨外人士來勢洶洶，蔣經國也生出壓制反對運動的念頭，一九七八年十二月的日記可見到他反覆猶豫：

> 處此緊要關頭，……**決不讓反動派組成反對黨**。**這是救國護黨之要道**。[26]
>
> 面臨大難，為黨國甚憂，寢食不安，反動派存心亡國害民，而又有外力相助，鬼計多端……[27]
>
> **惡劣的形勢緊迫而來，似有非採取強壓手段不得其定**。但是此路不通，亦不可走。從政者自感無愧於心而行仁政，不可以鎮壓而作為方法，今天是考驗我忍耐和堅強的時刻。[28]

就在蔣經國還在猶疑不定之際，一九七八年十二月十六日凌晨時分，美國大使安克志

（Leonard S. Unger, 1917-2010）透過新聞局副局長宋楚瑜緊急求見蔣經國總統，二時許偕同政治參事班立德（Mark S. Pratt, 1928-2023）抵達七海官邸，外交部次長錢復也在場。安克志報告，奉卡特總統命令通知我方：一、十六日上午十時將宣布美國與中華人民共和國已同意自一九七九年一月一日起建立外交關係，與中華民國斷交；二、中美協防條約將於一年後終止，但美國將選擇性提供防衛性武器予我方；三、美國將在近期派一代表到臺北與總統商談。蔣經國總統對於美國政府如此重大決定竟然在七小時前才通知我國，極表遺憾。由於事出機密，安克志希望在十時前保守此一消息，蔣經國表示無法應允，因為他身為總統有責任告訴政府與人民，否則無法向民眾交代。[29]

安克志告辭後，蔣經國立即召集副總統嚴家淦、行政院長孫運璿、總統府祕書長蔣彥士、外交部長沈昌煥、國防部長高魁元、參謀總長宋長志、國民黨祕書長張寶樹在七海官邸舉行緊急會議，至清晨做成兩項決定：一、因國家重大變故，立即停止增額中央民意代表選舉；二、外交部長沈昌煥須為斷交負責，辭職照准。[30]

事實上，數年來蔣經國都在為美中關係正常化憂心不已，卻苦無對策。統治當局不但未告知全國民眾美國正與中共關係正常化此一危機，並尋求合理的準備與回應方式，反而將民眾蒙在鼓裡。致使斷交消息一出，猶如晴天霹靂，民情激憤無處宣洩。當美國總統特使克里斯多福（Warren M. Christopher, 1925-2011）率代表團來臺協商後續處置時，中國青年反共救國團、國民黨青工會、國民黨社工會三個單位主導發動青年學生到機場激動抗議、怒砸雞蛋、宣洩民憤，導致克里斯多福受到驚嚇、安克志臉頰受傷。群眾失控的場面，一度招致代表團以安全未獲保障為由拒絕談判，要求原機返美。[31]

更令人想不到的是，蔣經國利用此一危局借力使力，將外交危機轉化為壓制內部之藉口，驟然宣布中止選舉。黨外人士驚愕不已，以黃信介為首的黨外人士二十多人聯名發表〈社會人士對延期選舉的聲明〉，批評選舉延期嚴重衝擊全民心理，要求應該從速恢復選舉活動，才是「處變不驚，莊敬自強」的最有力表現。[32]此時，黃信介與康寧祥的雙人領導模式已生出嫌隙，康寧祥並未連署黨外助選團的聲明，另與王兆釧發表了〈告同胞書〉，除呼籲全體國人冷靜自制外，也提醒美國不應忽視臺灣居民追求掌握自己命運的強烈歷史性要求，主張「臺灣之未來應由現在之一千七百萬居民共同決定」。[33]

十二月二十五日，反對運動人士再度發表由前高雄縣長余登發領銜簽署、七十人共同連署的〈黨外人士國是聲明〉，除表明堅決擁護民主憲政、反對暴力等立場，提出中央民代全面改選等十項呼籲，申言「反對任何強權支配其他國家人民的命運，我們堅決主張臺灣的命運應由一千七百萬人民來決定」。[34]為維持團結氣勢，黨外人士準備在隔年（一九七九）二月一日南下高雄舉行全國黨外人士盛大餐會，由余登發擔任餐會召集人，南下沿途分發國是聲明。[35]但該計畫還未及施行，警備總部先下手為強，於一九七九年一月二十一日逮捕余登發、余瑞言父子。

警備總部動手抓人，令朝野情勢頓時緊繃。許信良研判國民黨政府停止選舉後，又出手逮捕實力雄厚的反對運動代表人物，顯示當局將施以鐵腕。他說服眾人必須採取行動，因為「如果今天我們不立即反抗的話，以後就會被各個擊破。我們必須立即反擊，讓國民黨知道我們不會束手就擒，更不會被各個擊破」。[36]二十二日上午，黨外人士近二十人趕到高雄橋頭余家，拉開「堅決反對政治迫害」布幅、舉起「釋放余登發父子」旗幟，在主要幹道遊行。橋頭遊行後，臺灣省政府以桃園縣長許信良未請假參加遊行，移送監察院調查。四月，余登發被以「知匪不報」、「為匪宣傳」罪名判刑八年、褫奪公權五年，余瑞言判刑兩年、緩刑兩年。許信良則遭監察院彈劾，被公懲會處以停職處分。黨外人士召開記者會聲援許信良，批判國民黨政府政治迫害。林義雄在會中措詞嚴厲地表示：

目前黨外人士面臨兩種抉擇：一是以力對力，以暴對暴；一是沉默下來，任其自取滅亡！現在一切的遊行示威、散發傳單，已經無濟於事。經由全民選舉產生的縣長，國民黨只憑一紙公文，就把他休職，這表示國民黨在造反！今天國民黨在臺灣，已經不是一個政治團體！沒有人承認它是執政黨，它在臺灣是一個叛亂團體！[37]

整個一九七九年春天，就在統治當局鐵腕與黨外人士抗議中反覆交互作用，朝野對立升高，社會浮動不安。蔣經國逐漸下定決心，打算強硬處置：

政治環境日趨複雜，小政客為了滿足私欲，學會了共產黨一套陰狠手法，在我內部興風作浪，從事破壞工作，乃是很大的隱憂。外傷易療，內傷難治，**須要想出一套處理內部政治問題的辦法，以求安定。**[38]

少數陰謀分子擾亂，造成政治社會的不和形態，亦埋下了可能的禍根，**應即設法逐漸剷除之，此為當務之急。**[39]

共匪工具政治小流氓，到處鬧事搗亂，使社會不安，可恨，**必要時應以斷然的辦法處之。**[40]

鑒於恢復選舉遙遙無期，為凝聚黨外運動的向心與熱度，一九七九年五月黃信介向新聞局申請發行《美麗島》雜誌，[41]雜誌社網羅黃信介、林義雄、姚嘉文、許信良、施明德、張俊宏、呂秀蓮等六十一人擔任社務委員。七月新聞局核准《美麗島》雜誌發行。

而也就在此時，一九七九年七月國家安全局成立了「安和專案」，動員警備總部、調查局、警政署等情治機關，針對美麗島雜誌社進行滴水不漏地監控與情蒐。[42]依據近期公開的國家安全局檔案，美麗島雜誌社遭到情治機關嚴重滲透，包括雜誌社成立經過、參與人士名單、社務會議內容、社內人事異動、經費來源、各地分社負責人與籌設情形、雜誌銷售狀況、收入用途，甚至連雜誌社編輯部內部平面圖，都在情治機關掌握之中。[43]

八月，國安局根據情蒐，認為施明德、許信良、蘇秋鎮等人已提出組織反對黨主張，只是內部仍有反對意見，目前黨外人士宣布成立反對黨的可能性不大，但將以美麗島雜誌社作為組黨之雛形，除臺北總社外，並在各地成立分社，以「點」之分布爭取「面」之擴展。[44]九月《美麗島》雜誌出版後，國安局再度指出，除臺北總社外，該雜誌社已在桃園、苗栗、臺中、高雄、雲林、臺南、嘉義、屏東、東部等各地成立分銷處，並委由全美臺灣同鄉會代理海外銷售業務，企圖以合法掩護非法，組織政黨，所物色各地經銷處主任就是未來反對黨的地方黨部主委。國安局研判，美麗島雜誌社的首要工作是為新黨發展組織、爭取群眾，尤其是拉攏新生分子、退伍軍人、底層工農等，擴大力量；另方面則利用雜誌社報導與論述，進行「文化鬥爭」，從事「思想汙染」。[45]簡言之，國安局認為美麗島雜誌社不僅正在推動反對黨組織化工作，並且透過報導與論述，進行文化與思想宣傳。

九月七日，美麗島雜誌社在中泰賓館舉辦了盛大的創刊酒會，沈君山、黃越欽、費希平、吳三連等人出席與會。但中泰賓館外卻是殺氣騰騰，《疾風》雜誌為主的右翼人士包圍會場，以擴音機大聲叫罵並丟擲石頭，甚至拳打腳踢阻撓黨外人士入場，高喊「消滅黑拳幫」、「打倒許信良」。場外警察聚集，不但未保護合法申請獲准的賓館內集會，反而要求黨外人士從側門離去，任令場外人士抗議喧鬧，直到深夜才散去。[46]

蔣經國與大逮捕

蔣經國念茲在茲的重大任務是保衛父親留給他的黨國。一九七八年十月，國家安全局情報得知黨外陣營中有人主張組黨，為年底選舉做準備，但康寧祥認為時機尚未成熟，建議在選舉時拋出「成立新黨」政見，觀察民眾支持情況，再決定是否推動。[47]**此時蔣經國在日記中寫道：「國內反動分子煽動組織新黨，這是一種大陰謀，應做審慎之處理，並加以阻止。」**[48]

一九七八年十二月選舉活動如火如荼進行時，蔣經國又在日記中記載了必須貫徹之基本政策：一、決不與共匪妥協，二、決不與蘇俄交往，三、**決不讓臺灣獨立，四、決不讓反動派組成反對黨。這是救國護黨之要道。**[49]一九七九年十月則在中常會指示：一、在任何情況下不與中共做任何接觸，否則就是反共大業的瓦解和崩潰；二、不容許成立反對黨，以免反共力量分散；三、此時此地，依法依理成立新黨，皆非所宜；四、中央民意機構不可改組，否則將失去政權存在的依憑，只能以擴充增額名額來充實中央民意機關功能，為唯一解決此政治問題之辦法。[50]簡言之，蔣經國**為了維繫黨國存續設定種種防線，對外不與中共接觸、不與**

蘇聯交往；對內絕對不准成立反對黨、不可改組萬年國會、更不容許臺灣獨立。

一九七九年十月美麗島雜誌社高雄分處成立後，警備總部南部地區警備司令常持琇授意曾有恐嚇、偷渡前科的高雄雲河西餐廳董事長戴崇慶出手，後者指使黑社會分子對美麗島雜誌社展開一連串「制裁行動」：十月三十一日，雜誌社高雄服務處舉行勞工座談會，黑社會人士俟機起鬨，影響座談會進行；十一月六日，五名青年突襲、搗毀高雄服務處；十一月二十九日，雜誌社高雄服務處再度遭八名青年持武士刀闖入搗毀，同一時間位於臺北市重慶北路的黃信介住處兼辦公室也遭五名同樣裝束的青年襲擊；十一月下旬，張俊雄在該雜誌社臺中服務處演講，亦遭起鬨阻撓。[51]

統治當局不但策動黑道暴力威脅恐嚇反對運動人士，更著手規劃細密的逮捕對策。時任調查局高雄市調處處長的高明輝透露，一九七九年十一月間，因黨外人士計劃在國際人權日舉辦遊行的情報不斷湧入，情治機關開始研擬對策。[52]十一月三十日，蔣經國日記記載：鄭延平能開臺作遺民世界，乃是天恩，「辜負天恩，必有後果，不肖子孫，背逆國家，能以毀國為快，可悲亦可痛。」日記中並預料「**最近一、二月之內，以情勢而論，似有大勢（事）發生，處理事變應以周詳、嚴密、沉著為要**」，[53]預示暴風雨即將襲來。

十二月四日，警備總部邀集有關單位完成協調，原先策畫中有「一二一〇專案」與「一二一六專案」兩個綱要計畫，分別由警備總部南部警備司令部、臺北衛戍區成立專案小組協助

執行，包括國安局、調查局、憲兵司令部、警政署、臺北市警察局、警備總部北中南東警備司令部、警備總部政戰部、警備處、保安處都在動員分工之列。[54]事後之明顯示，警備總部所策劃的兩個專案像是一套連環計，但最後並未都付諸施行，僅僅「一二一〇專案」就已足夠對付躁動的黨外運動人士。

十二月六日，南部警備司令常持琇北上開會，再南下召集憲兵、警察、情治機關舉行專案會議，警備總部副司令何恩廷也特地與會，下達蔣經國「不准流血」的指示，並調動保安警察、憲兵、鎮暴部隊組成內、中、外三圈包圍圈，再由憲警與情治單位成立後方指揮所與現場指揮所，完成布署。[55]

「不准流血」意味著不許開槍、不以軍事武力鎮壓群眾運動，避免造成流血衝突。這是國民黨政府與其他獨裁政權在處理群眾運動時的重大差異，原因何在？本書結論將加以分析。

就在軍方展開布署的同時，十二月七日，美麗島雜誌社屏東服務處遭歹徒以利斧攻擊，並亮槍恫嚇；九日，高雄分社義工姚國建、邱勝雄開著宣傳車在市區預告活動時，遭警方逮捕痛毆至遍體鱗傷。暴力衝突節節升高，刺激黨外人士更加群情激憤，緊急打電話動員各地人士到高雄聲援，第二天的遊行活動已經無法踩剎車。

十二月十日傍晚，黨外人士、美麗島雜誌社人員、各地支持者相繼抵達高雄，群眾拿著火把從服務處出發、聚集到圓環後，軍警開始包圍圓環。黑壓壓的人群周圍布滿鎮暴車，群眾愈發焦躁不安。當鎮暴車噴出白色煙霧，嗆鼻的瓦斯味刺激下，群眾開始騷動、驚慌、向外突圍，在中正四路遭憲兵人牆封鎖，先後在南臺路口、瑞源路口爆發衝突。九點多，當群眾人潮又回到雜誌社高雄服務處後，張俊宏、王拓、張春男、呂秀蓮等黨外人士上臺演講，安撫群眾。鎮暴部隊與鎮暴車轟隆隆開向分社，以大軍壓境方式封鎖演講現場，探照燈發出刺眼亮光，催淚瓦斯、催淚彈齊發，鎮暴部隊欲驅散群眾，現場群眾情緒高漲，雙方再度爆發一波波激烈衝突。黨外人士已經無法控制群眾，演講草草結束，衝突直到深夜才結束。[56]

在情治機關採取「甕中捉鱉」策略的

圖 9.3　鎮暴部隊對群眾施放催淚瓦斯

來源：艾琳達女士提供

預先規畫下，高雄市警察局早已完成遊行衝突蒐證、現場演講全程錄音。[57]衝突後第二天上午，警備總司令汪敬煦召開記者會，聲言對少數不法分子在高雄美麗島雜誌社的不法集會、煽動群眾、不法暴行，將「立即依法偵辦」、「決不寬貸」。[58]

十二月十二日，國安局第三處（國內處）指示負責一二一〇專案逮捕行動的調查局，接續逮捕「安和計畫偵辦對象」二十五人，訂於十二月十三日先逮捕施明德等二十四人，黃信介則須俟立法院同意後執行。同時，由警備總部成立專案指揮部，其下分為行動組（組長調查局主祕翁文維）、治安組（組長警總保安處處長郭學周）、法辦組（組長警總軍法處前處長趙公嘏）、新聞組（組長警總政二處處長繆綸）分工執行。[59]十三、十四日展開第一波大逮捕，林義雄、黃信介等十六人被捕（施明德先脫逃後再就逮）；第二波於十六日逮捕陳博文等七人；第三波於二十七日逮捕林弘宣等二十六人。[60]

美麗島大逮捕是蔣經國所主導全面打壓民主運動的行動，他在日記中自陳：

> 在四中全會閉幕之夜，反動派所謂「美麗島」暴徒在高雄發動，企圖火燒高雄，當時情況非常嚴重。情勢平靜後，**我即下令將全部禍首拘捕，暫做處理，一網打盡之後，再做剷草除根之事，為黨國利益，不得不下此決心，今後國內之患重於來自國外。**[61]

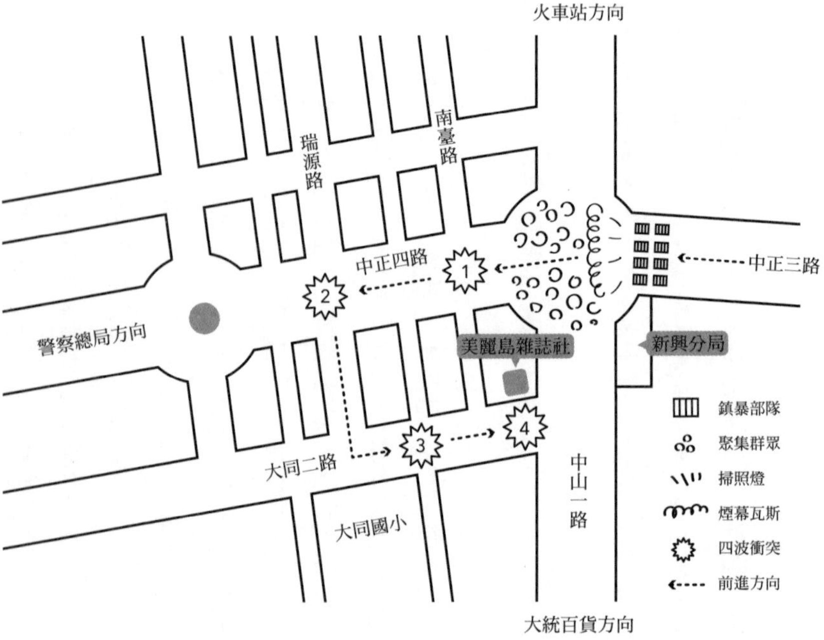

圖9.4　一二一〇美麗島事件四波衝突示意圖

來源：重繪自新臺灣研究文教基金會美麗島事件口述歷史編輯小組總策畫，《暴力與詩歌：高雄事件與美麗島大審》（臺北：時報文化，1999），頁101。

至一九八〇年元月，警備總部已拘提二十四人、追查到案三十四人、清查檢肅四十八人，並有五十人自首交保，總計到案人數達一五六人，盡力達成最高當局「一網打盡」、「剷草除根」的要求。[62]

自十二月起，蔣經國親自主持每週五舉行的國家安全會議，因為「敵我之間已至短兵相接之時，必須注重鎮暴之組織、訓練、技術以及工具等等，對內不可用兵，只能用憲警」，他認為「共匪採取內應外合之惡毒政策，高雄暴動乃是強烈信號，從此一定多事」，所以決定親自督導國家安全工作，才能以力還力，抵擋中共。[63]

為了坐實叛亂罪，十二月二十日調查局製作了〈一二一〇專案偵訊工作指導綱要〉，確定部分人士為重點對象，尤其黃信介、蘇慶黎、王拓、陳忠信等人的偵訊重點是導向「共匪」；姚嘉文、林義雄、陳菊、張俊雄、呂秀蓮、張富忠、魏廷朝等人則是導向「臺獨」，而施明德緝捕歸案後也被列入重點追訴對象。總之，偵訊目的必須做到「使共匪及臺獨分子在高雄暴亂事件中扮演之角色能夠明朗正確，而使本案之偵辦對公眾更具說服力」。[64]

美麗島大逮捕引發海外人士高度關切，一九八〇年元月，作家陳若曦帶著海外知識分子余英時等二十七人請求勿以軍法處置上述人士的連署書晉見蔣經國。[65]香港《中報月刊》訪問陳若曦，陳表示會見過程中蔣經國態度誠懇，對海外聯名請願一事十分重視，但他否認外傳憲警「先鎮後暴」，並認為「高雄事件是一個預謀叛亂，如果他們得逞的話，〔一九七九年十二月〕

十六日會在臺北如法泡製」。[66]蔣經國會見陳若曦時的說詞，等於是親口證實了前文所述情治機關原本策劃了兩套劇本，如果「一二一〇專案」不足以處置黨外人士，後面還有「一二一六專案」備案。

在黨外人士一一被捕後，蔣經國更直接指揮辦案。王昇日記中記載了蔣經國在官邸主持安和小組會議時指揮若定的神態，稱許「總統對高雄暴力案在政策上把握甚牢，在什麼時候應做什麼事，非常冷靜細緻，有條不紊」。[67]最高當局親自指示的處理原則，陸續在本案偵辦過程中被下達，例如國安局召集美麗島案偵辦原則會議時傳達「上級指示事項」：一、高雄事件與以前的案件分開處理，但黃信介涉及洪誌良與匪勾結事（詳後），可一併辦理；二、犯行追究以事實為主，須有企圖與行為，不可一列名美麗島雜誌社社務委員或編輯即課以叛亂罪；三、過去如中山堂事件、臺中事件原則上不要併案偵辦，以免貽人口實；四、部分不涉及叛亂罪者，可移交司法機關辦理。[68]王昇日記也清楚記載了蔣經國在七海官邸親自裁示美麗島事件處置原則：

一、對本案處理先從簡單事由著手，即對高雄暴力事件為主，未參加者不談，對過去選舉及反政府言論者均不併入本案。

二、對由高雄事件所引發出的**洪誌良案，應作為黃信介與洪案有關與高雄暴力事件係一叛**

亂案件之另一證明。

三、**首腦分子可交軍法辦，附從分子則交司法辦，**犯意輕者不以行政手續辦，仍依法釋放或從輕辦理。

四、注意犯者以法庭作為攻擊政府之陰謀。

五、**犯首不判死刑、力求寬大，以示政府德意。**[69]

蔣經國指示以洪誌良案攀誣黃信介，是美麗島事件以軍法處置之關鍵。洪誌良原本是鰻苗商人，以《富堡之聲》雜誌介紹販賣鰻、蝦、家禽等各種飼料。一九七八年三月一日新聞局曾下令停止受理雜誌登記一年，黨外人士苦無申請雜誌出版的機會。經立委黃順興等人穿梭下，洪誌良同意將現成的《富堡之聲》轉型為黨外政論雜誌，但一九七九年五月出刊沒多久後仍被查禁。洪誌良因鰻苗生意往返東京，當局藉此指控他是受黃信介之託前往日本接洽轉運匪區鰻苗來臺，以及趁機會晤東京華僑總會副會長黃文欽，安排黃文欽至北平與中共政協人員晤談，並在《富堡之聲》刊載中共和平統一主張，且將該刊所得經費作為統一活動資金等等。[70]如此一來，洪誌良被抹紅，用以坐實黃信介乃受中共指使，美麗島事件終於成為叛亂案。

美麗島事件處理過程，讓人想起一九六〇年的中國民主黨組黨事件。蔣經國和他的獨裁者父親一樣，在面對內部民主人士挑戰時，絲毫無法容忍。為了守護黨國、鞏固權力，蔣經國展現兩手策略，一手鎮壓競爭對手，一手彰顯寬大德政。蔣氏父子二人一前一後，都在反對運動人士被捕後跳上第一線親自指揮辦案，將對手羅織成叛亂犯。

暴力最高點

一二一〇專案中特地設置了「治安組」，由警備總部保安處處長郭學周主持，防範大逮捕後海內外的強烈反應，包括任何破壞危害、滋事嫁禍、遊行抗議、請願呼冤。警備總部訂定〈先期治安措施〉，邀集各個情治機關協調分工，嚴密掌握情報、加強監控制約。一九八〇年二月二十三日更頒布〈一二一〇專案後期治安特別措施〉，針對陰謀分子餘黨、監考管分子、偏激學生、工人、嫌犯家屬等嚴密監控、制約，使彼等無法聲援、勾聯，尤其是強調「對嫌犯家屬加強監護，防止敵人以苦肉計栽贓嫁禍」。[71]

依據〈一二一〇專案後期治安特別措施〉的任務分工，由臺灣省警務處、臺北市與高雄市警察局負責督導轄區內同情嫌犯分子，對陰謀分子、監考管分子、流氓幫派與嫌犯家屬嚴密監控、疏導並防止進行不法聲援活動；警備總部保安處則須切實督導國內陰謀分子、嫌犯家屬及監管目標之動態，及時協調疏處，防止串連活動。[72]顯然，情治機關早已將美麗島事件嫌犯家屬視為監控工作中的重中之重。各地政治犯家屬除了由臺灣省、臺北市、高雄市警方監控外，並由警總保安處負責監管防範，亦即由警方與警總進行雙線「複式監控」。

一九八〇年二月二十八日，林義雄妻子方素敏與祕書田秋堇一早前往景美軍法處出席調查庭。歹徒潛入位在新生南路巷內的林義雄家宅，殺害一家老小。林義雄的母親林游阿妹身中十三刀、面目全非，七歲的雙胞胎亮均、亭均都是一刀斃命，三人陳屍在陰暗的地下室。大女兒林奐均身中六刀倒臥床上，經提早返回林家的田秋堇發現，緊急送醫，幸運撿回一命。凶案發生，舉國震驚！

美麗島事件剛發生時，一二一〇專案「新聞組」協調國民黨文工會、海工會、行政院新聞局、外交部情報司、警備總部軍法處等單位密切通力合作，掌控新聞輿論，國內媒體對「高雄事件暴徒」充滿暴戾之氣，口誅筆伐，國人跟著皆曰可殺。但林宅血案像雷擊般直貫人們腦門，令人五內震動。一時之間，人們從高昂的討伐情緒中意識到難以解釋的謎團，新聞媒體所塑造的高雄事件暴力集團論述，突然間迸開了一個偌大裂縫。

因為面對這樣泯滅人性、人神共憤的血案，只要有一點點是非判斷能力的人都會開始質疑：在當時嚴密的監控下，竟然有人能在情治機關眼皮底下進入要犯家中痛下殺手？凶手選擇二二八這一天下手，所傳達的政治暗示難道還不夠明顯嗎？稍有道德良知的人不禁同情起林義雄一家，並且發出一連串自我追問：像林義雄這樣事業有成、家庭美滿的人，為何要站出來發出反對之聲？這些甘冒生命與牢獄代價勇敢站出來的人，真的是當局指控的野心分子、叛亂分子嗎？是怎樣的仇恨、怎樣的政治，竟然連反對者家中老婦稚兒也慘遭毒手？

林宅血案促使人們開始思考、尋求答案，但黨國體系的堂皇說詞與事實出現巨大落差，矛盾無法得到合理解釋，統治者所編造的那一套神話，就此一點一點崩落瓦解，再也無法維繫。

三月十八日起軍法大審接著登場，各報詳細報導了法庭上的辯論過程。八名被告儘管法庭鬥爭經驗薄弱，但仍無懼地一一翻供，訴說兩個多月偵訊過程中所遭受的身心威脅與刑求逼供。他們一致否認意圖以暴力顛覆政府，並表達對國家前途的擔憂，以及對臺灣成為自由民主社會的嚮往。

被告眾人原本並不知道林家發生慘案，三月二十五日輔佐人在庭上協助被告陳述意見時，姚嘉文妻子周清玉脫口說出「林義雄家裡發生了滅門血案」，原本被蒙在鼓裡的被告們頓時如遭五雷轟頂，紛紛在二十八日最後陳述時脫稿演出。林弘宣以耶穌被自己同胞以莫須有的罪名判處死刑、釘死在十字架上的故事說：

「我的父，我的上帝，原諒他們，因為他們不知道他們所做的。」被告此時的心境跟我主耶穌死前很接近。我不懷恨非法抓我、侮辱折磨我的治安人員，以及背後主使他們如此去做的任何人。我懇請上帝原諒他們，因為他們不知道他們所做的……

待他說完，法庭上飲泣聲此起彼落，一位女警淚流滿面地跑出法庭。施明德收起前幾天一派輕鬆的態度，嚴肅表達對林義雄的遭遇感到創痛深鉅。他忍不住流淚：

被告在此不是為了表演，而是聽了林義雄的不幸遭遇，使我知道都是因為我們而惹起的，被告不是要藉以要求審判長的減刑，被告所要說的是，如果能夠平服國人的怨氣，能夠有助於國家的團結和社會的和諧，那麼被告很願意，請求審判長判我死刑，請不要減刑，我請求，我請求！

施明德泣不成聲，法庭內家屬、律師、記者已哭成一片。接著姚嘉文上場，他說兩千年前基督教徒遭羅馬人迫害時，使者彼得想逃出羅馬城逃避迫害，途中遇到正要進入羅馬共同受難的耶穌聖靈，彼得問：「主呀，祢往何處去？」然後決定回羅馬，與教徒一起殉教。姚嘉文說：

我願向我的妻子表示歉意，我已決定將自己奉獻給妳命名的「美麗島」三個字上。審判長及各位審判官，被告請求庭上在我們的判決書上記載被告並不承認檢察官所指控的犯罪，只承認我們願為臺灣民主運動及「美麗島」獻身。被告只要求判無罪，並不要求因為認罪而減刑，謝謝。

陳菊強調她這一生的信念是擁護人性與個人權利，她祈求悲劇不再重演，並請林義雄代替她親吻唯一生還的奐均，告訴她「阿姨愛她！」林義雄是最後一位陳述者，他神情憔悴、聲音沙啞，但仍相信他熱愛的同胞所存在的猜忌、暴戾心理是由於誤會與偏差造成，並不是有人蓄意指使。他說：「我懇切希望這次審判，將會消除這些破壞全民團結、社會祥和的陰影，使我家所奉獻的自由、血淚、生命及身心的慘痛，獲得生者安寧、死者安息。」[73]

林宅血案觸逆了人們的道德底線，許多民眾轉而同情林義雄一家，並開始思考這些黨外人士究竟追求什麼？軍法大審的公開報導更令社會大眾屏氣凝神，共同聆聽這些民主運動人士陳述他們對臺灣的關懷、對理想社會的想像。林宅血案與軍法大審這兩件事在短時間先後發生、相激相盪，發生驚人效果，造成民意大幅轉向。

一二一〇專案新聞組檢討指出：「公開審理期間，各報過分翔實報導，對被告等之歪曲與荒謬論調，給社會大眾發生相當程度之不良影響，甚至造成思想上某種程度之汙染。」[74]總政治作戰部主任王昇深感事態嚴重，他呈文蔣經國，主張「高雄暴力案公開審判後，在思想工作上似宜大力予以澄清和導正」，建議在覆判前、覆判後進行強力扭正，並規劃了一系列透過三家電視臺、大專教授聯名聲明、報紙社論專欄、校園講習會、暑期救國團活動為媒介的強化宣導活動。[75]蔣經國批示「同意」後，王昇的建議成為〈遏止毒流擴散之共同瞭解與重點工作〉文件，透過黨（文工會、組工會、青工會、海工會）、政（新聞局、青輔會）、軍（國防部總政戰部、警備總部）、情（國安局）、團（救國團）組成「華冠專案小組」，訂定「清浣計畫」，強力清洗、導正媒體報導，至該年（一九八〇）九月才結束。[76]

國民黨文化工作會主任楚崧秋秉承蔣經國之意公開審判、開放媒體採訪，[77]但因為媒體詳細報導軍法大審，民意轉向，引起王昇為主的內部批判，導致他必須下臺以示負責。威權體制下，最高當局是聖明君主，不可能犯錯，楚崧秋的命運一如數年前因執行本土化政策、卻為中壢事件負責下臺的李煥。

一九八〇年四月一日，王昇取代楚崧秋成為「固國小組」召集人，並將之改組為「王復國辦公室」，一九八一年五月再更名為「劉少康辦公室」。王昇主導此一反制中共統戰鬥爭的黨政軍特協調平臺，權傾一時，也意味著蔣經國決定採取強硬路線力挽狂瀾。劉少康辦公室打壓「分歧分子」、「陰謀分子」愈發嚴酷，影響所及，情治機關猶如猛虎出柙，行事更加張狂、肆無忌憚。[78]

一九八〇年林宅血案之後，一九八一年陳文成博士命案、一九八四年作家劉宜良命案相繼發生，密集上演的政治暴力，正顯示強硬路線抬頭所導致的恐怖後果。

第十章 開闢第二戰場

一九八一年七月二日，陳文成從上午九點鐘被警備總部三名人員帶到臺北市博愛路警備總部保安處，不知已經過了多久時間。警總保安處由上校組長鄒小韓問話，他緊緊糾纏陳文成，一點也不放鬆，從故弄玄虛、追根究柢到聲色俱厲，追問他在臺灣同鄉會、臺獨聯盟、臺灣人權會等組織的活動，要他一一交代曾經接觸往來的人物，詳細說明與美麗島雜誌社捐款的關係、對臺獨運動的看法。他們忽而威脅陳文成「海外各種活動狀況我們都瞭解」、「裡面我們有很多忠貞愛國的留學生」，忽而安撫說「我們給你機會」，要他「毫無保留坦白」、「為了你的家庭，及早回頭」。

陳文成試圖解釋、努力淡化、極力閃躲，不願自己落入陷阱，更不願牽扯朋友陷入羅網。時間已經很晚了，特務失去耐心，愈來愈咄咄逼人。

「你都沒有考慮安定很重要，你認為什麼對臺灣最重要？」

「我認為改革進步，能夠超越共產黨、好的臺灣，這是最重要的。」

「你是國民黨員，你在美國的所作所為，哪一樣履行了黨員的義務？你沒有堅持政府政策、堅持黨的立場，反而做一些不利政府的事！」特務指控。

「我是希望臺灣進步。」

「你知道臺灣需要安定的環境，為何仍大力以金錢、精神來支持美麗島？」「美麗島叛亂分子姚嘉文等人所寫的文章，根本就是推翻政府的反動言論！」

「我的感覺跟你們不一樣。」陳文成竟然敢反駁。

「你認同美麗島的哪種主張？」

「如民主改革及兩黨政治。」陳文成勇敢表達。

「你希望美麗島做些什麼事？」

「希望國家能讓他們變成第二黨。」

「美麗島不是反對黨，他們是顛覆政府！」特務忍不住爆發。

「那是法官的判決。」陳文成仍舊沒有退讓。

「這是事實，不是法官的判決！」[1]特務暴怒。

已被偵訊超過十二小時、筋疲力竭的陳文成，仍堅定表達信念，不惜與特務針鋒相對。

直到深夜，陳文成沒能夠回到家。第二天七月三日清晨，他的屍體在臺灣大學研究生圖書館旁草地上被發現。

美國人權政策與《臺灣關係法》

一九七六年美國總統候選人卡特以人權作為競選主軸，一九七七年當選總統後果真開始積極推動人權政策。緒論中已指出，白宮與國家安全顧問都設立人權專責機構，國務院每年向國會提出各國人權報告書，並檢視各國人權狀況後進行武器輸出、貸款、經濟援助。國會方面的人權作為更早於行政部門，一九七三年眾議院國際關係委員會已設立人權小組，在主席弗雷澤運作下成為國會推展人權活動中心。參眾議員也透過舉辦聽證會、在立法時加入人權條款、主動施壓國務院等種種方式，促進各國改善人權狀況。

美國是海外臺灣人活動的主要地區，並成為臺灣獨立運動聚集地。從一九五六年楊東傑、林榮勳、陳以德、林錫湖、盧主義成立「臺灣人的自由臺灣」（Free Formosans' Formosa, 3F），到一九六六年組成「全美臺灣獨立聯盟」（United Formosans in America for Independence, UFAI），再到一九七〇年擴大為世界性的「臺灣獨立建國聯盟」（World United Formosans for Independence, WUFI），臺獨運動逐漸成為國民黨政府的心頭大患。海外臺獨運動一度聲言要用盡一切手段推翻獨裁統治，不惜上綱到武裝革命路線，一九七〇年黃文雄開槍刺殺蔣經國是此一路線伊始。但是革命手段未成功，且未獲得大多數海外同鄉的支持，臺灣獨立建國聯盟（簡稱「臺獨聯盟」）反而因路線分歧而分裂。隨著美國政情變化與人權政策發展，部分在美臺灣同鄉逐漸聚焦於人權議題，改採遊說美國國會策略，間接施壓國務院，為臺灣民主運動開闢第二戰場。

尤其，一九七〇年代眾議院國際關係委員會國際組織與運動小組主席弗雷澤對臺灣人權議題的關切，開啟了新趨勢，隨後多位國會議員在臺灣問題上著力。正當人權議題在美國外交政策重要性日益顯著的此時期，在美國的臺灣人社群持續動員遊說國會，透過國會議員個人倡議與制度性權力結合發揮作用，這些情勢無疑都成為蔣經國的改革壓力。[2]

一九七四年九月，日本、巴西、美國、加拿大、歐洲各地的臺灣同鄉會共同組成了「世界臺灣同鄉會聯合會」（世臺會），標舉「促進鄉誼、互惠互助、全力維護所有臺灣同鄉的人權與利益」為宗旨，由郭榮桔、陳唐山、陳都陸續擔任理事長。[3] 一九七六年七月間，美國明尼蘇達州的李界木因連襟陳明忠在島內被捕，在國際特赦組織協助下展開救援行動。當時在華府，臺灣人王能祥已成立「臺灣人權文化協會」，臺灣同鄉建議李界木夫婦來華府召開記者會，並向美國國會求援。後來在明尼蘇達州參議員韓福瑞（Hubert H. Humphrey Jr., 1911-1978）出面關切下，陳明忠判處十五年有期徒刑。[4]

政治犯救援行動獲得些許成果，令臺灣同鄉大受鼓舞，一九七六年九月美東地區張丁蘭、林麗蟬、林千鶴等人組成「臺灣婦女維護人權委員會」，接著在哥倫比亞大學教授司馬晉（James D. Seymour）指導下成立「臺灣人權協會」（Formosan Association for Human Rights,

FAHR）。一九七七年臺灣人權協會向美國政府正式登記為非營利社團，主要工作是要求釋放政治犯、要求政治犯獲得公平審判與人道待遇、要求停止刑求與迫害，以及救援政治犯並關懷政治犯家屬、從事人權外交等等。歷任會長分別是張丁蘭、許千惠、范清亮、許瑞峰、林心智、黃根深、黃玉桂、王泰和等人，李界木則長期擔任華府分會會長。[5]

成立臺灣人權文化協會的王能祥，同時是臺獨聯盟（WUFI）副主席兼外交部長，曾希望透過眾議院召開「臺灣獨立聽證會」，討論臺灣地位問題。但弗雷澤辦公室人權事務助理沙茲柏（John Salzberg）說明，美國對與中華民國是邦交國，舉辦獨立聽證會有「干涉內政」之虞，不如舉辦「臺灣人權聽證會」、訴求人權普世價值，甚至可討論住民自決問題。[6]

就在推動美國國會聽證會之際，一九七六年七月，陳明財、陳榮慶、詹慶隆三人乘小船出逃日本，經日美兩方臺灣人權組織協助下抵達美國。一九七七年五月，又有前宜蘭縣礁溪鄉鄉長張金策、嘉義縣縣議員吳銘輝偷渡到日本。美國國會聽證會原本計劃邀陳明財作證，但日本臺獨聯盟主席許世楷希望利用此機會營救遭日本政府拘押的張金策與吳銘輝，經王能祥奔走下，張、吳兩人成功以政治難民身分前往美國，並出席國會作證。[7]

一九七七年六月十四日，美國眾議院國際關係委員會國際組織與運動小組委員會舉行「臺灣人權聽證會」(Hearing on Human Rights in Taiwan)，出席作證者除張金策、吳銘輝之外，還有國務院中華民國科科長李文、高雄市長王玉雲、聖路易華盛頓大學楊日旭教授、哥倫比亞大學司馬晉教授等人。國務院官員李文的證詞明顯偏袒國民黨政府，他表示一九五〇年代臺灣確實是一警察國家，但近十年來因經濟進步，已逐漸邁向較為開放的社會。他同意中華民國在人權方面未有進展，但辯稱這是高度中央集權與個人化的中國領導模式；是海峽兩岸內戰狀態造成的限制；以及若干反政府人士暴力行為造成的對峙。司馬晉則指控臺灣是戒嚴下的警察國家，政治犯人數所占人口比例與蘇聯相仿，少數統治的外省人在政治上壓迫臺灣人，缺乏新聞、言論、宗教等自由，工會中潛伏祕密警察、工運受壓制。他批評美國有兩套人權標準，面對友好國家如南韓、臺灣，就對獨裁政權的人權壓迫視而不見，但對於白人政府壓迫南非人民，則強力捍衛人權；因此建議美國政府檢討對臺援助政策，應以尊重人權為條件。張金策以親身經歷說明臺灣選舉舞弊、政治壓迫與司法迫害；吳銘輝也控訴政府當局貪汙腐化、政治犯遭受非人道待遇，聲淚俱下說明其逃亡沖繩經過。[8]

這是美國國會第一次針對臺灣人權問題召開聽證會，華文與英文媒體有不少報導，臺灣人權問題受到矚目，使得臺灣同鄉的信心大增。[9]

一九七八年卡特總統宣布美中關係正常化，並將與中華民國斷交。白宮此一重大外交決策事前保密、完全未與國會諮商，又逕行廢棄與中華民國訂定之《中美共同防禦條約》，美中《建交公報》內也隻字未提臺灣安全保障問題。美國國會方面對此深感不滿，認為必須以立法方式予以彌補。經參議院外交委員會主席邱池（Frank Church, 1924-1984）和眾議院外交委員會主席查布勞基（Clement J. Zablocki, 1912-1983）與行政部門研商後，提出綜合立法，規範以非官方基礎與臺灣人民維持商業、文化及其他關係，並確保臺灣人民之安全保障。[10]

臺灣民主運動重要領導人郭雨新甫抵美不久，就聽聞卡特總統將與中華民國斷交，心急如焚之下偕王能祥奔走美國國會，希望及早綢繆應變對策。郭雨新組織的「臺灣多數人政治促進會」、彭明敏的「臺灣人民自救運動」、黃彰輝牧師的「臺灣人民自決運動」，三個團體聯合組成「臺灣民主運動海外同盟」(Oversea Alliance of Democratic Rule in Taiwan)，積極活動。[11]

郭雨新、王能祥等人透過參議員裴爾（Claiborne Pell, 1918-2009）的協助，影響「《臺灣關係法》聽證會」與立法工作。裴爾在二戰末期曾參與美國海軍的臺灣占領計畫、受該計畫培訓，但後來此一計畫並未執行，裴爾後任職於東京盟軍總部（GHQ）、美國駐泰國大使。臺灣民主運動海外同盟草擬〈臺灣人民要求自決獨立〉(The People of Taiwan Demand Self-Determination and Independence）一文作為裴爾參考。參議院外交委員會於一九七九年二月舉行《臺灣關係法》聽證會。眾議院方面也在眾議員李奇（James A. Leach, 1942-）推動下，由外交委員會主席查布勞基主持聽證會。[12]

臺灣人團體針對《臺灣關係法》進行國會遊說，國民黨政府看在眼裡。外交部向行政院報告指出：

美國羅德島州民主黨參議員派〔裴〕爾素對在美之臺獨活動表示同情。本年（按：一九七九年）元月十五日美九十六屆國會開幕後，臺獨分子加強對國會之活動。彭明敏、郭雨新等並參與中美關係之聽證，彭逆曾於二月十五日之眾院聽證會上作證，汙衊我政府。聽證會期間臺獨分子對兩院之遊說工作不遺餘力……[13]

最初裴爾所提出法律修正案，建議「〔美國在臺〕協會在執行業務時，應採取一切適當步驟，加強並擴大美國人民與代表臺灣大多數人民之個人和實體（those individuals and entities on Taiwan that are representative of the majority of the people on Taiwan）間之關係」。裴爾此一提案特意區隔臺灣人民與統治當局，並強調代表大多數臺灣人之實體，有使美國在臺協會成為仲裁者、介入他國內政之虞，引起許多討論。最後參議員們形成共識，認為《臺灣關係法》中應以人權條款方式，促使美國在臺協會採取適當措施，加強在臺灣之人權。隨後，眾議院也在《臺灣關係法》修正案中通過人權條款。

《臺灣關係法》納入人權條款，國民黨政府認為有干涉內政之嫌，要求駐美代表處動員國會友好議員設法刪除相關文字，但效果有限。外交部認為裴爾受臺獨分子之蠱惑，堅持該條款入法，但「人權」已成為美國神聖不可侵犯之口號，雖經多次努力，未能打消。惟在文字上已有改善，刪除裴爾所提「臺灣大多數人民」（the majority of the people on Taiwan），改為加強美國人民與「所有臺灣人民」（all the people on Taiwan）之關係，並促進所有臺灣人民之充分人權。[14]

一九七九年三月，美國國會通過《臺灣關係法》（*Taiwan Relations Act*, TRA）、設立「美國在臺協會」（The American Institute in Taiwan, AIT）此一非官方機構，延續美國政府與臺灣之非官方關係，我方則設立「北美事務協調會」（Coordination Council for North American Affairs, CCNAA）作為對應機構。《臺灣關係法》第二條B款表明美國政府對西太平洋地區和平安定的重視，反對包括使用經濟抵制或禁運手段在內的任何非和平方式來決定臺灣前途，並允諾提供防衛性武器給臺灣。同時，第二條C款則明訂：

> 本法律的任何條款不得違反美國對人權的關切，尤其是對臺灣地區一千八百萬名居民人權的關切。茲此重申維護及促進所有臺灣人民的人權是美國的目標。

因為《臺灣關係法》施行，美國政府不斷關切臺灣人權狀況。一九七九年四月起，美國在臺協會華府辦事處就陸續接獲國會議員探詢有關政治犯狀況，臺北辦事處總務組長班立德於是多次向北美事務協調會祕書長左紀國詢問政治犯人權問題。[15]班立德也向外交部北美司章孝嚴科長表達，美國國會對臺灣人權狀況甚為關切，若干參眾議員就特定個案函詢國務院與美國在臺協會，並以人權問題為藉口，杯葛軍售案。國務院已電飭在臺協會持續撰寫臺灣人權報告，作為提送國會年度報告之用。[16]一九七九年春天，在中國國民黨中央委員會的輔導與經費提供下，由杭立武等人成立了「中國人權協會」。[17]

一九七九年底美麗島大逮捕，海外臺灣人強烈關切，臺灣人權協會會長范清亮立刻聯合全美各地分會、臺灣同鄉會展開救援行動，動員海外臺灣人寫信給卡特總統，以及募款支援島內政治犯與家屬。[18]一時之間，全美臺灣同鄉踴躍響應，白宮收到驚人的六萬多封連署信件，參議員甘迺迪（Edward M. Kennedy, 1932-2009）辦公室也湧入八千封信件，是該辦公室所收到針對單一事件的最高信件數量紀錄。[19]陳唐山等人拜會美國在臺協會首任理事主席丁大衛，敦促他前往臺灣調查真相、關切臺灣人權狀況。他們也尋求前述甘迺迪參議員等人的支持。[20]甘迺迪為美麗島事件發表聲明，呼籲對被捕者從輕發落、公平審判，並呼籲國民黨政府解除戒嚴，鼓勵在臺中國人與本土臺灣人共享權力。[21]**一九八〇年元月，丁大衛前往臺灣會晤蔣經國，表達美國政府對此一事件與臺灣人權的關切。蔣經國保證事情會得到妥善解決，大部分被告將交由司法而非軍法審判，並且沒有人會被判處死刑。**[22]

一九八〇年三月，史塔克（Pete Stark, 1931-2020）等十四位眾議員在眾議院院會提出〈六〇三號提案〉，認定臺灣人權狀況不佳，在未改善之前應該停止供應武器，此一提案據傳背後來自國務院官員的鼓勵。國務院雖曾一度發表聲明讚許美麗島事件公開審判，但隨即追回，並在初審判決後的四月二十二日發表另一聲明，表示「希望臺灣當局能一本過去一段時間臺灣在人權方面有所進展的精神，來考慮他們的覆判」，直接對臺灣的司法案件表達關切。[23]

自此，《臺灣關係法》中臺灣人民的人權保障，成為美國政府與臺灣關係的重點之一。爾後，當美麗島事件、林宅血案、陳文成命案、江南命案發生時，臺灣人團體透過美國國會進行關切、施壓國民黨政府，也成為影響臺灣政治發展走向的重要施力點。

人權與軍售

冷戰時期美國與中華民國政府為戰略夥伴關係，但在美國與中華人民共和國關係正常化後，情勢大幅轉變。美國為了與中國合作對抗蘇聯，出售武器給中國；相反的，為了維繫美中關係，卻因此限制對臺軍售。中華民國政府為防止兩岸軍力過度傾斜及維繫臺海安全，必須仰賴美國政府在軍事武器上的協助，與美國政府逐漸變成單邊依賴關係。

一九八一年雷根總統上臺，他的外交政策以抵制蘇聯擴張為重心，因此想進一步拉攏中共，藉此平衡蘇聯在東亞的勢力。中國堅持美方應該停止對臺軍售與技術轉移，美方為防止雙方關係惡化，於是盡量拖延妥協。一九八二年美中發表《八一七公報》，以及美國政府拒售FX戰機給臺灣，即是此種國際政治角力下的產物。[24]美中合作情勢下，對臺軍售變成是高度敏感的問題，《八一七公報》後，臺方希望購買足夠質量的武器愈發困難，軍售問題成為臺灣當局的軟肋。

美國對外軍售決策過程相當嚴格，除了國務院外，國會也有重要影響力。卡特政府時期由國務院、國防部、中央情報局、國家安全會議等十個機構組成「武器出口管制小組」（Arms Export Control Board），《武器出口管制法》（*Arms Export Control Act*）並規定七百萬美元以上的武器銷售必須向國會提出報告，國會有三十天的考慮期，未經國會同意前，國務院不得發出許可出口執照。[25]

一九八一年七月發生陳文成事件，震驚美國臺灣人社群，於各大城市舉行示威抗議、追思悼念。眾議員李奇約見駐美代表蔡維屏，要求基於人道立場查明真相，並在十四日眾議院外交委員會人權及國際組織小組的聽證會上指出，前有南韓、阿根廷、瓜地馬拉發生人權問題，今臺灣發生陳文成死亡事件，美國是自由世界領袖，有責任伸張人權。國務院官員表示美國政府對維護人權之承諾未變，但雷根政府寧可採取私下勸導之方式（private approach），而不以公開申斥方式為之，並表示國務院將瞭解情況，由聯邦調查局進行調查。[26]駐美代表蔡維屏因此向蔣經國總統報告，雷根總統的人權政策不願對友邦做公開攻擊，使友邦政府受窘、損及雙邊關係；但不放棄維護人權之傳統，將採不公開方式向友邦政府表示關切。[27]國務院助理國務卿何志立（John H. Holdridge, 1924-2001）則在答覆李奇信函中表示，國務院已透過美國在臺協會與北美事務協調會表達對陳案之關切，並要求聯邦調查局就國民黨政府在美國校園之活動提供資料。[28]同時，在李奇等議員的壓力下，國務院決定暫停供應臺灣鎮暴裝備。[29]

七月三十日眾議院外交委員會亞太小組主席索拉茲（Stephen J. Solarz, 1940-2010）舉行「臺灣特務在美國與陳文成教授之死聽證會」，卡內基美隆大學校長塞爾特（Richard M. Cyert, 1921-1998）、世臺會會長陳唐山、陳文成生前好友蔡正隆等人出席作證，嚴厲批判國民黨政府以職業學生滲透與監控美國大學校園、侵害言論自由。聽證會上證詞一面倒，不利於國民黨當局。眾議員李奇要求國務院在臺灣當局所有干預性的監視停止之前，不得增設北美事務協調會的辦事處；若有證據證明間諜活動仍在進行，國務院應考慮裁減北美事務協調會之辦事處數目。索拉茲則建議國會立法，要求美國總統對臺出售任何武器之前，須向國會保證臺灣當局已停止在美的情報活動。[30]顯然，陳文成事件發生後，美國國會議員愈來愈明確地將臺灣人權議題與對臺軍售案掛勾。

陳文成事件引發美國國會與媒體關注臺灣當局在美國校園進行監控問題。此事違背民主社會常態，非同小可，美國主要新聞媒體《紐約時報》、《芝加哥論壇報》、《華盛頓郵報》等都大幅報導，各大學校園媒體報導更是難以數計，[31]此一情勢發展逐漸影響美國政府態度。一九八一年九月，駐美代表蔡維屏向蔣經國總統報告指出，雷根總統向來支持對臺軍售，但此次軍售案卻一再延期，主要原因是美國輿論影響力驚人，即令雷根總統願意排除萬難，亦不能望其在輿論反對高潮之際挺身而出，向國會提出軍售案。美方希望國民黨政府採低姿勢，等待輿論平靜後再提出，較能在國會順利通過。[32]

十月六日，眾議院外交委員會亞太小組與人權小組再度針對陳文成事件召開「臺灣情報人員在美非法活動祕密聽證會」。[33] 十二月，國會參眾兩院通過索拉茲所提出《武器出口管制法修正案》(*Amendment of Arms Export Control Act*)，該法第六款禁止美國政府提供軍援或出售武器給任何在美國境內有威嚇、騷擾美國居民行為之國家，「**凡經美國總統確定涉及直接對個人經常性之脅迫與騷擾的任何國家，將無法取得貸款或武器出口許可**，總統並須盡速將決定告知眾議院議長與參議院外交委員會主席。」[34]

圖10.1　一九八一年九月二十三日美國教授狄格魯（中）、病理學家魏契（左二）來臺瞭解陳文成死因後召開記者會，清華大學校長毛高文（右二）、教授沈君山（左一）及臺大病理學家方中民（右一）也出席。

來源：中央社

此一別稱為《索拉茲修正案》(*Solarz Amendment*)的修法意義重大。陳文成事件揭露了國民黨政府在海外從事特務監控的醜惡行為,引起美國社會重視,國會因此修法禁止出售武器給經常性威嚇、騷擾個人的國家。《索拉茲修正案》以人權條件牽制軍售案,後續對亟需武器的國民黨當局發生相當約束力。

陳文成因關心臺灣民主發展而犧牲性命,他的犧牲像是一個小小砝碼加在臺灣社會這一方,促使歷史天平開始微妙地向有利於臺灣的方向傾斜。

一九八四年十月十五日,作家劉宜良在美國舊金山大理市(Daly City)自宅車庫前慘遭槍殺。劉宜良筆名江南,出版過《蔣經國傳》、《龍雲傳》,並在華文報紙上連載《吳國楨傳》,曾遭國民黨政府警告。凶殺案發生後,華人社會人心惶惶。大理市警方請求聯邦調查局協助,經過四十天的調查,十一月二十七日宣布破案,美國政府在次日告知駐美代表處案情發展,要求逮捕陳啟禮、吳敦、董桂森三人歸案。[35]

十二月二十一日,國務院亞太助卿浦威廉(William A. Brown, 1930-)、美國在臺協會理事主席丁大衛會見駐美代表錢復,指出本案嚴重性,表明國務院高度重視本案,要求國民黨當局與美方合作,將嫌犯交美方偵訊審判。美方官員表示,聯邦調查局已掌握案情,這將使索拉茲所提出「在美國境內之個人遭受外國之脅迫騷擾修正案」可能適用於本案,他們提醒錢復,本案一旦適用《索拉茲修正案》,後果將很嚴重,並附上國會通過、總統簽署的

《索拉茲修正案》條文內容。[36]同一時間，美國在臺協會臺北辦事處處長宋賀德（Harry E. T. Thayer, 1927-2017）、副處長滕祖龍（Jerome C. Ogden, 1943-）也向總統府祕書長沈昌煥、國防部長宋長志、北美司司長章孝嚴轉達相同內容，強調本案之急迫性（urgency）、嚴重性（seriousness），以及美方嚴重關切之重要性（the importance of serious concern）。[37]

美方希望引渡嫌犯、至少赴美進行偵訊，與臺灣當局不斷往返折衝。一九八五年元月十日，**浦威廉明確告知錢復，聯邦調查局已掌握劉案主謀陳啟禮為臺灣國防部情報局選派、訓練赴美**，作案後曾以電話回報情報局，返臺後又有數名情報局代表接機等證據，**情報局顯然介入此一謀殺美國公民案件，此事將對臺美關係造成嚴重影響，並導致《索拉茲修正案》之適用。**[38]

由於美方已掌握國防部情報局涉入證據，劉案案情自此急轉直下。美國國務院以強硬態度提出要求，並不斷提示本案與軍售問題關連，令臺北方面大為緊張。元月十二日，蔣經國召見郝柏村，告知決定將情報局局長汪希苓、副局長胡儀敏、第三處副處長陳虎門停職，交軍法偵辦，為了國家利益與形象不得不做此痛苦決定。而蔣經國總統被迫全副精神專注處理劉案，最關心的問題即是本案對軍售可能造成的影響。[39]

劉案造成的嚴峻情勢，外交部北美司司長章孝嚴也深刻感受。元月十三日，章孝嚴上呈報告分析：

劉案發展迄今，其所產生之嚴重傷害性已極為明顯，對我進一步之損害，亦正逐步擴大中。此案誠為近年來中美關係發展中，我所受到來自美方之最大一次挫折。目前應考慮者，已非如何防止損害之發生，而僅在如何使本案之未來演變，能為我掌握，而使對國家之損害減至最低。

美行政部門此時以極其強硬之態度處理本案，固有其複雜之因素，然就當前中美、美匪整體關係觀之，其中最重要之原因與目的，似在藉本案以阻撓對我之軍售。美匪軍事交往與合作關係之加強，已成美行政當局之既定政策，……故數年來早即尋求各種牽強之理由，稽延對重要軍品之批准，……而今劉案發生，引起《索拉茲修正案》適用問題，實為難求之良機，自不輕易放過。……則我高性能戰機之獲得，則〔將〕遙不可期矣。美行政部門之做法已極明顯，正積極將本案引導至國會，倘國務院之說服目的成功，則我長期對美辛勤工作之果實，一夕間將付諸東流。[40]

章孝嚴此一報告充分透露了國民黨政府最核心的憂慮。他建議高層應迅速確定情報局涉案人員係未經授權之個人違法行為，與政府無涉；並對該等人員經偵辦後做適當之法律懲處，如此採取明快處置方能將損害減至最低。而上述這些建議，也正是蔣經國所採取的處置方式。

在蔣經國做出決定後，黨政當局緊急動員。外交部次長丁懋時立即以極密電告知駐美代表錢復，情報局長汪希苓、副局長胡儀敏、副處長陳虎門三人涉嫌，已交軍法偵訊。[41]元月十四日黨媒中央社率先報導，因一清專案被捕的陳啟禮供稱臺灣情報官員涉入劉宜良案，涉案人員已交軍法偵訊。隨後，國防部發言人也予以證實。接著，十五日新聞局長張京育表示劉宜良命案涉及國防部情報人員一事，係屬個人行為，政府將依法嚴懲，並加強整頓情治機關的工作紀律。[42]外交部並提供給美方〈一清專案與陳啟禮以及劉宜良命案綜合說明〉，強調情報局吸收並訓練陳啟禮是著眼於其海外關係、蒐集大陸情報之用，並未下令赴美殺害劉宜良；陳啟禮自行採取「愛國行動」狙殺劉宜良另有動機；國防部已下令將情報局長汪希苓等三人停職，交軍事檢察官偵查。[43]

元月二十二日，國務院亞太助卿伍夫維茲（Paul D. Wolfowitz, 1943-）就劉案與錢復密談，認為本案對臺美雙方聲譽均造成不利影響，我方應採一切可行步驟降低傷害；並強調國會與輿論界之態度對臺灣當局極為不利，建議我方須開誠布公處理此案，在最短期間內偵查完畢，將嫌犯繩之以法。[44]同月，美方第一批專案小組人員抵臺訪談陳啟禮、吳敦兩人並測謊。[45]

眾議院外交委員會亞太小組在二月七日召開「劉宜良謀殺案聽證會」，索拉茲一開場就措詞嚴厲地表明「無法容許美國領土成為外國政府窒息異議人士的獵場」，並提示陳文成案後國會所通過的《武器出口管制法修正案》，禁止總統出售武器給在美國境內恐嚇或騷擾本國公民的國家。浦威廉在聽證會中表示，國務院對於中華民國政府涉入此案感到憤怒，希望臺灣當局能夠公正、公開而快速地處理此案；會後並以書面答覆索拉茲，指出本案並不構成臺灣情治人員在美從事經常性地騷擾與恐嚇行為。[46]但聽證會後亞太小組仍通過〈四十九號共同決議案〉，要求臺灣當局與美方充分合作，將嫌犯引渡至美受審。[47]

為此，蔣經國總統指示外交部長朱撫松，表達我方將與美方盡量合作，但如將陳、吳二人送美受審，恐在國內引起不堪設想的政治後果，務請婉轉告知美方，這是往後交涉之底線。[48]二月底，臺北地檢處起訴陳啟禮、吳敦、董桂森；美國司法部、聯邦調查局官員等組成的第二批專案小組抵臺調查，並對汪希苓、胡儀敏、陳虎門等人進行測謊。

三月一日，臺灣人團體「臺灣人公共事務會」（Formosan Association for Public Affairs, FAPA）與加州的「臺灣協志會」共同舉辦「揪出殺害江南元凶大會」，為劉案再投下驚人變數。劉宜良遺孀崔蓉芝、竹聯幫張安樂出席該會，張安樂指控本案是由蔣孝武所指使，去年汪希苓在陽明山交付謀殺任務當天，蔣孝武也在場。三日，張安樂並在哥倫比亞廣播公司（CBS）「六十分鐘」節目做相同內容之控訴，對臺灣當局形象造成致命性打擊。[49]

劉宜良案暴露國民黨政府教唆黑幫暗殺政敵的暗黑手段，國際形象遭到重挫不說，如今幕後黑手竟直指蔣家第三代，情勢發展使統治當局幾無招架之力，蔣經國為劉案操心已極。[50]此時，正好負責軍品採購的果芸來電告知，戰機次系統支援案遭國務院擱置，遲遲不批准，當局憂心是受劉案影響所致。情勢迫使當局必須速審速決，三月軍事檢察官起訴汪希苓等三人；四月九日臺北地院判處陳啟禮、吳敦無期徒刑；十九日軍事法庭宣判汪希苓無期徒刑、胡儀敏與陳虎門各兩年六個月有期徒刑，隨後並判刑確定。[51]因為臺灣當局對劉宜良案的迅速處置，終於使臺美雙方升高的緊張關係告一段落。

沒想到幾個月後，一九八五年九月十七日，美國洛杉磯華文報紙《國際日報》發行人李亞蘋突然被捕。當局逮捕她的罪名是迎合中共統戰、連續以文字為有利中共之宣傳，指她觸犯了《懲治叛亂條例》。次日，國務院發出措詞極為強烈之聲明，「一位報紙發行人在美國行使其受美國憲法保護之自由而受逮捕，是違反民主觀念的，……這是對在美國的個人之恐嚇與騷擾。我們已要求臺灣當局立刻檢討本案，並不容遲疑地釋放李女士。」[52]從陳文成案、劉宜良案到李亞蘋案，美國公民的人權與性命一而再、再而三受到臺灣情治機關危害，美國政府幾乎忍無可忍。在強大的美方壓力下，警備總部軍事檢察官於同月二十六日准許交保開釋李亞蘋。李亞蘋並於十月二十二日自臺灣返回美國。

一九八〇年代臺灣發生林宅血案、陳文成命案，都無法破案，發生在美國的劉宜良案不僅偵破，並且掀開我國情報機關與黑幫聯手暗殺國民黨政治對手的恐怖手段。美方以《索拉茲修正案》威脅停止軍售，令臺灣當局承受巨大壓力，必須積極回應美方要求。劉案與李案告一段落後，**國務院官員班立德向錢復表示，我方處置態度甚為認真、開明，將發生有利之**

作用；但他也指出我方在政黨政治及情報方面顯得落後，以致出現失調現象，為防止不幸事件重演，建議全盤整頓情報機關。[53]

國會遊說操作模式

海外臺灣人團體為了更組織性地維護海外同鄉權益、關懷島內人權、促進臺灣民主發展，臺獨聯盟主席張燦鍙邀請各團體代表到洛杉磯共同開會。出席者咸認為應該仿效猶太人在美國社會的成功操作模式，成立一個機構專門負責國民外交。一九八二年二月，臺灣人公共事務會（FAPA）正式成立。

臺灣人公共事務會宗旨明訂：一、配合島內民主力量，促進臺灣的自由民主；二、宣揚臺灣人民追求自由民主的決心，造成有利臺灣住民自決與自立的國際環境；三、維護及增進海外臺灣人社群之權益。[54]第一屆中央委員有前臺獨聯盟主席蔡同榮、臺灣民主運動海外同盟主席郭雨新、臺美協會會長彭明敏、世界臺灣同鄉會聯合會會長陳唐山、臺灣人民自決協會主席黃彰輝與總幹事魏瑞明、全美臺灣同鄉會會長陳都、《臺灣公論報》發行人羅福全、日本《臺灣青年》社長王育德、臺灣協志會會長許丕龍等主要海外臺灣人團體幹部四十一人，[55]幾乎囊括海外臺灣人重要社團。該會以遊說美國國會為主要工作，透過國會議員舉行記者會、提出決議案、舉辦聽證會、言論列入國會紀錄等方式，標舉廢除《戒嚴法》、釋放政治犯、臺灣前途由人民自決、對臺軍售、人權保障等目標。[56]

國民黨海外工作會報告指出，臺灣人公共事務會為美國政治人物籌募競選經費、與之建立私交，使其願意在國會發聲代言。他們爭取的重點對象有眾議院亞太小組主席索拉茲、亞太小組成員杜里西里（Robert G. Torricelli, 1951-）、眾議員李奇；參議員甘迺迪、裴爾、葛倫（John H. Glenn, 1921-2016）、克蘭斯頓（Alan Cranston, 1914-2000）、哈特（Gary W. Hart, 1936-）；前副總統孟岱爾（Walter F. Mondale, 1928-2021）等九人。[57]

一九八〇年五月，臺灣同鄉在洛杉磯為參議員甘迺迪舉辦空前盛大的募款餐會，甘迺迪在會中演講，要求臺灣當局廢除《戒嚴令》、釋放政治犯、國會全面改選、保障臺灣人權、臺灣國體變更須尊重臺灣人全體意願與決定，並將演講列入國會紀錄。[58]據蔡同榮的說法，這場千人募款餐會為甘迺迪募得十萬美元政治獻金。[59]一九八二年因紐約州人口下降須減少五個議席，導致尋求連任的索拉茲面臨苦戰。臺灣人公共事務會把握機會強力支持索拉茲，為他募得近五萬美金政治獻金，索拉茲也矢志爭取臺灣人權利作為回報。[60]一九八一年十二月，在甘迺迪、索拉茲的推動下，國會參眾兩院修改《移民法》，通過自次年起臺灣人正式享有每年兩萬名移民配額。[61]一九八四年參議員孟岱爾爭取民主黨美國總統候選人提名，承諾加強在美國臺灣人之自由及權益，免受國民黨特務監視、恐嚇；便利在美國臺灣人申請政治庇護；確實執行臺灣人兩萬名移民配額等等。[62]

國家安全局情報指出，臺灣人公共事務會於一九八〇年捐贈甘迺迪十萬美元，一九八二年捐贈索拉茲七萬四千美元、洛杉磯市長一萬美元、克蘭斯頓參議員一萬美元，並將捐助孟岱爾十萬美元作為一九八四年總統選舉經費。[63]國民黨海工會則認為，美國參眾議員每次選舉經費約需三十萬美元，臺灣人公共事務會捐助給孟岱爾、甘迺迪、索拉茲各十萬美元政治獻金，占其競選經費總額三分之一，故能獲得彼等之同情與支持。[64]

蔡同榮指出，臺灣人公共事務會在華府的國會遊說工作主要以「臺灣解除戒嚴」、「釋放高雄（美麗島）事件政治犯」、「爭取臺灣住民自決權」等為重點。遊說方式是推動國會議員就臺灣議題召開記者會、發表聲明、召開聽證會，並提出「決議案」（Resolution），而非難度較高的「法案」（Bill）。[65]眾議員索拉茲、李奇及參議員甘迺迪、裴爾被稱為「臺灣四人幫」，緊盯人權議題，提出解嚴主張，造成國民黨政府巨大壓力。

一九八二年五月二十日是臺灣實施戒嚴三十三週年，海外臺灣人團體合力推動臺灣解嚴議題。臺灣人公共事務會促請索拉茲舉行「臺灣《戒嚴法》聽證會」；臺灣人權協會則向海外同鄉大量寄發卡片，鼓勵臺灣同鄉們寫信給雷根總統，請他呼籲臺灣解除戒嚴、釋放美麗島事件政治犯；臺灣人權協會會長許瑞峰、世界臺灣同鄉聯誼會理事長陳唐山也聯名致函蔣經國總統提出同樣訴求。[66]

五二〇這天上午，參議員甘迺迪、裴爾及眾議員索拉茲、李奇四位國會議員共同在國會山莊召開記者會，他們各自發表聲明譴責臺灣的一黨獨裁及人權侵害，呼籲盡早解除戒嚴。[67]另外，四人的共同聲明將臺灣戒嚴與波蘭戒嚴相提並論，他們認為更開放、自由、民主的臺灣才能獲得美國的支持，該聲明並獲三十一位國會議員連署。[68]下午則由眾議院亞太小組舉辦臺灣《戒嚴法》聽證會，並提出〈五九一號決議案〉呼籲臺灣當局解嚴、保障人權。[69]

一九八三年五月，甘迺迪等四位國會議員再度在參議院召開記者會，籲請臺灣當局解嚴，並分別在參眾兩院連署〈臺灣廢除《戒嚴法》決議案〉，指出《臺灣關係法》中明訂「維持並增進所有臺灣人民之人權，在本法案中再次重申為美國之目標」，臺灣戒嚴否定人民權利，兩院建議臺灣當局應繼續民主之進展、終止《戒嚴法》，建立一更民主、自由、公開之制度以保障所有臺灣人民之權利。駐美代表處告知外交部，此決議案出於臺灣人公共事務會之遊說，無論是否在參眾議院通過，「對我形象將有相當之損害則無疑問」，但最後本案延擱。[70]十一月，參議院外交委員會通過〈七十四號臺灣前途決議案〉，主張「臺灣前途必須和平解決，並為臺灣人民所能接受」。[71]

面對臺灣人公共事務會在美國國會的積極動員，駐美代表處則是四處滅火，透過公關公司協助操作，阻止各種提案通過。一九八四年五月，眾議院外交委員會亞太小組再度針對臺灣《戒嚴法》問題召開「臺灣政治發展聽證會」，疾呼釋放政治犯、保障與維護所有臺灣人民權利，並通過〈二二九號關切臺灣需要達成全面民主化共同決議案〉。這是去年〈臺灣廢除《戒嚴法》決議案〉的再度推動，但刪除「廢除《戒嚴令》」等嚴厲措詞，改以要求臺灣當局維護人權、加速民主化，而獲得通過。[72]

有關臺灣解嚴決議案，從亞太小組、眾議院到爭取參眾兩院支持，此後三年內（一九八五至一九八七）屢屢以〈臺灣人權共同決議案〉、〈關切臺灣全面達成民主化決議案〉、〈臺灣民主決議案〉等變身方式提出，每會期在國會山莊的交手，讓國民黨政府疲於奔命。

一九八五年十一月，索拉茲與李奇在眾議院聯合提出〈二三三號共同決議案〉，要求臺灣當局擴大民主改革、開放黨禁報禁、廢除《戒嚴令》，經眾議院亞太小組通過。一九八六年五月，眾議院外交委員會亞太小組主席索拉茲召開「《臺灣關係法》實施聽證會」，美國在臺協會官員丁大衛作證時說明，在臺協會屢將美國國會及民眾對臺灣人權關切之情形轉告給臺灣當局，希望促進臺灣人權提升。八月，二三三號與三三四號共同決議案在眾議院外交委員會獲得通過。[73]

一九八七年四月，臺灣人公共事務會為參議員甘迺迪舉行競選連任募款餐會，甘迺迪宣布已和裴爾、李文在參議院提出《四十六號臺灣民主修正案》，呼籲臺灣政府解除戒嚴、廢除黨禁、停止新聞檢查制度、保障言論集會結社自由、中央民代全面改選、臺灣全面民主化。甘迺迪並向臺灣同鄉表示，臺灣當局決定以《國家安全法》取代《戒嚴法》是錯誤的，「只要我在國會一天，就會為臺灣人權奮鬥一天。」[74]五月，索拉茲也在眾議院提出內容相近之《一二四號臺灣民主修正案》，並於六月將該案內容以修正案方式附加於《一九八八、一九八九年度國務院授權法》第八〇六款，完成立法，八月雷根總統完成簽署。此一《臺灣民主修正案》獲眾議院通過，內容讚揚民主進步黨成立（詳後）、蔣經國總統宣布臺灣將解嚴，並進一步敦促中央民意代表全面改選，以加速臺灣全面民主化、增強美國與臺灣人民之關係。《國務院授權法》則在參眾兩院協調，經駐美代表處努力遊說友好議員，將「全面改選中央民意機關」修改為「邁向完全代議政府」。[75]

海外臺灣人為民主運動開闢第二戰場，對島內大大發揮激勵作用：一、海外臺灣人積極遊說美國國會，間接影響國務院態度，讓美麗島事件重創後的黨外運動獲得喘息與復甦機會。尤其，臺灣人團體著力於人權議題，並將軍售議題與人權議題掛勾，有效牽制國民黨當局的壓迫力道。二、海外與島內同聲相援，鼓舞民主運動者再接再勵、攜手向前。例如臺灣同鄉會等團體屢次邀請黨外政治人物康寧祥、尤清、張德銘、黃煌雄「四人行」，安排美麗島事件家屬周清玉、許榮淑等人赴美訪問，不但給予精神支持，更提供實質捐款挹注。三、海外與島內聯手挑戰重要政治議題，擴大公共討論空間，鬆動威權論述。先是在海外臺灣人團體的靈巧操作下，臺灣人權、戒嚴、民主化等種種議題不斷端上美國國會。接著，島內黨外雜誌大幅援引報導，黨外立委費希平、許榮淑、康寧祥、張俊雄等人也相繼在國會提出質詢，迫使行政院長孫運璿、國防部長宋長志面對戒嚴等議題。如此一來，島內報紙媒體也跟著刊載國會詢答、朝野攻防，吸引民眾對相關議題的關注。在內外呼應下，有關人權、解嚴、組黨、國會全面改選等重大議題，如投石入湖一般，掀起一波波漣漪攪動人心，逐漸鬆動威權論述與思想控制。

在島內與海外分進合擊下，黨外人士不僅從美麗島大逮捕中回復元氣，並重整隊伍，再度一步步進逼威權當局。一九八六年九月二十八日，黨外人士不顧戒嚴禁令，利用在圓山飯店舉行第五次中央民代增額選舉提名大會的場合，宣布成立「民主進步黨」。蔣經國費盡苦心為護衛黨國所設的第一道防線被攻破，巨大卻僵化的黨國城堡岌岌可危，風燭殘年的獨裁者已無力扭轉頹勢。

第十一章　歷史的大轉折

一九九三年元月，日本著名文學家司馬遼太郎在何既明陪同下，對第一位臺灣人總統李登輝做了深入的訪談。針對臺灣人能夠坐上三軍統帥之位一事，他形容「就像十九世紀的印度，英國人高爾夫俱樂部理事長的寶座，由印度人球僮來坐一樣」。

初次見面，面對高大而溫文的李登輝，司馬遼太郎欽佩地道出感想：「真不簡單，您登上了這個寶座啊！」但是李登輝卻只是靦腆地表示：「我並無意讓自己成為權力本身」；然後，以富哲理的方式說明：「我是想把權力客觀化，採取實際主義，只要從權力之中擷取有用的東西就好了。」[1]

事實上李登輝才剛剛經歷了幾波驚濤駭浪的權力鬥爭。在政局詭譎、危機四伏的這幾年中，李登輝缺乏堅實班底與軍隊支持，形單勢孤，精神壓力極大，經常無法入睡。於是，因為虔誠的基督教徒妻子曾文惠建議，兩人總是在危急時刻一同跪在床邊虔誠祈禱，請求上帝指引，並從隨手翻閱的經文中獲得啟示與信心。[2]

好不容易，李登輝終於通過激烈的試煉站穩腳步。此刻，他已經可以放心地向司馬遼太郎訴說內心的想法。他說自己二十二歲以前是日本人，日本時代所接受的教育、奉公精神，「到現在都還留在這裡」——他指著胸口。

他談起「生為臺灣人的悲哀」，以及生為臺灣人、卻沒有能力為臺灣做任何事情的悲哀。甲午戰爭後清國將臺灣割讓給日本，到二戰結束後又要還給中國，臺灣人在割讓與歸還之間完全無法施力，真是個奇怪的夢呀！

「以往掌握臺灣權力的，全部都是外來政權，最近我可以坦然這麼說了。即使是國民黨也是外來政權呀！那只是來統治臺灣人的黨，必須將它變成臺灣人的國民黨。」

「我們七十歲的這一代，夜裡都難以安安穩穩地睡覺。我不願讓後代子孫遭受此種待遇，但願使她能夠成為一個可以讓人夜裡安心睡覺的國家。」

李登輝說，臺灣必須是屬於臺灣人的國家，這是他的基本觀點，所以他將修改憲法、推動民主化改革，最後的目標是總統直接民選。就像《聖經》裡的「出埃及記」，他說：「對，已經出發了。今後，摩西與人民都會很辛苦。不過，不管如何，已經出發就是了。」[3]

迫於時勢的政治改革

一九八〇年代初期，臺灣威權當局在美國人權要求、中共和平攻勢、島內民主運動三面夾擊下，壓力遽增。與此同時，獨裁者的健康也開始亮紅燈。

蔣經國自中年即發現罹患糖尿病，但並未節制飲食，相關合併症狀如失眠、神經系統損傷、視力退化、心臟疾病等陸續發作。一九八〇年一月，他因攝護腺問題動手術；一九八一年七月、一九八二年二月，做了兩次因為糖尿病引起的視網膜病變手術；一九八五年八月再進行白內障手術。[4]這位獨裁老人在他生命的最後幾年，強撐著病體應付內外局勢的嚴酷挑戰。

一九七八年五月，蔣經國出任中華民國第六任總統，十月三十日日記中記載：「研究憲法《臨時條款》和《戒嚴法》。」[5]長期擔任蔣經國英文祕書的宋楚瑜則說，蔣經國擔任總統的第二年曾經成立小組進行相關規畫，包括制定《國家安全法》、解除黨禁報禁、處理政治犯等課題。[6]雖然我們尚未發現檔案史料證實宋楚瑜的說法，但前述日記記載顯示，蔣經國可能開始意識到過往的體制已經無法應付快速變化的內外局勢。儘管如此，處理臨時條款與解嚴的想法似乎只在蔣經國腦中曇花一現，並未真正添薪起灶著手推動，相反的，他針對島內方興未艾的民主改革發動了大逮捕（如第九章所述）。

但此時正當美國卡特政府、雷根政府的人權外交與民主促進政策時代，尤其是一九八〇年代雷根政府透過經濟援助、外交施壓、甚至軍事行動等種種積極介入手段，鼓勵東歐、中南美洲與東亞各國民主化。中美關係正常化後，對美國依賴更甚的臺灣當局一面要回應美方的民主化推促，一面又要維繫在島內的威權統治穩定，於是，蔣經國採取了兩面策略。

一九八一年底蔣經國派特使訪美，向美國國家安全會議亞洲事務部主任席格爾（Gaston J.

Sigur, 1924-1995）傳達了四點改革方案：民主化、本土化、維持經濟繁榮、向中國開放，新任美國在臺協會臺北辦事處處長李潔明在一九八二年元月赴臺履新前，獲知此些承諾。[7]美方官員相信蔣經國將貫徹這些承諾，並以充分耐心循循善誘。但實際上蔣經國仍然排斥民主化，以拖延的方式遲遲不進。

由於美方官員屢屢關切我方戒嚴下的人權狀況，國民黨政府發展出一套「臺灣沒有政治犯」、「臺灣並未真正戒嚴」的詭辯論述。例如北美事務協調委員會祕書長左紀國，在面對美國在臺協會官員班立德詢問有關政治犯狀況時，強調臺灣並無「政治犯」，因為我方認為政治犯是指未從事觸犯刑法行為、僅因政治觀念歧異而遭非法逮捕者。在臺灣，因危害國家安全、經政府依法逮捕判刑者是「叛亂犯」（seditious criminals），他們與共產黨合作滲透顛覆、製造暴亂、企圖推翻政府，並非政治犯。左紀國更聲稱政府對叛亂犯的處置並非以處罰為目的，而講究教育方法，使之改過自新，服刑期間也有提供完善的醫療設備、定期健康檢查、良好衛生設備與充足之營養，他們在國民黨政府治下享有真正之人權。[8]

這一套「臺灣沒有政治犯」的說法，其實是來自一九七七年六月蔣經國在行政院院會的訓示。蔣經國強調，《戒嚴法》是由立法院所通過的法律，臺灣地區戒嚴是依法行事，主要是為防阻匪諜滲透、破壞、顛覆所採之戒備措施，以保障國家社會的安全秩序及人民的生命財產。今日共匪對我威脅並未稍減，因此戒嚴需求並不亞於一九四九年當時。但是，我國的《戒嚴法》僅適用於涉及國家安全之事件，一般刑事與民事案件仍由普通法院依法審理；我國不但並沒有因此停止行使憲法或解散國會，亦未因此廢止憲法中規定之人民基本權利，更沒有採取軍事管制，[9]亦即，「臺灣並未真正戒嚴」。

一九八〇年代初期，美國參眾議員提出「臺灣解嚴決議案」、「臺灣民主化決議案」。我國行政院新聞局回應說，臺灣的《戒嚴法》是為了禁止共產主義和叛亂活動，並未禁止其他事物，也未妨礙民主及人權；戒嚴只不過是形式而已，臺灣並未實施宵禁，也未真正戒嚴。[10]以口才便給聞名的臺灣省主席林洋港，還將蔣經國的「臺灣並未真正戒嚴」之說發揚光大，在省議會聲稱「臺灣只有實施百分之三的戒嚴」。[11]

一九八三年八月，美國眾議院議員索拉茲訪臺，拜會剛升任內政部長的林洋港，後者解釋說臺灣地區戒嚴與其他國家很不同，其他國家戒嚴到處可以看到荷槍實彈的士兵，並取消選舉，但臺灣並未如此。林洋港說，臺灣實施戒嚴是對付中共，而不是對付內部；如果沒有《戒嚴法》，中共可實施人海戰術，驅使大量大陸同胞自由遷入，造成臺灣社會與治安的危機。[12]索拉茲面見蔣經國總統時建議國民黨政府取消戒嚴，蔣也辯稱「martial law」是軍事管制之意，臺灣並未宵禁且司法審判如常，並未軍管，外界有所誤解；我國之戒嚴僅只是針對共產黨叛亂之必要措施，一旦反共內戰結束，問題自可解決。索拉茲再問，大陸時期選出的國會代表年邁、終將凋零，如何解決？蔣經國也以中央民代增額選舉為由，否認國會缺乏代表性。[13]至一九八

○年代初期，「臺灣並未真正戒嚴」、「戒嚴並未影響人民自由權利」仍是主流論述，威權獨裁體制紋風不動。

然而陳文成事件後，美國國會將人權紀錄與軍售議題掛勾，國民黨當局壓力驟增。為了確保軍售案獲得美方支持，蔣經國努力向美國在臺協會理事主席丁大衛說明中華民國與美國的共享價值與共同利益，以及確保臺灣軍事安全之重要性、高性能飛機用於防衛之必要性。[14]但他並未正視特務統治對於人權的危害、未追究情治人員的過失，陳文成事件後次年元月還出席情治人員春節茶會，慰勉其「辛勞」。[15]直到劉宜良事件發生，國家暴力暗殺政敵所造成的強大後座力令蔣經國無法招架。一九八五年一月十六日蔣經國在中常會上提示，聽說幫會頭目利用交際宴飲機會，結識政府要人，「參加這樣的應酬，一不小心，就會上了圈套，會弄得不可收拾，我對此事很感痛心。」[16]蔣經國此說把江南案歸咎於導演白景瑞設宴安排竹聯幫陳啟禮與情報局長汪希苓搭上線，固然十分可笑，但在中常會上提出此事顯示他終於體會縱容情治機關濫權誤國的嚴重性。

一九八四年劉宜良案鬧得滿城風雨，國民黨政府形象臭不可聞，美國政府以停止對臺軍售施壓，而蔣家第三代蔣孝武是幕後指使的傳聞，更使負面情勢不知伊於胡底。一九八五年八月十六日，蔣經國接受《時代》雜誌專訪時，終於鬆口將來國家元首「由蔣家人士繼位一事從不考慮」，將依憲法產生。[17]次年二月，蔣孝武被派赴新加坡擔任商務副代表，遠離權力核心，有關蔣家第三代接班傳聞到此為止。[18]自擔任國家元首以來，蔣經國遭遇島內民主運動、美國政府壓力與中國改革開放競爭，三面受敵之下卻並未決心推動民主改革。曾參與推動解嚴的國民黨中央黨部祕書長馬樹禮透露，蔣經國是一九八五年起開始思考解嚴問題的，[19]對照史實，恐怕正是劉案震撼有以致之。

此際島內民主運動已自谷底復甦，反對運動人士利用選舉動員，一面升高訴求，一面強化組織。一九八三年底增額中央民代選舉，黨外組織競選後援會，並以「民主、自決、救臺灣」為選舉口號，提出住民自決、廢止《臨時條款》、中央民代全面改選等十大共同政見。一九八四年反對人士進一步組成「黨外公共政策研究會（公政會）」企圖組織化。一九八五年地方選舉更打出「新黨新氣象，自決救臺灣」口號與二十項共同政見，屢屢在席次上大有斬獲。同一時期，臺灣社會力量激烈湧現，包括勞工運動、環保運動、婦女運動、消費者運動、老兵返鄉運動……在街頭狂飆不止。[20]

儘管島內外情勢交逼，但是美國中央情報局報告卻顯示，蔣經國正受到保守勢力包圍。一九八五年春，國民黨中央黨部祕書長蔣彥士下臺，中央情報局觀察到此一人事變動將會降低溫和派對政局的影響力，使保守派勢力更加穩固。[21]至同年底，中央情報局仍然認為臺灣局勢動盪，民主化情勢未明，因為蔣經國受保守派強硬路線者包圍，這些人懷疑改革、對臺灣人不信任，他們壟斷接近蔣經國的途徑，使年輕的改革派無法接近他。包括參謀總長郝柏村、國家安全局長汪敬煦等軍方、情治為主的政治勢力正在上升，這使得臺灣的政治改革烏雲密布，充滿不確定性。[22]

一九八六年的政治情勢

一九八六年二月，菲律賓掀起「人民力量」革命風潮，吸引全球目光。因為馬可仕（1917-1989）總統選舉舞弊獲勝，天主教會發出批判，成千上萬人民走上街頭抗議示威、支持其對手柯拉蓉（1933-2009）。美國白宮派出官員監看選舉公正性，國務卿舒茲（George P. Shultz, 1920-2021）抨擊選舉不公，美國可能將放棄在菲國的兩個軍事基地。美國總統雷根也發表聲明指出，菲律賓的選舉存在舞弊和暴力缺陷，美國政府珍視自由公正的選舉與真正的民眾授權，理解菲律賓人民對民主的深切渴望，他承諾美國政府未來的任務是幫助培育民主的希望和可能性，幫助菲律賓人民克服國家面臨的嚴重問題，並繼續努力進行必要的改革。[23]馬可仕下令軍隊鎮壓群眾無效後，倉皇逃亡夏威夷。

菲律賓獨裁政權倒臺，激勵南韓民主運動人士發起千萬人修憲運動，要求總統直選，全斗煥（1931-2021）雖派出軍警鎮壓，仍無法遏止。菲、韓這兩個亞洲獨裁國家，都因人民赤手空拳走上街頭而突生巨變，臺灣社會大受震撼。[24]黨外雜誌連篇大幅報導，黨外政治人物前往觀摩取經，民主運動陣營振奮不已。在菲律賓政情巨變的鼓舞下，黨外公共政策研究會做成五點決議，決定在各地成立分會，如遭取締將採取街頭演講、議會杯葛等抗議行動，甚至不排除宣布成立反對黨，擺出強硬姿態挑戰統治當局。[25]

菲律賓政局陡然生變令蔣經國心驚膽戰，他召見參謀總長郝柏村提示「馬可仕下臺對國內偏激分歧分子有若干啟示鼓舞作用，而韓國政局亦見動盪」，要求提高警覺，務求安定，切勿給分歧分子鼓動風潮的藉口與機會。[26]國民黨政府兩度密商對策，中央黨部祕書長馬樹禮召集黨務幹部密切注視菲國政局發展；國家安全會議祕書長汪道淵也邀集黨政軍情官員召開國家安全會議，討論如何因應黨外公政會的行動，最後決定先禮後兵：一是避免朝野極度對立，將與黨外人士溝通；二是希望公政會自動停止設立分會行動；三是警告黨外人士絕對不准組黨，切勿做出錯誤估計。[27]

事實上蔣經國晚年十分關心各國政變情形，早在一九七九年下半年日記中即頻繁記錄了多個獨裁政權的遭遇：伊朗國王巴勒維被推翻、中非帝國君王博卡薩一世傾覆、尼加拉瓜爆發全國性反對蘇慕薩獨裁統治浪潮、南韓總統朴正熙遭情治首長金載圭暗殺，獨裁政權接連倒臺令他膽戰心驚：

> 伊朗王、中非皇、尼加拉瓜總統，皆身敗名裂，天下之大，無人肯收容，榮華富貴本是一

場惡夢。[28]

朴正熙於廿六日被刺而亡，死得奇怪，是一個大謎，美國正式聲明此事與其無關，……政治外交是多麼殘忍無情，可不慎乎？伊朗國王被迫離國，尼加拉瓜蘇慕薩之下場亦如此，繼之為薩爾瓦多總統下臺逃亡，到朴正熙被自己人所刺，這一連串的事件，都是相連的。[29]

二、三十年來，李承晚、吳廷琰、朴正熙諸事，以政治性質而論，都是大同小異，凡是堅決反共的領導人，無不由共產黨以借「美」刀殺人之方式以除之，先製造輿論，由輿論而煽動社會，下一步即用徹底的陰謀方法以做根本之剷除，……**這都是美國和共產黨的傑作，可痛！**[30]

美國和伊朗的關係在嚴重的惡化之中，……中南美洲發生接二連三的政變，……韓國政變充滿了危機，局面難以收拾，……**吾人處此險境，不可不當心以處之**……[31]

這正是一九七〇年代起席捲全球的第三波民主化浪潮，人民力量所及如同摧枯拉朽，獨裁政權如骨牌般一一傾覆。如此波瀾壯闊的民主風潮，在蔣經國眼中卻是「美國的陰謀」，而獨裁者們的悲慘下場更讓他低徊不已。從一九七九年以來的這幾年，島內外民主運動如巨浪拍岸、聲勢洶洶，威權體制處境日益凶險。鄰國菲律賓爆發黃色革命，獨裁者馬可仕惶惶如喪家之犬。人民革命危機已步步迫近，身心俱疲的蔣經國還有更好的選擇嗎？

一九八六年三月底，蔣經國決定將改革議程交付研究，由國民黨第十二屆三中全會決議由嚴家淦等**十二位中常委針對六大政治議題進行小組分工討論**。第一組由嚴家淦召集，成員包括李登輝、谷正綱、俞國華、邱創煥、吳伯雄，研究現階段黨的中心任務、動員戡亂時期如何充實中央民意代表機構、充實地方機構三大議題。第二組由黃少谷召集，成員有謝東閔、倪文亞、袁守謙、沈昌煥、李煥，研究動員戡亂時期國家安全法令、民間社團組織、當前治安與社會風氣三大議題。政治改革議題經兩個研究小組討論後，先提報由十二位常委組成之專案會議，再呈報中常會核定實施。[32]

此刻蔣經國的心境豈只是複雜，千迴百轉都無法形容於萬一。這年（一九八六年）三月駐美代表錢復返國述職前，美國國家安全顧問助理彭岱斯特（John M. Poindexter, 1936–）提醒，美國政府對友邦的人權狀況認真檢視，如人權狀況不理想，將不能獲得軍售。錢復晉見蔣經國總統時，報告了彭岱斯特的提示，並指出陳文成案、江南案、黑名單問題對我國形象傷害至鉅。他也主張不應該背負戒嚴惡名，建議結束戒嚴以改善國際形象。對此，蔣經國總統回應：「這個問題我也想了很久，不能做，做了會動搖國本的。」四月錢復再度晉見蔣總統，批評海外黑名單制度、建議取消入境管制。蔣經國還是回答：「會動搖國本的。」[33]

一九八六年四月蔣經國又因心律不整問題進行手術，安裝人工心律調節器，[34]健康更加惡化；但民主運動已如浪濤洶湧澎湃，無法遏抑。

這年夏天，黨外反對分子連續因司法案件被判刑。陳水扁等三人因蓬萊島案、臺北市議員顏錦福因違反《選舉罷免法》、臺北市議員林正杰因誹謗罪，均被判刑，黨外人士舉辦演講聲援，各處演講會人潮洶湧；林正杰則直接訴諸群眾，走上街頭狂飆不止。同時，由於年底選舉將屆，海外許信良、林水泉等人揚言籌組「臺灣民主黨」，並在選前遷黨回臺，各場司法案件聲援集會上，人們興奮地議論組黨行動，整個夏天有關黨外組黨的傳言不斷。

圖 11.1　林正杰因誹謗案被判刑而走上街頭，捲起群眾運動風潮。（余岳叔攝影）
來源：邱萬興先生提供

八月起，警備總部在臺北市不斷進行「衛安十一號演習」鎮暴操演。八月十二日起連續三天在民生社區附近、十六日在總統府周邊、十七和十八日在國父紀念館一帶、二十和二十一日於總統府周圍，從凌晨起大範圍宵禁管制，數以千計的軍特警憲人員聯合鎮暴演習，一輛輛鎮暴車噴發催淚瓦斯與紅色煙幕，一排排手持盾牌的鎮暴人員齊聲挺進，肅殺氣氛相當懾人。黨外雜誌報導，一份名為「衛安計畫」的文件認為許信良等人將在年底組成臺灣民主黨並遷黨回臺，近幾個月來黨外組黨呼聲不止，各地集會出現空前人潮；美國眾議員索拉茲領導通過〈二三三號共同決議案〉，敦促臺灣開放黨禁，促進民主，也造成政府無比壓力；國家安全局研判這是「共匪、臺獨、偏激分子與外力相互勾結」，陰謀顛覆政府，針對有關組黨之倡議，必須有效遏制。黨外雜誌又說，軍聞社報導參謀總長郝柏村在國防部會議上指控陰謀分子與敵人唱和，政府威信受到打擊，國家生存發展遭受威脅，下令「粉碎敵人陰謀」。而在夏日凌晨接連上演的鎮暴演習，正顯示威權當局即將製造「第二個美麗島事件」、「臺北版的美麗島事件」。[35]

統治當局一手司法、一手武力，企圖以赤裸裸的國家暴力展示以嚇退反對運動，對黨外人士造成極大壓力。一些人藉故閃躲，但更多人仍堅持必須組黨。一九八六元月，傅正以嚴厲言詞激勵黨外人士：「組黨這一關非衝破不可。我和費希平是外省人，都願意犧牲，你們臺灣人不要顧慮太多。」[36]七月起，以「祕密組黨十人小組」費希平、傅正、黃爾璇、尤清、江鵬堅、張俊雄、周清玉、謝長廷、游錫堃、陳菊作為核心密集籌備，不顧統治當局一再嚴令絕不寬貸的威脅，終於在九月二十八日利用選舉提名大會，在圓山飯店宣布組成戰後第一個本土性的反對黨「民主進步黨」。他們並記取一九六〇年雷震被捕後新黨胎死腹中的教訓，預備了三波人員名單，一旦威權當局果真痛下毒手逮捕鎮壓，後繼同志必須接力挺身而出，以俾建黨行動仍能以竟全功。[37]

新黨宣布組成次日（九月二十九日），蔣經國立即在七海官邸召見郝柏村商議對策。郝柏村認為政黨應忠於中華民國、忠於憲法、堅決反共、支持統一、反對臺獨分裂，現在偏激分子揚言組黨，其主張實際是為了否認中華民國、或與中共呼應、或為臺獨，當然不能容忍。[38]但蔣經國似乎已胸有成竹，同日下午他在總統府召集統治集團核心成員：行政院長俞國華、立法院長倪文亞、司法院長黃少谷、國民黨祕書長馬樹禮、參謀總長郝柏村、總統府祕書長沈昌煥、國防部長汪道淵、教育部長李煥等人，透露他的態度。蔣經國說，今日情勢在變，內部團結愈形重要，吾人基本政治戰略是「求生存、求發展、求進步」，「**求生存為第一戰略**，**能生存就有勝利希望**」；今日一不小心就會遭受失敗，敵人不斷刺激打擊我們，就是要我們衝動發怒，但「一怒天下亂則不可怒，一怒天下安則可怒」，決定不計個人毀譽，一切以國家利益為重。[39]值得注意的是，蔣經國在危機時刻召集團結的心腹之中，並不包括副總統李登輝。

接下來幾天情勢詭譎，各界都屏氣凝神注視最高當局如何回應。另一方面由於選舉在即，一九八六年十月一日，參謀總長郝柏村認為應盡可能在寬容政策下避免直接衝突；但一旦暴亂發生，則進行全面軍事管制，並與警備總司令陳守山研擬應變計畫。[40]

十月八日，蔣經國在國民黨中常會上發表〈堅忍圖成，贏得最後勝利〉談話：

今天國家所面臨的局面，是非常的。世事在變，局勢在變，潮流也在變。……環顧今日國內外的環境，我們要求突破困難，再創新局，就必須在觀念上及做法上做必要的檢討與研究。

或許有人認為，政府在某些問題上顯得軟弱，但是為了達成國家更大目標，我們不能輕重倒置，因小失大，……經國認為，沒有目標，沒有理想，沒有志氣，**不顧對黨對國，才是真正軟弱**。[41]

一週後，蔣經國在中常會再度做了「時代在變、潮流在變，國民黨也要跟著改變」的訓示，這是一般大眾所熟悉的談話。

接著十月九日，《華盛頓郵報》刊出對蔣經國的專訪，他宣布政府將盡速解除戒嚴，但《戒嚴令》的取消只限於臺澎，金馬前線不包括在內。但蔣經國也指出，由於中共不斷威脅到臺灣的安全，基於國家安全的顧慮，《戒嚴令》解除後，政府將頒行新的《國家安全法》。解嚴後將容許成立新的政治團體，新政黨必須符合三個條件：承認憲法、堅決反共、不得從事臺灣獨立活動。[42]嘔心瀝血構築防線護衛黨國的蔣經國，至此不再逆勢而為，他決定讓步。先前郝柏村提出的新黨三條件建議，蔣經國顯然是聽進去了。

杭亭頓在《第三波：二十世紀後期民主化浪潮》（*The Third Wave: Democratization in the Late Twentieth Century*）一書將臺灣歸類於威權當局所領導的「變革」（transformation）。杭亭頓指出，威權當局願意走向開放，有幾個原因：一是因為研判民主轉型較為有利，為了緩和反對派對政權的威脅，包括由於軍隊掌權、執政聯盟分裂、經濟下行難以解決等因素造成的問題，必須及時且體面地退出權力；二是為了降低政治風險，以改革取得繼續掌權執政機會；三是面對式微的合法性與統治權威，承諾民主改革，有助取得盟友的繼續支持；四是民主化可以帶來國際合法性、減少美國及其他國家制裁、打開經濟援助大門等利益；五則是西班牙、巴西、匈牙利、土耳其等軍事政權的改革者相信民主體制是正確的國家形式，其他開發中國家或值得尊敬的國家都採用了這樣的政治體制，因此他們的國家也是時候建立這種體制了。[43]蔣經國的改革是屬於哪一種呢？

蔣經國的最後布局

蔣經國一生的重責大任在存續父親所留給他的黨國，第九章已說明他為了護衛黨國永續執政設下三大防線：不可成立反對黨、不讓中央民代全面改選、不許臺灣獨立。如今美國政府催促推動民主化，反對運動人士不畏衝突步步進逼，面對內外情勢衝擊交迫，他只能選擇讓步。即使他必須棄城求生，默許反對黨成立，但並未放棄對黨國的責任。他未戀棧於失敗的戰役，立即轉身回防，重新檢討整體戰略，為黨國存續進行損害控管。

首先，他提出「新瓶裝舊酒」的高明對策，巧妙地在《國家安全法》中納入戒嚴時期的各種管制，盡量降低解嚴後黨國將受的衝擊。國民黨十二人政治革新小組成立後，依據最高當局的宣示往訂定《國家安全法》方向規劃。參與政治革新小組的副總統李登輝指出，該小組並未真正推展六大改革議題，大部分時間只是開開會、講講表面話；小組所做結論若不合蔣經國心意，會被要求再做討論；真正重要改革議題，小組不敢做太多決定，尤其如動員戡亂體制這樣的核心議題更是無人敢去碰觸。[44]

蔣經國與郝柏村商議《國家安全法》內容，郝柏村提出兩項建議：一、該法不能僅以警察機關統攝，必須讓治安機關警備總部繼續發揮功能；二、既經軍法審判程序的案件，不宜再上訴最高法院。總統的態度是以《國家安全法》取代《戒嚴令》，警備總部仍負責確保國家安全。[45]

臺灣的自由化就在蔣經國所主導的這種怪異而扭曲的形態下進行著，一面準備解除戒嚴，一面訂定《國家安全法》，將大部分戒嚴時期的管制措施入法。一九八六年十月十五日，國民黨中常會一致通過兩項政治革新議題結論：一是臺澎地區解嚴，另制定《動員戡亂時期國家安全法》以應需要，確保反共基地安全、社會安定與經濟發展；二是修正《非常時期人民團體組織法》與《動員戡亂時期公職人員選舉罷免法》以規範政治性團體。[46]但同時，蔣經國並未絲毫放鬆對島內政局的控制，尤其面對同年年底選舉，**他指示郝柏村應變計畫須分為輕、重與嚴重三種狀況，重則局部戒嚴、嚴重則全面戒嚴**。[47]他似乎忘了，自一九四九年以來臺灣一直處於戒嚴之中，而他自己不久前才向國際媒體宣示要盡速解除戒嚴。

國民黨中常會通過解嚴前須制定《動員戡亂時期國家安全法》後，行政院隨即將《動員戡亂時期國家安全法草案》送交立法院審議，草案重點包括：人民集會結社不得違背憲法、反共國策或主張分離意識；人民集會結社另以法律訂定之；人民入出境須向入出境管理局申請許可；治安機關（即警備總部）於必要時得對人員、物品、運輸工具實施檢查；為確保海防、軍事設施等安全，得指定海岸、山地或重要軍事設施地區為管制地區；戒嚴時期軍法審判案件確定者，解嚴後不得上訴。解嚴後最主要的差別在於，非現役軍人不受軍事審判。[48]值得注意的是，郝柏村有關警備總部繼續發揮功能、解嚴後政治案件不得上訴的兩大建議都被採納。

統治當局以通過《國家安全法》為解除戒嚴的先決條件，但新法內容複製戒嚴時期的重重管制，如同新瓶裝舊酒、換湯不換藥。人民集會結社「不得違背憲法、不得違背反共國策、不得主張分離意識」三原則限制言論自由、入出境管制維持黑名單制度，以及山海禁制區、政治案件不得上訴等規定，在在引起民眾強烈不安。新成立的民進黨正式決議反對《國安法》，將訴諸群眾運動；[49]各種團體發動一波波「反《國安法》遊行」、訴求「百分之百解嚴」。[50]在外界強大壓力下，國民黨中央黨部稍做讓步，草案第四條本規定「治安機關於必要時對左列人員、物品及運輸工具得實施檢查」，改為「警察機關」，[51]降

圖11.2　民眾遊行反對《國家安全法》

來源：邱萬興先生提供

低警備總部在解嚴後之角色。儘管《國安法》立法過程中爭議不斷，但國民黨政府三令五申必須先通過《國安法》方可解除戒嚴，[52]立法院最後仍在一九八七年六月二十三日順利完成三讀程序。

七月二日行政院院會通過解嚴案與《動員戡亂時期國家安全法施行細則》，院長俞國華在會中提示，解嚴並不表示國家安全威脅已不存在，仍不能鬆懈對敵人的警覺與非常時期的認知。[53]最高當局除了指示訂定《國家安全法》之外，還要求限期內完成《人民團體組織法》、《集會遊行法》，以完整規範政治秩序。[54]

一九八七年七月十五日解嚴後，美國在臺協會理事主席丁大衛進一步關心接下來的國會改革方案。但蔣經國表示，中央民意機關改組是最困難的問題，需要多一點時間，因為這一問題比解嚴還困難、還複雜，涉及許多政治的、省籍的因素。[55]

蔣經國的政治改革僅在訂定《國家安全法》、宣布解除戒嚴後止步。他一生護衛黨國永續，力敵民主運動滔滔攻勢，先前設下的三道防線（不許成立反對黨、不讓中央民代全面改選、不可主張臺灣獨立）僅被攻破一角。在他精心規劃下，解嚴後仍延續各種管制、動員戡亂體制未變、萬年國會頑強挺立、臺獨言論仍遭嚴禁，黨國依舊得以屹立不搖。蔣經國殫精竭慮直到油盡燈枯，解嚴不到半年，即撒手人寰。

解嚴後，一九八七年八月蔡有全、許曹德因主張臺獨被以叛亂罪起訴；一九八九年鄭南榕因臺獨言論遭強制拘捕而自焚；一九九一年甚至發生調查局進入校園逮捕學生的獨臺會事件。人們也才驚覺，即使解嚴多年，臺灣社會卻連基本人權都未能獲得保障：言論自由受限制、集會遊行須事先申請獲得政府同意、海外黑名單人士仍無法返鄉。但蔣經國仍因宣布解除戒嚴，博得「臺灣民主發動者」的美名。

其次，獨裁者身後的接班人安排，是另一個受到高度關注的課題。蔣經國很早就開始思考接班人選，宋楚瑜說一九八〇年六月十九日蔣經國手記記載：

> 美國某眾議員說，蔣經國已經七十歲，萬一發生了什麼事，臺灣內部一定會發生嚴重的問題，美國人對此應加關切。這本是我們中國人自己的事，管〔關〕你美國人什麼事。不過在我自己來說，**這是對於黨國應負的責任問題，亦是我時時刻刻在考慮的心中大事**。[56]

雷根政府推動民主促進政策的重要做法之一，是預防軍事強人掌控政局，必要時不惜出面干預。美國政府積極阻止了薩爾瓦多、宏都拉斯、玻利維亞的軍事政變陰謀；也曾催促全斗煥政權與反對黨對話，嚴重警告南韓軍方切勿試圖發動軍事政變；美方並支持菲律賓民主力量，防止軍事政變。[57]美方嚴防軍事政權出現的政策，也在臺灣上演。

一九八〇年代初期，威權強人健康走下坡，王昇指揮情治機構「劉少康辦公室」大權在握。美國政府擔心臺灣出現軍人政權，在臺協會理事主席丁大衛多次與王昇接觸，建議他不要過分限制臺灣民主運動，方能使中華民國在國際間獲得好形象。臺北辦事處處長李潔明到任後，更是經常與王昇見面長談，但王昇對反對運動態度依舊強硬。一九八二年九月二十七日，丁大衛與李潔明力邀王昇到美國訪問。[58]次年三月七日到十八日王昇訪美，返臺後即被蔣經國調職，貶謫至巴拉圭擔任大使。丁大衛回憶錄中證實，美方官員以私人談話方式施壓、說服蔣經國及其高層官員推動人權與民主的臺灣形象，以及這樣做在對美關係上的好處；並邀請王昇訪問美國，安排他與國會議員、政府官員、學術界見面，傳達對臺灣人權議題與政治改革的關切。[59]李潔明則表示，蔣經國已承諾推動民主化在先，王昇是「民主化進程的一顆大石頭」，所以蔣願意與美方聯手移除此一絆腳石。[60]而郝柏村日記中也指出，蔣經國將王昇外放巴拉圭是消除其在國內政治影響力的唯一辦法。[61]

一九八一年底郝柏村出任參謀總長後，在國內政壇角色日益吃重，美國政府再度提高警覺，擔心蔣經國逝世後會出現軍人政權。一九八五年八月七日，美國在臺協會臺北辦事處處長宋賀德、副處長滕祖龍特意與郝柏村長談，探詢接班人問題，[62]郝柏村答稱蔣總統決心依憲法運作民主制度，接班問題是臺獨分子惡意誇大。宋賀德認為，臺灣政治權力分配情況顯示，省籍機關雖在本省人手中，但中央政治實權仍操在大陸人手中；郝柏村則指稱省籍問題是臺獨偏激分子破壞團結的勾當。三天後郝向蔣經國報告會談情形，又從《中國時報》董事長余紀忠處得知，美方關切他的動態，憂慮走向軍事統治。[63]

蔣經國十分清楚美國政府鼓勵臺灣民主化、本土化，嚴防他身後軍事強人主政。為了美方澄清疑慮，他在一九八五年十二月行憲紀念大會致詞時特別脫稿指出：

> 現在，有兩個問題，經國想做一個明確的說明。第一就是，總統繼任者的問題。這一類的問題，只存在於專制與獨裁的國家。在我們以憲法為基礎的中華民國，根本是不存在的。因為我們立國基礎以憲法為依據的，所以下一任總統，必會依據憲法而產生，……經國的家人中有沒有人會競選下一任總統？我的答覆是：不能也不會。第二、**我們有沒有可能以實施軍政府的方式來統治國家？我的答覆是：不能也不會**。[64]

蔣經國也在與丁大衛見面時，再度說明蔣家人不會繼承總統職位、不會實施軍事統治。[65]即使如此，美國政府依舊步步為營。臺灣已經解嚴後的一九八七年十月，參謀總長郝柏村為軍售問題訪美，國務院亞太副助卿芮孝儉（James S. Roy, 1935-）與他早餐會談時，仍探詢總統接班人問題，以及軍人干政問題，[66]從王昇到郝柏村，美國政府緊迫盯人，嚴防強人驟逝後臺灣走向軍事統治。

民間傳言蔣經國原本希望孫運璿成為接班人，甚至認為若不是孫意外中風，李登輝沒有機會擔任副總統。但衡諸史實，此一說法並不完全正確。一來，蔣經國早在一九七八年就已拔擢謝東閔為第六任副總統人選，此後臺籍人士擔任國家副元首成為慣例，蔣經國提名李登輝擔任第七任副總統只是遵循慣例；一旦提名孫運璿，走回頭路，反而可能引起政治風波。二來，蔣經國是在一九八四年二月十五日國民黨第十二屆二中全會上提名李登輝，[67]孫運璿則是在稍後的二十四日腦溢血住院，所以顯然並非是因為後者中風，才提名前者。

但是，蔣經國確實屬意孫運璿作為政權接班人。郝柏村日記中記載，孫中風後，蔣經國深為惋惜，認為孫運璿既能奉行原則與政策，又深得人心，透露原本希望栽培他接任第八任總統。[68]孫運璿生病後，蔣經國自己健康也不佳，但他自信可以撐完這一次六年任期，等到一九八八年中國國民黨第十三屆黨代表大會時再來宣布黨國權力傳承，因此將接班人腹案放在心中，從未向外人透露。[69]這是所有獨裁者必須面對的困局：獨裁者只能盡量延後翻牌，這是確保自己終極權力的不二法門；一旦在生前指定接班人，無異宣告自己權力提早終結。豈知天不從人願，蔣經國終究無法撐到他預定的接班時刻。

蔣經國真心想要培養副總統李登輝蔣作為接班人嗎？這是另一個經常被討論的問題。如果我們透過晚年經常性互動、交付重要事項的情形加以分析，李登輝顯然並非蔣經國有意栽培的接班人，因為他不常與蔣總統會面，也未被託付重大議題，主要負責的工作是地方選舉、美麗島事件受刑人減刑、與黨外人士溝通、二重疏洪道居民搬遷問題、錫安山新約教會議題、接見外賓等等。[70]蔣經國只是依循慣例選擇本省籍的李登輝擔任副手，並不意味著要將政權託付給臺灣人。

威權強人晚期經常見面討論與託付重任的黨政軍特首長，包括國民黨祕書長馬樹禮（一九八七年後為李煥）、行政院長俞國華、參謀總長郝柏村、國防部長宋長志，無一不是外省人。尤其是關乎威權核心權力的部分，情治由國防部長宋長志負責，軍事由參謀總長郝柏村負責。蔣經國自從擔任行政院長後，便不再直接領導情治系統，委由國防部長主持情治會報、大陸工作會報，再向總統面報，國防部長宋長志因而當此大任。郝柏村自擔任參謀總長以來，更是每週都與蔣經國會面，舉凡軍事政策、人事安排、重大政治議題，蔣經常聽取他的意見，可說是深受倚重。

圖11.3　一九六七年郝柏村與蔣經國合影，郝成為蔣晚年極為信賴的人。

來源：國史館藏，數位典藏號：005-030205-00003-067。

美國中央情報局的內部報告即指出，一九八四年蔣經國提名李登輝為副總統，並在中常會中提高臺籍菁英比例，是將「臺灣化」當作維持政黨優勢與臺灣政局穩定的策略，並希望藉此改變美國對臺灣當局的印象。但中情局也研判，蔣經國巧妙布局以使身後留下「合議領導」(collegial leadership）的局面，他使中常會維持溫和與保守的多元組成，一面增加溫和派與臺籍菁英，一面強化軍方影響力及維持右派勢力以避免政治變革速度過快。整體而言，實質權力仍掌握在保守派外省菁英手中。[71]**中情局並分析，蔣經國所布局的此種以外省人集團為主的合議領導模式**，儘管內部有分歧但不會發生嚴重權力鬥爭，也不致於發動重大的改革政策。**這一領導班子將會以軍事、政黨、情治核心人物的共識進行決策，並且不保證在下一個十年會將權力和平轉移給臺灣人**。他們也注意到，副總統李登輝雖然可依憲政機制繼承總統職位，但並未擁有與職位相稱的實力，行政院長俞國華就比他更有權力。[72]

美國政府對蔣經國的評價

美國政府緊盯臺灣民主化與本土化進程，屢屢積極表達鼓勵態度。一九八二年丁大衛即在面見蔣經國時多次建議，應透過各種方式改變臺灣當局在美國人心目中的形象。他指出，臺灣的各種選舉很受到矚目，這方面若有進步，可以在美國大眾心中更受歡迎。又提示，今後中國會繼續加大對臺灣的壓力，但只要臺灣形象好，就是增進與美國關係的絕佳利器。[73]一九八五年底劉宜良案後，丁大衛拜會蔣經國，再度提醒「貴國建立良好的形象最為重要」。[74]

蔣經國總是在與美方官員晤談時，主動表達推動民主化誠意及政治改革進度，並不斷強調自己對政權「本土化」的用心。一九八一年九月蔣經國會見丁大衛時侃侃而談臺灣政治與省籍問題，他解釋過去本省人是因為學歷與經驗不足而無法擔任政府要職；誓言眼中從沒有大陸人與本省人之分，從無所謂省籍歧視；徵信起用幹部莫不以本省人為優先，地方選舉提名亦大多為本省籍人士；即使在軍中，本省籍幹部亦不時受到拔擢。他並不忘提示剛被任命的陸軍副總司令陳守山就是臺北市籍，強調在

圖11.4　蔣經國接見美國在臺協會理事主席丁大衛

來源：國史館藏，數位典藏號：005-030208-00001-010。

臺灣，大陸人、本省人並無隔閡。[75]

此一最高當局提供給美國政府的資訊嚴重違背臺灣社會常識。事實上，直至一九八〇年代，中央政府機構中的臺籍菁英權力仍很有限，在軍警界人數更如鳳毛麟角。被蔣經國當作重用臺人例證的陳守山，於一九八〇年被任命為陸軍副總司令、一九八一年晉升為陸軍上將，是打破軍中紀錄的首位臺籍上將。同年底，為扭轉陳文成事件所造成警備總部的負面形象，陳守山再度被不次拔擢為首位臺籍警備總司令。[76]陳守山實際上是一個特例，他的特殊正好反證臺籍人士普遍在軍中升遷困難。

一九八五年十二月，蔣經國又主動向丁大衛提起三十多年來他任命官員從未考慮「省籍」、只重視「才幹」，目前法務、內政、交通部長都是本省籍，陸海空軍將官都有本省籍人士，希望美國政府瞭解他一向公平對待大陸人與臺灣人，所謂「省籍問題」是臺獨有心人士製造出來的。[77]解嚴前幾個月，他再度說明自己提拔人才從不重視省籍，過去偏重於基層與中層職位任用臺籍人士，現在已注意到高層人事，並以剛上臺的司法院長林洋港、監察院長黃尊秋兩位都是臺灣人加以佐證。[78]蔣經國也向新上任的美國在臺協會理事主席羅大為（David N. Laux, 1927-2023）批評反對人士，指責他們挑撥臺灣人與大陸人關係、攻擊政府；強調自己不僅啟用本省人參與政治、給予本省人公平待遇，還要進一步給予優待。[79]蔣經國屢屢將最新的人事異動向美國政府報告，用以說明他推動改革的決心，然而這恰好更證明了，一九八

○年代晚期臺籍菁英能在中央政府機關取得重要職位，正是美國政府頻頻關切造就的結果。

檔案中顯示，蔣經國也不斷在與美方官員會晤過程中抱怨黨外人士、民進黨人煽動遊行抗議、行動激烈。他向美方官員告狀：「我們實施民主，真正的敵人是我們少數在野黨的人，他們不講理，有時候還動手打人，……反對派在有些做法上是反民主的。」[80]面對臺灣統治當局的指控，美方官員每每好言相勸，一面嘉許推崇蔣經國推動政治改革的努力與決心；一面為民主運動人士緩頰，鼓勵蔣經國應該「容忍、對話、溝通」。

直到一九八六年，美國國務院仍然認為臺灣當局的政治改革允諾未有具體結果，並未給予高度評價。這一年國務院提供給國會的各國人權報告中，依舊視臺灣政體為國民黨一黨威權體制（One Party Authoritarian），權力集中在少數年邁領導人手中；臺籍人士雖占人口八○%，卻是統治階層中的少數；反對派雖被容忍，仍遭限制與監視；司法未能獨立，警察權力過大；人民新聞與言論自由仍受限制。[81]駐美代表處報告外交部，國務院亞太助卿席格爾的助理向他們透露，對臺軍售與臺灣民主發展兩者之間存在交互關係，每凡臺灣在政治改革上有重大開明決定，美方友好官員即可據以建議在軍售上做更為有利考量。[82]

一九八六年九月，民主運動人士不畏司法判刑與武力鎮暴威脅，以突襲方式成立民主進步黨，終於迫使蔣經國讓步。十月，蔣經國向國際媒體表示將盡速解除戒嚴，此一具重大政治宣示不僅博得國際社會正面評價，美方官員更不吝給予高度讚許：

許多美國人都對在閣下領導之下中華民國的成就，感到非常有興趣，比起貴國的鄰邦韓國以及菲律賓來說，貴國實在是處理得很好，表現得非常獨特，……大家之所以現在對臺灣有這麼強烈的興趣，都是因為閣下卓越領導的關係……[83]

我非常肯定美國政府及人民，都認為閣下在此地所推動的政治革新是有意義的，……因為貴國現在政治非常安定，可以說是在東亞除了日本之外，貴國的情況是最好的。[84]

這樣可以證明貴國可以推動政治改革，這不需要像韓國及菲律賓那樣的經過混亂及暴力。貴國在處理街頭活動的做法，的確非常令人讚佩。貴國政府掌握軍隊及警察，在議會裡也占多數，但是貴黨一向把這些力量備而不用，而經常去徵詢反對派的意見，在這方面的確是非常令人敬佩，我相信貴國人民一定會很欣賞這一點。[85]

上述美方官員在與蔣經國見面時的談話，不無溢美之處。但整體來說，美國政府給予蔣經國高度評價：一、臺灣不僅創造了令人欣羨的經濟成就，在政治改革方面也穩定推進，是美國所支持反共陣營成員中的成功範例；二、當美方遠東反共盟友菲律賓馬可仕政權、南韓全斗煥政權，先後在第三波民主化浪潮中傾覆滅頂，蔣經國所領導的國民黨政府能夠安然度過危機，並順利轉型，對照之下，其成就誠屬不易；三、臺灣當局在改革過程中相當節制，並未動用武力鎮壓。美方官員推崇蔣經國透過與反對派溝通協商，維持改革過程安定，並且未以武裝暴力鎮壓示威群眾、造成動亂。

總之，蔣經國懂得審時度勢，雖然不斷拖延，但終究接受美方敦促，推動政治改革。雖然他的政治改革只停留在初步自由化階段，但在面對民主運動節節進逼願意適度讓步，而非一味蠻幹到底，落得魚死網破。此一理性抉擇轉型模式之舉，足以令美方擊節讚賞。

歷史機運及其局限

一九八八年一月十三日蔣經國逝世，副總統李登輝依憲法規定宣誓繼任總統。此一偶然因素促使第一位臺灣人總統登上權力寶座，臺灣歷史出現重大轉折。往後幾年內，這位既無政治班底，也無情報機關及軍隊支持，在黨內更無實權、形同政治傀儡的領導人，[86]竟然能夠越過重重權力鬥爭的驚濤駭浪，成功推動臺灣自由化與民主化工程。

李登輝是集複雜與矛盾於一身的人。首先，李登輝少年時期深受日本教育影響，並在戰爭背景下成長，養成他心儀武士道式死亡觀、推崇為集體奉獻的公共精神，他的精神領域可以說「比日本人還日本人」。[87]另一方面，對中國政治文化相當鄙夷的李登輝，卻自一九七二年擔任政務委員起，即認真學習蔣經國的決策模式，著重政治考量，而非專業分析，並自稱是「蔣經國學校的學生」。[88]如此的人格養成過程，使得**「日本人精神」與「中國式帝王學」在他身上融為一體**。其次，李登輝是一位理想主義者，為了追求信念義無反顧。青年時期，他反抗國民黨壓迫，冒險加入共產黨地下組織「新民主同志會」。壯年時期，他成為農業學者，卻藉著出國機會密晤臺獨分子王育德等人，[89]也曾參與《大學雜誌》議政，抨擊當局的農業政策。但政治領袖李登輝，卻是個馬基維利主義者，崇尚如獅如狐的權力手段，擅於妥協、偽裝與權變。繼承總統職位初期，他判斷自己處境危殆，約有兩年的時間壓低姿態不敢擅動；[90]在通過凶險的黨主席之爭、主流非主流鬥爭後，才大幅度展開政治改革工程。他以高明手段瓦解蔣經國鋪排的集體領導布局，一一擊敗黨內實力對手；甚至不惜走險棋任用軍事強人郝柏村為行政院長，引起臺灣社會發動「反對軍人干政」大遊行。他說過一百多次反對臺獨、支持統一，又成立國家統一委員會、頒布《國家統一綱領》安撫黨內保守派；但在任期尾聲卻提出「特殊國與國關係」的「兩國論」，更在卸任後推動「臺灣國家正常化」。**理想性格與權謀手段兼具的李登輝，令人感到難以捉摸**。

再者，親身經歷過日本殖民統治與戰後二二八事件的李登輝，深深體會臺灣人在外來政權統治下作為二等國民的痛苦，因此，有朝一日獲得歷史機會時，便自然而然展現出與國民黨政權極為不同的「臺灣人總統」格局，以激勵臺灣人自尊、追求臺灣主體性為主要施政目標。但是，李登輝的另一個身分是「國民黨主席」，他是藉著「以黨領政，黨國一體」的黨國機制，才得以不受拘束揮灑權力、帶領臺灣走向民主改革。他年輕時的好友彭明敏就認為**「臺灣人的李登輝」與「中國國民黨主席的李登輝」是兩個互相矛盾的身分結合**。[91]

一九九〇年李登輝經國民大會投票當選中華民國第八任總統後，開始大刀闊斧展開民主改革。他一方面擁有第一位臺灣人總統的極高民間聲望，一方面懂得將野百合學運等社會運動能量轉化為改革動力，又收編、落實反對黨所提出的種種改革訴求，一路以借力使力、順風駛帆的方式壓倒黨內保守聲音，推動兩階段修憲、國會全面改選、終止動員戡亂、總統直選等民主制度建置，至二〇〇〇年以和平方式達成第一次政黨輪替。

一九八五年蔣經國因劉宜良案衝擊，不得不公開宣布蔣家不再接班、將依憲法產生國家領導人。為此，在他生命將油盡燈枯之際仍努力思考為黨國續命之策，並努力擘劃了國家安全法制及集體領導模式。不料李登輝在特殊的歷史時刻登場，並且一一破解了蔣經國的所有布局。臺灣民主化模式因此出現轉變，由先前反對勢力克難攻堅路徑，變為執政黨主導改革模式。十年之內，臺灣的民主改革巨輪急速前進，李登輝的聲望到達最高峰，美國《新聞週刊》（*Newsweek*）尊稱他為「民主先生」（Mr. Democracy），他則自詡達成「寧靜革命」（Quiet Revolution）。

但是，臺灣人總統李登輝同時是黨國威權的繼承者，此一結構性矛盾局限了他的改革縱深，使臺灣無法像其他民主轉型國家一樣，著手過往威權歷史的清理工程。作為臺灣人總統，李登輝擁有堅定意志帶領臺灣走向民主化，但作為國民黨主席，他必須鞏固黨內支持，方能掌握權力進行改革。更何況，一旦挖掘長久以來國民黨政府獨裁統治的暗黑歷史、追究政治責任，不就否定了自身的權力來源、也否定了國民黨政權繼續統治的正當性？因此，李登輝執政期間僅能以金錢撫慰二二八和白色恐怖受害者，從未動手清理威權歷史，未曾矯治黨產、金權、地方派系、黨國媒體等政經文化結構，遑論對黨工、情治、司法、官僚等體制共犯加以究責。

李登輝主政下的國民黨政府主導了民主化，卻也使得臺灣民主發展的歷史詮釋與功過定位變得困難。不僅如此，因為未曾清理歷史，以致五十年來蔣經國神話、國民黨締造經濟奇蹟等威權論述依然是現今民主臺灣的主流觀點，「寧靜革命」的代價不小。民主化三十年來，歷任國家領導人陳水扁、馬英九、蔡英文都因各種理由，並未在歷史清理工作上有大幅進展，臺灣社會依然在舊威權土壤與新民主體制間矛盾拉鋸、不斷消磨，無法重新建立社會共同價值、凝聚群體共識。於是，每次大選都成為新舊社會你死我活的終極決鬥、集體病症總爆發的時刻。

結論

本書梳理了二戰結束迄今臺灣主要的政治發展過程，並從「美國政府—國民黨政府—臺灣社會」三方關係角度加以觀察分析。

第一部分探討東亞冷戰形成初期美國政府對臺灣問題的思考、策略與實踐。國民黨政府在國共內戰中落敗後，美國政府為了不使臺灣落入敵對陣營手中，不願落實《開羅宣言》「臺灣歸還中國」承諾，但又不希望為臺灣問題付出太大代價。於是，美方試圖訴諸臺灣人自主意願，接觸廖文毅為主的臺灣獨立運動團體；又寄望由國際社會共同分擔臺灣問題的責任而在聯合國提案處置，但最終因臺獨運動實力不足、時機不成熟等因素，這兩個方案都無以為繼。隨著中華人民共和國成立、東亞冷戰局面愈形嚴酷，美國政府決定重新扶植日本成為東亞反共夥伴，為達此目的必須加速推動《對日和約》（《舊金山和約》）簽訂，因此，在《對日和約》中處理臺灣地位問題成為應加以把握的機會。《對日和約》主要由美英「杜勒斯—莫里森協議」提供了框架，兩大強國形成的共識是：中國（無論是中華民國或中華人民共和國）不參與多邊和約，由日本決定與哪一個中國簽訂雙邊和約，和約中不決定臺澎主權歸屬。簡言之，在臺灣問題上，戰後《對日和約》即是「廢棄《開羅宣言》之和約」、「凍結臺灣地位之和約」。

自一九四八至一九五二年這幾年間，國民黨政府處在風雨飄搖之中，若無美國政府的軍事經濟支持，將無生存機會。因此國民黨政府對美方的各種臺灣問題方案，處於弱勢，難有議價空間；但國民黨政府對臺灣社會則相對強勢，透過宣傳控制進行大眾說服。此一時期臺灣社會實力虛弱，少數具有反抗意識的菁英分子高度期望美方介入，大部分人只能屈服於國民黨政府統治的現實。

此一時期「美國政府─國民黨政府─臺灣社會」的三角關係，顯然由美方主導，國民黨政府在扈從關係中維護自身利益，臺灣社會大眾則懵然無知地接受擺布。

第二部說明國民黨政府如何在臺灣重新站立，以致到一九六〇年代威權統治已根基穩固。美國政府不讓臺灣落入敵對陣營控制的第三方案，是在臺灣扶持非共非蔣的中國人政權，並選擇以吳國楨與孫立人合作對象，要求其主導進行政治經濟改革。國民黨政府全力配合美方要求的同時，也展現自主性與能動性，將地方選舉與土地改革都轉化為有利於政權穩固的用途。另一方面，國民黨政府也大力整頓黨組織、打造黨化的軍隊、強化情治機關的社會控制能力，多管齊下奠定黨國統治基礎工程。蔣介石並在美援恢復、獲得軍事安全保障後，將吳、孫兩人逐出權力核心，巧妙完成一元領導。

由於處於冷戰態高峰，美國政府與國民黨政府的反共同盟關係日漸穩固。儘管南韓李承晚政權倒臺，鼓舞臺灣島內反對勢力加速組織化，但美方評估國民黨政府統治能力遠遠超過南韓，因此選擇與蔣介石站在同一邊，不樂見反對黨成立。臺灣社會的本省籍、外省籍菁英雖嘗試跨越省籍藩籬攜手合作，但在蔣介石出手鎮壓後，反對黨運動仍因敏感的省籍考量而停擺。值得注意的是，島內臺灣獨立運動正在蔓延，一部分臺籍青年因飽受政治壓迫與文化歧視，意圖以激烈方式尋求出路；另一部分青年則是盱衡臺灣所處國際處境，試圖探索國家體制變革可能。

此一時期的三方關係中，美國政府與國民黨政府在冷戰局勢下成為反共陣營之密切合作盟友，臺灣社會雖然試圖反抗獨裁體制，但籲求不受重視，反對運動難以成形。

第三部勾勒臺灣民主化的結構性背景。一九七一年蔣介石的代表被逐出聯合國、中華人民共和國取得中國代表權時，正值威權強人第二代接班時刻，新上臺的蔣經國採取「有限本土化」政策化解危機。但是，蔣經國的真正危機在於一九七九年的美中關係正常化，中共領導人鄧小平以和平統一為號召，阻止美國對臺軍售，國民黨政府對美國單方依賴加深。同時，美國政府的人權外交與民主推進政策，也對蔣經國當局造成無可迴避的壓力。

就在蔣經國有限度的本土化政策下，全島性的反對運動趁機崛起。一九七〇年代以來全島性的反對勢力逐漸成形，雖然一度遭受威權當局全面逮捕而嚴重受挫，種種犧牲卻反而喚起民眾同情支持，終於浴火重生、日益壯大。另方面，在島內民主運動遭逢低潮時，海外臺獨運動與臺灣人社團積極伸出援手，透過強力遊說美國國會而間接影響國務院態度，形同開闢第二戰場，牽制國民黨政府。

一九八〇年代美國政府的民主促進政策與世界性第三波民主化風潮激盪，東亞的菲律賓、南韓與臺灣都是美方關切對象。美國政府一面以軍事、經濟、外交種種方式敦促施壓，促進這些國家民主化，一面嚴密防止軍人政變造成政治倒退。蔣經國正是在這樣嚴酷的內外處境下，內部有民主運動節節進逼，外部是美國政府頻頻施壓，終於不得不宣布解除戒嚴。但以護衛黨國為一生職志的蔣經國仍未棄守，在解嚴之前強力通過《動員戡亂時期國家安全法》，為威權體制續命。事實上臺灣民主化的推動，要等到李登輝時期方始真正展開。

此一時期，三方關係中，美國政府與臺灣社會同步支持民主化，促成國民黨政府威權體制的改變。

透過以上的討論，本書有幾項重要發現：

一、美國政府臺灣政策的變與不變

本書三部分探討了不同時期美國政府對臺灣政治發展的態度與影響。對美國政府而言，二戰以來臺灣並非外交政策的重心，僅是一大堆重大課題中的一個環節，是東亞政策與中國政策下的次領域，重要性隨著時局在改變。一九四三年開羅會議上，英美為促使蔣介石政府牽制歐洲戰場，承諾戰後將臺澎歸還中國；戰後一九四五年，美國政府選擇國民黨中國作為在東亞的合作對象，支持中國政府軍事占領臺灣。但是，二戰後美國與蘇聯競相主宰世界秩序，自由陣營與共產陣營兩極體系形成，臺灣位於第一島鏈核心位置、「不沉的航空母艦」的戰略價值日益顯著。中華人民共和國建立後，東亞冷戰局面更加嚴峻，美國政府不再願意落實《開羅宣言》，而推翻此一承諾最有力的理由是「住民自決原則」，臺灣人自主選擇未來的權利應受尊重。美國政府嘗試各種方案處理臺灣問題未果後，最終在《對日和約》中凍結了臺灣地位，實質廢棄《開羅宣言》。

冷戰高峰期一九六〇年代，國民黨政府是美國的反共盟友，臺灣是美國的防共戰略資產，美方與國民黨政府密切合作，對臺灣社會的自由化要求置若罔聞。但一九七〇年代美國外交政策驟然轉變，為了積極拉攏中華人民共和國對抗蘇聯而尋求美中關係正常化，臺灣重要性下降，惟仍維持對臺軍售以維護臺海和平安全。

由上可知，從戰前、冷戰到一九八〇年代，美國政府的臺灣政策反反覆覆、不斷修正。但在看似矛盾變化的臺灣政策中，其不變核心價值是：臺灣在西太平洋防線上具有戰略重要價值，絕不能落入敵對陣營手中，並以臺灣作為自由陣營的展示典範。

其次，美國標榜自由民主立國價值，重視統治政權必須獲得「被治者的同意」（consent of

the governed）。一九五〇年美國政府一度以「住民自決原則」作為對抗《開羅宣言》利器，主張尊重臺灣人民自主選擇未來的權利，並在《對日和約》中凍結臺灣主權地位，不使落入共產黨中國手中。並且，美國政府不願為不受人民支持的統治者背書，盡可能在國民黨政府與臺灣社會之間尋求平衡，尤其當威權當局對反對運動展開逮捕鎮壓時，美方屢屢提醒不可與臺灣人民為敵、阻止追殺臺籍政治人物。

但是，美國政府能夠為臺灣付出的代價有限，協助臺灣獨立並非其義務。一九四九至一九五〇年共產黨在內戰中勝利在握時，美國政府即踟躕再三，不願為保護臺灣動用軍事武力，只在外交、經濟上協助，採取「精打細算的不作為」。美方雖曾試探臺獨運動，但當它發現廖文毅等人缺乏政治見識、運動能量，又具高度依賴性，斷然決定放棄；進入冷戰高峰期更為反共大計考量，優先支持威權統治，與臺獨勢力劃清界線。一九七〇年代推動與中國關係正常化初期，美國政府已經預見「中華民國臺灣化」趨勢，並研判「臺灣化」的最後結果可能是臺灣獨立，為此國務院早早就設下「不使臺灣化政府以為可獲得美國軍事承諾」的底線。

二、國民黨政府的自主性與多面性

在內戰中敗逃臺灣的國民黨政府猶如風中殘燭，外部面臨中共軍事威脅、國際處境危殆，高度需要美國政府伸出援手；對內則是自外而來的少數政府，更須面對臺灣社會的不滿與改革要求。這樣一個看似弱勢的政治集團，為何卻能在臺灣建立穩固且長期的威權體制？

首先，一九四九年後國民黨政府與美國的關係如同「附庸國—保護國」，高度仰賴後者提供軍事、經濟等各種援助。國民黨政府在臺灣以生存為第一要務，凡是關乎生存的問題，莫不積極面對、認真經營，藉以爭取美方支持。但是，國民黨政府與美國政府利益並不相同，並未對美方言聽計從，所有政策前提是為了維持黨國在臺的支配優勢。早先國民黨政府在壓力下推動地方自治選舉、土地改革，逐步改善臺灣社會經濟條件，是重新獲得美國政府認可的關鍵因素；但在推動這些政策時無不藉機去除危害政權的不利因素：在地方選舉中以各種手段壓制具競爭力的挑戰者，在土地改革中想方設法剷除具實力的地方勢力。同一時期，國民黨政府更加緊進行黨務、軍隊、情治機關的改造重整，將控制力深入滲透到島內神經末梢，打造出不同於中國大陸時期、統治能力強大的黨國體制。當中國民主黨組黨運動醞釀成形時，威權當局表現出強勢決絕態度，迫使美國政府與反對黨保持距離。直到美國政府開始尋求與共產黨中國關係正常化後，國民黨政府的議價能力方始逐漸下降。

簡言之，國民黨政府與美國政府的「附庸國—保護國」關係建立在軍事安全基礎上。冷戰時期因相互需要而合作，即使在情勢緊張的一九五〇年代，國民黨政府仍具有相當自主性，能在重要時刻保護自身核心利益。一旦附庸國的重要性不再，其自主空間相對會受到壓縮，這正是為何一九八〇年代蔣經國承受美方壓力不得不讓步的主因。

其次，過去戰後政治史研究多強調國民黨決策顢頇、不知變通，但筆者發現國民黨政府常常在危機時刻靈活變通，其權力運作的多面性值得再探討。例如一九五〇年美國政府將臺灣地位問題送上聯合國議程，顯然嚴重衝擊國民黨政府統治合法性，但它極力配合，不拂逆美方政策。《對日和約》議定之際，它為了防止和約中訂定「臺灣歸還中國」將對中華民國不利，竟主動提出「日本僅須在和約中放棄臺澎，不須言明主權交付何國」的權宜措施，實是臺灣地位未定的始作俑者。又例如在聯合國中國代表權爭議中，蔣介石最終同意接受美國所提的雙重代表權建議，只是尼克森、季辛吉心思已不在護衛中華民國，時不我予。這些關鍵時刻的決策模式，都可以看到國民黨政府為求生存而伸縮自如的變通手段。

再者，過去戰後臺灣史研究偏重關注威權統治的壓迫性格，但筆者認為國民黨政府在臺灣以少數統治多數，並非只依憑蠻力或暴力壓制臺灣社會。早自一九五〇年代起，美國大使館報告就不斷指出蔣介石政權變化莫測的統治模式：它具有強大社會滲透力，透過政黨、軍隊、警察、里長深入控制地方；它在選舉時使出恐嚇、作票、司法等各種手段以阻止競爭者當選；它面對反對勢力時既施以威逼壓制、又加以懷柔收編，雖進行控制但避免衝突，甚至視個案處理等等。又例如一九六〇年代島內臺灣獨立運動萌芽，國民黨政府一手操控媒體不使獨立主張浮出檯面，一手節制懲辦範圍以免引起國際關注，成功控制臺獨運動擴散。一九七〇年代為因應外交危機，蔣經國開始本土化政策，但此一改革僅停留在幾名臺籍人才登用、少數國會增額選舉名額等極有限範圍，如此「有限本土化」政策的最終目標實是維護外省人支配的黨國體制。美方因而給予此種統治手腕以「複雜、微妙，且具彈性」的評價。

尤其值得注意的是，國民黨政府擅於宣傳，強固的威權體制則有助於它的宣傳深入人心。當在臺灣的統治正當性受質疑時，國民黨政府一面對內操作「《開羅宣言》承諾—對日宣戰《馬關條約》失效—戰後臺灣主權復歸」論述；一面由臺灣省議會議長黃朝琴為代表對外發聲，營造臺灣人民支持中華民國政府的假象，成功化危機為轉機。面對六〇年代組黨運動、臺獨運動等反對運動初起時，國民黨政府一概將批判挑戰它的對手抹紅為「共產黨同路人」。獨裁者第二代蔣經國接班時，媒體鋪天蓋地歌頌「親民愛民的蔣院長」、「清廉革新的領導人」。當島內外解嚴呼聲高漲時，就推出「臺灣並未真正戒嚴」、「臺灣只有百分之三戒嚴」的說詞。威權時期的國民黨政府因應時局提出種種有力宣傳，並在言論、媒體管制條件下入腦入心，效果至今猶存。

與亞洲其他威權體制相較，國民黨政府的權力運作模式相當微妙。比起南韓與菲律賓等東亞威權體制使用赤裸裸的暴力鎮壓反對運動，國民黨政府自二二八事件後就避免以武力鎮壓群眾，並且非常有意識地節制動用暴力、策略性地使用暴力。本書中可以看到，在某些威權當局下令壓制反對運動的重要時刻，都會強調不准開槍、不准流血、避免與群眾衝突。國民黨政府節制使用直接暴力，並不是因為它比菲律賓、南韓威權政府仁慈，而是統治條件使然。**國民黨政府是以少數統治多數，必須盡量避免與臺灣社會正面衝突，以免引發不可預期的後果**。更進一步說，**在實際操作上，它一方面迴避與「突發性群眾運動」直接對決，一方面又對「預期性群眾運動」做好萬全準備**。例如一九七七年中壢爆發群眾暴動，國民黨當局並未以武力鎮壓，反而立即承認敗選、避免事態擴大。一九七九年元月橋頭示威是二二八事件後首次戶外遊行，挑戰戒嚴體制，國民黨當局也未當場逮捕，而是事後將倡議遊行的桃園縣長許信良解職。相對的，一九七九年世界人權日遊行前，統治當局已預先完成「一二一〇專案」，並在衝突中展演「打不還手、罵不還口」的軍警自制，成功贏得全面逮捕反對分子的正當性。

又例如，相較於南韓政府嚴厲打擊反對黨，國民黨的做法是絕對不讓反對黨成立，它收編在野人士、聯合「黨友」、分享權力；它分化反對者、甚至吸收部分人成為線民等等。韓國政府習於用軍隊武力鎮壓學生運動，但國民黨政府避免採用這種「直接暴力」，它更擅長「間接暴力」、「冷暴力」，它運用多重特務機關滲透社會各個角落，讓人民陷入恐懼，製造「人人心中都有個小警總」的社會氣氛，使得反對運動無法集結。

只是，當一波波反對運動累積了經驗教訓、強化了抵抗勇氣，國民黨政府這一套社會控制策略就逐漸失效。一九六〇年代的組黨運動在雷震等人被捕後，成功嚇阻反對運動終至潰散。但到了一九八〇年代，美麗島事件與林宅血案反而激發群眾的道德勇氣，反對運動谷底復甦，蔣經國最終無法再以此一策略阻止反對黨成立。

總之，國民黨政府在臺灣以少數統治多數，卻能長期維持威權體制不受動搖，除了經濟發展等有利條件支撐外，其軟硬兼施、寬嚴並濟、高度彈性的多面統治手法，可稱為「細心雕琢的威權」(crafted authoritarian)、「精心算計的威權」(calculated authoritarian)，這是黨國威權體制能夠極具韌性地生存不墜的關鍵，也是未來比較威權體制研究可以著力的方向。

三、蔣經國在臺灣民主化中的角色

長期以來臺灣社會對蔣經國的評價極高，肯定他在一九七〇年代施行的「吹臺青」政策是本土化的開始；更因他宣布臺灣解除戒嚴，而被推崇為「臺灣民主發動者」。但本書研究指出，蔣經國是家父長制威權體制的擁護者，至死以護衛黨國為目標，民主改革並非初衷，只是內外環境交迫下不得已的選擇。

蔣經國因蘇聯經驗使他樂於接觸群眾，尤其關心榮民與農民生活，並具有儒家聖君仁王、牧民意識而照顧百姓。但是在他眼中，順民才是他關心的百姓，反對者即是寇讎。蔣經國日記顯示，他並未因為黃文雄刺殺震撼而領會臺灣人的迫切訴求，對黨外民主運動人士自始至終採取敵對態度。一九七二年他出任行政院長開始掌權，雖然在黨政人事中提高臺籍菁英的名額，並開啟中央民意代表增額選舉，此一「有限的本土化政策」並不是為了走向政治開放、自由民主，而是為了解救失去聯合國中國代表權所產生的正當性危機。新生代臺籍青年對於改革幅度太小感到不滿，美國大使館報告對此也評價不高。在他統治期間的政治高壓並未稍減、白色恐怖案件依舊層出不窮。

一九七八年蔣經國出任國家元首，迎來更加嚴酷的內外挑戰。為了壓制中壢事件後聲勢日漲的黨外運動，他利用美中關係正常化的危機停止選舉競爭，並逐步採取緊縮政策、於一九七九年底發動大逮捕。蔣經國和他的父親一樣不允許反對運動著手組織化，違者立即出手壓制，並且親自站上第一線指揮辦案，將對手以叛亂案入罪。蔣經國主導下強硬路線抬頭，也使得情治機關更加肆無忌憚，政治暗殺暴力頻傳，一九八〇年的林宅血案、一九八一年的陳文成案、一九八四年的劉宜良案都在此種政治氛圍下發生。

一九八〇年代正逢美國政府推動人權外交與民主促進政策，國務院與國會以各種方式敦促威權國家民主化，菲律賓、南韓、臺灣等東亞國家都是其目標。於是蔣經國採取兩手策略，一面向美國政府承諾將推動民主化、本土化；一面拖延，努力維繫黨國體制存續。但劉宜良案直接牴觸美國政府的人權底線，特務於海外暗殺異議分子的粗暴行徑，使國民黨政府形象跌落谷底，有關獨裁政權第三代蔣孝武是幕後指使者的傳言，更造成無法管控的傷害。在此不利情況下，一九八五年八月蔣經國接受《時代》雜誌專訪，表示將來國家元首「由蔣家人士繼位一事從不考慮」，將依憲法產生。一九八六年菲律賓獨裁政權遭推翻，馬可仕逃亡夏威夷，蔣經國為之心驚，島內民主運動則大受鼓舞。一九八六年夏天，儘管統治當局密集動員司法手段、鎮暴展示雙重威嚇，反對運動者仍然無懼向前，並在九月正式宣布成立民主進步黨，與威權當局正面對決。蔣經國已被逼到牆角，同年十月他接受《華盛頓郵報》專訪，終於宣布將盡速解除戒嚴。蔣經國的幾次讓步，都是情勢逼迫下不得不然的選擇。

就像所有前近代帝王一樣，蔣經國一生最重要的任務是護衛父親留給他的黨國。他在人生的最後階段，仍然殫精竭慮、苦心布局，尋求黨國續命之道：一是以《國家安全法》取代《戒嚴令》，將大多數戒嚴時期對人民基本權利的管制規定納入，以便繼續社會控制；二是鋪排以外省籍保守派人士為主的黨政軍特權力結構，以俾身後仍能有效節制依憲法機制繼任的總統，確保政權不會轉移給臺灣人。蔣經國為黨國鞠躬盡瘁，解嚴不到半年即溘然長逝。

一九八八年元月蔣經國逝世，臺灣的政治自由化如解嚴、解除黨禁、報禁等都還在起步階段，基本人權尚未獲得保障，遑論民主化建置則根本還未啟動。新聞媒體、蔣經國僚屬與保守派學者所聲稱「蔣經國是臺灣民主發動者」的說法，其實是威權體制鬆動初期宣傳機制仍然強大時所推出的美化論述，是將臺灣民主運動成果收割為黨國獨裁者功蹟的最後一波造神運動。這些造神宣傳至今仍在混淆人們的歷史認知，應予拆解釐清。

四、臺灣民主化過程中的自力與他力

一九四七年二二八事件後，臺灣社會與國民黨政府緊張關係形成，一九五〇年代以降所建立外省統治集團為核心的威權體制，不但造成省籍矛盾，更刺激臺灣人的反抗意識賡續不墜。臺灣社會的抵抗運動包括，以政治自由化為目標的組黨運動，及以政權本土化為目標的獨立建國運動；前者以體制內改革為主，後者則包括選舉競爭與武裝革命兩種路線。但無論是組黨運動或建國運動，都是以建立自由民主的臺灣為追求目標。

戰後，這兩種反抗運動先後登場，有時輪流接續，有時相生相成，從未間斷。二二八事件後島內情勢嚴峻，臺灣再解放聯盟獨立運動在海外組成，雖然也移入島內組織倡議，但威權當局嚴密防範，一九五〇年旋即遭到壓制。一九六〇年代臺籍菁英藉著地方選舉形成勢力，並與自由主義派外省籍菁英攜手合作，推動第一波反對黨組織化運動。組黨運動失敗後，島內臺獨運動抬頭，一部分臺灣青年有意識地在軍中、在地方籌謀組織，企圖以激烈的武裝革命手段推翻威權統治；另一部分臺籍知識分子則思考臺灣處境、擘劃民主國家藍圖，然而在威權統治穩固期，種種挑戰行動無異以卵擊石。一九七〇年代，新生代青年為主再接再厲推動新一波民主運動，但因當局發動大逮捕而遭扼殺，繼之更遭逢林宅血案、陳文成命案等血腥暴力震懾。就在島內反對運動受挫之際，海外臺獨運動、臺灣人團體熱切伸出援手，透過在美國政界運作營造聲援氣勢，對統治當局形成壓力，扭轉政治氛圍。一九八六年島內外運動者分進合擊，宣布組成反對黨，更是迫使統治當局必須讓步的關鍵所在。臺灣人追求自由民主，犧牲奮鬥，努力不懈，無疑是民主化得以達成的主要因素。

但是，臺灣民主化能夠成功也並非都是來自於吳乃德所說的「人的精神意志」所致，時代環境所形成的結構條件與運動成敗密切相關。戰後臺灣歷史發展並不只是臺灣社會與威權政府的對抗過程，因為國民黨政府高度依賴美國在軍事、經濟、外交上的支持，關鍵時刻美國政府的態度至為緊要，戰後史是「美國政府－國民黨政府－臺灣社會」三者互動的歷史。一九六〇年代以前正值國際冷戰高峰期，美國政府與國民黨當局是反共合作夥伴，臺灣人追求自由的呼聲不被重視，威權體制依舊穩固。一九七〇年代國際局勢出現變化，美國政府與中華人民共和國關係正常化下，國民黨政府高度依賴美國出售武器取得安全保障，兩者從夥伴關係逐漸向單方面依賴關係傾斜。此時正值卡特政府推動人權外交，臺灣民主運動在情勢變化中獲得更多成長空間，迄至一九八〇年代雷根政府推動民主促進政策，國際社會第三波民主化加速推進，國民黨政府逐漸無力承受來自島內民主運動與美國民主化要求的雙重壓力。簡言之，臺灣的民主改革正逢美國外交政策與第三波民主化風潮的有利時機，外在結構因素成為重要助力。

臺灣民主化得以達成，還得利於特殊的歷史機運。一九八八年元月蔣經國逝世，李登輝依據憲法宣誓繼任。試想，如果當時上臺的是俞國華、李煥或郝柏村，能夠大力推動民主化與本土化嗎？又或者，如果不是對「臺灣人的悲哀」有深刻體會、又深諳如獅如狐權力手段的李登輝，而是由謝東閔、林洋港等其他臺籍菁英上位，是否能夠越過重重權力鬥爭的驚濤駭浪，並以務實且長遠的眼光逐步推進臺灣民主化進程？如是觀之，不得不說命運女神真是厚待臺灣人了。

過去臺灣社會對於自身所處的國際處境理解極少，只能被動接收威權政府大肆宣傳有利於其統治的「臺灣主權復歸中國」論述。二二八事件、白色恐怖與土地改革衝擊下，除了少數菁英分子之外，大部分臺灣人無力、也無心關心集體命運問題。一九五〇、一九七〇年代曾經出現兩波國際秩序的重大變化，多數臺灣民眾渾然不覺，更有一部分人在危機時刻移民外逃。一九八〇年代威權政府一旦不敵島內民主運動與國際民主化浪潮衝擊時，旋又轉身打造「臺灣民主化推手」神話，將民主轉型的冠冕戴在獨裁者頭上，人們再度被動領受自上而下的政治宣傳，對民主轉型真實過程並不關心。在臺灣歷經民主化多年後的今天，我們還要像過去一樣對國際情勢變化漠不關心、對集體處境與命運置身事外嗎？

尤其近幾年來，美中關係急遽轉變，從一九七〇年代的合作走向競爭、甚至對立。美國國務卿布林肯（Antony J. Blinken, 1962-）日前在演說中公開表示，冷戰後形成的世界秩序已經結束，現正進入「與威權激烈競爭的歷史轉折點」，而俄羅斯與中國的「無限合作關係」

（no limits partnership）正威脅世界，其中俄羅斯是最立即、迫切的威脅，中國則是最嚴重、長期的挑戰（the most significant long-term challenge），因為中國不僅渴望重塑國際秩序，而且愈來愈擁有實現這一目標的經濟、外交、軍事與技術力量，世界正面臨決定性的考驗。[1]布林肯之演說顯示美國政府將中國視為主要且長期具有威脅性的國家，雙方緊張關係日益升高。就在美中對立緊繃、臺灣問題屢屢成為焦點之際，中國不斷擴充武器裝備，軍機軍艦頻繁擾亂試探；美國政府政府則加緊武器輸臺、協助部隊演訓。臺海關係緊張，成為國際矚目焦點，《經濟學人》稱臺灣是「地球上最危險的地方」。[2]美國總統拜登則多次公開表態若中國武力犯臺，美軍將出兵協防。[3]這是自一九七〇年代美中合作以來國際局勢最劇烈的轉變，將嚴重牽動臺灣命運，更是一個新的歷史時刻到來。

透過本書的討論，筆者希望讓臺灣共同體的成員們對自身歷史過往有所認識，以便有助於對臺灣當前狀態之理解，並且能在此基礎上思考共同未來。

首先有關臺灣地位問題，從本書第一部分可知臺灣是二戰後未完成處理的前殖民地，其狀態是《對日和約》中刻意不規定主權歸屬，這是美英協議以及當時中華民國政府的共識，亦即「臺灣地位未定論」的由來。雖然在美國政府默許下臺灣長期處於中華民國政府實質統治，但自一九七〇年代就已預見臺灣統治政權終將走向「臺灣化」。一九七九年元月起，美國政府不再承認島上的中華民國政府，臺灣成為政治實體（political entity），其統治者被稱為是「臺灣當局」（Taiwan authority）。因為中國的杯葛排擠，臺灣共同體無法成為國際社會所承認的正常國家，被排除於許多國際組織之外。

美中關係正常化後，美國政府另通過《臺灣關係法》為臺灣問題做了補救規範。該法第二條指出美國政府政策是：維持西太平洋和平安全、期望臺灣前途以和平方式解決，任何企圖以非和平方式來解決臺灣問題之舉將為美國政府所嚴重關切；因此美國政府提供防禦性武器給臺灣人民，並會維持其能力以抵抗任何訴諸武力或使用其他高壓手段，而危及臺灣人民安全與社會經濟制度的行動。[4]此一規定不僅顯示美國政府對於臺海和平的重視，也可看出美方維護臺灣特殊地位的態度。臺灣當前處境，與美國政府在戰後一連串臺灣問題處置息息相關。

其次檢視臺灣的民主化資產，筆者認為威權時期與民主化後，臺灣共同體的各項條件已極不相同。一則在威權時期，國民黨政府與臺灣社會相互拮抗，統治者的國家認同與臺灣社會看法有極大落差；臺灣社會遭威權暴力壓制，導致社會大眾對公共事務疏離冷漠。冷戰初期美國政府尋求臺灣問題處置方案時，曾經希望以「住民自決原則」為臺灣解套，但苦於「臺灣民意並未要求對臺灣前途另作安排」。一九七〇年代聯合國中國代表權競爭中，美國政府曾提出「兩個中國」、「一中一臺」主張，希望讓臺灣留在聯合國內，但當時臺灣人民並無表達意願的機會。威權體制下臺灣民眾對國際局勢無感、對集體命運漠然，一九五〇、一九七〇年代兩度出現的歷史時刻，臺灣社會並未把握，機會稍縱即逝。

民主化之後，臺灣政府由選民投票產生，經過人民授權進行統治，依循民意推動政策，臺灣不再是國家（state）與社會（society）分立狀態。今日的臺灣能夠透過民主機制凝聚社會共識，已具備表達集體意志的能力。

二則過去美國政府官員對臺灣政治菁英缺乏信心，早期曾認為廖文毅等臺獨運動者政治上過於天真、過度依賴、缺乏社會基礎；美國大使莊萊德對臺灣人政治菁英的評語則是「缺乏自治經驗、沒有原則的機會主義者，未曾展現過協力合作的能力」。民主化之後的臺灣歷經多次政黨輪替，政治人物經過民選競爭與磨練，並具有實際執政經驗，逐漸克服上述問題，成為國際社會所期待負責、理性、具溝通能力與國際視野的成熟政治家。

三則經過三十年民主洗禮的臺灣，已從威權獨裁蛻變成擁有充分自由、民主的體制，是各種國際評比的優等生。正如多位美國學者所指出，臺灣此一充滿活力的民主政體，不僅向國際社會展示了重要價值，其突破重重限制、自力更生的能力更是令人振奮的典範故事，而美國政府如何處理臺灣防衛議題將成為檢驗其國際信用的重要指標，影響日本等國對美式同盟的信心。[5]

顯然，民主化後的臺灣已逐漸擺脫冷戰時期作為美國在西太平洋戰略資產的角色，提升成為值得敬重的優質民主國家、世界性科技島、國際互助模範生。具有實際國家內涵、並對國際社會積極貢獻的臺灣，有資格向國際社會爭取符合本身成就的國格地位。

同時，在國際秩序激烈變化的此刻，臺灣政治領導人必須致力凝聚內部共識，做好種種準備，才能在關鍵時刻堅定向國際社會表達集體意志，並負起自身國防整備與防衛責任。

再者，臺灣的所謂「寧靜革命」的影響值得重新思考評估。臺灣民主運動推進路徑在一九八〇年代以前是以反對人士為主，先行者前仆後繼、犧牲奮鬥；一九九〇年代則在國民黨主席李登輝帶領下大步前進，成為威權當局所主導的政治變革模式。此一民主化路徑是在對威權體制、既得利益意識形態最少變動的情況下進行，其優點是以溫和緩進手段降低改革阻力；但是付出的可觀代價則是既存結構依然故我，威權遺緒繼續左右臺灣社會。

臺灣民主化過程未曾出現龐大人民力量撼動獨裁政權、結束其統治的場景，也未出現新上臺的改革勢力大刀闊斧進行歷史清理與責任清算。事實上，二〇〇〇年政黨輪替時，改革陣營僅僅獲得三九．三％得票率入主總統府，臺灣民主化得以達成不乏歷史機運與幸運成分。在此情況下，臺灣大多數民眾並非民主價值追求者，而是搭乘民主化便車（free rider），缺乏對民主社會公民責任的自我要求。另方面，改革派政府未獲得多數支持，為了政權穩定或不得罪選民，並未進行深層歷史清理，去除威權遺緒。更有甚者，威權舊勢力以民主之名大肆批評攻擊民選政府，利用自由開放社會抗衡民主體制，鼓吹美好的舊時代記憶。於是，臺灣社會長期以來在舊的威權土壤與新的民主制度中拉鋸，自由民主體質無法深化。由於民主體質養成遠遠落後，公民社會無法形成，我們的民主政治運作重心淪為每兩年輪流登場之地方選舉、總統選舉的形式追逐，而無法落實理性、寬容、公共對話、尊重專業、凝聚共識、追求共好等民主核心價值的日常實踐。

近二十年來臺灣民主體質未見提升，社會紛擾不斷，近期中國因素影響大選，資訊戰、認知戰鋪天蓋地而來。臺灣社會如何深化民主體制，對內形成共同意志，對外爭取國際支持，已是無法逃避的重大挑戰。

89　河崎真澄著、龔昭勳譯，《李登輝祕錄》，頁126-129。
90　李登輝口述、張炎憲等訪問，《李登輝總統訪談錄二：政壇新星》，頁225-227。
91　彭明敏，〈李登輝與我〉，《自由時報》，2020年7月31日，第A12版。

結論

1　Antony J. Blinken, "Secretary Antony J. Blinken Remarks to the Johns Hopkins School of Advanced International Studies (SAIS) "The Power and Purpose of American Diplomacy in a New Era"," U.S. Department of State, September 13, 2023, https://www.state.gov/secretary-antony-j-blinken-remarks-to-the-johns-hopkins-school-of-advanced-international-studies-sais-the-power-and-purpose-of-american-diplomacy-in-a-new-era/，2023年9月20日瀏覽。
2　戴雅真，〈經濟學人封面稱臺灣「最危險地區」 憂臺海煙硝釀災籲美中避戰〉，中央社CNA，2021年4月30日，https://www.cna.com.tw/news/firstnews/202104300011.aspx，2023年9月20日瀏覽。
3　徐薇婷，〈拜登表態中國犯臺將出兵防衛　上任以來至少4次〉，中央社CNA，2022年9月19日，https://www.cna.com.tw/news/aipl/202209190065.aspx，2023年9月20日瀏覽。
4　《臺灣關係法》，美國在臺協會，1979年1月1日，https://web-archive-2017.ait.org.tw/zh/taiwan-relations-act.html，2023年8月16日瀏覽。
5　任雪麗（Shelley Rigger）著、姚睿譯，《臺灣為什麼重要？美國兩岸研究權威寫給全美國人的臺灣觀察報告》（臺北：貓頭鷹，2013），頁293-308。

73 「馬英九呈蔣經國為民國七十一年九月蔣經國與美國在臺協會理事主席丁大衛有關美國對我軍售等談話紀錄事」,〈民國七十一年蔣經國約見外賓談話紀錄(二)〉,《蔣經國總統文物》,國史館藏,典藏號:005-010303-00010-030。

74 「民國七十四年十二月馬英九呈蔣經國為與美國在臺協會理事主席丁大衛有關中美兩國於軍事經濟之交流與中華民國對中共之政策等事談話紀錄」,〈民國七十四年蔣經國約見外賓談話紀錄(三)〉,《蔣經國總統文物》,國史館藏,典藏號:005-010303-00019-014。

75 「蔣經國接見美國在臺協會理事主席丁大衛談及中美目前無正式外交但盼繼續維持友好關係等」,〈民國七十年蔣經國約見外賓談話紀錄(三)〉,《蔣經國總統文物》,國史館藏,典藏號:005-010303-00008-015。

76 〈陳守山出掌警總的意義〉(社論),《中國時報》,1981年11月29日,第2版;唐經瀾,〈陳守山接掌警總 裨益外界溝通〉,《聯合報》,1981年11月26日,第3版。

77 「民國七十四年十二月馬英九呈蔣經國為與美國在臺協會理事主席丁大衛有關中美兩國於軍事經濟之交流與中華民國對中共之政策等事談話紀錄」,〈民國七十四年蔣經國約見外賓談話紀錄(三)〉,《蔣經國總統文物》,國史館藏,典藏號:005-010303-00019-014。

78 「民國七十六年五月蔣經國接見美國在臺協會臺北辦事處處長丁大衛夫婦談話紀錄」,〈民國七十六年蔣經國約見外賓談話紀錄(一)〉,《蔣經國總統文物》,國史館藏,典藏號:005-010303-00023-019。

79 「民國七十六年三月蔣經國接見美國在臺協會理事主席羅大為等談話紀錄」,〈民國七十六年蔣經國約見外賓談話紀錄(一)〉,《蔣經國總統文物》,國史館藏,典藏號:005-010303-00023-009。

80 「民國七十六年十二月蔣經國約見美國在臺協會臺北辦事處處長丁大衛談話紀錄」,〈民國七十六年蔣經國約見外賓談話紀錄(二)〉,《蔣經國總統文物》,國史館藏,典藏號:005-010303-00024-018。

81 「檢送美國國務院所撰一九八六年各國人權狀況報告有關我國部分影本及本部迻譯之中文摘要各一份」,〈人權報告〉,《外交部》,檔案管理局藏,檔號:AA03000000B/0076/409/0032/0001/001/0077-0084。

82 「外交部收電」,〈人權報告〉,《外交部》,檔案管理局藏,檔號:AA03000000B/0076/409/0032/0001/001/0031-0032。

83 「民國七十六年五月蔣經國接見美國在臺協會臺北辦事處處長丁大衛夫婦談話紀錄」,〈民國七十六年蔣經國約見外賓談話紀錄(一)〉,《蔣經國總統文物》,國史館藏,典藏號:005-010303-00023-019。

84 「民國七十六年七月蔣經國約見美國在臺協會臺北辦事處處長丁大衛談話紀錄」,〈民國七十六年蔣經國約見外賓談話紀錄(二)〉,《蔣經國總統文物》,國史館藏,典藏號:005-010303-00024-002。

85 「民國七十六年十二月蔣經國約見美國在臺協會臺北辦事處處長丁大衛談話紀錄」,〈民國七十六年蔣經國約見外賓談話紀錄(二)〉,《蔣經國總統文物》,國史館藏,典藏號:005-010303-00024-018。

86 李登輝口述、張炎憲等訪問,《李登輝總統訪談錄二:政壇新星》,頁225。

87 河崎真澄著、龔昭勳譯,《李登輝祕錄》(臺北:前衛,2021),頁70-99。

88 李登輝口述、張炎憲等訪問,《李登輝總統訪談錄二:政壇新星》,頁43-48。

52 〈制定國安法是解嚴必要條件？ 執政黨與民進黨看法大相逕庭！〉，《自立晚報》，1987年3月12日，第2版；〈執政黨人士針對民進黨聲明 重申總統去年曾宣布 國安法立法後解嚴〉，《自立晚報》，1987年4月17日，第1版。

53 「行政院第二〇三八次會議 祕密討論事項」，〈行政院會議議事錄 臺第六〇八冊二〇三七至二〇四〇〉，《行政院》，國史館藏，典藏號：014-000205-00635-002。

54 「民國七十六年五月蔣經國接見美國在臺協會臺北辦事處處長丁大衛夫婦談話紀錄」，〈民國七十六年蔣經國約見外賓談話紀錄（一）〉，《蔣經國總統文物》，國史館藏，典藏號：005-010303-00023-019。

55 「民國七十六年七月蔣經國約見美國在臺協會臺北辦事處處長丁大衛談話紀錄」，〈民國七十六年蔣經國約見外賓談話紀錄（二）〉，《蔣經國總統文物》，國史館藏，典藏號：005-010303-00024-002。

56 宋楚瑜口述、方鵬程採訪整理，《從威權邁向開放民主：臺灣民主化關鍵歷程（1988-1993）》（臺北：商周，2019），頁313。

57 Samuel P. Huntington, The Third Wave: Democratization in the Late Twentieth Century, p. 95.

58 〈王昇日記〉，1981年9月25日，1982年2月11日、4月30日、5月12日、5月14日、9月27日，美國史丹佛大學胡佛研究所藏。

59 David Dean, Unofficial Diplomacy: The American Institute in Taiwan: A Memoir (Bloomington, Indiana: Xlibris, LLC, 2014), pp. 163-164.

60 李潔明著（James R. Lilley）、林添貴譯，《李潔明回憶錄：美、中、臺三角關係大揭密》，頁247-248

61 郝柏村，《八年參謀總長日記（上）》（臺北：天下文化，2000），頁476。

62 郝柏村，《郝柏村回憶錄》（臺北：天下文化，2019），頁274-275。

63 郝柏村，《八年參謀總長日記（上）》，頁781-786。

64 〈口頭補充致詞〉，收入民國歷史文化學社編輯部主編，《蔣經國大事日記（1985）》，頁204-205。

65 「民國七十四年十二月馬英九呈蔣經國為與美國在臺協會理事主席丁大衛有關中美兩國於軍事經濟之交流與中華民國對中共之政策等事談話紀錄」，〈民國七十四年蔣經國約見外賓談話紀錄（三）〉，《蔣經國總統文物》，國史館藏，典藏號：005-010303-00019-014。

66 郝柏村，《八年參謀總長日記（下）》，頁1227-1228。

67 李登輝口述、張炎憲等訪問，《李登輝總統訪談錄二：政壇新星》，頁150。

68 郝柏村，《八年參謀總長日記（上）》，頁505。

69 郝柏村，《郝柏村回憶錄》，頁282；張祖詒，《蔣經國晚年身影》（臺北：天下文化，2009），頁179。

70 李登輝筆記、國史館李登輝口述歷史小組編註，《見證臺灣：蔣經國總統與我》。

71 Taiwan's Succession Politics and the Recent Kuomintang Plenum, March 22, 1984, CIA-RDP04T00367R000201400001-6, CIA FOIA, https://www.cia.gov/readingroom/search/site，2023年5月10日瀏覽。

72 The Political Succession on Taiwan, January 1, 1985, CIA-RDP86T00590R000100010001-3, CIA FOIA, https://www.cia.gov/readingroom/search/site，2023年5月10日瀏覽。

革新等資料〉，《外交部》，檔案管理局藏，檔號：AA03000000B/0075/410.19/0075/0001/001/0169-0170。

33 錢復，《錢復回憶錄卷二：華府崎嶇路》(臺北：天下文化，2005)，頁360-362。

34 民國歷史文化學社編輯部主編，《蔣經國大事日記（1986)》，頁70。

35 鄭經，〈彷彿在美麗島前夕：國民黨搞「衛安演習」嫁禍〉，《開拓時代週刊》134（1986年8月25日），頁4-11；林啟進，〈衛安十一號暴動任務〉，《新觀點週刊》22（1986年8月25日），頁4-11；吳起，〈鎮暴部隊卯上組黨狂潮〉，《新觀點週刊》22（1986年8月25日），頁16-17。

36 康寧祥論述、陳政農撰稿，《臺灣，打拼：康寧祥回憶錄》(臺北：允晨文化，2013)，頁400。

37 陳信傑整理、潘光哲校閱，《傅正與民主進步黨檔案史料提要》(臺北：《傅正與民主進步黨檔案史料提要》編輯委員會，2017)，頁53-68。

38 郝柏村，《八年參謀總長日記（下)》，頁997。

39 郝柏村，《八年參謀總長日記（下)》，頁998-999。

40 郝柏村，《八年參謀總長日記（下)》，頁1000-1001。

41 民國歷史文化學社編輯部主編，《蔣經國大事日記（1986)》，頁145-147；〈蔣主席昨強調小不忍則亂大謀 期勉大家應忍辱負重堅忍圖成 認為沒有理想不顧國家責任才是真正軟弱〉，《聯合報》，1986年10月9日，第1版。

42 「民國七十五年十月葛光越呈蔣經國為與美國華盛頓郵報董事長葛蘭姆等人談話紀錄」，〈民國七十五年蔣經國約見外賓談話紀錄（二)〉，《蔣經國總統文物》，國史館藏，典藏號：005-010303-00021-021；〈蔣總統告訴華盛頓郵報董事長 我政府將儘速取消戒嚴令〉，《聯合報》，1986年10月9日，第1版。

43 Samuel P. Huntington, The Third Wave: Democratization in the Late Twentieth Century (Norman: University of Oklahoma Press, 1991), pp. 127-129.

44 李登輝口述、張炎憲等訪問，《李登輝總統訪談錄二：政壇新星》(臺北：允晨文化、國史館，2008)，頁216-217；李登輝筆記、國史館李登輝口述歷史小組編註，《見證臺灣：蔣經國總統與我》(臺北：允晨文化、國史館，2004)，頁163-164。

45 郝柏村，《八年參謀總長日記（下)》，頁992。

46 〈執政黨通過兩政治革新方案 臺澎區將解除戒嚴 修法規範政治團體〉，《聯合報》，1986年10月16日，第1版。

47 郝柏村，《八年參謀總長日記（下)》，頁1013。

48 「行政院第二〇一四次會議 祕密報告事項」，〈行政院會議議事錄 臺第六〇一冊二〇一二至二〇一五〉，《行政院》，國史館藏，典藏號：014-000205-00628-003。

49 〈民進黨反對制定國安法 要求直接解除戒嚴〉，《自立晚報》，1987年3月10日，第1版。

50 〈部分民進黨人將發動群眾 在總統府前示威 反對制定國安法〉，《自立晚報》，1987年3月27日，第2版；〈綠色本部昨晚舉行國安法說明會 要求五一九前宣布解除戒嚴 若未如願仍將進行示威抗議〉，《自立晚報》，1987年4月19日，第2版；〈表達抗議制定國安法 民進黨堅持和平遊行〉，《自立晚報》，1987年5月18日，第2版；〈民眾昨往立院抗議制定國安法 隊伍進入博愛特區 警方蒐證氣氛緊張〉，《自立晚報》，1987年6月11日，第2版。

51 〈執政黨核定國安法草案結論 入出境檢查由警察機關受理〉，《自立晚報》，1987年6月3日，第1版。

10 〈新聞局昨發表聲明指出 我戒嚴法極為溫和 旨在抵抗共產主義 對於民主人權並無妨礙〉，《聯合報》，1982年5月22日，第2版。

11 盧世祥，〈走過戒嚴的黑暗時代〉，《自由時報》，2017年7月16日，第2版。

12 〈林洋港與索拉茲在和諧中對談 強調戒嚴是為對付中共 對於國民限制極其有限〉，《聯合報》，1983年8月16日，第2版。

13 「民國七十二年蔣經國約見美國聯邦眾議員索拉茲會談談話紀錄」，〈民國七十二年蔣經國約見外賓談話紀錄（二）〉，《蔣經國總統文物》，國史館藏，典藏號：005-010303-00013-004。

14 「蔣經國接見美國在臺協會理事主席丁大衛談及中美目前無正式外交但盼繼續維持友好關係等」，〈民國七十年蔣經國約見外賓談話紀錄（三）〉，《蔣經國總統文物》，國史館藏，典藏號：005-010303-00008-015。

15 民國歷史文化學社編輯部主編，《蔣經國大事日記（1986）》（臺北：民國歷史文化學社，2021），頁11。

16 〈中常會談話〉，收入民國歷史文化學社編輯部主編，《蔣經國大事日記（1985）》，頁12-13。

17 〈美國時代雜誌香港分社主任仙杜拉·波頓問答〉，收入民國歷史文化學社編輯部主編，《蔣經國大事日記（1985）》，頁135-138。

18 〈蔣孝武抵星履新·展開人生新歷程〉，《聯合報》，1986年2月19日，第2版。

19 李建榮，〈馬樹禮的回憶：蔣經國七十四年已思考解嚴問題〉，《中國時報》，1997年7月14日，第2版。

20 李筱峰，《臺灣民主運動四十年》（臺北：自立晚報，1987），頁186-256。

21 Taiwan: Thoughts on Chiang's Removal, March 4, 1985, CIA-RDP85T01058R000101040001-0, CIA FOIA, https://www.cia.gov/readingroom/search/site，2023年5月10日瀏覽。

22 Taiwan: All the King's Horses and All the King's Men? November 12, 1985, CIA-RDP87S00734R000100020024-7, CIA FOIA, https://www.cia.gov/readingroom/search/site，2023年5月10日瀏覽。

23 "Statement on the Presidential Election in the Philippines," Ronald Reagan Presidential Library & Museum, February 11, 1986, https://www.reaganlibrary.gov/archives/speech/statement-presidential-election-philippines-0，2023年8月9日瀏覽。

24 武嶺，〈人民覺醒是民主政治的起步：馬可仕下臺的啟示〉，《臺北檔案週刊》5（1986年3月7日），頁19-21。

25 吳大為，〈受菲律賓大選鼓舞 黨外人士準備硬行闖關〉，《雷聲》101（1986年3月1日），頁43-46）。

26 郝柏村，《八年參謀總長日記（下）》（臺北：天下文化，2000），頁890-891。

27 高人，〈國民黨兩度集會 商討菲國變局〉，《臺北檔案週刊》5（1986年3月7日），頁4-10。

28 〈蔣經國日記〉，1979年10月20日，美國史丹佛大學胡佛研究所藏。

29 〈蔣經國日記〉，1979年11月3日，美國史丹佛大學胡佛研究所藏。

30 〈蔣經國日記〉，1979年11月9日，美國史丹佛大學胡佛研究所藏。

31 〈蔣經國日記〉，1979年11月11日，美國史丹佛大學胡佛研究所藏。

32 「中國國民黨第十二屆三中全會重要決議規劃執行概要資料」，〈提供駐美代表處我人權政治

70　「關於美國會議員就我戒嚴法舉行記者會及提出呼籲我廢除戒嚴法決議案簡報」，〈美國會關於我戒嚴法議案〉，《外交部》，檔案管理局藏，檔號：AA03000000B/0072/400.3/0059/0001/001/0101-0102。

71　陳榮儒，《FAPA與國會外交（1982-1995）》（臺北：前衛，2004），頁17。

72　「關於美國眾議院外委會亞太小組本（七十三）年五月卅一日舉辦『臺灣之民主發展』聽證會並提出有關籲我加速民主化決議案事函請督照酌陳」，「關於美國眾議院外交委員會亞太小組於本（七十三）年度五月卅一日舉行『近來臺灣政治發展：戒嚴法之影響』並通過眾院第一二九號共同決議案事續函請查照酌陳」，〈美眾院「臺灣政治發展」聽證會及129、344號決議案〉，《外交部》，檔案管理局藏，檔號：AA03000000B/0072/400.32/0029/0001/001/0162-0167、0214-0217。

73　中美關係報告編輯小組編，《中美關係報告：1985-1987》（臺北：中央研究院美國文化研究所，1989），頁7-9。

74　「中報、國際日報等剪報」，〈索拉茲（臺灣民主修正案）〉，《外交部》，檔案管理局藏，檔號：AA03000000B/0076/409/0189/0001/001/0005-0007。

75　「美國會通過有關我民主之修正案」、「駐美代表處990號專電」、「奉諭續檢呈美國會審議『國務院授權法案』有關索拉茲『臺灣民主修正案』等發展情形報告乙份敬請鑒督」，〈索拉茲（臺灣民主修正案）〉，《外交部》，檔案管理局藏，檔號：AA03000000B/0076/409/0189/0001/001/0059-0073、0195、0213-0216。

第十一章　歷史的大轉折

1　司馬遼太郎著、李金松譯、鍾肇政審訂，《臺灣紀行：街道漫步》（臺北：臺灣東販，1995），頁101。

2　李登輝，《為主做見證：李登輝的信仰告白》（臺北：遠流，2013），頁15-51。

3　李登輝／司馬遼太郎，〈對談・生在臺灣的悲哀〉，收入司馬遼太郎著、李金松譯、鍾肇政審訂，《臺灣紀行：街道漫步》，頁519-539。

4　民國歷史文化學社編輯部主編，《蔣經國大事日記（1980）》（臺北：民國歷史文化學社，2021），頁10；《蔣經國大事日記（1981）》（臺北：民國歷史文化學社，2021），頁161；《蔣經國大事日記（1982）》（臺北：民國歷史文化學社，2021），頁20；《蔣經國大事日記（1985）》（臺北：民國歷史文化學社，2021），頁139。

5　〈蔣經國日記〉，1978年10月30日，美國史丹佛大學胡佛研究所藏。

6　宋楚瑜口述、方鵬程採訪整理，《蔣經國祕書報告》（臺北：商周，2018），頁185。

7　李潔明（James R. Lilley）著、林添貴譯，《李潔明回憶錄：美、中、臺三角關係大揭密》（臺北：時報文化，2003），頁254。

8　「美國在臺協會臺北辦事處總務組組長班立德與左紀國會談有關人權及政治犯等」，〈丁大衛與左紀國談話要點等〉，《蔣經國總統文物》，國史館藏，典藏號：005-010301-00014-002。

9　〈蔣院長闡述憲政體制 厲行法治尊重人權〉，《聯合報》，1977年6月10日，第1版。

51 郝柏村，《八年參謀總長日記（上）》，頁699、713、716；錢復，《錢復回憶錄卷二：華府崎嶇路》，頁410-413。
52 中美關係報告編輯小組編，《中美關係報告：1983-1985》，頁11。
53 「駐美代表處512號專電」，〈劉宜良〉，《外交部》，檔案管理局藏，檔號：AA03000000B/0074/407.1/0134/0001/001/0003-0004。
54 蔡同榮，《我要回去》，頁81-83；陳唐山，《陳唐山回憶錄：黑名單與外交部長》，頁66。
55 「『臺灣人公共事務會』首屆中央委員資料」，〈FAPA專卷（臺灣人公共事務會）〉，《外交部》，檔案管理局藏，檔號：AA03000000B/0071/409/0021/0001/001/0082-0083。
56 「『臺灣人公共事務會』在美活動」，〈FAPA專卷（臺灣人公共事務會）〉，《外交部》，檔案管理局藏，檔號：AA03000000B/0071/409/0021/0001/001/0089。
57 「『臺灣人公共事務會』現況及其陰謀動向」，〈FAPA專卷（臺灣人公共事務會）〉，《外交部》，檔案管理局藏，檔號：AA03000000B/0071/409/0021/0001/001/0103-0104。
58 「臺灣人公共事務會聲明及附錄近年外交工作概要」，〈FAPA專卷（臺灣人公共事務會）〉，《外交部》，檔案管理局藏，檔號：AA03000000B/0071/409/0021/0001/001/0124。
59 蔡同榮，《我要回去》，頁71-77。
60 「中央社紐約廿七日專電」，〈美國眾議院亞太小組臺灣戒嚴法聽證會〉，《外交部》，檔案管理局藏，檔號：AA03000000B/0071/400.32/0018/0001/001/0062、0064；Richard C. Bush, At Cross Purposes: U.S.-Taiwan Relations Since 1942, p. 194.
61 蔡同榮，〈二萬名移民額〉，臺美史料中心，https://taiwaneseamericanhistory.org/blog/ourjourneys59/，2023年7月20日瀏覽。
62 蔡同榮，《我要回去》，頁99-101。
63 「『臺灣人公共事務會』第二屆年會有關情況及分析意見敬請參考」，〈FAPA專卷（臺灣人公共事務會）〉，《外交部》，檔案管理局藏，檔號：AA03000000B/0071/409/0021/0001/001/0165。
64 「匪加強海外臺籍同胞統戰工作及臺獨外圍組織『臺灣人公共事務會』支助部分美國政要情形敬請密參」，〈FAPA專卷（臺灣人公共事務會）〉，《外交部》，檔案管理局藏，檔號：AA03000000B/0071/409/0021/0001/001/0190，檔案管理局藏。
65 蔡同榮，《我要回去》，頁87；張炎憲、曾秋美、沈亮主編，《青春．逐夢．臺灣國：發芽》（臺北：吳三連臺灣史料基金會，2010），頁110。
66 「致蔣經國先生的一封公開信」，〈美國眾議院亞太小組臺灣戒嚴法聽證會〉，《外交部》，檔案管理局藏，檔號：AA03000000B/0071/400.32/0018/0001/001/0024-0025。
67 「外交部收電參議員甘迺迪等四人就臺灣戒嚴法事在參院新聞室舉行記者會招待會」，〈美國眾議院亞太小組臺灣戒嚴法聽證會〉，《外交部》，檔案管理局藏，檔號：AA03000000B/0071/400.32/0019/0001/001/0023-0053。
68 「檢奉卅一位美國眾議員連署索拉茲有關籲請我停止戒嚴法聲明原稿影本一件」，〈美國眾議院亞太小組臺灣戒嚴法聽證會〉，《外交部》，檔案管理局藏，檔號：AA03000000B/0071/400.32/0019/0001/001/0384。
69 「美眾院亞太小組臺灣戒嚴法聽證會證詞」，〈美國眾議院亞太小組臺灣戒嚴法聽證會〉，《外交部》，檔案管理局藏，檔號：AA03000000B/0071/400.32/0019/0001/001/0155-0251。

案管理局藏，檔號：AA03000000B/0072/451.59/0002/0001/001/0023-0027。

32 「蔡維屏呈蔣經國來美後與美國國會聯繫工作之進行及美對我軍售案之現況等信函以及蔣經國復電稿」，〈蔣經國與各界往來函札（一）〉，《蔣經國總統文物》，國史館藏，典藏號：005-010502-00014-015。

33 「行政院新聞局有關外界誣指我從事所謂『校園監視』問題備忘錄」，〈校園監聽〉，《外交部》，檔案管理局藏，檔號：AA03000000B/0072/451.59/0002/0001/001/0023-0027。

34 修正案提出過程可參：https://www.congress.gov/amendment/97th-congress/house-amendment/434?s=3&r=25。修正案內容可參：HeinOnline, US Treaties and Agreements Library, https://heinonline.org/HOL/Page?collection=ustreaties&handle=hein.journals/intlm21&id=191&men_tab=srchresults。

35 錢復，《錢復回憶錄卷二：華府崎嶇路》（臺北：天下文化，2005），頁400。

36 「錢復078號專電」、「有關劉宜良案之調查」，〈劉宜良（一）〉，《外交部》，檔案管理局藏，檔號：AA03000000B /0073/407.1/USA001/0001/001/0007-0015、0084-0089。

37 「外交部去電專號750號」、「章孝嚴報告」，〈劉宜良（一）〉，《外交部》，檔案管理局藏，檔號：AA03000000B /0073/407.1/USA001/0001/001/0028-0034、0093-0099。

38 「錢復299號專電」、「有關劉宜良案之調查」，〈劉宜良（一）〉，《外交部》，檔案管理局藏，檔號：AA03000000B /0073/407.1/USA001/0001/001/0136-0138。

39 郝柏村，《八年參謀總長日記（上）》（臺北：天下文化，2000），頁670-671。

40 「章孝嚴報告」，〈劉宜良（一）〉，《外交部》，檔案管理局藏，檔號：AA03000000B /0073/407.1/USA001/0001/001/0047-0052。

41 錢復，《錢復回憶錄卷二：華府崎嶇路》，頁404。

42 「世界日報、中報等剪報」，〈劉宜良（一）〉，《外交部》，檔案管理局藏，檔號：AA03000000B /0073/407.1/USA001/0001/001/0176-179。

43 「一清專案與陳啟禮已極劉宜良命案綜合說明」，〈劉宜良（一）〉，《外交部》，檔案管理局藏，檔號：AA03000000B /0073/407.1/USA001/0001/001/0159-0172。

44 「錢復439號專電」、「有關劉宜良案之調查」，〈劉宜良（一）〉，《外交部》，檔案管理局藏，檔號：AA03000000B /0073/407.1/USA001/0001/001/0224-225。

45 「美專案小組廿五日分別對陳吳兩嫌做測謊測驗」，〈劉宜良〉，《外交部》，檔案管理局藏，檔號：AA03000000B/0074/407.1/USA004/0001/001/0079-0090。

46 中美關係報告編輯小組編，《中美關係報告：1983-1985》（臺北：中央研究院美國文化研究所，1985），頁10。

47 「49號共同決議案」，〈劉宜良〉，《外交部》，檔案管理局藏，檔號：AA03000000B/0074/407.1/USA004/0001/001/0169。

48 「朱撫松急電」，〈劉宜良〉，《外交部》，檔案管理局藏，檔號：AA03000000B/0074/407.1/USA004/0001/001/0211。

49 「華興小組946號專電」、「駐美代表處956號專電」，〈劉宜良〉，《外交部》，檔案管理局藏，檔號：AA03000000B/0074/407.1/USA003/0001/001/0088-0090。

50 郝柏村，《八年參謀總長日記（上）》，頁701。

12 王能祥、張文隆，《前進D.C.：國會外交的開拓者王能祥八十回憶暨臺灣前途文集》，頁156-163；王能祥，《美國國會前叩門的唐吉軻德：你應該知道的臺灣關係法》，頁122-144。

13 「『臺灣關係法』案中之人權條款制訂經過節要」，〈臺灣關係法案中之人權條款制訂經過節要案〉，《行政院》，檔案管理局藏，檔號：AA00000000A/0068/4-2-1/22。

14 「『臺灣關係法』案中之人權條款制訂經過節要」，〈臺灣關係法案中之人權條款制訂經過節要案〉，《行政院》，檔案管理局藏，檔號：AA00000000A/0068/4-2-1/22。

15 「美國在臺協會臺北辦事處總務組組長班立德與左紀國會談有關人權及政治犯等問題」，〈丁大衛與左紀國談話要點等〉，《蔣經國總統文物》，國史館藏，典藏號：005-010301-00014-002。

16 「蔣彥士呈蔣經國章孝嚴應邀與美國在臺協會臺北辦事處總務組長班立德餐敘，謹將雙方談話要點陳報」，〈外交—外交事務散件資料（二）〉，《蔣經國總統文物》，國史館藏，典藏號：005-010205-00185-043。

17 〈中國人權協會〉，《國家安全局》，檔案管理局藏，檔號：A803000000A/0068/C301401/1。

18 黃根深、王廷宜、莊秋雄，〈臺灣人權協會1970-1990年代的故事〉，頁232。

19 李界木，《一粒麥籽落土：臺灣人權協會與我》，頁242。

20 陳唐山，《陳唐山回憶錄：黑名單與外交部長》，頁81-85。

21 蔡同榮，《我要回去》(高雄：敦理，1990)，頁69-70。

22 Richard C. Bush, At Cross Purposes: U.S.-Taiwan Relations Since 1942, pp. 79-80.

23 中美關係報告編輯小組編，《中美關係報告：1979-1980》(臺北：中央研究院美國文化研究所，1980)，頁6-7。

24 中美關係報告編輯小組編，《中美關係報告：1981-1983》(臺北：中央研究院美國文化研究所，1984)，頁1-2。

25 林岩哲，〈美國武器外銷制度與政策之研究〉，《國立政治大學學報》42（1980年12月），頁131-154。

26 「北美事務協調會駐美辦事處337號專電」，〈陳文成（國會、行政部門、學界)〉，《外交部》，檔案管理局藏，檔號：A303000000B/0070/407.1/0105/0001/001/0022-0023。

27 「蔡維屏呈蔣經國來美後與美國國會聯繫工作之進行及美對我軍售案之現況等信函以及蔣經國復電稿」，〈蔣經國與各界往來函札（一)〉，《蔣經國總統文物》，國史館藏，典藏號：005-010502-00014-015。

28 「檢呈國務院助理國務卿何志立七月廿三日答覆眾議員Leach詢問陳文成死亡案情之函件影本一份請鈞察」，〈陳文成（國會、行政部門、學界)〉，《外交部》，檔案管理局藏，檔號：A303000000B/0070/407.1/0105/0001/001/0127-0129。

29 「北美事務協調會駐美辦事處506號專電」，〈陳文成（國會、行政部門、學界)〉，《外交部》，檔案管理局藏，檔號：A303000000B/0070/407.1/0105/0001/001/0178。

30 「北美事務協調會駐美辦事處551號專電」、「檢呈美眾院外交委員會亞太小組為『陳文成之死』案七月三十日舉行聽證會現場提供之次要證詞及有關資料請鈞察」，〈陳文成（國會、行政部門、學界)〉，《外交部》，檔案管理局藏，檔號：A303000000B/0070/407.1/0105/0001/001/0085、0089-0126、180-187。

31 「行政院新聞局有關外界誣指我從事所謂『校園監視』問題備忘錄」，〈校園監聽〉，《外交部》，檔

收入薛月順編，《戰後臺灣政治案件：美麗島事件史料彙編（八）事件後的處置》（臺北：國史館，2022），頁81-84。

76　〈華冠專案小組第一次會議紀錄 附件：遏止流毒擴散之共同瞭解與重點工作〉、〈中國國民黨中央委員會函王化行檢送高雄事件審判中新聞報導之檢討及其思想汙染之防制案〉，收入薛月順編，《戰後臺灣政治案件：美麗島事件史料彙編（八）事件後的處置》，頁92-106。

77　呂芳上等訪問、王景玲記錄，《楚崧秋先生訪問紀錄：覽盡滄桑八十年》（臺北：中央研究院近代史研究所，2001），頁135-136。

78　陳翠蓮，〈王昇與「劉少康辦公室」：1980年代臺灣威權體制末期的權力震盪〉，《國史館館刊》69（2021年9月），頁121-172。

第十章　開闢第二戰場

1　〈警總偵訊及談話筆錄〉，收入張世瑛、蕭李居編輯，《戰後臺灣政治案件：陳文成案史料彙編（一）》（臺北：國史館，2019），頁29、126-130。

2　Richard C. Bush, At Cross Purposes: U.S.-Taiwan Relations Since 1942 (N.Y.: M.E. Sharpe, 2004), pp. 179-180.

3　陳隆、陳錦芳、盧榮杰，〈世界臺灣同鄉會聯合會（世臺會）簡史〉，收入張炎憲等編著，《自覺與認同：1950-1990年海外臺灣人運動專輯》（臺北：吳三連臺灣史料基金會，2005），頁371-380；陳唐山，《陳唐山回憶錄：黑名單與外交部長》（臺北：前衛，2016），頁62。

4　李界木，《一粒麥籽落土：臺灣人權協會與我》（臺北：前衛，2009），頁391。

5　李界木，《一粒麥籽落土：臺灣人權協會與我》，頁181-183；黃根深、王廷宜、莊秋雄，〈臺灣人權協會1970-1990年代的故事〉，收入張炎憲等編著，《自覺與認同：1950-1990年海外臺灣人運動專輯》，頁230-231；黃根深、王廷宜（泰和）、莊秋雄 編著，〈臺灣人權協會簡史〉，臺美史料中心，2018年1月23日，https://taiwaneseamericanhistory.org/blog/project-3-40/，2023年10月8日瀏覽。

6　王能祥、張文隆，《前進D.C.：國會外交的開拓者王能祥八十回憶暨臺灣前途文集》（臺北：遠景，2012），頁117-122。

7　王能祥、張文隆，《前進D.C.：國會外交的開拓者王能祥八十回憶暨臺灣前途文集》，頁117-122、137；王能祥，《美國國會前叩門的唐吉軻德：你應該知道的臺灣關係法》（臺北：臺灣基督長老教會，2019），頁102-105。

8　「檢呈今年六月十四日眾院國際組織小組舉辦之臺灣人權聽證會紀錄一份」，〈臺灣人權聽證會〉，《外交部》，檔案管理局藏，檔號：AA03000000B/0066/400.3/0014/0001/001/0359-0423。

9　李界木，《一粒麥籽落土：臺灣人權協會與我》，頁196-201。

10　李大維，《臺灣關係法立法過程：美國總統與國會間之制衡》（臺北：風雲論壇，1996），頁69-83。

11　王能祥、張文隆，《前進D.C.：國會外交的開拓者王能祥八十回憶暨臺灣前途文集》，頁137-145。

大審》，頁71-140。

57 〈高雄市政府警察局對黃信介等人在高雄中山路大圓環巨型集會活動蒐證概況〉，收入何鳳嬌編，《戰後臺灣政治檔案：美麗島事件史料彙編（四）逮捕與偵訊》（臺北：國史館，2022），頁3-46。

58 〈汪敬煦少將昨嚴正聲明 少數不法分子暴行 依法偵辦決不寬貸〉，《中央日報》，1979年12月12日，第3版。

59 〈國安局第三處簡便行文萬弘毅函告安和計畫偵辦對象〉、〈警總函國安局檢送一二一〇專案結案檢討資料請督核〉，收入何鳳嬌編，《戰後臺灣政治檔案：美麗島事件史料彙編（五）逮捕與偵訊》，頁33-49、467-468。

60 〈調查局撰一二一〇（安和）專案行動組檢討報告〉，收入何鳳嬌編，《戰後臺灣政治檔案：美麗島事件史料彙編（五）逮捕與偵訊》，頁428。

61 〈蔣經國日記〉，1979年12月22日，美國史丹佛大學胡佛研究所藏。

62 〈國安局第三處第三科為警總檢送一二一〇專案嫌犯元月八日至十一日每日狀況彙報擬請警總注意改進案簽請核示〉，收入何鳳嬌編，《戰後臺灣政治檔案：美麗島事件史料彙編（五）逮捕與偵訊》，頁171。

63 〈蔣經國日記〉，1979年12月23日、12月25日，美國史丹佛大學胡佛研究所藏。

64 〈調查局函送警總等檢送一二一〇專案偵訊工作指導綱要敬請查照辦理〉，收入何鳳嬌編，《戰後臺灣政治檔案：美麗島事件史料彙編（五）逮捕與偵訊》，頁112-113。

65 「陳若曦等呈蔣經國為高雄事件請即交法院審理不應由軍事審判以合乎民主法治原則」，〈蔣經國與各界往來函札（三）〉，《蔣經國總統文物》，國史館藏，典藏號：005-010502-00016-013。

66 張文彥，〈訪陳若曦談美麗島事件〉，《中報月刊》第2期，轉引自呂秀蓮，《重審美麗島》，頁575。

67 〈王昇日記〉，1980年1月13日，美國史丹佛大學胡佛研究所藏。

68 〈國安局未檢討一二一〇專案開會通知 附件二：上級對高雄事件指示事項〉，收入何鳳嬌編，《戰後臺灣政治檔案：美麗島事件史料彙編（五）逮捕與偵訊》，頁205。

69 〈王昇日記〉，1980年2月5日，美國史丹佛大學胡佛研究所藏。

70 潘榮禮，〈《富堡之聲》與洪誌良〉，民傳媒，2022年2月22日，https://www.peoplemedia.tw/news/9770a539-17b5-48aa-bc9f-57c91f624280，2023年7月19日瀏覽；轉型正義資料庫，https://twtjcdb.nhrm.gov.tw/Search/Detail/11942，2023年7月19日瀏覽。

71 〈國安局為一二一〇專案結案檢討會議擬具工作檢討及處理意見 附件四：警總保安處治安組執行一二一〇專案檢討報告〉，收入何鳳嬌編，《戰後臺灣政治檔案：美麗島事件史料彙編（五）逮捕與偵訊》，頁441-445。

72 「檢送『一二一〇』專案後期治安特別措施」，〈一二一〇專案（綜合）〉，《法務部調查局》，檔案管理局藏，檔號：A311010000F/0068/3/48616/1/019。

73 以上綜合整理自《自立晚報》、《聯合報》、《中國時報》，1980年3月29日報導。

74 〈國安局為一二一〇專案結案檢討會議擬具工作檢討及處理意見 附件二：警總政六處新聞組對一二一〇專案新聞處理情形檢討報告〉，收入何鳳嬌編，《戰後臺灣政治檔案：美麗島事件史料彙編（五）逮捕與偵訊》，頁436。

75 〈國防部總政治作戰部主任王昇呈蔣經國關於高雄事件覆判前後澄清與導正思想工作之建議〉，

33 〈康寧祥、王兆釧告同胞書〉，收入姚嘉文、陳菊編註，《黨外文選》，頁48-50。
34 〈黨外人士國是聲明〉，收入姚嘉文、陳菊編註，《黨外文選》，頁51-56。
35 〈為余登發父子被捕告全國同胞書附註〉，收入姚嘉文、陳菊編註，《黨外文選》，頁58。
36 何智霖等訪問、羅國儲等記錄，〈許信良先生訪談錄〉，收入陳儀深主編，《中壢事件相關人物訪談錄》（臺北：國史館，2021），頁68-69。
37 《潮流》第41期，轉引自呂秀蓮，《重審美麗島》，頁68。
38 〈蔣經國日記〉，1979年5月27日，美國史丹佛大學胡佛研究所藏。
39 〈蔣經國日記〉，1979年7月8日，美國史丹佛大學胡佛研究所藏。
40 〈蔣經國日記〉，1979年8月5日，美國史丹佛大學胡佛研究所藏。
41 先前已有康寧祥的《八十年代》、陳鼓應的《鼓聲》、王拓的《春風》等雜誌出刊。
42 蕭李居，〈導言〉，收入蕭李居編，《戰後臺灣政治案件：美麗島事件史料彙編（一）對美麗島總社的調查與監控》（臺北：國史館，2022），頁XII。
43 蕭李居編，《戰後臺灣政治案件：美麗島事件史料彙編（一）對美麗島總社的調查與監控》。
44 〈國安局彙整有關陰謀分子企圖籌組反對黨資料分析〉，收入蕭李居編，《戰後臺灣政治案件：美麗島事件史料彙編（一）對美麗島總社的調查與監控》，頁316-326。
45 〈國安局簽呈為彙研美麗島雜誌出版後陰謀動向〉，收入蕭李居編，《戰後臺灣政治案件：美麗島事件史料彙編（一）對美麗島總社的調查與監控》，頁371-380。
46 呂秀蓮，《重審美麗島》，頁81-90。
47 「偏激分子田秋堇陳菊等透露康寧祥對組黨之態度及陳婉真獲得國民黨機密文件」，〈陳菊（青谷專案）〉，《國家安全局》，檔案管理局藏，檔號：A803000000A/0067/W2E0817CC/1/0005/1/001/0151。
48 〈蔣經國日記〉，1978年10月8日，美國史丹佛大學胡佛研究所藏。
49 〈蔣經國日記〉，1978年12月6日，美國史丹佛大學胡佛研究所藏。
50 〈蔣經國日記〉，1979年10月28日，美國史丹佛大學胡佛研究所藏。
51 呂秀蓮，《重審美麗島》，頁116；〈李博愛致趙必忠調查高雄事件期間戴崇慶之舉動情報請參考處理〉，〈國安局第三處第三科據特三組情報為戴崇慶被列為安和專案對象向各界陳情案簽請核示〉，收入何鳳嬌編，《戰後臺灣政治檔案：美麗島事件史料彙編（五）逮捕與偵訊》（臺北：國史館，2022），頁246-252。原本受命指使黑社會人士破壞恐嚇美麗島雜誌的戴崇慶，卻在事件後被提報為「安和專案」取締對象，遭高雄警察局傳訊，為求自保向國家安全局、警備總部等單位陳情。
52 新臺灣研究文教基金會美麗島事件口述歷史編輯小組總策畫，《暴力與詩歌：高雄事件與美麗島大審》（臺北：時報文化，1999），頁17。
53 〈蔣經國日記〉，1979年11月30日，美國史丹佛大學胡佛研究所藏。
54 〈警總令調查局等為一二一〇及一二一六專案綱要計畫已完成協調由南警部及衛戍區成立專案小組協力執行〉，收入何鳳嬌編，《戰後臺灣政治檔案：美麗島事件史料彙編（五）逮捕與偵訊》，頁5-6。
55 新臺灣研究文教基金會美麗島事件口述歷史編輯小組總策畫，《暴力與詩歌：高雄事件與美麗島大審》，頁18、50。
56 新臺灣研究文教基金會美麗島事件口述歷史編輯小組總策畫，《暴力與詩歌：高雄事件與美麗島

3 McConaughy to Department of State, Chiang Ching-kuo as a Leader of Taiwan, April 10, 1970, RG 59, Subject Numeric Files, 1970-1973, Political & Defense, Box 2203, in NARA.

4 Gleysteen to Department of State, Chiang Ching-kuo's Political Style, September 13, 1972, RG 59, Subject Numeric Files, 1970-1973, Political & Defense, Box 2203, in NARA.

5 〈蔣經國日記〉，1972年3月26日、5月18日、5月22日，美國史丹佛大學胡佛研究所藏。

6 〈蔣經國日記〉，1977年7月17日、9月24日、10月22日、11月19日，美國史丹佛大學胡佛研究所藏。

7 〈蔣經國日記〉，1977年11月14日，美國史丹佛大學胡佛研究所藏。

8 〈蔣經國日記〉，1977年11月14日，1978年1月17日、3月31日、4月10日，美國史丹佛大學胡佛研究所藏。

9 〈蔣經國日記〉，1979年7月2日、9月3日、9月23日、12月8日，美國史丹佛大學胡佛研究所藏。

10 〈蔣經國日記〉，1977年12月30日，1978年2月16日，美國史丹佛大學胡佛研究所藏。

11 〈蔣經國日記〉，1978年1月14日、2月19日，美國史丹佛大學胡佛研究所藏。

12 〈蔣經國日記〉，1978年3月26日，美國史丹佛大學胡佛研究所藏。

13 〈蔣經國日記〉，1977年9月27日、10月19日、12月8日、12月15日，1978年1月18日、5月8日、6月5日、6月27日、7月17日等等，美國史丹佛大學胡佛研究所藏。

14 〈蔣經國日記〉，1977年8月8日、9月18日，1978年2月12日、4月6日、9月7日、9月8日、9月9日、10月1日等等，美國史丹佛大學胡佛研究所藏。

15 〈蔣經國日記〉，1979年3月24日，美國史丹佛大學胡佛研究所藏。

16 吳子俊主編，《國軍政戰史稿（下）》（臺北：國防部總政治作戰部，1983），頁1029-1034。

17 尼洛，《王昇：險夷原不滯胸中》（臺北：世界文物，1995），頁284-292。

18 吳子俊主編，《國軍政戰史稿（下）》，頁1003-1017。

19 〈十二大政治建設〉，收入姚嘉文、陳菊編註，《黨外文選》（臺北：姚嘉文發行，1979），頁1-3。

20 呂秀蓮，《重審美麗島》（臺北：前衛，1997），頁42。

21 〈王昇日記〉，1978年11月4日、19日，美國史丹佛大學胡佛研究所藏。

22 〈王昇日記〉，1978年11月21日，美國史丹佛大學胡佛研究所藏。

23 〈王昇日記〉，1978年12月9日，美國史丹佛大學胡佛研究所藏。

24 〈聲討黑拳幫叛國罪行宣言〉，收入姚嘉文、陳菊編註，《黨外文選》，頁62-64。

25 〈王昇日記〉，1978年12月9日，美國史丹佛大學胡佛研究所藏。

26 〈蔣經國日記〉，1978年12月6日，美國史丹佛大學胡佛研究所藏。

27 〈蔣經國日記〉，1978年12月11日，美國史丹佛大學胡佛研究所藏。

28 〈蔣經國日記〉，1978年12月12日，美國史丹佛大學胡佛研究所藏。

29 「行政院新聞局呈蔣經國檢送總統接見美駐華大使安克志就美國將與中共建立外交關係並承認中共為中國唯一合法政府等事進行會談之紀錄」，〈外交—外交事務散件資料（一）〉，《蔣經國總統文物》，國史館藏，典藏號：005-010205-00184-043。

30 錢復，《錢復回憶錄卷一：外交風雲動》（臺北：天下文化，2005），頁389-393。

31 劉鳳翰等訪問、何智霖等記錄，《汪敬煦先生訪談錄》（臺北：國史館，1993），頁121-123。

32 〈社會人士對延期選舉的聲明〉，收入姚嘉文、陳菊編註，《黨外文選》，頁46-47。

in NARA.

50 Memorandum: Transferability of Military Commitments from GRC to a "Taiwanized" Regime, September 24, 1970, RG 59, Subject Numeric Files, 1970-1973, Political & Defense, Box 2202, in NARA.

51 Gleysteen to Department of State, Taiwanese Heirs to Power? July 12, 1972, RG 59, Subject Numeric Files, 1970-1973, Political & Defense, Box 2203, in NARA.

52 〈蔣經國日記〉，1973年4月11日、5月22日、10月7日，美國史丹佛大學胡佛研究所藏。

53 康寧祥，《問政三年》(臺北：臺灣政論雜誌社，1975)，頁11-16、23-28、124-127。

54 康寧祥論述、陳政農編纂，《臺灣，打拚：康寧祥回憶錄》，頁136-138、153。

55 齊邦媛訪問、李孝悌記錄，〈附錄一：紀念民主的播種者齊世英先生──康寧祥先生訪問紀錄〉，收入沈雲龍等訪問、林忠勝記錄，《齊世英先生訪問紀錄》(臺北：中央研究院近代史研究所，1990)，頁349-357。

56 康寧祥論述、陳政農編纂，《臺灣，打拚：康寧祥回憶錄》，頁193-197。

57 陳儀深訪問、林東璟記錄，〈擔任祕書十年──陳菊女士訪談錄〉，收入張文隆等訪問，《郭雨新先生行誼訪談錄》(臺北：國史館，2008)，頁87-92。

58 康寧祥論述、陳政農編纂，《臺灣，打拚：康寧祥回憶錄》，頁211-217。

59 李筱峰，《臺灣民主運動四十年》(臺北：自立晚報，1987)，頁122。

60 陳世宏等訪問、羅國儲等記錄，〈張富忠先生訪談錄〉，收入陳儀深主編，《中壢事件相關人物訪談錄》(臺北：國史館，2021)，頁132-138。

61 何智霖等訪問、羅國儲等記錄，〈許信良先生訪談錄〉，收入陳儀深主編，《中壢事件相關人物訪談錄》，頁49-50。

62 何智霖等訪問、羅國儲等記錄，〈許信良先生訪談錄〉，頁55-58。

63 「謹擬定1119專案分析及建議」，〈祥和專案〉，《國家安全局》，檔案管理局藏，檔號：A803000000A/0066/C300541/1/0003/005/0020。

64 〈蔣經國日記〉，1977年11月29日，美國史丹佛大學胡佛研究所藏。

65 〈蔣經國日記〉，1977年12月1日，美國史丹佛大學胡佛研究所藏。

66 〈蔣經國日記〉，1977年12月2日，美國史丹佛大學胡佛研究所藏。

67 〈蔣經國日記〉，1977年12月4日，美國史丹佛大學胡佛研究所藏。

68 〈蔣經國日記〉，1977年12月6日，美國史丹佛大學胡佛研究所藏。

69 〈蔣經國日記〉，1977年12月23日，美國史丹佛大學胡佛研究所藏。

70 〈蔣經國日記〉，1977年12月31日，美國史丹佛大學胡佛研究所藏。

第九章　遏制民主火種

1 〈第二部旅美家書　第一篇〉，收入方素敏編，《只有香如故：林義雄家書》(臺北：天堂鳥，1984)，頁91。

2 〈第二部旅美家書　第二篇〉，收入方素敏編，《只有香如故：林義雄家書》，頁204。

8月7日、10日，10月23日、31日，美國史丹佛大學胡佛研究所藏。

29 〈蔣經國日記〉，1971年9月30日，美國史丹佛大學胡佛研究所藏。

30 鄭鴻生，《青春之歌：追憶1970年代臺灣左翼青年的一段如火年華》，頁289-295。

31 〈蔣經國日記〉，1972年4月7日、12日，美國史丹佛大學胡佛研究所藏。

32 〈蔣內閣的新陣容新氣象新活力〉（社論），《聯合報》，1972年5月30日，第2版；〈起用人才．增強團結〉（社論），《中央日報》，1972年5月30日，第2版。

33 陳祖華，〈蔣院長就職一年來的成就〉，《聯合報》，1973年5月31日，第2版。

34 編輯部，〈重建歷史記憶：424刺蔣案與臺灣座談會記實〉，《臺灣史料研究》15（2000年6月），頁187。

35 〈蔣經國日記〉，1970年5月7日，美國史丹佛大學胡佛研究所藏。

36 〈蔣經國日記〉，1970年5月9日，美國史丹佛大學胡佛研究所藏。

37 〈蔣經國日記〉，1970年5月18日，美國史丹佛大學胡佛研究所藏。

38 McConaughy to Department of State, Chiang Ching-kuo and the New Party and Cabinet Structures, June 12, 1972, RG 59, Subject Numeric Files, 1970-1973, Political & Defense, Box 2203, in NARA.

39 Republic of China: Chiang Ching-kuo's Taiwanese, June 21, 1972, RG 59, Subject Numeric Files, 1970-1973, Political & Defense, Box 2203, in NARA.

40 Republic of China: Chiang Ching-kuo's Taiwanese, June 21, 1972, RG 59, Subject Numeric Files, 1970-1973, Political & Defense, Box 2203, in NARA.

41 李登輝口述、張炎憲等訪問，《李登輝總統訪談錄二：政壇新星》（臺北：允晨文化、國史館，2008），頁6-8。

42 陳祖華，〈充實中央民意機構 外傳確定兩項原則〉，《聯合報》，1971年11月28日，第2版。

43 Gleysteen to Department of State, Smaller Scale Supplementary Elections, July 12, 1972, RG 59, Subject Numeric Files, 1970-1973, Political & Defense, Box 2203, in NARA.

44 Gleysteen to Department of State, Chiang Ching-kuo's Political Style, September 13, 1972, RG 59, Subject Numeric Files, 1970-1973, Political & Defense, Box 2203, in NARA.

45 The Association for Diplomatic Studies and Training (ADST), Foreign Affairs Oral History Project, Ambassador William H. Gleysteen, Jr., pp. 83-84. https://adst.org/OH%20TOCs/Gleysteen,%20William%20H.,%20Jr.toc.pdf，2023年2月9日瀏覽。

46 Memorandum From Alfred Jenkins of the National Security Council Staff to the President's Special Assistant (Rostow), FRUS, 1964-1968,Vol. XXX, China, pp. 672-674.

47 McConaughy to Department of State, Taiwan After Fifteen Years, July 1, 1972, RG 59, Subject Numeric Files, 1970-1973, Political & Defense, Box 2202, in NARA.

48 Armstrong to Department of State, The Taiwanization of Taiwan, or Can the Republic of China Survive until 1984? July 21, 1970, RG 59, Subject Numeric Files, 1970-1973, Political & Defense, Box 2202, in NARA.

49 Osborn to Department of State, The "Taiwanization" of Taiwan: "Americanization" under Another Name? August 18, 1970, RG 59, Subject Numeric Files, 1970-1973, Political & Defense, Box 2202,

5 錢復，《錢復回憶錄卷一：外交風雲動》（臺北：天下文化，2005），頁173-177。

6 孟捷慕（James H. Mann）著、林添貴譯，《轉向：從尼克森到柯林頓美中關係揭密》（臺北：先覺，1999），頁39-51。

7 錢復，《錢復回憶錄卷一：外交風雲動》，頁143。

8 〈蔣介石日記〉，1970年10月17日；1971年3月31日，自記本月反省錄，美國史丹佛大學胡佛研究所藏。

9 〈蔣介石日記〉，1971年4月2日、5月25日，美國史丹佛大學胡佛研究所藏。

10 「蔣中正與美國總統尼克森私人代表墨菲會談有關聯合國中國代表權問題及為保障中美共同利益所採取之方案等談話紀錄」，〈外交—蔣中正接見美方外交大使談話紀錄〉，《蔣經國總統文物》，國史館藏，典藏號：005-010205-00128-002。

11 錢復，《錢復回憶錄卷一：外交風雲動》，頁148。

12 Meeting Among President Nixon, Secretary of State Rogers, and the President's Assistant for National Security Affairs (Kissinger), Foreign Relations of the United States (FRUS), 1969-1976, Vol.V, United Nations, 1969-1972, p. 696.

13 〈總統盱衡當前形勢 激勵國人強固奮發〉，《中央日報》，1971年6月16日，第1版。

14 唐耐心（Nancy B. Tucker）著、林添貴譯，《一九四九年後的海峽風雲實錄：美中臺三邊互動關係大揭密》（臺北：黎明文化，2012），頁65-66。

15 錢復，《錢復回憶錄卷一：外交風雲動》，頁150。

16 錢復，《錢復回憶錄卷一：外交風雲動》，頁150-151；王正華編，《中華民國與聯合國史料彙編：中國代表權》（臺北：國史館，2001），頁542-543。

17 唐耐心（Nancy B. Tucker）著、林添貴譯，《一九四九年後的海峽風雲實錄：美中臺三邊互動關係大揭密》，頁74。

18 〈外交部發言人重申 堅決反對牽匪立場 尼克森說明美在聯大投票態度〉，《中央日報》，1971年9月18日，第1版。

19 〈季辛吉定月內 再度前往匪區〉，《中央日報》，1971年10月6日，第2版。

20 孟捷慕（James H. Mann）著、林添貴譯，《轉向：從尼克森到柯林頓美中關係揭密》，頁62-63；唐耐心（Nancy B. Tucker）著、林添貴譯，《一九四九年後的海峽風雲實錄：美中臺三邊互動關係大揭密》，頁74。

21 「黃少谷呈蔣中正據周書楷電對我退出聯合國時機雖已奉核不應變更但仍將來電交由嚴家淦約集有關人員研商並視代表權辯論情形隨機獻議報請核奪」，〈國家安全會議簽呈（三）〉，《蔣經國總統文物》，國史館藏，典藏號：005-010206-00009-005。

22 〈蔣介石日記〉，1971年10月19日、21日，美國史丹佛大學胡佛研究所藏。

23 錢復，《錢復回憶錄卷一：外交風雲動》，頁160-161。

24 王正華編，《中華民國與聯合國史料彙編：中國代表權》，頁698-699。

25 〈蔣介石日記〉，1971年4月22日，美國史丹佛大學胡佛研究所藏。

26 〈蔣介石日記〉，1971年6月9日，美國史丹佛大學胡佛研究所藏。

27 洪三雄，《烽火杜鵑城：七〇年代臺大學生運動》（臺北：自立晚報，1993）。

28 〈蔣經國日記〉，1971年3月10日，4月15日、16日、23日，5月3日、7日、22日，6月2日、19日，檔號：A305440000C/0059/1571/142/0002/005/0007-0008。

78 〈賴在案〉，《國防部軍法局》，檔案管理局藏，檔號：B3750347701/0059/1571/124。

79 〈國防部人事參謀次長室第四處簽辦泰源案失職幹部懲罰案〉，收入薛月順編，《戰後臺灣政治案件：泰源事件史料彙編（二）》（臺北：國史館，2022），頁935-936。

80 〈附錄　臺灣人民自救運動宣言〉，收入彭明敏，《自由的滋味：彭明敏回憶錄》，頁147-160。

81 張炎憲等訪問記錄，《臺灣自救宣言：謝聰敏先生訪談錄》，頁91。

82 〈福爾摩沙發言〉，收入吳叡人、吳冠緯主編，《廖文奎文獻選輯》（臺北：臺大出版中心，2021），頁321-322。

83 廖文毅原著，陳儀深、葉亭葶主編，《臺灣民本主義》（臺北：政大出版社，2023），頁181-248。

84 〈附錄臺灣人民自救運動宣言〉，收入彭明敏，《自由的滋味：彭明敏回憶錄》，頁138。

85 曾品滄、許瑞浩，〈林欽添先生訪談錄〉，收入曾品滄、許瑞浩訪問，曾品滄記錄，《一九六〇年代的獨立運動：全國青年團結促進會事件訪談錄》（臺北：國史館，2004），頁223-225。

86 曾品滄、許瑞浩，〈許曹德先生訪談錄〉，收入曾品滄、許瑞浩訪問，曾品滄記錄，《一九六〇年代的獨立運動：全國青年團結促進會事件訪談錄》，頁266-268。

87 曾品滄、許瑞浩，〈林水泉先生訪談錄〉，收入曾品滄、許瑞浩訪問，曾品滄記錄，《一九六〇年代的獨立運動：全國青年團結促進會事件訪談錄》，頁53。

88 曾品滄、許瑞浩，〈顏尹謨先生訪談錄〉，收入曾品滄、許瑞浩訪問，曾品滄記錄，《一九六〇年代的獨立運動：全國青年團結促進會事件訪談錄》，頁81-83。

89 曾品滄、許瑞浩，〈黃華先生訪談錄〉，收入曾品滄、許瑞浩訪問，曾品滄記錄，《一九六〇年代的獨立運動：全國青年團結促進會事件訪談錄》，頁118。

90 許曹德，《許曹德回憶錄（上）》（臺北：前衛，2018），頁289-290。

91 曾品滄、許瑞浩，〈林水泉先生訪談錄〉，頁49-50、53-54。

92 黃華，《別無選擇：革命掙扎》（臺北：前衛，2008），頁288。

93 曾品滄、許瑞浩，〈黃華先生訪談錄〉，頁116-120；黃華，《別無選擇：革命掙扎》，頁286。

94 黃華，《別無選擇：革命掙扎》，頁286。

95 黃華，《別無選擇：革命掙扎》，頁290。

96 彭明敏，《逃亡》，頁35-38。

97 王景弘，〈美國外交檔案中的「彭明敏案」〉，收入戴寶村主編，《「臺灣人民自救宣言」四十週年歷史省思》（臺北：臺灣歷史學會，2004），頁15-16、頁13-34。

第八章　蔣經國的挑戰

1 鄭鴻生，《青春之歌：追憶一九七〇年代臺灣左翼青年的一段如火年華》（臺北：聯經，2001），頁180-181。

2 張俊宏，《我的沉思與奮鬥：兩千個煎熬的日子》（臺北：作者自印，1977），頁192-193。

3 康寧祥論述、陳政農編纂，《臺灣，打拚：康寧祥回憶錄》（臺北：允晨文化，2013），頁23-59。

4 李福鐘，〈1966年美國對臺政策的困局與抉擇〉，《國史館館刊》59（2019年3月），頁77-113。

59 「檢附臺灣分歧思想對軍中的影響和我們的對策一份敬請查照由」，〈防制臺獨方案〉，《國家安全局》，檔案管理局藏，檔號：A803000000A/0047/C300826/1/0001/0266-0274。
60 「鎮平專案擴大偵查報告表」（民國五十年八月廿九日），〈蘇東啟〉，《國家安全局》，檔案管理局藏，檔號：A803000000A/0050/W0P0058CC/1/0001/001/0054-0055。
61 「鎮平專案擴大偵查報告表」，〈蘇東啟〉，《國家安全局》，檔案管理局藏，檔號：A803000000A/0050/W0P0058CC/1/0001/001/0053。
62 「鎮平專案擴大偵查報告表」，〈蘇東啟〉，《國家安全局》，檔案管理局藏，檔號：A803000000A/0050/W0P0058CC/1/0001/001/0054-0055。
63 「鎮平專案擴大偵查報告表」（民國五十年九月十四日），〈蘇東啟〉，《國家安全局》，檔案管理局藏，檔號：A803000000A/0050/W0P0058CC/1/0002/001/0063。
64 「鎮平專案行動計畫」，〈蘇東啟〉，《國家安全局》，檔案管理局藏，檔號：A803000000A/0050/W0P0058CC/1/0002/001/0040-0041。
65 「本市民族晚報刊載蘇東啟案不實消息本部處理經過報告」，〈蘇東啟〉，《國家安全局》，檔案管理局藏，檔號：A803000000A/0050/W0P0058CC/1/0003/001/0116-0118。
66 「鎮平專案第二階段顧慮研析表」，〈蘇東啟〉，《國家安全局》，檔案管理局藏，檔號：A803000000A/0050/W0P0058CC/1/0003/001/0123-0124。
67 〈蔣經國日記〉，1961年10月2日，美國史丹佛大學胡佛研究所藏。（原件現已運返國史館保存）
68 「檢呈蘇君等叛亂案卷判及覆判判決情形」，〈蘇東啟等案〉，《國防部軍法局》，檔案管理局藏，檔號：B3750347701/0053/3132521/521/1/001/0085-0086。
69 「檢呈蘇君等叛亂案內有關高君涉嫌部分之處理意見」，〈蘇東啟等案〉，《國防部軍法局》，檔案管理局藏，檔號：B3750347701/0053/3132521/521/1/002/0003。
70 「應正本案實施計劃綱要草案經依討論會意見重加整理完竣,如有意見請於元月三日前見復一案」，〈臺灣獨立運動（十七）：應正本小組〉，《外交部》，檔案管理局藏，檔號：A303000000B/0050/006.3/018/1/017/0002。
71 陳英泰稱之為「綠島屠殺事件」，可參陳英泰，《回憶，見證白色恐怖（下）》（臺北：唐山，2005），頁463-500。
72 「泰源監獄江炳興等六名結夥暴動越獄一案偵訊報告表」、「為鄭金河等叛亂嫌疑案件簽請鑒核」，〈江炳興等案〉，《國防部後備司令部》，檔案管理局藏檔號：A305440000C/0059/1571/142/0001/005/0014-006/0004、A305440000C/0059/1571/142/0002/005/0005。
73 「檢呈泰源監獄叛亂犯劫械逃獄案處理經過」，〈江炳興等案處理經過〉，《國防部軍法局》，檔案管理局藏，檔號：B3750347701/0059/3136141/141/1/001/0001-0012。
74 「檢呈泰源監獄叛亂犯劫械逃獄案處理經過」，〈江炳興等案處理經過〉，《國防部軍法局》，檔案管理局藏，檔號：B3750347701/0059/3136141/141/1/001/0011。
75 「檢呈江君等叛亂案覆判執行情形」，〈江炳興等叛亂案〉，《國防部軍法局》，檔案管理局藏，檔號：B3750347701/0059/3132024/24/1/001/0020。
76 陳儀深訪問、彭孟濤等記錄，《活著說出真相：蔡寬裕先生訪談錄》（臺北：國史館，2020），頁78-84。
77 「為鄭金河等叛亂嫌疑案件簽請鑒核」，〈江炳興等案〉，《國防部後備司令部》，檔案管理局藏，

41 陳儀深訪問、潘彥蓉記錄，〈鄭正成先生訪問紀錄〉，頁16。

42 陳儀深訪問、潘彥蓉記錄，〈高金郎先生訪問紀錄〉，頁133；陳儀深訪問、潘彥蓉記錄，〈林明永先生訪問紀錄〉，頁217-218。

43 陳儀深訪問、潘彥蓉記錄，〈蔡寬裕先生訪問紀錄〉，頁101；陳儀深訪問、簡佳慧記錄，〈吳俊輝先生訪問紀錄〉，頁181-182。

44 「茲檢送〈泰源專案綜合檢討報告書〉第024號及〈泰源監獄叛亂犯劫械逃獄案處理經過報告〉第010號各一份如附件」，〈蘇東啟等案〉，《國防部軍法局》，檔案管理局藏，檔號：B3750347701/0051/278.11/420/001/033/0004。

45 陳儀深訪問、潘彥蓉記錄，〈鄭正成先生訪問紀錄〉，頁16-17。

46 「茲檢送〈泰源專案綜合檢討報告書〉第024號及〈泰源監獄叛亂犯劫械逃獄案處理經過報告〉第010號各一份如附件」，〈蘇東啟等案〉，《國防部軍法局》，檔案管理局藏，檔號：B3750347701/0051/278.11/420/001/033/0004-0005。

47 「茲檢送〈泰源專案綜合檢討報告書〉第024號及〈泰源監獄叛亂犯劫械逃獄案處理經過報告〉第010號各一份如附件」，〈蘇東啟等案〉，《國防部軍法局》，檔案管理局藏，檔號：B3750347701/0051/278.11/420/001/033/0005。

48 陳儀深訪問、潘彥蓉記錄，〈蔡寬裕先生訪問紀錄〉，頁103-104。

49 陳儀深訪問、簡佳慧記錄，〈鄭清田先生訪問紀錄〉，收入中央研究院近代史研究所口述歷史編輯委員會，《口述歷史第11期：泰源監獄事件專輯》，頁233。

50 「茲檢送〈泰源專案綜合檢討報告書〉第024號及〈泰源監獄叛亂犯劫械逃獄案處理經過報告〉第010號各一份如附件」，〈蘇東啟等案〉，《國防部軍法局》，檔案管理局藏，檔號：B3750347701/0051/278.11/420/001/033/0011。

51 「茲檢送〈泰源專案綜合檢討報告書〉第024號及〈泰源監獄叛亂犯劫械逃獄案處理經過報告〉第010號各一份如附件」，〈蘇東啟等案〉，《國防部軍法局》，檔案管理局藏，檔號：B3750347701/0051/278.11/420/001/033/0009。

52 「鄭金河偵訊筆錄」，〈江炳興等案〉，《國防部後備司令部》，檔案管理局藏，檔號：A305440000C/0059/1571/142/0002/015/0014。

53 「江炳興等叛亂案證物臺灣獨立宣言書」，〈江炳興等案〉，《國防部後備司令部》，檔案管理局藏，檔號：A305440000C/0059/1571/142/0002/014/0003-0004。

54 「江炳興等叛亂案證物臺灣獨立宣言書」，〈江炳興等案〉，《國防部後備司令部》，檔案管理局藏，檔號：A305440000C/0059/1571/142/0002/014/0009。

55 「江炳興遺書」，〈江炳興等案〉，《國防部後備司令部》，檔案管理局藏，檔號：A305440000C/0059/1571/142/0002/017/0009。

56 楊美紅，〈父親的手尾錢〉，收入胡淑雯主編，《無法送達的遺書：記那些在恐怖年代失落的人（增訂版）》（臺北：春山，2022），頁283、290。

57 「陳良遺書」，〈江炳興等案〉，《國防部後備司令部》，檔案管理局藏，檔號：A305440000C/0059/1571/142/0002/016/0011。

58 「為已執行死刑人犯江炳興等五名遺囑一案簽請鑒核」，〈江炳興等案〉，《國防部後備司令部》，檔案管理局藏，檔號：A305440000C/0059/1571/142/0002/015/0003。

藏，檔號：A305000000C/0054/1352A/3815/0002/001/0120-0127。

25 陳新吉，《馬鞍藤的春天：白色恐怖受難者陳新吉回憶錄》（臺北：國家人權博物館籌備處，2013），頁108-109。

26 陳儀深訪問、王景玲記錄，〈張茂鐘先生訪問紀錄〉，收入中央研究院近代史研究所口述歷史編輯委員會，《口述歷史第10期：蘇東啟政治案件專輯》（臺北：中央研究院近代史研究所，2000），頁101-105。

27 吳鐘靈，〈臺灣獨立志士陳庚辛先生生平事略〉、鄭正成，〈不怕死的勇士〉，收入政治受難者關懷協會編，《建國志士陳庚辛紀念文集》（臺北：政治受難者關懷協會，2012），頁4、19。

28 陳儀深訪問、朱怡婷記錄，〈鄭清田先生訪問紀錄〉，收入中央研究院近代史研究所口述歷史編輯委員會，《口述歷史第10期：蘇東啟政治案件專輯》，頁238。

29 「蘇東啟報告書」，〈蘇東啟等案（減刑、執行開釋）〉，《國防部後備司令部》，檔案管理局藏，檔號：A305440000C/0050/1571.33/4439/0001/001/0010；陳儀深訪問、王景玲記錄，〈張茂鐘先生訪問紀錄〉，頁106-107；陳儀深訪問、王景玲記錄，〈蘇洪月嬌女士訪問紀錄〉，收入中央研究院近代史研究所口述歷史編輯委員會，《口述歷史第10期：蘇東啟政治案件專輯》，頁13-26。

30 吳鐘靈，〈臺灣獨立志士陳庚辛先生生平事略〉，頁5。

31 「蘇東啟報告書」，〈蘇東啟等案（減刑、執行開釋）〉，《國防部後備司令部》，檔案管理局藏，檔號：A305440000C/0050/1571.33/4439/0001/001/0013；陳儀深訪問、王景玲記錄，〈張茂鐘先生訪問紀錄〉，頁108。

32 陳儀深訪問、林東璟記錄，〈林東鏗先生訪問紀錄〉，收入中央研究院近代史研究所口述歷史編輯委員會，《口述歷史第10期：蘇東啟政治案件專輯》，頁116-121。

33 陳儀深訪問、王景玲記錄，〈張世欽先生訪問紀錄〉，頁146；吳鐘靈，〈臺灣獨立志士陳庚辛先生生平事略〉，頁6。

34 陳儀深訪問、朱怡婷記錄，〈林光庸先生訪問紀錄〉；陳儀深訪問、簡佳慧記錄，〈陳世鑑先生訪問紀錄〉，收入中央研究院近代史研究所口述歷史編輯委員會，《口述歷史第10期：蘇東啟政治案件專輯》，頁157-159、177-178。

35 陳儀深訪問、林東璟記錄，〈顏錦福先生訪問紀錄〉，收入中央研究院近代史研究所口述歷史編輯委員會，《口述歷史第10期：蘇東啟政治案件專輯》，頁196-197。

36 「袁春雨函報」，〈蘇東啟〉，《國家安全局》，檔案管理局藏，檔號：A803000000A/0050/W0P0058CC/1/0001/001/0028。

37 「方靖遠報告」，〈蘇東啟〉，《國家安全局》，檔案管理局藏，檔號：A803000000A/0050/W0P0058CC/1/0001/001/0101。

38 「密不錄由」，〈蘇東啟〉，《國家安全局》，檔案管理局藏，檔號：A803000000A/0050/W0P0058CC/1/0001/001/0004。

39 陳儀深訪問、潘彥蓉記錄，〈高金郎先生訪問紀錄〉，收入中央研究院近代史研究所口述歷史編輯委員會，《口述歷史第11期：泰源監獄事件專輯》，頁125。

40 陳儀深訪問、潘彥蓉記錄，〈鄭正成先生訪問紀錄〉、〈蔡寬裕先生訪問紀錄〉、〈高金郎先生訪問紀錄〉，收入中央研究院近代史研究所口述歷史編輯委員會，《口述歷史第11期：泰源監獄事件專輯》，頁15、82-83、127。

6 「檢附軍中防制臺獨活動參考資料一份，敬請併案參考」，〈防制臺獨方案〉，《國家安全局》，檔案管理局藏，檔號：A803000000A/0047/C300826/1/0001/0032-0035。

7 「陸軍軍官學校學生吳炳坤等涉嫌非法組織偵查報告書」，〈國防部防諜案〉，《國防部》，檔案管理局藏，檔號：A305000000C/0053/378.1A/6015/0007/001/0240-0245。

8 「為續報陸軍官校卅期學生吳炳坤等非法組織處置情形由」，〈國防部防諜案〉，《國防部》，檔案管理局藏，檔號：A305000000C/0053/378.1A/6015/0007/001/0204-0213。

9 「吳炳坤回憶錄」，〈國防部防諜案〉，《國防部》，檔案管理局藏，檔號：A305000000C/0053/378.1A/6015/0007/001/0185-0189。

10 「吳炳坤等組織『自治互助會』案偵訊報告表」，〈國防部防諜案〉，《國防部》，檔案管理局藏，檔號：A305000000C/0053/378.1A/6015/0007/001/0111-0118。

11 「簽呈吳炳坤等非法組織案」，〈國防部防諜案〉，《國防部》，檔案管理局藏，檔號：A305000000C/0053/378.1A/6015/0007/001/0103-0106。

12 「吳炳坤等判決書」，〈國防部防諜案〉，《國防部》，檔案管理局藏，檔號：A305000000C/0053/378.1A/6015/0007/001/0086-0087。

13 「陸軍總司令部偵辦『臺灣獨立自治同盟』叛亂組織案報告書」，〈海軍防諜案〉，《國防部》，檔案管理局藏，檔號：A305000000C/0054/1352A/3815/0002/001/0537。

14 「陸軍總司令部偵辦『臺灣獨立自治同盟』叛亂組織案報告書」，〈海軍防諜案〉，《國防部》，檔案管理局藏，檔號：A305000000C/0054/1352A/3815/0002/001/0537-0539。

15 「陸軍總司令部呈參謀總長永泰專案江炳興等六員供述資料摘要」，〈海軍防諜案〉，《國防部》，檔案管理局藏，檔號：A305000000C/0054/1352A/3815/0002/001/0662-673。

16 陳儀深訪問、簡佳慧記錄，〈吳俊輝先生訪問紀錄〉，收入中央研究院近代史研究所口述歷史編輯委員會，《口述歷史第11期：泰源監獄事件專輯》（臺北：中央研究院近代史研究所，2002），頁169。

17 「調查局永泰專案初步偵訊資料報告書」，〈海軍防諜案〉，《國防部》，檔案管理局藏，檔號：A305000000C/0054/1352A/3815/0002/001/0640-0648。

18 「調查局永泰專案第三次座談會紀錄」，〈海軍防諜案〉，《國防部》，檔案管理局藏，檔號：A305000000C/0054/1352A/3815/0002/001/0571-0574。

19 「陸軍總司令部呈參謀總長永泰專案陸軍軍官學校先後布置據報」，〈海軍防諜案〉，《國防部》，檔案管理局藏，檔號：A305000000C/0054/1352A/3815/0002/001/0690-0692。

20 「陸軍總司令部呈參謀總長永泰專案陸軍軍官學校先後布置據報」，〈海軍防諜案〉，《國防部》，檔案管理局藏，檔號：A305000000C/0054/1352A/3815/0002/001/0690-0692。

21 「調查局永泰專案初步偵訊資料報告書」，〈海軍防諜案〉，《國防部》，檔案管理局藏，檔號：A305000000C/0054/1352A/3815/0002/001/0645。

22 「陸軍總司令部偵辦『臺灣獨立自治同盟』叛亂組織案報告書」，〈海軍防諜案〉，《國防部》，檔案管理局藏，檔號：A305000000C/0054/1352A/3815/0002/001/0542-545。

23 「總政治作戰部送軍法局會辦單」，〈海軍防諜案〉，《國防部》，檔案管理局藏，檔號：A305000000C/0054/1352A/3815/0002/001/0287-293。

24 「隨文檢呈永泰專案列入教育考管人員建議處理名冊」，〈海軍防諜案〉，《國防部》，檔案管理局

96 Osborn to the Department of State, Impact of Korea on Political Situation in Taiwan, 793.00/6-860, RG 59, Central Decimal File, 1960-1963, Box 2144, in NARA.
97 Yager to Secretary of State, September 5, 1960, RG 84, Records of the Foreign Service Posts of the Department of State, Classified General Records, 1939-1964, Taiwan U.S. Embassy, Taipei, in NARA. 以下簡稱RG 84, CGR, 1939-1964.
98 Heter to Embassy Taipei, September 7, 1960, RG 84, CGR, 1939-1964, Box 42, in NARA.
99 Yager to Secretary of State, September 13, 1960, RG 84, CGR, 1939-1964, Box 42, in NARA.
100 Yager to Secretary of State, September 14, 1960, RG 84, CGR, 1939-1964, Box 42, in NARA.
101 Memorandum of Conversion: United States Concern re Lei Chen Case, September 13, 1960, RG 84, CGR, 1939-1964, Box 42, in NARA.
102 〈蔣介石日記〉，1960年9月17日，上星期反省錄，美國史丹佛大學胡佛研究所藏。
103 Memorandum of Conversion: Lei Chen Case, October 24, 1960, RG 84, CGR, 1939-1964, Box 42, in NARA.
104 Heter to Embassy Taipei, October 25, 1960, RG 84, CGR, 1939-1964, Box 42, in NARA.
105 Memorandum of Conversion: Lei Chen Case, November 28, 1960, RG 84, CGR, 1939-1964, Box 42, in NARA.
106 Telegram from the Embassy in the Republic of China to the Department of State, Foreign Relations of the United State (FRUS), 1958-1960, China, October 7, 1960, Vol. XIX, pp. 724-725.
107 Telegram from the Embassy in the Republic of China to the Department of State, FRUS, 1958-1960, China, October 7, 1960, Vol. XIX, p. 726.
108 Letter from the Assistant Secretary of State for Far Eastern Affairs (Parsons) to the Ambassador to the Republic of China (Drumright), FRUS, 1958-1960, China, December 2, 1960, Vol. XIX, pp. 736-737.
109 陶涵（Jay Taylor）著、林添貴譯，《臺灣現代化的推手：蔣經國傳》（臺北：時報文化，2000），頁288-289。
110 Osborn to the Department of State, Taiwanese-Mainlander Relations, 793.00/11-2960, Confidential U.S. State Department Central Files, China, Internal Affairs, 1960-1963, reel 2.

第七章　另一種抵抗路徑

1 彭明敏，《逃亡》（臺北：玉山社，2009），頁35。
2 彭明敏，《自由的滋味：彭明敏回憶錄》（臺北：彭明敏文教基金會，2004），頁115-123。
3 張炎憲等訪問記錄，《臺灣自救宣言：謝聰敏先生訪談錄》（臺北：國史館，2008），頁87。
4 彭明敏，《逃亡》，頁43。
5 「奉部長指示清理臺獨案件完成法律程序由」，〈臺獨案件清理及名冊〉，《國防部後備司令部》，檔案管理局藏，檔號：A305440000C/0055/1571/2360/0001/001/0008。國防部長蔣經國除指示清理臺獨案件、完成法律程序外，並指示與彭明敏同案人犯，亦希研究減刑，以配合政治號召。

71 〈臺灣人與大陸人〉(社論),《自由中國》23：2,頁3-4。
72 殷海光,〈我對於在野黨的基本建議〉,《自由中國》23：2,頁3。
73 傅正主編,《雷震全集(39)：雷震日記(1957～1958年)——第一個十年(七)》,頁271。
74 傅正主編,《雷震全集(39)：雷震日記(1957～1958年)——第一個十年(七)》,頁410、414。
75 朱文伯,〈為中國地方自治研究會再說幾句話〉,《自由中國》20：2(1959年1月16日),頁54。
76 黃杰著、廖文碩等編輯校訂,《戰後臺灣史料與研究：黃杰任職警總時期日記(一)》(臺北：國史館,2022),頁153-154。
77 〈臺灣警備總司令部軍法處對於「田雨」專案公務處理通知單〉,陳世宏等編輯,《雷震案史料彙編：國防部檔案選輯》(臺北：國史館,2002),頁45。
78 〈蔣介石日記〉,1960年4月20日、27日、30日;1960年5月3日,美國史丹佛大學胡佛研究所藏。
79 〈蔣介石日記〉,1960年7月11日、18日、20日;1960年7月23日,上星期反省錄,美國史丹佛大學胡佛研究所藏。
80 謝漢儒,《早期臺灣民主運動與雷震紀事：為歷史留見證》,頁279。
81 蔣君章,〈人類團結的因素〉,《國魂》184(1960年9月),頁24-26。
82 〈週末雜筆〉,《新聞天地》647(1960年7月9日),頁3。
83 〈週末雜筆〉,《新聞天地》651(1960年8月6日),頁3。
84 〈匪圖利用「新黨」活動　進行顛覆陰謀　現正加緊進行「統戰」工作　企圖在政治上製造臺灣混亂〉,《中央日報》,1960年7月31日,第2版。
85 〈匪透過港統戰分子　支持臺灣「新黨」活動　企圖其顛覆政府陰謀〉,《臺灣新生報》,1960年7月31日,第1版。
86 上官下士,〈羅邁來香港搞甚麼〉,《新聞天地》652(1960年8月13日),頁23;向宗魯,〈反對黨向學府進軍〉,《新聞天地》653(1960年8月20日),頁4-5。
87 雷震、李萬居、高玉樹,〈選舉改進座談會緊急聲明〉,《自由中國》23：5(1960年9月1日),頁16。
88 黃杰著、廖文碩等編輯校訂,《戰後臺灣史料與研究：黃杰任職警總時期日記(三)》,頁427、434、436、457、473、482、500、502。
89 〈「自由中國」半月刊涉嫌違法言論摘要〉,《聯合報》,1960年9月5日,第2版。
90 黃杰著、廖文碩等編輯校訂,《戰後臺灣史料與研究：黃杰任職警總時期日記(三)》,頁552、576、584、594、596、601。
91 黃杰著、廖文碩等編輯校訂,《戰後臺灣史料與研究：黃杰任職警總時期日記(三)》,頁640。
92 黃杰著、廖文碩等編輯校訂,《戰後臺灣史料與研究：黃杰任職警總時期日記(三)》,頁540-541、598、709。
93 沈雲龍等訪問、林忠勝記錄,《齊世英先生訪問紀錄》,頁354。
94 Osborn to the Department of State, Impact of Korea on Political Situation in Taiwan, 793.00/6-860, RG 59, General Records of the Department of State, Central Decimal File, 1960-1963, Box 2144, in NARA.
95 Osborn to the Department of State, Impact of Korea on Political Situation in Taiwan, 793.00/6-860, RG 59, Central Decimal File, 1960-1963, Box 2144, in NARA.

50 傅正主編，《雷震全集（39）：雷震日記（1957～1958年）——第一個十年（七）》，1958年4月6日、5月24日，頁285、294。

51 傅正主編，《雷震全集（39）：雷震日記（1957～1958年）——第一個十年（七）》，頁295、324。

52 傅正主編，《雷震全集（39）：雷震日記（1957～1958年）——第一個十年（七）》，頁304、314；傅正主編，《雷震全集（40）：雷震日記（1959～1960年）——第一個十年（八）》，頁25。

53 黃宇人致雷震，〈如何由臺、港、美共同促成組黨工作〉，收入傅正主編，《雷震全集（30）：雷震祕藏書信選）》（臺北：桂冠，1990），頁434。

54 傅正主編，《雷震全集（39）：雷震日記（1957～1958年）——第一個十年（七）》，頁346。

55 傅正主編，《雷震全集（39）：雷震日記（1957～1958年）——第一個十年（七）》，頁308。傅正主編，《雷震全集（40）：雷震日記（1959～1960年）——第一個十年（八）》，頁315。

56 胡適致雷震，〈從未夢想自己出來組織任何政黨〉，收入傅正主編，《雷震全集（30）：雷震祕藏書信選》，頁359-360。

57 殷海光，〈我對於在野黨的基本建議〉，《自由中國》23：2（1960年7月16日），頁7-13。

58 張健生，〈殷海光教授分析反對黨〉，《公論報》，1960年6月9日，第2版。

59 潘光哲編，《傅正《自由中國》時期日記選編》，頁298、334。

60 傅正主編，《雷震全集（40）：雷震日記（1959～1960年）——第一個十年（八）》，頁301、308、340。

61 傅正主編，《雷震全集（40）：雷震日記（1959～1960年）——第一個十年（八）》，頁275。

62 傅正主編，《雷震全集（40）：雷震日記（1959～1960年）——第一個十年（八）》，頁317、356、389。

63 潘光哲編，《傅正《自由中國》時期日記選編》，頁316。

64 傅正主編，《雷震全集（40）：雷震日記（1959～1960年）——第一個十年（八）》，頁301。

65 謝漢儒，《早期臺灣民主運動與雷震紀事：為歷史留見證》（臺北：桂冠，2002），頁193-195。

66 謝漢儒，《早期臺灣民主運動與雷震紀事：為歷史留見證》，頁229-237。

67 〈部分人士設立選舉改進會　係一常設政治團體　將形成類似反對黨〉，《聯合報》，1960年6月16日，第2版。

68 齊邦媛訪問、李孝悌記錄，〈附錄一　紀念民主的播種者齊世英先生——康寧祥先生訪問記錄〉，收入沈雲龍等訪問、林忠勝記錄，《齊世英先生訪問紀錄》（臺北：中央研究院近代史研究所，1990），頁353。但是，情治機關掌握之情報，與媒體報導的七人小組名單，並不相同。警備總部保安處所掌握的七人名單是雷震、李萬居、吳三連、高玉樹、楊金虎、王地、許世賢，參黃杰著、廖文碩等編輯校訂，《戰後臺灣史料與研究：黃杰任職警總時期日記（三）》，頁241、248。另《聯合報》報導反對黨組成七人核心是李萬居、雷震、吳三連、高玉樹、成舍我、楊金虎、蔣匀田，參〈部分人士設立選舉改進會　係一常設政治團體　將形成類似反對黨〉，《聯合報》，1960年6月16日，第2版。

69 謝漢儒，《早期臺灣民主運動與雷震紀事：為歷史留見證》，頁247。警備總部特檢處則指出新黨有17位常委，11名為臺灣人、6名為外省人，本省：外省比例仍大約是2：1。參黃杰著、廖文碩等編輯校訂，《戰後臺灣史料與研究：黃杰任職警總時期日記（三）》，頁509。

70 〈選舉改進座談會鄭重要求內政部長連震東公開答覆〉，《自由中國》23：1（1960年7月1日），頁17。

民主季刊》17：3（2020年9月），頁51-100。
27 傅正主編，《雷震全集（40）：雷震日記（1959～1960年）——第一個十年（八）》（臺北：桂冠，1990），頁270-271。
28 〈韓國的流血選舉與反對派的榜樣〉（社論），《自由中國》22：7（1960年4月1日），頁4-5。
29 〈韓國人民的憤怒驚醒了美國〉（社論），《自由中國》22：9（1960年5月1日），頁6。
30 傅正主編，《雷震全集（40）：雷震日記（1959～1960年）——第一個十年（八）》，頁293-294、298。
31 潘光哲編，《傅正《自由中國》時期日記選編》，頁306。
32 〈韓國人民的憤怒驚醒了美國〉（社論），《自由中國》22：9，頁6。
33 〈「反共」不是黑暗統治的護符！〉（社論），《自由中國》22：10（1960年5月16日），頁3-4。
34 〈蔣介石日記〉，1960年4月23日，上星期反省錄；4月30日，上月反省錄，美國史丹佛大學胡佛研究所藏。
35 〈對於地方選舉的兩點起碼要求〉（社論），《自由中國》22：6（1960年3月16日），頁5；李福春、李賜清，〈揭穿國民黨所謂安全措施下的選舉舞弊〉，《自由中國》22：6，頁11-13；〈就地方選舉向國民黨再進一言〉（社論），《自由中國》22：7，頁6；〈在野黨及無黨無派人士對於本屆地方選舉向國民黨及政府提出的十五點要求〉，《自由中國》22：7，頁30；〈請投在野黨和無黨無派候選人一票〉（社論），《自由中國》22：8（1960年4月16日），頁3-4。
36 〈這樣的地方選舉能算「公平合法」嗎？〉（社論），《自由中國》22：9，頁7-8。
37 〈在野黨及無黨無派人士舉行本屆地方選舉檢討會紀錄摘要〉，《自由中國》22：11（1960年6月1日），頁20-26。
38 〈選舉改進座談會的聲明〉，《自由中國》22：12（1960年6月16日），頁18。
39 傅正主編，《雷震全集（40）：雷震日記（1959～1960年）——第一個十年（八）》，頁332。25日會議，推出召集人名單十七位。
40 蘇瑞鏘，《戰後臺灣組黨運動的濫觴：「中國民主黨」組黨運動》（臺北：稻鄉，2005），頁105-106。
41 黃杰著、廖文碩等編輯校訂，《戰後臺灣史料與研究：黃杰任職警總時期日記（三）》，頁278。
42 〈籌組反對黨人士　昨在臺中集會 新黨將於十月份前成立　決爭取下屆縣市議員當選名額〉，《聯合報》，1960年7月20日，第2版。
43 傅正主編，《雷震全集（40）：雷震日記（1959～1960年）——第一個十年（八）》，頁100、356。
44 陳世宏等編輯，《雷震案史料彙編：雷震獄中手稿》（臺北：國史館，2002），頁275-276、310-311、397-398、410-411。
45 傅正主編，《雷震全集（40）：雷震日記（1959～1960年）——第一個十年（八）》，頁323、378、393-394。
46 徐復觀，〈「死而後已」的民主鬥士〉，收入徐復觀，《徐復觀雜文：憶往事》（臺北：時報文化，1980），頁215-216。
47 傅正主編，《雷震全集（40）：雷震日記（1959～1960年）——第一個十年（八）》，頁367。
48 傅正主編，《雷震全集（40）：雷震日記（1959～1960年）——第一個十年（八）》，頁310-311。
49 傅正主編，《雷震全集（40）：雷震日記（1959～1960年）——第一個十年（八）》，頁339、342。

Authoritarian Regime," (Ph.D. Thesis: Department of Political Science, University of Chicago, 1987), CH1, 6, pp. 177-192.

6 林聰明主持，《臺灣省參議會、臨時省議會暨省議會時期史料彙編計畫：郭雨新先生史料彙編》(臺中：臺灣省諮議會，2001)，頁932、948、1009、1064、1094、1096、1126、1204、1258、1285、1291、1309。

7 邱茂男主持，《臺灣省參議會、臨時省議會暨省議會時期史料彙編計畫：郭國基先生史料彙編》(臺中：臺灣省諮議會，2001)，頁141、148、184。

8 歐明憲主持，《臺灣省參議會、臨時省議會暨省議會時期史料彙編計畫：李萬居先生史料彙編》(臺中：臺灣省諮議會，2001)，頁119、139、151、170、191、224。

9 Stansbury to the Department of State, Some Comments and Observations on the Situation of Formosa with Regard to the Formosan People, 794A.00/9-1453, Confidential U.S. State Department Central Files, Formosa, Republic of China, 1950-1954, reel 2.

10 Rinden to the Department of State, Report on Trip around Formosa, 794A.00/7-1454, RG 59, Central Decimal File, 1950-1954, Box 4255, in NARA.

11 王燈岸著、王鏡玲編註，《磺溪壹老人》(臺北：玉山社，2018)，頁279-292。

12 陳正茂，《臺灣早期政黨史略（一九〇〇——一九六〇）》(臺北：秀威，2009)，頁189-215。

13 陳正茂，《臺灣早期政黨史略（一九〇〇——一九六〇）》，頁239-251。

14 王燈岸著、王鏡玲編註，《磺溪壹老人》，頁319-321。

15 海外對匪鬥爭工作統一指導委員會第五十次會議紀錄，「附件（一）港臺分歧人士反黨反政府活動現況」、「附件（四）對臺籍離心分子籌建『中國地方自治研究會』及其他反政府活動之初步對策案」，〈海外對匪鬥爭指導委員會〉，《外交部》，檔案管理局藏，檔號：A303000000B/0047/816.9/7/0001/001/0164-0170、0173-174。

16 傅正主編，《雷震全集（39）：雷震日記（1957～1958年）——第一個十年（七）》(臺北：桂冠，1990)，頁346。

17 王燈岸著、王鏡玲編註，《磺溪壹老人》，頁321-322。

18 陳誠著、林秋敏等編輯校訂，《陳誠先生日記（二）》(臺北：國史館，2015)，頁838、869。

19 海外對匪鬥爭工作統一指導委員會第七十次會議紀錄，「附件：對左舜生最近惡劣言行之研判」，〈海外對匪鬥爭指導委員會〉，《外交部》，檔案管理局藏，檔號：A303000000B/0048/816.9/0003/0001/001/0074-0077。

20 〈蔣介石日記〉，1958年5月7日、10日；1959年6月24日，美國史丹佛大學胡佛研究所藏。

21 呂芳上主編，《蔣中正先生年譜長編第十一冊》(臺北：國史館、國立中正紀念堂管理處、中正文教基金會，2015)，頁314。

22 陳誠著、林秋敏等編輯校訂，《陳誠先生日記（二）》，頁1006。

23 〈蔣介石日記〉，1959年11月20日，美國史丹佛大學胡佛研究所藏。

24 〈美國務院發表報告　中國在自由世界中　是遠東的防禦堡壘〉，《中央日報》，1959年11月14日，第1版。

25 〈蔣介石日記〉，1959年11月14日，上星期反省錄，美國史丹佛大學胡佛研究所藏。

26 蘇慶軒，〈威權憲政——解釋蔣介石三連任總統的決策過程與國民黨威權政體的制度化〉，《臺灣

42 〈保密局報告行政院破獲海山基地及偵辦經過〉，收入薛月順編，《戰後臺灣政治案件：鹿窟事件史料彙編（一）》（臺北：國史館，2020），頁443。

43 謝孟穎，〈1153人死刑名單，揭「底層勞工」淪歷史陪葬！揭密白色恐怖判死最多前10軍法官、蔣介石不能說的祕密〉，風傳媒，2021年2月27日，https://www.storm.mg/article/3504286?page=1，2022年12月29日瀏覽。

44 「蔡孝乾自白書及供詞」，〈蔡孝乾〉，《國防部軍事情報局》，檔案管理局藏，檔號：A305050000C/0036/0410.9/44904440/2/001。

45 「呈覆本局發生與施部生有關之劫殺案經過請鑒核由」、「施部生等判決書」，〈施部生等叛亂〉，《國防部後備司令部》，檔案管理局藏，檔號：A305440000C/0039/273.4/554/0001/007/0014-0015、A305440000C/0039/273.4/554/0001/011/0008-0011；林傳凱，〈臺中青年的武裝抗爭之路〉，《人本教育札記》288（2013年6月），頁78-85。

46 林傳凱，〈臺中青年的武裝抗爭之路〉，《人本教育札記》288，頁78-85。

47 〈附件三：介紹詞宣誓詞監誓詞原件照片〉，收入薛月順編，《戰後臺灣政治案件：鹿窟事件史料彙編（一）》，頁148；〈陳本江自白書〉，收入薛月順編，《戰後臺灣政治案件：鹿窟事件史料彙編（二）》，頁751-754。

48 萬亞剛，《國共鬥爭的見聞》（臺北：桂冠，1995），頁57-64。

49 〈張棟柱自白書〉，收入薛月順編，《戰後臺灣政治案件：鹿窟事件史料彙編（二）》，頁888-901、932。

50 谷正文口述、許俊榮等整理，《白色恐怖祕密檔案》，頁139；「馬雯鵑訊問筆錄」，〈蔡孝乾〉，《國防部軍事情報局》，檔案管理局藏，檔號：A305050000C/0036/0410.9/44904440/2/007。

51 「將馬雯鵑送綠島執行」、「電請將馬雯鵑送本局」，〈蔡孝乾〉，《國防部軍事情報局》，檔案管理局藏，檔號：A305050000C/0036/0410.9/44904440/2/012、A305050000C/0036/0410.9/44904440/2/013；谷正文口述、許俊榮等整理，《白色恐怖祕密檔案》，頁141。

52 〈張棟柱自白書〉，收入薛月順編，《戰後臺灣政治案件：鹿窟事件史料彙編（二）》，頁913-915。

53 張炎憲、陳鳳華，《寒村的哭泣：鹿窟事件》（臺北：臺北縣政府文化局，2000），頁30-45。

54 〈黃秋爽──我家七人被抓〉，收入曹欽榮、林芳微採訪整理，《流麻溝十五號：綠島女生分隊及其他》（臺北：書林，2012），頁162-163。

第六章　省籍問題與反對黨

1 潘光哲編，《傅正《自由中國》時期日記選編》（臺北：中央研究院近代史研究所，2011），頁312。

2 黃杰著、廖文碩等編輯校訂，《戰後臺灣史料與研究：黃杰任職警總時期日記（三）》（臺北：國史館，2022），頁434。

3 潘光哲編，《傅正《自由中國》時期日記選編》，頁334。

4 陳翠蓮，《臺灣全志（卷四）政治志：民意機關篇》（南投：國史館臺灣文獻館，2007），頁1-3。

5 Nai-teh Wu, "The Politics of a Regime Patronage System: Mobilization and Control within an

281-282。

25 〈臺火公司總經理王則甫受誣告為匪諜　國民黨營裕臺公司董事長胡家鳳函國防部總政治部主任蔣經國　關說保安司令彭孟緝　將臺火公司董事長、總經理受沒收歸公之股票　轉讓黨營裕臺公司（1951.2.19）〉，不當黨產處理委員會，2021年8月3日，https://www.cipas.gov.tw/stories/301，2022年10月26日瀏覽。

26 「本省二二八事變案犯處理經過」，〈二二八事件案犯處理之一〉，《軍管區司令部》，檔案管理局藏，檔號：A305550000C/0036/9999/8/4/006。

27 「戊寅分子處理原則」，〈拂塵專案第十四卷附件〉，《國家安全局》，檔案管理局藏，檔號：A803000000A/0037/340.2/5502.3/14/001。

28 行政院促進轉型正義委員會，《任務總結報告第二部》（臺北：行政院促進轉型正義委員會，2022），頁174、179-181。

29 謝莉慧，〈促轉會：威權時期終審判死刑者1,153人　蔣中正介入970人〉，Newtalk新聞，2021年2月25日，https://newtalk.tw/news/view/2021-02-25/541415，2022年9月28日瀏覽。

30 謝佩珊，〈國民黨自新政策與自新人員〉（臺北：國立臺灣大學歷史學系碩士論文，2015），頁10-16。

31 嚴平，《1938：青春與戰爭同在》（北京：人民文學，2009），頁107-111。

32 謝佩珊，〈國民黨自新政策與自新人員〉，頁28-31。

33 國家安全局，《歷年辦理匪案彙編第一輯》（臺北：國家安全局，1960），頁34、126；谷正文口述、許俊榮等整理，《白色恐怖祕密檔案》（臺北：獨家，1995），頁90-106、114-119。

34 「蔡孝乾自新文告」，〈蔡孝乾〉，《國防部軍事情報局》，檔案管理局藏，檔號：A305050000C/0036/0410.9/44904440/4/001。

35 〈全省匪黨組織瓦解　蔡孝乾陳澤民等告黨徒　希望大家立刻自首〉，《中央日報》，1950年5月14日，第4版。

36 李宣鋒、魏永竹訪問，〈當事人蔡孝乾家屬馬雯鵑暨蔡艾安訪談紀錄〉，收入李宣鋒等主編，《臺灣地區戒嚴時期五〇年代政治案件史料彙編（二）：個案資料》（南投：國史館臺灣省文獻會，1998），頁62-63。

37 〈陳本江自白書〉，收入薛月順編，《戰後臺灣政治案件：鹿窟事件史料彙編（二）》（臺北：國史館，2020），頁758。

38 「押在本組人犯楊君請移監署管」，〈蔡孝乾〉，《國防部軍事情報局》，檔案管理局藏，檔號：A305050000C/0036/0410.9/44904440/4/002。依據規定，自首或自新人員之考核期限為兩年，考核期內由甲地轉乙地，須持自新證明書至所到地點之地方黨部呈驗報到，可參謝佩珊，〈國民黨自新政策與自新人員〉，頁15。

39 曾永賢口述、張炎憲等訪問，《從左到右六十年：曾永賢先生訪談錄》（臺北：國史館，2009），頁113-123。

40 曾永賢口述、張炎憲等訪問，《從左到右六十年：曾永賢先生訪談錄》，頁118-119、189-92。

41 「呈報執行陳君等二名死刑日及檢呈更正判決」，〈非法顛覆案〉，《國防部軍務局》，檔案管理局藏，檔號：B3750187701/0039/1571.3/1111/3/012；羅毓嘉，〈黃溫恭〉，收入胡淑雯主編，《無法送達的遺書：記那些在恐怖年代失落的人》（臺北：衛城，2015），頁81-120。

第五章 打造威權基礎工程

1 〈蔣介石日記〉，1949年3月上月反省錄、4月10日、5月本月大事預定表、5月9日，美國史丹佛大學胡佛研究所藏。

2 蔣經國，〈一位平凡的偉人〉，收入蔣經國，《負重致遠》(臺北：陸軍總司令部，1963)，頁45-50。

3 張日新主編，《蔣經國日記：1925-1949》(北京：中國文史，2010)，頁209-210。

4 張日新主編，《蔣經國日記：1925-1949》，頁234、244。

5 任育德，〈蔣中正對國民黨的省思與改造〉，收入黃克武主編，《遷臺初期的蔣中正》(臺北：國立中正紀念堂管理處，2011)，頁295-297。

6 〈蔣介石日記〉，1949年12月30日、31日，美國史丹佛大學胡佛研究所藏。

7 許福明，《中國國民黨的改造（1950-1952）》(臺北：正中書局，1986)，頁56-59。

8 龔宜君，《「外來政權」與本土社會：改造後國民黨政權社會基礎的形成（1950-1969）》(臺北：稻鄉，1998)。

9 〈整編史料故事：中國國民黨中央設計考核委員會兼任委員吳嵩慶呈閱極機密《財務改進分組報告書》予蔣中正總裁　力主財務應由「寄列」政府預算改為「以黨養黨」　附件揭露該黨寄列政府預算高達八千五百餘萬元　蔣總裁批示「存查」(1959.11.25)〉，不當黨產處理委員會，2019年11月25日，https://www.cipas.gov.tw/stories/229，2022年10月27日瀏覽。

10 〈國民黨營事業資產9639億〉，《聯合晚報》，1993年9月18日，第5版。

11 松田康博著、黃偉修譯，《臺灣一黨獨裁體制的建立》(臺北：政大出版社，2019)，頁257-277。

12 裴斐（Nathaniel Peffer）、韋慕庭（Clarence Martin Wilbur）訪問整理，吳修垣譯，《從上海市長到「臺灣省主席」(1946-1953年)：吳國楨口述回憶》(上海：上海人民，2015)，頁136。

13 國軍政工史編纂委員會編，《國軍政工史稿（下）》(臺北：國防部總政治部，1960)，頁1411-1419。

14 國軍政工史編纂委員會編，《國軍政工史稿（下）》，頁1599。

15 松田康博著、黃偉修譯，《臺灣一黨獨裁體制的建立》，頁294。

16 龔宜君，《「外來政權」與本土社會：改造後國民黨政權社會基礎的形成（1950-1969）》，頁71-82。

17 松田康博著、黃偉修譯，《臺灣一黨獨裁體制的建立》，頁299。

18 〈蔣介石日記〉，1951年7月30日，美國史丹佛大學胡佛研究所藏。

19 國軍政工史編纂委員會編，《國軍政工史稿（下）》，頁1895-1896。

20 國軍政工史編纂委員會編，《國軍政工史稿（下）》，頁1896-1897。

21 松田康博著、黃偉修譯，《臺灣一黨獨裁體制的建立》，頁306-314。

22 「隨文檢送局史續編（二）第二章」，〈國家安全局局史續編〉，《國家安全局》，檔案管理局藏，檔號：A803000000A/0065/L2707/1/0001/008/0041-0042；孫家麒，《蔣經國建立臺灣特務系統祕辛》(香港：日力，1961)，頁22。

23 〈國防會議簡史（一）〉，《蔣經國總統文物》，國史館藏，典藏號：005-010100-00043-001。

24 吳國楨著、吳修垣譯，《夜來臨：吳國楨見證的國共爭鬥》(香港：香港中文大學，2009)，頁

Decimal File, 1955-1959, Box 3920, in NARA.

28 Rankin to the Department of State, Some Problems in the Development of Local Self-Government in Formosa, 794A.00/1-2953, Formosa, Republic of China, 1950-1954, reel 2.

29 Rankin to the Secretary of State, 794A.00/3-2053, RG 59, Central Decimal File, 1950-1954, Box 4255, in NARA.

30 R.P.ドーア（R. P. Dore）著、並木正吉等譯，《日本の農地改革》（東京：岩波書店，1965），頁97-114；大野徹，《アジアの農地制度と食糧》（東京：晃洋書房，2005），頁10-14。

31 窪田光純，《韓国の農地改革と工業化発展》（東京：日本経済通信社，1988，頁61-84；櫻井浩，《韓国農地改革の再検討》（東京：アジア経済研究所，1976），頁45-60。

32 蔣夢麟，《農復會工作演進原則之檢討》（臺北：行政院農業委員會，1990），頁36-39；黃俊傑，《農復會與臺灣經驗》（臺北：三民書局，1991），頁47-49。

33 蔣夢麟，《新潮》（臺北：傳記文學，1967），頁14-16。

34 〈蔣彥士先生訪問紀錄（一）〉，收入黃俊傑訪問、記錄，《中國農村復興聯合委員會口述歷史訪問紀錄》（臺北：中央研究院近代史研究所，1992），頁158。

35 陳誠，《如何實現耕者有其田》（臺北：正中書局，1961），頁103。

36 黃俊傑，《農復會與臺灣經驗》，頁97-105。

37 〈陳人龍先生訪問紀錄〉、〈謝森中先生訪問紀錄（一）〉，收入黃俊傑訪問、記錄，《中國農村復興聯合委員會口述歷史訪問紀錄》，頁59-63、185-189。

38 湯惠蓀編，《臺灣之土地改革》（臺北：中國農村復興聯合委員會，1954），頁11。

39 湯惠蓀編，《臺灣之土地改革》，頁28。

40 陳兆勇，〈土地改革與政權鞏固：戰後臺灣土地政策變革過程中的國家、地主與農民〉，頁180-204。

41 陳兆勇，〈土地改革與政權鞏固：戰後臺灣土地政策變革過程中的國家、地主與農民〉，頁190。

42 裴斐（Nathaniel Peffer）、韋慕庭（Clarence Martin Wilbur）訪問整理，吳修垣譯，《從上海市長到「臺灣省主席」（1946-1953年）：吳國楨口述回憶》（上海：上海人民，2015），頁126-128。

43 陳兆勇，〈土地改革與政權鞏固：戰後臺灣土地政策變革過程中的國家、地主與農民〉，頁125-148。

44 〈謝森中先生訪問紀錄（一）〉，頁189。

45 湯惠蓀，《臺灣的土地改革》（臺北：海外文庫，1955），頁32-33。

46 石田浩，《臺灣經濟的結構與開展》（臺北：稻鄉，2007），頁47-81。

47 張憲秋，《農復會回憶》（臺北：行政院農業委員會，1990），頁20-29。

48 Alexander L. Peaslee to the Department of State, Dr. Hunter's Views on Conditions in Taiwan, 793.00/1-1458, RG 59, Central Decimal File, 1955-1959, Box 3920, in NARA.

49 Carl J. Nelson to the Department of State, Observations on Tour of Central Taiwan, 793.00/11-2459, RG 59, Central Decimal File, 1955-1959, Box 3931, in NARA.

50 David L. Osborn, Memorandum of Conversion: Japanese View of Mainlander-Taiwanese Relations, 793.00/11-2457, RG 59, Central Decimal File, 1955-1959, Box 3920, in NARA.

51 Osborn to the Department of State, Current Political Trends Among Taiwanese as Reported by Ex-Mayor Kao, 793.00/11-2359, RG 59, Central Decimal File, 1955-1959, Box 3931, in NARA.

FRUS, November 14, 1949, The Far East: China, Vol. IX, pp. 423-425.

11 薛月順編，《陳誠先生回憶錄：建設臺灣（上）》（臺北：國史館，2005），頁83-88。

12 吳國楨著、吳修垣譯，《夜來臨：吳國楨見證的國共爭鬥》（香港：香港中文大學，2009），頁261。

13 The Consul General at Taipei (Macdonald) to the Secretary of State, 894A.00/12-749: Telegram, FRUS, December 7, 1949, The Far East: China, Vol. IX, p. 441.

14 〈蔣介石日記〉，1949年12月24日，上星期反省錄，美國史丹佛大學胡佛研究所藏。

15 〈蔣介石日記〉，1949年12月25日，上星期反省錄，美國史丹佛大學胡佛研究所藏。

16 吳國楨著、吳修垣譯，《夜來臨：吳國楨見證的國共爭鬥》，頁262、272。

17 臺灣省政府民政廳編，《臺灣省實施地方自治紀要》（臺北：臺灣省政府民政廳，1951），頁13、26。

18 陳翠蓮，《臺灣全志（卷四）政治志：民意機關篇》（南投：國史館臺灣文獻館，2007），頁360-362。

19 Strong to Secretary of State, 794A.00/7-2650, RG 59, Central Decimal File, 1950-1954, Box 4254, in NARA.

20 Strong to Secretary of State, 794A.00/7-1150, RG 59, Central Decimal File, 1950-1954, Box 4254, in NARA.

21 Jones to the Department of State, Political Freedom on Formosa, 794A.11/7-2652, RG 59, Central Decimal File, 1950-1954, Box 4255, in NARA.

22 陳兆勇，〈土地改革與政權鞏固：戰後臺灣土地政策變革過程中的國家、地主與農民（1945-1953）〉（臺北：國立臺灣大學社會學研究所博士論文，2011），頁180-201。

23 Rankin to the Department of State, Election for Formosa Provisional Council, 794A.00/10-2251, Confidential U.S. State Department Central Files, Formosa, Republic of China, 1950-1954, reel 2. 以下稱Formosa, Republic of China, 1950-1954, reel 2。由於中華民國政府統治地區與臺灣省高度重疊，統治當局對於臺灣省議會的角色特別斟酌、嚴加規範。1951年9月行政院頒布《臺灣省臨時省議會組織規程》、《臺灣省臨時省議會議員選舉罷免規程》，規定第一屆臨時省議會議員由縣市議員投票、間接選舉產生，任期兩年，同年11月選出55名。1953年8月行政院公布修訂之選舉法規，改為直接選舉產生省議員57名，任期三年，但仍為諮詢機關，對省府難以發揮監督效力。1957年4月第三屆臨時省議員選舉與全臺21縣市統一投票，選出省議員66名。1959年臺灣省臨時省議會改為臺灣省議會，省議員任期三年，省議員73名。陳翠蓮，《臺灣全志（卷四）政治志：民意機關篇》，頁305-308。

24 Jones to the Department of State, Revision of Local Self-Government Laws, 794A.00/9-2953, Formosa, Republic of China, 1950-1954, reel 2.

25 Jones to he Department of State, Formosan Opinion With Regard to the Provincial Government, 794A.00/9-1353, RG 59, Central Decimal File, 1950-1954, Box 4255, in NARA.

26 Paul W. Meyer to Embassy (Taipei), Local Election on Taiwan, 1957, 793.00/5-2057, RG 59, Central Decimal File, 1955-1959, Box 3920, in NARA.

27 Memorandum of Conversion: Recent Election in Taipei, 1957, 793.00/5-2057, RG 59, Central

70 「中華民國與日本國間和平條約」，〈對日和約〉，《外交部》，檔案管理局藏，檔號：A303000000B/0041/12.6/81/0001/001/0109。

71 「議訂中華民國與日本國間和平條約總報告書」，〈對日和約〉，《外交部》，檔案管理局藏，檔號：A303000000B/0041/12.6/93/0001/001/0147。議定書第二項（丁）款（子）目內容為：「中華民國之船舶，應認為包括依照中華民國在臺灣及澎湖已施行或將來可能施行之法律規章所登記之一切船舶；中華民國之產品應認為包括發源於臺灣及澎湖之一切產品。」

72 〈外交部長葉公超向立法院提出中日和平條約案之補充說明〉，收入秦孝儀主編，《中華民國重要史料初編——對日抗戰時期第七編：戰後中國（四）》（臺北：中國國民黨黨史會，1981），頁1076。

73 「日本國會論辯中日和約問答概要」，〈對日和約〉，《外交部》，檔案管理局藏，檔號：A303000000B/0041/600.14/14/0001/001/0015-0016。

74 〈外交部長葉公超向立法院提出中日和平條約案之補充說明〉，頁1078。

第四章　國民黨政府絕地逢生

1 郭振純，〈天生反骨的獨俠客〉，收入胡慧玲、林世煜採訪記錄，《白色封印：人權奮鬥證言，白色恐怖1950》（臺北：國家人權博物館籌備處，2003），頁174-175。

2 「蔣中正電吳國楨臺中市長候選人楊基先非法競選毀謗政府應即依法撤銷其候選人資格及查辦其叔楊肇嘉假公濟私影響選舉」，〈領袖指示補編（十七）〉，《蔣中正總統文物》，國史館藏，典藏號：002-090106-00017-471。

3 Note by the Executive Secretary of the National Security Council (Souers) to the Council, NSC 37/8, Foreign Relations of the United States (FRUS), October 6, 1949, The Far East: China, Vol. IX, pp. 395-396.

4 The Secretary of State to the Consul General at Taipei (Macdonald), 894A.20/10-2849: Telegram, FRUS, October 28, 1949, The Far East: China, Vol. IX, pp. 401-403；顧維鈞著、中國社會科學研究院近代史研究所譯，《顧維鈞回憶錄　第七分冊》（北京：中華書局，1988），頁496。

5 The Consul General at Taipei (Macdonald) to the Secretary of State, 894A.20/10-3149: Telegram, FRUS, October 31, 1949, The Far East: China, Vol. IX, p. 403.

6 The Consul General at Taipei (Macdonald) to the Secretary of State, 894A.20/11-349: Telegram, FRUS, November 3, 1949, The Far East: China, Vol. IX, p. 407.

7 The Consul General at Taipei (Macdonald) to the Secretary of State, 894A.20/11-549: Telegram, FRUS, November 5, 1949, The Far East: China, Vol. IX, pp. 409-411.

8 The Consul General at Taipei (Macdonald) to the Secretary of State, 894A.20/11-649: Telegram, FRUS, November 5, 1949, The Far East: China, Vol. IX, pp. 411-412.

9 The Consul General at Taipei (Macdonald) to the Secretary of State, 894A.20/11-949: Telegram, FRUS, November 9, 1949, The Far East: China, Vol. IX, pp. 417-418.

10 The Consul General at Taipei (Macdonald) to the Secretary of State, 894A.00/111449: Telegram,

A303000000B/0041/12.6/62/0001/001/0111。

51 「本月十八日上午十時半在總統府舉行會談」，〈對日和約〉，《外交部》，檔案管理局藏，檔號：A303000000B/0041/12.6/62/0001/001/0152-0155。

52 「葉公超便呈」，〈對日和約〉，《外交部》，檔案管理局藏，檔號：A303000000B/0041/12.6/62/0001/001/0180-0187。

53 「王世杰函」，〈對日和約〉，《外交部》，檔案管理局藏，檔號：A303000000B/0041/12.6/65/0001/001/0060。

54 「關於對日和約實施問題之方案」，〈對日和約〉，《外交部》，檔案管理局藏，檔號：A303000000B/0040/12.6/55/0001/001/0143-0144。

55 「葉部長與藍欽公使談話紀錄」，〈對日和約〉，《外交部》，檔案管理局藏，檔號：A303000000B/0040/12.6/55/0001/001/0113-0114。

56 「四十年九月二十二日草山官邸會議紀錄」，〈對日和約〉，《外交部》，檔案管理局藏，檔號：A303000000B/0040/12.6/56/0001/001/0004-0009。

57 「外交部呈行政院院長陳關於對日和約案檢呈藍欽公使節略並陳明雙邊和約稿內有關領土及賠償問題之處理」，〈對日和約〉，《外交部》，檔案管理局藏，檔號：A303000000B/0040/12.6/56/0001/001/0031-0034。

58 「中日雙邊和約稿之說明」，〈對日和約〉，《外交部》，檔案管理局藏，檔號：A303000000B/0041/12.6/63/0001/001/0135。

59 「中華民國與日本間和平條約初草」，〈對日和約〉，《外交部》，檔案管理局藏，檔號：A303000000B/0041/12.6/67/0001/001/0025。

60 「抄外交部民國四十一年一月二十六日呈行政院院長呈文」，〈對日和約〉，《外交部》，檔案管理局藏，檔號：A303000000B/0041/12.6/64/0001/001/0069。

61 「薛毓麒報告」，〈對日和約〉，《外交部》，檔案管理局藏，檔號：A303000000B/0041/12.6/71/0001/001/0038。

62 「薛毓麒報告」，〈對日和約〉，《外交部》，檔案管理局藏，檔號：A303000000B/0041/12.6/71/0001/001/0039。

63 「三月四日對日和約小組結論」，〈對日和約〉，《外交部》，檔案管理局藏，檔號：A303000000B/0041/12.6/71/0001/001/0052。

64 〈蔣介石日記〉，1952年3月25日，美國史丹佛大學胡佛研究所藏。

65 〈蔣介石日記〉，1952年3月26日，美國史丹佛大學胡佛研究所藏。

66 「辛案最近情形」，〈對日和約〉，《外交部》，檔案管理局藏，檔號：A303000000B/0041/12.6/71/0001/001/0007-0008。

67 「胡副代表與木村首席團員談話簡要紀錄」，〈對日和約〉，《外交部》，檔案管理局藏，檔號：A303000000B/0041/12.6/72/0001/001/0136。

68 鶴園裕基，〈日華平和条約と日本華僑——五二年体制下における「中国人」の国籍帰属問題（1951-1952）〉，《日本台湾學会報》22（2020年6月），頁41-64。

69 「關於日本代表團四月八日意見書之說帖」，〈對日和約〉，《外交部》，檔案管理局藏，檔號：A303000000B/0041/12.6/79/0001/001/0149。

44/0001/001/0115-0120。

31 〈蔣總統昨日發表鄭重聲明　參加對日和約權絕不容疑　任何含歧視性條件　中華民國均不接受〉，《中央日報》，1951年6月19日，第1版。

32 「美國國務院新聞聲明全文」，〈對日和約〉，《外交部》，檔案管理局藏，檔號：A303000000B/0040/12.6/44/0001/001/0158-0161。

33 「薛毓麒汪孝熙簽呈」，〈對日和約〉，《外交部》，檔案管理局藏，檔號：A303000000B/0040/12.6/44/0001/001/0163。

34 「臨時緊急宣傳通報第六十一次」，〈對日和約〉，《外交部》，檔案管理局藏，檔號：A303000000B/0040/12.6/44/0001/001/0214。

35 「顧維鈞第119號電」，〈對日和約〉，《外交部》，檔案管理局藏，檔號：A303000000B/0040/12.6/45/0001/001/0026-0036。

36 〈蔣介石日記〉，1951年7月12日，美國史丹佛大學胡佛研究所藏。

37 呂芳上主編，《蔣中正先生年譜長編第九冊》(臺北：國史館、國立中正紀念堂管理處、中正文教基金會，2015)，頁692。

38 〈我有權參加對日和約　民意機關及友黨均主張力爭　聲明對我抗戰貢獻不容抹煞〉，《中央日報》，1951年7月14日，第1版

39 〈蔣介石日記〉，1951年9月8日、9日，美國史丹佛大學胡佛研究所藏。

40 井上正也，《日中国交正常化の政治史》(名古屋：名古屋大学出版会，2010)，頁20-21。

41 「外交部呈行政院院長陳關於辛約案談判最近進展及和約對我適用範圍問題事」，〈對日和約〉，《外交部》，檔案管理局藏，檔號：A303000000B/0040/12.6/52/0001/001/0110-0113。

42 呂芳上主編，《蔣中正先生年譜長編第九冊》，頁709。

43 〈蔣介石日記〉，1951年9月4日，美國史丹佛大學胡佛研究所藏。

44 「外交部辦理辛案祕密紀錄」，〈對日和約〉，《外交部》，檔案管理局藏，檔號：A303000000B/0040/12.6/57/0001/001/0058-0060。

45 「日本首相吉田茂關於日本在上海設立海外事務所一事在國會答覆詢問之速記紀錄譯文」，〈對日和約〉，《外交部》，檔案管理局藏，檔號：A303000000B/0040/12.6/59/0001/001/0053-0055。

46 Memorandum by the Deputy Director of the Office of Chinese Affairs (Perkins) to the Assistant Secretary of State for Far Eastern Affairs (Rusk), 694.001/10-2351, FRUS, October 30, 1951, Asia and the Pacific, Vol. VI, Part 1, pp. 1389-1390.

47 The United States Political Adviser to SCAP (Sebald) to the Secretary of State, 694.001/11-851: Telegram, FRUS, November 7, 1951, Asia and the Pacific, Vol. VI, Part 1, pp. 1391-1393.

48 Memorandum of Conversation, by the United States Political Adviser to SCAP (Sebald), 693.94/12-185.1: Telegram, FRUS, December 18, 1951, Asia and the Pacific, Vol. VI, Part 1, pp. 1443-1445；細谷千博，《サンフランシスコ講和への道》，頁282。

49 Copy of Draft Letter Handed the Prime Minister of Japan (Yoshida) by the Consultant to the Secretary (Dulles), Lot 54D423, FRUS, December 18, 1951, Asia and the Pacific, Vol. VI, Part 1, pp. 1445-1146.

50 「一九五一年十二月廿四日吉田致杜勒斯函譯文」，〈對日和約〉，《外交部》，檔案管理局藏，檔號：

12 「外交部呈行政院對日和約機要文件一份」，〈對日和約〉，《外交部》，檔案管理局藏，檔號：A303000000B/0040/12.6/38/0001/001/0076。

13 Provisional United States Draft of a Japanese Peace Treaty, 694.001/3-1751, FRUS, March 23, 1951, Asia and the Pacific, Vol. VI, Part 1, p. 945.

14 「外交部呈行政院關於美方所提對日和約稿之說帖」，〈對日和約〉，《外交部》，檔案管理局藏，檔號：A303000000B/0040/12.6/39/0001/001/0092。

15 「行政院對日和約問題研究小組第一次會議紀錄」，〈對日和約〉，《外交部》，檔案管理局藏，檔號：A303000000B/0040/12.6/40/0001/001/0030。

16 「行政院對日和約問題研究小組第二次會議紀錄」，〈對日和約〉，《外交部》，檔案管理局藏，檔號：A303000000B/0040/12.6/40/0001/001/0039-0040。

17 「關於對日和約案我方復文草稿」，〈對日和約〉，《外交部》，檔案管理局藏，檔號：A303000000B/0040/12.6/40/0001/001/0192。

18 細谷千博，〈サンフランシスコ講和条約と国際環境〉，收入渡辺昭夫、宮里政玄編，《サンフランシスコ講和》（東京：東京大学出版会，1986），頁2-3。

19 木畑洋一，〈対日講和とイギリスのアジア政策〉，收入渡辺昭夫、宮里政玄編，《サンフランシスコ講和》，頁165-191。

20 The Ambassador in London (Gifford) to the Secretary of State, 694.001/3-3051: Telegram, FRUS, March 30, 1951, Asia and the Pacific, Vol. VI, Part 1, pp. 952-953；細谷千博，《サンフランシスコ講和への道》，頁214。

21 Memorandum of Conversation, by the Deputy to the Consultant (Allison), 694.001/4-1251, FRUS, April 12, 1951, Asia and the Pacific, Vol. VI, Part1, pp. 977-979.

22 「顧維鈞第981號電」，〈對日和約〉，《外交部》，檔案管理局藏，檔號：A303000000B/0040/12.6/42/0001/001/0003-0004。

23 顧維鈞著、中國社會科學研究院近代史研究所譯，《顧維鈞回憶錄　第九分冊》，頁80-81。

24 The Ambassador in the United Kingdom (Gifford) to the Secretary of State, 694.001/6-651: Telegram, FRUS, June 6, 1951, Asia and the Pacific, Vol. VI, Part 1, pp. 1107-1108.

25 在FRUS中，此一聲明被稱為「杜勒斯—莫里森協議」(Dulles-Morrison agreement)，可參FRUS, 1952-1954, China and Japan, Vol. XIV, Part 2, pp. 1069-1070.

26 Draft Joint Statement of the United Kingdom and United States Governments, 694.001/6-1951, FRUS, June 19, 1951, Asia and the Pacific, Vol. VI, Part 1, p. 1134.

27 「顧維鈞續第17號電」，〈對日和約〉，《外交部》，檔案管理局藏，檔號：A303000000B/0040/12.6/43/0001/001/0007-0011。

28 「顧維鈞第19號電」、「顧維鈞續19號電」，〈對日和約〉，《外交部》，檔案管理局藏，檔號：A303000000B/0040/12.6/43/0001/001/0018-0028；顧維鈞著、中國社會科學研究院近代史研究所譯，《顧維鈞回憶錄第九分冊》，頁94-96。

29 「葉部長六月七日與藍欽公使會談紀錄譯文」，〈對日和約〉，《外交部》，檔案管理局藏，檔號：A303000000B/0040/12.6/44/0001/001/0022-0026。

30 「顧維鈞第70號電」〉，〈對日和約〉，《外交部》，檔案管理局藏，檔號：A303000000B/0040/12.6/

62 「政府對臺灣地位案之指示：電蔣代表及顧大使」，〈臺灣地位問題〉，《外交部》，檔案管理局藏，檔號：A303000000B/0039/602.1/89024/0001/001/00162-163。

63 The Secretary of State to the United States Mission at the United Nations, 320/12-550: Telegram, FRUS, December 5, 1950, East Asia and the Pacific, the China Area, Vol. VI, p. 589.

64 Summary record of the 442nd meeting: 1st Committee, held on February 7, 1951, New York, General Assembly, 6th session, accessed December 4, 2020, available from https://digitallibrary.un.org/record/1322874?ln=en；〈所謂臺灣問題辯論　無限延期〉，《中央日報》，1951年2月19日，第1版。

65 林獻堂著、許雪姬主編，《灌園先生日記（廿四）一九五二年》（臺北：中央研究院臺灣史研究所，2012），頁51。

第三章　對日和約中對臺灣問題的處置

1 細谷千博，《サンフランシスコ講和への道》（東京：中央公論社，1984），頁10-11。

2 Memorandum by Mr. John Foster Dulles, Consultant to the Secretary of State, 611.00/5-1850, Foreign Relations of the United States (FRUS), May 18, 1950, National Security Affairs, Foreign Economic Policy, Vol. I, pp. 314-316.

3 Unsigned Memorandum Prepared in the Department of State, 694.001/9-1150, FRUS, September 11, 1950, East Asia and the Pacific, Vol. VI, pp. 1296-1297.

4 顧維鈞著、中國社會科學研究院近代史研究所譯，《顧維鈞回憶錄　第九分冊》（北京：中華書局，1989），頁12。

5 「顧維鈞第604號電」，〈對日和約〉，《外交部》，檔案管理局藏，檔號：A303000000B/0039/12.6/35/0001/001/0012-0016。

6 「十月卅一日晚上七時陳院官邸召集會議討論對日和約及聯合國有關臺灣各案因應辦法」、「對日和約問題案」，〈對日和約〉，《外交部》，檔案管理局藏，檔號：A303000000B/0039/12.6/35/0001/001/0022-0025。

7 「關於美方所提對日和約節略之因應方案說明書」，〈對日和約〉，《外交部》，檔案管理局藏，檔號：A303000000B/0039/12.6/35/0001/001/0073。

8 「顧維鈞第702號電」，〈對日和約〉，《外交部》，檔案管理局藏，檔號：A303000000B/0039/12.6/36/0001/001/0056-0058。

9 「關於對日和約案駐美顧大使致美國務院杜勒斯顧問節略譯文」，〈對日和約〉，《外交部》，檔案管理局藏，檔號：A303000000B/0040/12.6/37/0001/001/0088-0089。

10 「顧維鈞第853號電」，〈對日和約〉，《外交部》，檔案管理局藏，檔號：A303000000B/0040/12.6/38/0001/001/0057-0058；「顧維鈞第854號電」，〈對日和約〉，《外交部》，檔案管理局藏，檔號：A303000000B/0040/12.6/38/0001/001/0062-0063。

11 「外交部呈行政院對日和約機要文件一份」，〈對日和約〉，《外交部》，檔案管理局藏，檔號：A303000000B/0040/12.6/38/0001/001/0076-0078。

43 「擬就聯合國有關臺灣之因應方案」,〈聯合國審議蘇聯誣控美國侵臺暨美提出臺灣地位問題案及我國因應經過情形〉,《總統府》,檔案管理局藏,檔號:A200000000A/0039/3110702/0323/001/110/0018。

44 「宣傳指示第二十八號 臺39宣字第七〇六號」,〈中央宣傳指示〉,《外交部》,檔案管理局藏,檔號:A303000000B/0039/707.4/1/0001/001/0009。

45 陶晉生編,《陶希聖日記:1947-1956(上)》,頁361-362。

46 陶晉生編,《陶希聖日記:1947-1956(上)》,頁364。

47 「宣傳通報第三號」,〈中央宣傳指示〉,《外交部》,檔案管理局藏,檔號:A303000000B/0039/707.4/1/0001/001/0025。

48 陶晉生編,《陶希聖日記:1947-1956(上)》,頁365。

49 〈「臺灣問題」和我們的立場:革命實踐研究院座談紀錄〉,《中央日報》,1950年9月27日,第1版。

50 〈粉碎匪俄宣傳陰謀 臺中彰化人民團體 電請聯合國代表團 主持正義制裁暴力〉,《中央日報》,1950年9月8日,第7版。

51 〈各代表團體應為世界道義 挺身向侵略者宣戰〉,《中央日報》,1950年9月8日,第7版;〈省級人民團體昨日會報 電聯合國各國代表 表明我國立場〉,《中央日報》,1950年9月17日,第4版;〈澎湖臺南兩縣人民團體 電聯合國各代表團 剴陳臺灣係我領土〉,《中央日報》,1950年9月13日,第7版;〈省級人民團體昨日會報 電聯合國各國代表 表明我國立場〉,《中央日報》,1950年9月17日,第4版;〈嘉義市參第三日 質詢教建地政 並通過致聯合國代表電 聲明臺灣屬我主權〉,《中央日報》,1950年9月26日,第7版。

52 「行政院第一四六次會議」,〈行政院會議議事錄 臺第八冊一四五至一四九〉,《行政院》,國史館藏,典藏號:014-000205-00035-002。

53 文君,〈外交新人黃朝琴〉,《星島日報》,1950年8月28日;〈黃朝琴〉,《軍事委員會委員長侍從室》,國史館藏,典藏號:129-200000-3740。

54 上官芙蓉,〈黃朝琴出使內幕〉,《鈕司》84(1950年9月3日),頁6;〈黃朝琴〉,《軍事委員會委員長侍從室》,國史館藏,典藏號:129-200000-3740。

55 〈黃朝琴鄭彥棻 昨日離菲飛美 在菲備受我僑胞歡迎 鄭彥棻主持黨務座談〉,《中央日報》,1950年9月10日,第2版;〈黃朝琴等由菲飛美 留岷期間分訪僑團 僑胞歡迎洋溢愛護祖國熱情〉,《公論報》,1950年9月10日,第1版。

56 〈黃朝琴諸氏 在美備受僑胞歡迎 華僑報紙紛紛著論矚望甚殷〉,《公論報》,1950年9月27日,第1版。

57 洪綏聲,〈黃朝琴的生平〉,《中央日報》,1972年7月16日,第2版。

58 「蔣代表447電:蔣代表與杜勒斯詳談臺灣地位案對我之弊害」,〈臺灣地位問題〉,《外交部》,檔案管理局藏,檔號:A303000000B/0039/602.1/89024/0001/001/00145。

59 〈蔣介石日記〉,1950年10月31日,本月反省錄,美國史丹佛大學胡佛研究所藏。

60 「政府對臺灣地位案之指示:電蔣代表及顧大使」,〈臺灣地位問題〉,《外交部》,檔案管理局藏,檔號:A303000000B/0039/602.1/89024/0001/001/00157-158。

61 「政府對臺灣地位案之指示:電蔣代表及顧大使」,〈臺灣地位問題〉,《外交部》,檔案管理局藏,檔號:A303000000B/0039/602.1/89024/0001/001/00162-163。

25 Formosa, 0852-Top Secret 1950, Formosa Case in the UN (1950), in Records of the Office of Chinese Affairs, 1945-1955 [microform]，索取號：YF-A93，Roll 11，日本國立國會圖書館憲政資料室藏。

26 The Secret of State to the Secret of Defense (Marshall), No. 11, Formosa Case in the UN (1950), in Records of the Office of Chinese Affairs, 1945-1955 [microform]，索取號：YF-A93，Roll 11，日本國立國會圖書館憲政資料室藏。

27 梁敬錞，《中美關係論文集》，頁234-235。

28 Minutes of 39th Meeting of the United States Delegation to the United Nations General Assembly, FRUS, November 14, 1950 & Minutes of 40th Meeting of the United States Delegation to the United Nations General Assembly, FRUS, November 15, 1950, East Asia and the Pacific, the China Area, Vol. VI, pp. 556-572.

29 The United States Presentative at the United Nations (Austin) to the Secretary of State, 320/11-1550, FRUS, November 15, 1950, East Asia and the Pacific, the China Area, Vol. VI, pp. 572-573.

30 顧維鈞著、中國社會科學研究院近代史研究所譯，《顧維鈞回憶錄　第八分冊》，頁102-103、133。

31 〈蔣介石日記〉，1950年9月3日，美國史丹佛大學胡佛研究所藏。

32 〈蔣介石日記〉，1950年9月2日、4日，美國史丹佛大學胡佛研究所藏。

33 陶晉生編，《陶希聖日記：1947-1956（上）》（臺北：聯經，2014），頁361。

34 「外交部呈報駐美顧維鈞大使電報安理會將中共訴美侵臺案列入議程，美主由安理會組調查團調查並提臺灣地位未定事之研析」，〈聯合國審議蘇聯誣控美國侵臺暨美提出臺灣地位問題案及我國因應經過情形〉，《總統府》，檔案管理局藏，檔號：A200000000A/0039/3110702/0323/001/030/0001-0007。

35 「葉公超致蔣廷黻」，〈臺灣地位問題〉，《外交部》，檔案管理局藏，檔號：A303000000B/0039/602.189024/0001/001/0011-14。

36 〈蔣介石日記〉，1950年9月16日，上星期反省錄，美國史丹佛大學胡佛研究所藏。

37 〈蔣介石日記〉，1950年10月1日，美國史丹佛大學胡佛研究所藏。

38 〈蔣介石日記〉，1950年10月6日，美國史丹佛大學胡佛研究所藏。

39 呂芳上主編，《蔣中正先生年譜長編第九冊》（臺北：國史館、國立中正紀念堂管理處、中正文教基金會，2015），頁562-563。

40 「擬就聯合國有關臺灣之因應方案」，〈聯合國審議蘇聯誣控美國侵臺暨美提出臺灣地位問題案及我國因應經過情形〉，《總統府》，檔案管理局藏，檔號：A200000000A/0039/3110702/0323/001/110/0008-0011。

41 「擬就聯合國有關臺灣之因應方案」，〈聯合國審議蘇聯誣控美國侵臺暨美提出臺灣地位問題案及我國因應經過情形〉，《總統府》，檔案管理局藏，檔號：A200000000A/0039/3110702/0323/001/110/0011-0012。

42 「擬就聯合國有關臺灣之因應方案」，〈聯合國審議蘇聯誣控美國侵臺暨美提出臺灣地位問題案及我國因應經過情形〉，《總統府》，檔案管理局藏，檔號：A200000000A/0039/3110702/0323/001/110/0016。

54-D195, FRUS, July 6, 1949, The Far East: China, Vol. IX, pp. 356-359.

8 Butterworth to Rusk, June 9, 1949; Notes on Formosa, June 13, 1949; Merchant to Butterworth, June 15, 1949. Top Secret, 1949 Taiwan (Apr.-Dec.), Records of the Office of Chinese Affairs, 1945-1955 [microform]，中央研究院歐美研究所藏。

9 Memorandum of Conversation, by the Secretary of State, 894A.20/12-2949, FRUS, December 29, 1949, The Far East: China, Vol. IX, pp. 463-467.

10 "The President's News Conference," Harry S. Truman Library & Museum, January 5, 1950, https://www.trumanlibrary.gov/library/public-papers/3/presidents-news-conference.

11 "Statement by the President on the Situation in Korea," Harry S. Truman Library & Museum, June 27, 1950, https://www.trumanlibrary.gov/library/public-papers/173/statement-president-situation-korea.

12 蕭道中，〈聯合國中的交鋒：1950年中國控訴美國侵略臺灣案研究〉，《臺灣師大歷史學報》55（2016年6月），頁139-183。

13 The United States Representative at the United Nations (Austin) to the Secretary of State, 794A.00/8-3050: Telegram, FRUS, August 30, 1950, East Asia and the Pacific, the China Area, Vol. VI, p. 469.

14 Memorandum Prepared in the Department of State, 310.2/8-3150: Telegram, FRUS, August 31, 1950, East Asia and the Pacific, the China Area, Vol. VI, pp. 475-476.

15 United States Delegation Minutes of the Fourth Meeting of the Foreign Ministers of France, the Unites Kingdom, and the United States, 795.00/9-1450, FRUS, September 14, 1950, East Asia and the Pacific, the China Area, Vol. VI, pp. 500-501.

16 「外交部呈報駐美顧維鈞大使電報美國務院次長告稱美擬將臺灣問題列入大會議程及其用意」，〈聯合國審議蘇聯誣控美國侵臺暨美提出臺灣地位問題案及我國因應經過情形〉，《總統府》，檔案管理局藏，檔號：A200000000A/0039/3110702/0323/001/060/0001-0006。

17 「擬就聯合國有關臺灣之因應方案」，〈聯合國審議蘇聯誣控美國侵臺暨美提出臺灣地位問題案及我國因應經過情形〉，《總統府》，檔案管理局藏，檔號：A200000000A/0039/3110702/0323/001/110/0007。

18 "The President's News Conference," Harry S. Truman Library & Museum, August 31, 1950, https://www.trumanlibrary.gov/library/public-papers/230/presidents-news-conference.

19 "Radio and Television Report to the American People on the Situation in Korea," Harry S. Truman Library & Museum, September 1, 1950, https://www.trumanlibrary.gov/library/public-papers/232/radio-and-television-report-american-people-situation-korea.

20 〈魯斯克闡明美遠東政策　抱持中美傳統友誼　繼續經軍援助臺灣〉，《中央日報》，1950年9月11日，第1版。

21 宋文明，《中國大動亂時期美國的對華政策（1949-1960）》（臺北：宋氏照遠，2004），頁10。

22 汪浩，《冷戰中的兩面派：英國的臺灣政策1949-1958》（臺北：有鹿文化，2014），頁55-76。

23 梁敬錞，《中美關係論文集》（臺北：聯經，1982），頁219-221。

24 顧維鈞著、中國社會科學研究院近代史研究所譯，《顧維鈞回憶錄　第八分冊》（北京：中華書局，1989），頁120-121。

63 Acheson to Taipei American Consul, 794A.00/7-1350, Formosa, Republic of China, 1950-1954, reel 1.
64 「檢呈黃君等案卷判」，〈非法顛覆案〉，《國防部軍務局》，檔案管理局藏，檔號：B3750187701/0039/1571.3/1111/7/079。
65 林獻堂著、許雪姬主編，《灌園先生日記（廿二）一九五〇年》（臺北：中央研究院臺灣史研究所，2012），頁204。
66 黃紀男口述、黃玲珠執筆，《老牌臺獨：黃紀男泣血夢迴錄》，頁214 。
67 「『臺灣獨立運動』全案之透視」，〈拂塵專案附件〉，《國家安全局》，檔案管理局藏，檔號：A803000000A/0038/340.2/5502.3/12/010/021。
68 張炎憲等採訪記錄，《臺灣獨立運動的先聲：臺灣共和國（上）》，頁290。
69 陳慶立，《廖文毅的理想國》（臺北：玉山社，2014），頁64-83。
70 「對偽臺獨黨現階段之工作方策」，〈防制臺獨方案〉，《國家安全局》，檔案管理局藏，檔號：A803000000A/0047/C300826/1/0001/001/0313-0319。
71 「對偽臺獨黨現階段之工作方策」，〈防制臺獨方案〉，《國家安全局》，檔案管理局藏，檔號：A803000000A/0047/C300826/1/0001/001/0318-321；李世傑，《臺灣共和國臨時政府大統領廖文毅投降始末》（臺北：自由時代，1988），頁90-93、109。
72 李世傑，《臺灣共和國臨時政府大統領廖文毅投降始末》，頁281-283。
73 〈廖文奎生平及著作〉，收入吳叡人、吳冠緯主編，《廖文奎文獻選輯》（臺北：臺大出版中心，2021），頁458-461。
74 藤野彰採訪、張季琳譯，〈時代的證言者：「賺錢之神」邱永漢〉，《臺灣文學史料集刊第八輯》（臺南：國立臺灣文學館，2018），頁36-96。

第二章　臺灣問題國際化

1 林獻堂著、許雪姬主編，《灌園先生日記（廿二）一九五〇年》（臺北：中央研究院臺灣史研究所，2012），頁232。
2 林獻堂著、許雪姬主編，《灌園先生日記（廿二）一九五〇年》，頁276、310。
3 林獻堂著、許雪姬主編，《灌園先生日記（廿二）一九五〇年》，頁314、318、367。
4 Memorandum by Mr. Livingston T. Merchant to the Director of the Office of Far Eastern Affairs (Butterworth), 894A.00/5-2449, Foreign Relations of the United States (FRUS), May 24, 1949, The Far East: China, Vol. IX, pp. 337-341.
5 Memorandum by the Director of the Office of Far Eastern Affairs (Butterworth) to the Deputy Under Secretary of State (Rusk), 501.BB/6-949, FRUS, June 9, 1949, The Far East: China, Vol. IX, pp. 346-349.
6 Memorandum by the Director of the Office of Far Eastern Affairs (Butterworth) to the Deputy Under Secretary of State (Rusk), 501.BB/6-949, FRUS, June 6, 1949, The Far East: China, Vol. IX, p. 350.
7 Memorandum by the Director of the Policy Planning Staff (Kennan), Policy Planning Staff Files, Lot

China, 1950-1954, reel 1.

42 Robert C. Strong to Department of State, 794A.00/3-3150, Formosa, Republic of China, 1950-1954, reel 1.

43 Robert C. Strong to Secretary of State, 794A.00/6-250, Formosa, Republic of China, 1950-1954, reel 1.

44 〈蔣介石日記〉，1950年1月17日，美國史丹佛大學胡佛研究所藏。（原件現已運返國史館保存）

45 Robert C. Strong to Secretary of State, 794A.00/1-2650, Formosa, Republic of China, 1950-1954, reel 1.

46 蔣渭川，〈蔣渭川政壇回憶錄〉，收入陳芳明編，《蔣渭川和他的時代》（臺北：前衛，1996），頁240-244。

47 John J. Macdonald to Secretary of State, 894A.00/8-2949, Formosa, Internal Affairs, 1945-1949, reel 2.

48 Robert C. Strong to Secretary of State, 794A.00/1-2650, Formosa, Republic of China, 1950-1954, reel 1.

49 Robert C. Strong to Secretary of State, 794A.00/2-2250, Formosa, Republic of China, 1950-1954, reel 1; Robert C. Strong to Secretary of State, 794A.00/4-850, Formosa, Republic of China, 1950-1954, reel 1.

50 Acheson to Taipei American Consul, 794A.00/50, Formosa, Republic of China, 1950-1954, reel 1.

51 許今野，〈林頂立起家五年〉，《新聞天地》388（1955年7月23日），頁22-23。

52 陳誠著、林秋敏等編輯校訂，《陳誠先生日記（二）》（臺北：國史館，2015），頁740。

53 司法行政部調查局，〈臺灣地方派系調查專報〉（1952），頁24，財團法人吳三連臺灣史料基金會藏。

54 有關軍統局在二二八事件中派特務人員滲透各地處理委員會，藉此掌握反抗運動、編製黑名單的運作情形，可參陳翠蓮，《重構二二八：戰後美中體制、中國統治模式與臺灣》（臺北：衛城，2017），頁255-324。

55 蔣渭川，〈蔣渭川政壇回憶錄〉，頁242。

56 Robert C. Strong to Secretary of State, 794A.00/5-1950, Formosa, Republic of China, 1950-1954, reel 1; Robert C. Strong to Secretary of State, 794A.00/6-250, Formosa, Republic of China, 1950-1954, reel 1.

57 Robert C. Strong to Secretary of State, 794A.00/6-250, Formosa, Republic of China, 1950-1954, reel 1.

58 Acheson to Taipei American Consul, 794A.00/6-250, Formosa, Republic of China, 1950-1954, reel 1.

59 「外交部葉公超報告每代辦師樞安奉命探詢我逮捕臺灣解放同盟會會員情形」，〈臺灣獨立黨在日活動情形〉，《國史館》，檔案管理局藏，檔號：A202000000A/0039/2212002.2/1/0001/003。

60 「辦理『臺灣再解放聯盟』案經過情形」，〈拂塵專案附件〉，《國家安全局》，檔案管理局藏，檔號：A803000000A/0038/340.2/5502.3/12/005/0010-0011。

61 「第十三次工作會議紀錄」，〈行動委員會委員會議〉，《國家安全局》，檔案管理局藏，檔號：A803000000A/0042/L4361/1/0001/001/026。

62 Robert C. Strong to Secretary of State, 794A.00/7-1350, Formosa, Republic of China, 1950-1954, reel 1.

18 W. J. Sebald to John M. Allison, 894A.01/4-649, Formosa, Internal Affairs, 1945-1949, reel 3.
19 Cabot to Secretary of State, 894A.01/1-2649, Formosa, Internal Affairs, 1945-1949, reel 3.
20 Krentz to Secretary of State, 894A.01/2-349, Formosa, Internal Affairs, 1945-1949, reel 3.
21 C. N. Spinks, Memorandum of Conversation, in W. J. Sebald to John M. Allison, 894A.01/3-1149, Formosa, Internal Affairs, 1945-1949, reel 3.
22 W. J. Sebald to John M. Allison, 894A.01/2-2849, Formosa, Internal Affairs, 1945-1949, reel 3.
23 Stuart to Secret of State, 894A.00/3-2349, Foreign Relations of the United States (FRUS), 1949, The Far East: China, Volume IX, p. 303.
24 Edgar to Secret of State, 894A.00/5-449, FRUS, The Far East: China, Volume IX, 1949, p. 324.
25 Memorandum by Merchant to Butterworth, 894A.00/5-2449, FRUS, 1949, p. 340.
26 黃紀男口述、黃玲珠執筆，《老牌臺獨：黃紀男泣血夢迴錄》，頁242。
27 黃紀男口述、黃玲珠執筆，《老牌臺獨：黃紀男泣血夢迴錄》，頁244-246。
28 〈廖史豪〉，張炎憲等採訪記錄，《臺灣獨立運動的先聲：臺灣共和國（上）》，頁42-43。
29 〈黃紀男〉，張炎憲等採訪記錄，《臺灣獨立運動的先聲：臺灣共和國（上）》，頁113-114。
30 Robert C. Strong to Department of State, 794A.00/7-1450, Confidential U.S. State Department Central Files, Formosa, Republic of China, 1950-1954, reel 1. 以下稱Formosa, Republic of China, 1950-1954, reel 1.
31 Macdonald to Secret of State, 894A.01/8-549, Formosa, Internal Affairs, 1945-1949, reel 3.
32 Macdonald to Secretary of State, 894A.00/8-1649, A-78, Confidential U.S. State Department Central Files, Formosa, Internal Affairs, 1945-1949, reel 2. 以下稱Formosa, Internal Affairs, 1945-1949, reel 2.
33 Memorandum: Relations of Vice Consul David L. Osborn with the Formosan League for Re-emancipation, Robert C. Strong to Department of State, 794A.00/7-1450, Formosa, Republic of China, 1950-1954, reel 1.
34 Macdonald to Secretary of State, 894A.00/9-649, Formosa, Internal Affairs, 1945-1949, reel 2.
35 Memorandum: Relations of Vice Consul David L. Osborn with the Formosan League for Re-emancipation, Strong to Department of State, 794A.00/7-1450, Formosa, Republic of China, 1950-1954, reel 1.
36 宋文明，《中國大動亂時期美國的對華政策（1949-1960）》（臺北：宋氏照遠，2004），頁17。
37 美國總統杜魯門此一聲明被稱為「放棄臺灣」、「袖手政策」聲明，為何在此時發表這一聲明，與美國軍方包括國防部長、參謀長聯席會議挑戰總統與國務院的對臺政策有關，可參時殷弘，〈杜魯門政府的對華政策和臺灣問題（1948-1950）〉，收入中美關係史叢書編輯委員會編，《中美關係史論文集（第二輯）》（重慶：重慶出版社，1988），頁471-493。
38 Strong to Secretary of State, 794A.00/1-1350, Formosa, Republic of China, 1950-1954, reel 1.
39 PCJ Trip File, Schedule for Ambassador Jessup's Visit, RG 59, Central Decimal File, 1950-1954, Box 2882, in NARA.
40 黃紀男口述、黃玲珠執筆，《老牌臺獨：黃紀男泣血夢迴錄》，頁265-266。
41 Memorandum: Relations of Vice Consul David L. Osborn with the Formosan League for Re-emancipation, Robert C. Strong to Department of State, 794A.00/7-1450, Formosa, Republic of

第一章 試探臺灣獨立運動

1 W. J. Sebald to John M. Allison, 894A.01/2-949, enclosure 5, The Formosa's Independence Movement and America, January 21, 1949, Confidential U.S. State Department Central Files, Formosa, Internal Affairs, 1945-1949, reel 3. 以下稱Formosa, Internal Affairs, 1945-1949, reel 3；「美報置喙臺灣我們應該注意」，〈臺灣問題剪報〉，《外交部》，檔案管理局藏，檔號：A303000000B/0036/019.2/009/1/019。

2 「美報置喙臺灣我們應該注意」，〈臺灣問題剪報〉，《外交部》，檔案管理局藏，檔號：A303000000B/0036/019.2/009/1/019；「臺灣參議會大會席上魏主席施政報告全文」，〈臺灣問題剪報〉，《外交部》，檔案管理局藏，檔號：A303000000B/0036/019.2/009/1/026；「吾土吾民臺灣永屬中國臺參議員正言闢邪說」，〈臺灣問題剪報〉，《外交部》，檔案管理局藏，檔號：A303000000B/0036/019.2/009/1/028。

3 黃紀男口述、黃玲珠執筆，《老牌臺獨：黃紀男泣血夢迴錄》（臺北：獨家，1991），頁188。

4 邱永漢著、朱佩蘭譯，《我的青春．臺灣　我的青春．香港》（臺北：不二，1996），頁88-107。

5 邱永漢著、朱佩蘭譯，《我的青春．臺灣　我的青春．香港》，頁101。

6 張炎憲等採訪記錄，《臺灣獨立運動的先聲：臺灣共和國（上）》（臺北：吳三連臺灣史料基金會，2000），頁289-290。

7 Memorandum: Formosan League for Re-emancipation, 894A.00/9-2748, RG 59, Central Decimal File, 1945-1949, Box 7386, in NARA.

8 W. J. Sebald to Secretary of State, 894A.01/12-848, RG 59, Central Decimal File, 1945-1949, Box 7386, in NARA; W. J. Sebald to John M. Allison, 894A.01/2-2849, Formosa, Internal Affairs, 1945-1949, reel 3.

9 Green to Bishop, 894A.02/12-2348, RG 59, Central Decimal File, 1945-1949, Box 7387, in NARA. 本書引文粗黑體均為筆者所加。

10 R. M. Service to W. W. Butterworth, 894A.01/3-749, RG 59, Central Decimal File, 1945-1949, Box 7386, in NARA.

11 邱永漢著、朱佩蘭譯，《我的青春．臺灣我的青春．香港》，頁112、145。

12 R. M. Service to W. Walton Butterworth, 894A.01/2-1849, RG 59, Central Decimal File, 1945-1949, Box 7386, in NARA.

13 R. M. Service to Philip D. Sprouse, 894A.00/1-1749, RG 59, Central Decimal File, 1945-1949, Box 7385, in NARA.

14 Y. T. Tsong, Liao Brothers and the Formosan Independence Movement, in W. J. Sebald to John M. Allison, 894A.01/4-649, Formosa, Internal Affairs, 1945-1949, reel 3.

15 C. N. Spinks, Memorandum, Subject: Formosa League for Re-emancipation, in W. J. Sebald to John M. Allison, 894A.01/2-949, Formosa, Internal Affairs, 1945-1949, reel 3.

16 W. J. Sebald to Secretary of State, 894A.01/12-848, RG 59, Central Decimal File, 1945-1949, Box 7387, in NARA.

17 W. J. Sebald to John M. Allison, 894A.01/2-949, Formosa, Internal Affairs, 1945-1949, reel 3.

26 若林正丈著、洪郁如等譯，《戰後臺灣政治史：中華民國臺灣化的歷程》，頁147-159。

27 U.S.-PRC Joint Communique (1979)，美國在臺協會，https://web-archive-2017.ait.org.tw/en/us-joint-communique-1979.html，2023年8月7日瀏覽。

28 錢復，《錢復回憶錄卷二：華府路崎嶇》（臺北：天下文化，2005），頁61、201-236。

29 林正義，〈「八一七公報」後美國對臺軍售政策〉，《歐美研究》23：3（1993年9月），頁27-60。

30 林岩哲，〈美國人權外交的剖析〉，《問題與研究》18：11（1979年8月），頁33-42。

31 James E. Dougherty and Robert L. Pfaltzgraff Jr., *American Foreign Policy: FDR to Reagan* (New York: Harper & Row, 1986), pp. 284-287.

32 Robert Cohen, "Human Rights Decision-Making in the Executive Branch: Some Proposals for a Coordinated Strategy," in Donald P. Kommers and Gilburt D. Loescher, eds., *Human Rights and American Foreign Policy* (Notre Dame: University of Notre Dame Press, 1979), pp. 216-246.

33 Donald M. Fraser, "Congress's Role in the Making International Human Rights Policy," in Donald P. Kommers and Gilburt D. Loescher, eds., *Human Rights and American Foreign Policy*, pp. 247-254.

34 G. John Ikenberry, "America's Liberal Grand Strategy: Democracy and National Security in the Post-war Era," in Michael Cox, G. John Ikenberry, and Takashi Inoguchi, eds., *American Democracy Promotion: Impulses, Strategies, and Impacts* (New York: Oxford University Press, 2000), pp. 103-126.

35 "Address Before a Joint Session of the Congress Reporting on the State of the Union," Ronald Reagan Presidential Library & Museum, January 26, 1982, https://www.reaganlibrary.gov/archives/speech/address-joint-session-congress-reporting-state-union，2023年7月27日瀏覽。

36 "Statement on Signing a Legislation Concerning Human Rights in the Soviet Union," Ronald Reagan Presidential Library & Museum, March 22, 1982, https://www.reaganlibrary.gov/archives/speech/statement-signing-legislation-concerning-human-rights-soviet-union，2023年7月27日瀏覽。

37 "Remarks on Signing the Human Rights and Day of Prayer for Poland Proclamations," Ronald Reagan Presidential Library & Museum, December 10, 1982, https://www.reaganlibrary.gov/archives/speech/remarks-signing-human-rights-and-day-prayer-poland-proclamations，2023年7月27日瀏覽。

38 Robert Pee and William M. Schmidli, *The Reagan Administration, the Cold War, and the Transition to Democracy Promotion* (Cham: Springer International Publishing, 2019), pp. 277-301.

39 Samuel P. Huntington, *The Third Wave: Democratization in the Late Twentieth Century* (Norman: University of Oklahoma Press, 1991), pp. 91-98.

40 Office of the Historian, https://history.state.gov/historicaldocuments.

41 國史館檔案史料文物查詢系統，https://ahonline.drnh.gov.tw/index.php?act=Archive。

42 Association for Diplomatic Studies and Training, https://adst.org/oral-history/oral-history-interviews.

43 Freedom of Information Act Electronic Reading Room - CIA, https://www.cia.gov/readingroom/.

44 Ronald Reagan Presidential Library & Museum, https://www.reaganlibrary.gov/.

8 例如漆高儒，《蔣經國的一生》(臺北：傳記文學，1991)；漆高儒，《蔣經國評傳：我是臺灣人》(臺北：正中，1998)；李煥，《點滴在心頭：蔣經國先生言行追思錄》(臺北：幼獅，2003)；張祖詒，《蔣經國晚年身影》(臺北：天下文化，2009)，頁42-43。

9 Jay Taylor, *The Generalissimo's Son: Chiang Ching-kuo and the Revolutions in China and Taiwan* (Cambridge: Harvard University Press, 2000)；中譯本：陶涵（Jay Taylor）著、林添貴譯，《臺灣現代化的推手：蔣經國傳》(臺北：時報文化，2000)。

10 Yang-sun Chou and Andrew J. Nathan, "Democratizing Transition in Taiwan," *Asian Survey* 27:3 (Mar. 1987), pp. 277-299.

11 林震，《東亞政治發展比較研究：以臺灣地區和韓國為例》(北京：九州，2011)，頁29-36。

12 若林正丈，《台湾：分裂国家と民主化》(東京：東京大学出版会，1992)；中譯本：若林正丈著，洪金珠、許佩賢譯，《臺灣：分裂國家與民主化》(臺北：新自然主義，2004)。若林正丈，《台湾の政治：中華民国台湾化の戦後史》(東京：東京大学出版会，2008)；中譯本：若林正丈著、洪郁如等譯，《戰後臺灣政治史：中華民國臺灣化的歷程》(臺北：臺大出版中心，2016)。

13 吳乃德，〈回憶蔣經國、懷念蔣經國〉，收入國史館編印，《第七屆中華民國史專題論文集：二十世紀臺灣民主發展》，頁467-502。

14 吳乃德，〈人的精神理念在歷史變革中的作用——美麗島事件和臺灣民主化〉，《臺灣政治學刊》4 (2000年12月)，頁57-103。

15 吳乃德，《臺灣最好的時刻，1977-1987：民族記憶美麗島》(臺北：春山，2020)。

16 林孝庭，《蔣經國的臺灣時代：中華民國與冷戰下的臺灣》(臺北：遠足文化，2021)，頁325-374。

17 黃庭康，〈重新審視戰後臺灣政治發展：評林孝庭《蔣經國的臺灣時代：中華民國與冷戰下的臺灣》〉，《臺灣史研究》29：2 (2022年6月)，頁217-226。

18 Christopher C. Shoemaker and John Spanier, *Patron-client State Relationships: Multilateral Crises in the Nuclear Age* (New York: Praeger, 1984), pp. 10-25.

19 陳翠蓮，《重構二二八：戰後美中體制、中國統治模式與臺灣》(臺北：衛城，2017)，頁21-22。

20 John W. Dower, *Embracing Defeat: Japan in the Wake of World War II* (New York: W. W. Norton & Co./ New Press, 1999)；中譯本：約翰・道爾（John W. Dower）著、胡博譯，《擁抱戰敗：第二次世界大戰後的日本》(臺北：遠足文化，2017)。

21 John L. Gaddis, *The Cold War: A New History* (New York: Penguin Press, 2005).

22 Nancy B. Tucker, *Taiwan, Hong Kong, and the United States, 1945-1992: Uncertain Friendships* (New York: Twayne Publishers, 1994)；中譯本：唐耐心（Nancy B. Tucker）著、新新聞編譯小組譯，《不確定的友情：臺灣、香港與美國，1945至1992》(臺北：新新聞，1995)。

23 林孝庭，《臺海・冷戰・蔣介石：解密檔案中消失的臺灣史1949-1988》(臺北：聯經，2015)。

24 孟捷慕（James H. Mann）著、林添貴譯，《轉向：從尼克森到柯林頓美中關係揭密》(臺北：先覺，1999)，頁25-43。

25 U.S.-PRC Joint Communique (1972)，美國在臺協會，https://www.ait.org.tw/u-s-prc-joint-communique-1972/?_ga=2.142592370.1784365772.1690441545-360018798.1690441545，2023年7月27日瀏覽。

注釋

緒論

1 徐薇婷，〈拜登表態中國犯臺將出兵防衛　上任以來至少4次〉，中央社CNA，2022年9月19日，https://www.cna.com.tw/news/aipl/202209190065.aspx，2023年8月1日瀏覽。

2 徐薇婷，〈美眾院通過臺灣國際團結法案　主張聯合國大會2758決議不涉臺〉，中央社CNA，2023年7月26日，https://www.cna.com.tw/news/aipl/202307260005.aspx，2023年8月1日瀏覽。

3 可參Tun-jen Cheng, "Democratizing the Quasi-Leninist Regime in Taiwan," *World Politics* 41:4 (Jul. 1989), pp. 471-499；松田康博著、黃偉修譯，《臺灣一黨獨裁體制的建立》(臺北：政大出版社，2019)；龔宜君，《外來政權與本土社會：改造後國民黨政權社會基礎的形成（1950-1969）》(臺北：稻鄉，1998)；陳翠蓮，〈戒嚴時期臺灣的情治機關：以美麗島事件為例〉，收入國史館編印，《第七屆中華民國史專題論文集：二十世紀臺灣民主發展》(臺北：國史館，2004)，頁145-176；Nai-teh Wu, "The Politics of a Regime Patronage System: Mobilization and Control within an Authoritarian Regime," (Ph.D Thesis: Department of Political Science, University of Chicago, 1987)；Ronald Weitzer, *Transforming Settler States: Communal Conflict and Internal Security in Northern Ireland and Zimbabwe* (Berkeley: University of California Press, 1990).

4 可參張炎憲、陳美蓉主編，《戒嚴時期白色恐怖與轉型正義論文集》(臺北：吳三連臺灣史料基金會，2019)；薛化元，《《自由中國》半月刊思想之研究：以民主憲政思想為中心的探討》(臺北：稻香，1995)；蘇瑞鏘，《戰後臺灣組黨運動的濫觴：「中國民主黨」組黨運動》(臺北：稻鄉，2005)。

5 可參陳儀深，《認同的代價與力量：戒嚴時期臺獨四大案件探微》(臺北：中央研究院近代史研究所，2019)；陳佳宏，《臺灣獨立運動史》(臺北：玉山社，2006)。

6 例如金耀基，〈民主的遺產 歷史的巨獻〉，《聯合報》，1988年1月14日，第2版；金耀基，〈蔣經國先生的偉大志業〉，《聯合報》，1988年1月16日，第2版；〈貫徹經國先生積極推行民主憲政建設遺囑〉(社論)，《聯合報》，1988年1月17日，第2版；上村幸治撰、丁祖威譯，〈臺灣民主化的主導者　敬悼蔣經國先生〉，《聯合報》，1988年1月17日，第2版；金耀基，〈民主統一與臺灣的前途——敬悼故總統蔣經國先生〉，《中國時報》，1988年1月16日，第2版；江素惠，〈金耀基在港九追悼會上表示經國先生非凡的突破　啟動民主憲政大工程〉，《中國時報》，1988年2月8日，第2版；金耀基，〈由革命政黨轉為民主政黨——國民黨的歷史性轉化與發展〉，《中國時報》，1988年2月13日，第2版。

7 例如小谷豪治郎著、陳鵬仁譯，《蔣經國先生傳》(臺北：中央日報，1990)；陳鵬仁編，《蔣經國先生思想行誼研究論集》(臺北：近代中國，1997)；葛永光編著，《蔣經國先生與臺灣民主發展：紀念經國先生逝世二十週年學術研討論文集》(臺北：幼獅，2008)。

readingroom/search/site.
Harry S. Truman Library and Museum, https://www.trumanlibrary.gov/library.
HeinOnline, US Treaties and Agreements Library, https://home.heinonline.org/content/u-s-treaties-agreements-library/.
Office of the Historian, https://history.state.gov/historicaldocuments.
Ronald Reagan Presidential Library & Museum, https://www.reaganlibrary.gov/archives.
The Association for Diplomatic Studies and Training(ADST), Foreign Affairs Oral History Project, https://adst.org.
國史館檔案史料文物查詢系統，https://ahonline.drnh.gov.tw/index.php?act=Archive。
不當黨產處理委員會／史料故事，https://www.cipas.gov.tw/stories。
臺美史料中心，https://taiwaneseamericanhistory.org/blog/ourjourneys59。

羅毓嘉，〈黃溫恭〉，收入胡淑雯主編，《無法送達的遺書：記那些在恐怖年代失落的人》。臺北：衛城，2015，頁81-120。
藤野彰採訪、張季琳譯，〈時代的證言者：「賺錢之神」邱永漢〉，《臺灣文學史料集刊第八輯》。臺南：國立臺灣文學館，2018，頁36-96。
蘇慶軒，〈威權憲政——解釋蔣介石三連任總統的決策過程與國民黨威權政體的制度化〉，《臺灣民主季刊》17：3（2020年9月），頁51-100。

六、學位論文

Wu, Nai-teh. "The Politics of a Regime Patronage System: Mobilization and Control within an Authoritarian Regime." Ph.D Thesis: Department of Political Science, University of Chicago, 1987.
陳兆勇，〈土地改革與政權鞏固：戰後臺灣土地政策變革過程中的國家、地主與農林（1945-1953）〉。臺北：國立臺灣大學社會學研究所博士論文，2011。
謝佩珊，〈國民黨自新政策與自新人員〉。臺北：國立臺灣大學歷史學系碩士論文，2015。

七、網站資料

〈2022民主指數　臺灣第10亞洲之首俄羅斯侵烏退步最多〉，中央社CNA，2023年2月2日，https://www.cna.com.tw/news/aopl/202302020130.aspx。
〈自由之家：臺灣自由度亞洲第2　中國仍是嚴重侵害國〉，中央社CNA，2023年3月9日，https://www.cna.com.tw/news/aopl/202303090330.aspx。
徐薇婷，〈拜登表態中國犯臺將出兵防衛　上任以來至少4次〉，中央社CNA，2022年9月19日，https://www.cna.com.tw/news/aipl/202209190065.aspx。
——，〈美眾院通過臺灣國際團結法案　主張聯合國大會2758決議不涉臺〉，中央社CNA，2023年7月26日，https://www.cna.com.tw/news/aipl/202307260005.aspx。
潘榮禮，〈《富堡之聲》與洪誌良〉，民傳媒，2022年2月22日，https://www.peoplemedia.tw/news/9770a539-17b5-48aa-bc9f-57c91f624280。
謝孟穎，〈1153人死刑名單，揭「底層勞工」淪歷史陪葬！揭密白色恐怖判死最多前10軍法官、蔣介石不能說的秘密〉，風傳媒，2021年2月27日，https://www.storm.mg/article/3504286?page=1。
謝莉慧，〈促轉會：威權時期終審判死刑者1,153人　蔣中正介入970人〉，Newtalk新聞，2021年2月25日，https://newtalk.tw/news/view/2021-02-25/541415。
戴雅真，〈經濟學人封面稱臺灣「最危險地區」　憂臺海煙硝釀災籲美中避戰〉，中央社CNA，2021年4月30日，https://www.cna.com.tw/news/firstnews/202104300011.aspx。
American Institute in Taiwan, https://www.ait.org.tw/.
Freedom of Information Act Electronic Reading Room - CIA (CIA FOIA), https://www.cia.gov/

war Era." In Michael Cox, G. John Ikenberry and Takashi Inoguchi, eds., *American Democracy Promotion: Impulses, Strategies, and Impacts*. New York: Oxford University Press, 2000, pp. 103-126.

木畑洋一，〈對日講和とイギリスのアジア政策〉，收入渡边昭夫、宮里政玄編，《サンフランシスコ講和》。東京：東京大学出版会，1986，頁165-191。

細谷千博，〈サンフランシスコ講和条約と国際環境〉，收入渡边昭夫、宮里政玄編，《サンフランシスコ講和》，東京：東京大学出版会，1986，頁1-16。

鶴園裕基，〈日華平和條約と日本華僑——五二体制下における「中国人」の国籍帰属問題（1951-1952）〉，《日本台湾學会報》22（2020年7月），頁41-64。

任育德，〈蔣中正對國民黨的省思與改造〉，收入黃克武主編，《遷臺初期的蔣中正》。臺北：國立中正紀念堂管理處，2011，頁263-321。

吳乃德，〈人的精神理念在歷史變革中的作用——美麗島事件和臺灣民主化〉，《臺灣政治學刊》4（2000年12月），頁57-103。

——，〈回憶蔣經國、懷念蔣經國〉，收入國史館編印，《第七屆中華民國史專題論文集：二十世紀臺灣民主發展》。臺北：國史館，2004，頁467-502。

李福鐘，〈1966年美國對臺政策的困局與抉擇〉，《國史館館刊》59（2019年3月），頁77-113。

林正義，〈「八一七公報」後美國對臺軍售政策〉，《歐美研究》23：3（1993年9月），頁27-60。

林岩哲，〈美國人權外交的剖析〉，《問題與研究》18：11（1979年8月），頁33-42。

——，〈美國武器外銷制度與政策之研究〉，《國立政治大學學報》42（1980年12月），頁131-154。

林傳凱，〈臺中青年的武裝抗爭之路〉，《人本教育札記》288（2013年6月），頁78-85。

徐世榮，〈悲慘的共有出租耕地業主——臺灣的土地改革〉，收入謝國興主編，《改革與改造：冷戰初期兩岸的糧食、土地與工商業變革》。臺北：中央研究院近代史研究所，2010，頁47-95。

時殷弘，〈杜魯門政府的對華政策和臺灣問題（1948-1950）〉，收入中美關係史叢書編輯委員會編，《中美關係史論文集（第二輯）》。重慶：重慶出版社，1988，頁471-493。

郭振純，〈天生反骨的獨俠客〉，收入胡慧玲、林世煜採訪記錄，《白色封印：人權奮鬥證言，白色恐怖1950》。臺北：國家人權博物館籌備處，2003，頁163-202。

陳翠蓮，〈戒嚴時期臺灣的情治機關：以美麗島事件為例〉，收入國史館編印，《第七屆中華民國史專題論文集：二十世紀臺灣民主發展》。臺北：國史館，2004，頁145-176。

——，〈王昇與「劉少康辦公室」：1980年代臺灣威權體制末期的權力震盪〉，《國史館館刊》69（2022年9月），頁121-172。

陳儀深，〈從《康隆報告》到《臺灣關係法》——美國對臺政策的曲折歷程〉，收入臺灣教授協會編，《中華民國流亡臺灣六十年暨戰後臺灣國際處境》。臺北：前衛，2010，頁15-50。

黃庭康，〈重新審視戰後臺灣政治發展：評林孝庭《蔣經國的臺灣時代：中華民國與冷戰下的臺灣》〉，《臺灣史研究》29：2（2022年6月），頁217-226。

編輯部，〈重建歷史記憶：424刺蔣案與臺灣座談會記實〉，《臺灣史料研究》（2000年6月），頁187。

蔣經國，〈一位平凡的偉人〉，收入蔣經國，《負重致遠》。臺北：陸軍總司令部，1963。

蕭道中，〈聯合國中的交鋒：1950年中國控訴美國侵略臺灣案研究〉，《臺灣師大歷史學報》55（2016年6月），頁139-183。

幼獅，2008。
廖文毅原著，陳儀深、葉亭葶主編，《臺灣民本主義》。臺北：政大出版社，2023。
漆高儒，《蔣經國的一生》。臺北：傳記文學，1991。
——，《蔣經國評傳：我是臺灣人》。臺北：正中，1998。
裴斐（Nathaniel Peffer）、韋慕庭（Clarence Martin Wilbur）訪問整理，吳修垣譯，《從上海市長到「臺灣省主席」（1946-1953年）：吳國楨口述回憶》。上海：上海人民，2015。
劉鳳翰等訪問、何智霖等記錄，《汪敬煦先生訪談錄》。臺北：國史館，1993。
蔡同榮，《我要回去》。高雄：敦理，1990。
蔣夢麟，《新潮》。臺北：傳記文學，1967。
——，《農復會工作演進原則之檢討》。臺北：行政院農業委員會，1990。
鄭鴻生，《青春之歌：追憶1970年代臺灣左翼青年的一段如火年華》。臺北：聯經，2001。
錢復，《錢復回憶錄卷一：外交風雲動》。臺北：天下文化，2005。
——，《錢復回憶錄卷二：華府崎嶇路》。臺北：天下文化，2005。
戴寶村主編，《「臺灣人民自救宣言」四十週年歷史省思》。臺北：臺灣歷史學會，2004。
薛化元，《《自由中國》半月刊思想之研究：以民主憲政思想為中心的探討》。臺北：稻鄉，1996。
謝漢儒，《早期臺灣民主運動與雷震紀事：為歷史留見證》。臺北：桂冠，2002。
嚴平，《1938：青春與戰爭同在》。北京：人民文學，2009。
蘇瑞鏘，《戰後臺灣組黨運動的濫觴：「中國民主黨」組黨運動》。臺北：稻鄉，2005。
顧維鈞著、中國社會科學研究院近代史研究所譯，《顧維鈞回憶錄　第八分冊》。北京：中華書局，1985。
——，《顧維鈞回憶錄　第九分冊》。北京：中華書局，1989。
龔宜君，《「外來政權」與本土社會：改造後國民黨政權社會基礎的形成（1950-1969）》。臺北：稻鄉，1998。

五、期刊論文、專書論文

Cheng, Tun-jen. "Democratizing the Quasi-Leninist Regime in Taiwan." *World Politics*, 41:4 (Jul. 1989), pp. 471-499.
Chou, Yang-sun, and Andrew J. Nathan. "Democratizing Transition in Taiwan." *Asian Survey* 27:3 (Mar. 1987), pp. 277-299.
Cohen, Robert. "Human Rights Decision-Making in the Executive Branch: Some Proposals for a Coordinated Strategy." In Donald P. Kommers and Gilburt D. Loescher, eds., *Human Rights and American Foreign Policy*. Notre Dame: University of Notre Dame Press, 1979, pp. 216-246.
Fraser, Donald M. "Congress's Role in the Making International Human Rights Policy." In Donald P. Kommers and Gilburt D. Loescher, eds., *Human Rights and American Foreign Policy*. Notre Dame: University of Notre Dame Press, 1979, pp. 247-254.
Ikenberry, G. John. "America's Liberal Grand Strategy: Democracy and National Security in the Post-

曹欽榮、林芳微等採訪整理，《流麻溝十五號：綠島女生分隊及其他》。臺北：書林，2012。
梁敬錞，《中美關係論文集》。臺北：聯經，1982。
許曹德，《許曹德回憶錄(上)》。臺北：前衛，2018。
許雪姬主編，《臺灣歷史辭典》。臺北：行政院文化建設委員會，2004。
許福明，《中國國民黨的改造(1950-1952)》。臺北：正中書局，1986。
陳正茂，《臺灣早期政黨史略(一九〇〇—一九六〇)》。臺北：秀威，2009。
陳佳宏，《臺灣獨立運動史》。臺北：玉山社，2006。
陳芳明編，《蔣渭川和他的時代》。臺北：前衛，1996。
陳英泰，《回憶、見證白色恐怖(下)》。臺北：唐山，2005。
陳唐山，《陳唐山回憶錄：黑名單與外交部長》。臺北：前衛，2016。
陳新吉，《馬鞍藤的春天：白色恐怖受難者陳新吉回憶錄》。臺北：國家人權博物館籌備處，2013。
陳誠，《如何實現耕者有其田》。臺北：正中書局，1961。
陳榮儒，《FAPA與國會外交(1982-1995)》。臺北：前衛，2004。
陳翠蓮，《臺灣全志(卷四)政治志：民意機關篇》。南投：國史館臺灣文獻館，2007。
——，《重構二二八：戰後美中體制、中國統治模式與臺灣》。臺北：衛城，2017。
陳儀深，《認同的代價與力量：戒嚴時期臺獨四大案件探微》。臺北：中央研究院近代史研究所，2019。
陳儀深訪問、彭孟濤等記錄，《活著說出真相：蔡寬裕先生訪談錄》。臺北：國史館，2020。
陳儀深主編，《中壢事件相關人物訪談錄》。臺北：國史館，2021。
陳慶立，《廖文毅的理想國》。臺北：玉山社，2014。
陳鵬仁編，《蔣經國先生思想行誼研究論集》。臺北：近代中國，1997。
陶晉生編，《陶希聖日記(上)》。臺北：聯經，2014。
彭明敏，《自由的滋味：彭明敏回憶錄》。臺北：彭明敏文教基金會，2004。
彭明敏，《逃亡》。臺北：玉山社，2009。
曾永賢口述、張炎憲等訪問，《從左到右六十年：曾永賢先生訪談錄》。臺北：國史館，2009
曾品滄、許瑞浩訪問，曾品滄記錄，《一九六〇年代的獨立運動：全國青年團結促進會事件訪談錄》。臺北：國史館，2004。
湯惠蓀編，《臺灣之土地改革》。臺北：中國農村復興聯合委員會，1954。
湯惠蓀，《臺灣的土地改革》。臺北：海外文庫，1955。
黃俊傑，《農復會與臺灣經驗》。臺北：三民書局，1991。
黃俊傑訪問、記錄，《中國農村復興聯合委員會口述歷史訪問紀錄》。臺北：中央研究院近代史研究所，1992。
黃紀男口述、黃玲珠執筆，《老牌臺獨：黃紀男泣血夢迴錄》。臺北：獨家，1991。
黃華，《別無選擇：革命掙扎》。臺北：前衛，2008。
新臺灣研究文教基金會美麗島事件口述歷史編輯小組總策畫，《暴力與詩歌：高雄事件與美麗島大審》。臺北：時報文化，1999。
萬亞剛，《國共鬥爭見聞》。臺北：桂冠，1995。
葛永光編著，《蔣經國先生與臺灣民主發展：紀念經國先生逝世二十週年學術研討論文集》。臺北：

松田康博著、黃偉修譯，《臺灣一黨獨裁體制的建立》。臺北：政大出版社，2019。
林孝庭，《臺海·冷戰·蔣介石：解密檔案中消失的臺灣史1949-1988》。臺北：聯經，2015。
——，《蔣經國的臺灣時代：中華民國與冷戰下的臺灣》。臺北：遠足文化，2021。
林震，《東亞政治發展比較研究：以臺灣地區和韓國為例》。北京：九州，2011。
林獻堂著、許雪姬主編，《灌園先生日記（廿二）一九五〇年》。臺北：中央研究院臺灣史研究所，2012。
——，《灌園先生日記（廿四）一九五二年》。臺北：中央研究院臺灣史研究所，2012。
河崎真澄著、龔昭勳譯，《李登輝祕錄》。臺北：前衛，2021。
邱永漢著、朱佩蘭譯，《我的青春·臺灣 我的青春·香港》。臺北：不二，1996。
姚嘉文、陳菊編註，《黨外文選》。臺北：姚嘉文發行，1979。
政治受難者關懷協會編，《建國志士陳庚辛紀念文集》。臺北：政治受難者關懷協會，2012。
洪三雄，《烽火杜鵑城：七〇年代臺大學生運動》。臺北：自立晚報，1993。
胡淑雯主編，《無法送達的遺書：記那些在恐怖年代失落的人（增訂版）》。臺北：春山，2022。
唐耐心（Nancy B. Tucker）著,、林添貴譯，《一九四九年後的海峽風雲實錄：美中臺三邊互動關係大揭密》。臺北：黎明文化，2012。
孫家麒，《蔣經國建立臺灣特務系統祕辛》。香港：日力，1961。
徐復觀，《徐復觀雜文：憶往事》。臺北：時報文化，1980。
郝柏村，《八年參謀總長日記（上）》。臺北：天下文化，2000。
——，《八年參謀總長日記（下）》。臺北：天下文化，2000。
——，《郝柏村回憶錄》。臺北：天下文化，2019。
國軍政工史編纂委員會編，《國軍政工史稿（上）（下）》。臺北：國防部總政治部，1960。
康寧祥，《問政三年》。臺北：臺灣政論雜誌社，1975。
康寧祥論述、陳政農撰稿，《臺灣，打拚：康寧祥回憶錄》。臺北：允晨文化，2013。
張文隆、陳儀深、許文堂訪問，《郭雨新先生行誼訪談錄》。臺北：國史館，2008。
張日新主編，《蔣經國日記：1925-1949》。北京：中國文史，2010。
張炎憲等採訪記錄，《臺灣獨立運動的先聲：臺灣共和國（上）》。臺北：吳三連臺灣史料基金會，2000。
張炎憲等編著，《自覺與認同：1950-1990年海外臺灣人運動專輯》。臺北：吳三連臺灣史料基金會，2005。
張炎憲、陳美蓉主編，《戒嚴時期白色恐怖與轉型正義論文集》。臺北：吳三連臺灣史料基金會，2009。
張炎憲、曾秋美、沈亮主編，《青春·逐夢·臺灣國：發芽》。臺北：吳三連臺灣史料基金會，2010。
張炎憲、陳鳳華，《寒村的哭泣：鹿窟事件》。臺北：臺北縣政府文化局，2000。
張炎憲等訪問記錄，《臺灣自救宣言：謝聰敏先生訪談錄》。臺北：國史館，2008。
張俊宏，《我的沉思與奮鬥：兩千個煎熬的日子》。臺北：作者自印，1977。
張祖詒，《蔣經國晚年身影》。臺北：天下文化，2009。
張憲秋，《農復會回憶》。臺北：行政院農業委員會，1990。

方素敏編，《只有香如故：林義雄家書》。臺北：天堂鳥，1984。
王能祥、張文隆，《前進D.C.：國會外交的開拓者王能祥八十回憶暨臺灣前途文集》。臺北：遠景，2012。
王能祥，《美國國會前叩門的唐吉軻德：你應該知道的臺灣關係法》。臺北：臺灣基督長老教會，2019。
王燈岸著、王鏡玲編註，《磺溪壹老人》。臺北：玉山社，2018。
司馬遼太郎著、李金松譯、鍾肇政審訂，《臺灣紀行：街道漫步》。臺北：臺灣東販，1995。
尼洛，《王昇：險夷原不滯胸中》。臺北：世界文物，1995。
石田浩，《臺灣經濟的結構與開展》。臺北：稻鄉，2007。
任雪麗（Shelley Rigger）著、姚睿譯，《臺灣為什麼重要？美國兩岸研究權威寫給全美國人的臺灣觀察報告》。臺北：貓頭鷹，2013。
行政院促進轉型正義委員會，《任務總結報告第二部》。臺北：行政院促進轉型正義委員會，2022。
吳乃德，《臺灣最好的時刻，1977-1987：民族記憶美麗島》。臺北：春山，2020。
吳子俊主編，《國軍政戰史稿（下）》。臺北：國防部總政治作戰部，1983。
吳國楨著、吳修垣譯，《夜來臨：吳國楨見證的國共爭鬥》。香港：中文大學出版社，2009。
呂秀蓮，《重審美麗島》。臺北：前衛，1997。
呂芳上等訪問、王景玲記錄，《楚崧秋先生訪問紀錄：覽盡滄桑八十年》。臺北：中央研究院近代史研究所，2001。
宋文明，《中國大動亂時期美國的對華政策》。臺北：宋氏照遠，2004。
宋楚瑜口述、方鵬程採訪整理，《蔣經國祕書報告》。臺北：商周，2018。
宋楚瑜口述、方鵬程採訪整理，《從威權邁向開放民主：臺灣民主化關鍵歷程（1988-1993）》。臺北：商周，2019。
李大維，《臺灣關係法立法過程：美國總統與國會間之制衡》。臺北：風雲論壇，1996。
李世傑，《臺灣共和國臨時政府大統領廖文毅投降始末》。臺北：自由時代，1988。
李界木，《一粒麥籽落土：臺灣人權協會與我》。臺北：前衛，2009。
李登輝筆記、國史館李登輝口述歷史小組編註，《見證臺灣：蔣經國總統與我》。臺北：允晨文化、國史館，2004。
李登輝口述、張炎憲等訪問，《李登輝總統訪談錄二：政壇新星》。臺北：允晨文化、國史館，2008。
李登輝，《為主做見證：李登輝的信仰告白》。臺北：遠流，2013。
李煥，《點滴在心頭：蔣經國先生言行追思錄》。臺北：幼獅，2003。
李筱峰，《臺灣民主運動四十年》。臺北：自立晚報，1987。
李潔明（James R. Lilley）著、林添貴譯，《李潔明回憶錄：美、中、臺三角關係大揭密》。臺北：時報文化，2003。
汪浩，《冷戰中的兩面派：英國的臺灣政策1949-1958》。臺北：有鹿文化，2014。
沈雲龍等訪問、林忠勝記錄，《齊世英先生訪問紀錄》。臺北：中央研究院近代史研究所，1990。
谷正文口述、許俊榮等整理，《白色恐怖祕密檔案》。臺北：獨家，1995。
孟捷慕（James H. Mann）著 、林添貴譯，《轉向：從尼克森到柯林頓美中關係揭密》。臺北：先覺，1999。

Dower, John W. *Embracing Defeat: Japan in the Wake of World War II*. New York: W. W. Norton & Co./New Press, 1999. 中譯本：約翰・道爾（John W. Dower）著、胡博譯，《擁抱戰敗：第二次世界大戰後的日本》。臺北：遠足文化，2017。

Gaddis, John L. *The Cold War: A New History*. New York: Penguin Press, 2005.

Huntington, Samuel P. *The Third Wave: Democratization in the Late Twentieth Century*. Norman: University of Oklahoma Press, 1991.

Pee, Robert, and William M. Schmidli. *The Reagan Administration, the Cold War, and the Transition to Democracy Promotion*. Cham: Springer International Publishing, 2019.

Shoemaker, Christopher C., and John Spanier. *Patron-client State Relationships: Multilateral Crises in the Nuclear Age*. New York: Praeger, 1984.

Taylor, Jay. *The Generalissimo's Son: Chiang Ching-kuo and the Revolutions in China and Taiwan*. Cambridge: Harvard University Press, 2000. 中譯本：陶涵（Jay Taylor）著、林添貴譯，《臺灣現代化的推手：蔣經國傳》。臺北：時報文化，2000。

Tucker, Nancy B. *Taiwan, Hong Kong, and the United States, 1945-1992: Uncertain Friendships*. New York: Twayne Publishers, 1994. 中譯本：唐耐心（Nancy B. Tucker）著、新新聞編譯小組譯，《不確定的友情：臺灣、香港與美國，1945至1992》。臺北：新新聞，1995。

Weitzer, Ronald. *Transforming Settler States: Communal Conflict and Internal Security in Northern Ireland and Zimbabwe*. Berkeley: University of California Press, 1990.

R.P.ドーア（R. P. Dore）著、並木正吉等譯，《日本の農地改革》。東京：岩波書店，1965。

大野徹，《アジアの農地制度と食糧》。東京：晃洋書房，2005。

小谷豪治郎著、陳鵬仁譯，《蔣經國先生傳》。臺北：中央日報，1990。

井上正也，《日中国交正常化の政治史》。名古屋：名古屋大学出版会，2010。

若林正丈，《台湾：分裂国家と民主化》。東京：東京大学出版会，1992。中譯本：若林正丈著，洪金珠、許佩賢譯，《臺灣：分裂國家與民主化》。臺北：新自然主義，2004。

——，《台湾の政治：中華民国台湾化の戦後史》。東京：東京大学出版会，2008。中譯本：若林正丈著、洪郁如等譯，《戰後臺灣政治史：中華民國臺灣化的歷程》。臺北：臺大出版中心，2016。

細谷千博，《サンフランシスコ講和への道》。東京：中央公論社，1984。

渡边昭夫、宮里政玄編，《サンフランシスコ講和》。東京：東京大学出版会，1986。

窪田光純，《韓国農地改革と工業化発展》。東京：日本経済通信社，1988。

櫻井浩，《韓国農地改革の再検討》。東京：アジア経済研究所，1976。

中央研究院近代史研究所口述歷史編輯委員會，《口述歷史第10期：蘇東啟政治案件專題》。臺北：中央研究院近代史研究所，2000。

——，《口述歷史第11期：泰源監獄事件專輯》。臺北：中央研究院近代史研究所，2002。

中美關係報告編輯小組編，《中美關係報告：1979-1980》。臺北：中央研究院美國文化研究所，1980。

——，《中美關係報告：1981-1983》。臺北：中央研究院美國文化研究所，1984。

——，《中美關係報告：1983-1985》。臺北：中央研究院美國文化研究所，1985。

——，《中美關係報告：1985-1987》。臺北：中央研究院美國文化研究所，1989。

臺中：臺灣省諮議會，2001。
秦孝儀主編，《中華民國重要史料初編——對日抗戰時期第七編：戰後中國（四）》。臺北：中國國民黨黨史會，1981。
國家安全局，《歷年辦理匪案彙編第一輯》。臺北：國家安全局，1960。
張世瑛、蕭李居編輯，《戰後臺灣政治案件：陳文成案史料彙編（一）》。臺北：國史館，2019。
陳世宏等編輯，《雷震案史料彙編：國防部檔案選輯》。臺北：國史館，2002。
——，《雷震案史料彙編：雷震獄中手稿》。臺北：國史館，2002。
陳信傑整理、潘光哲校閱，《傅正與民主進步黨檔案史料提要》。臺北：《傅正與民主進步黨檔案史料提要》編輯委員會，2017。
陳誠著、林秋敏等編輯校訂，《陳誠先生日記（二）》。臺北：國史館，2015。
傅正主編，《雷震全集（30）：雷震祕藏書信選》。臺北：桂冠，1990。
——，《雷震全集（39）：雷震日記（1957～1958年）——第一個十年（七）》。臺北：桂冠，1990。
——，《雷震全集（40）：雷震日記（1959～1960年）——第一個十年（八）》。臺北：桂冠，1990。
黃杰著、廖文碩等編輯校訂，《戰後臺灣史料與研究：黃杰任職警總時期日記（一）》。臺北：國史館，2022。
——，《戰後臺灣史料與研究：黃杰任職警總時期日記（二）》。臺北：國史館，2022，
——，《戰後臺灣史料與研究：黃杰任職警總時期日記（三）》。臺北：國史館，2022。
——，《戰後臺灣史料與研究：黃杰任職警總時期日記（四）》。臺北：國史館，2023。
——，《戰後臺灣史料與研究：黃杰任職警總時期日記（五）》。臺北：國史館，2023。
——，《戰後臺灣史料與研究：黃杰任職警總時期日記（六）》。臺北：國史館，2023。
臺灣省政府民政廳編，《臺灣省實施地方自治紀要》。臺北：臺灣省政府民政廳，1951。
潘光哲編，《傅正《自由中國》時期日記選編》。臺北：中央研究院近代史研究所，2011。
蕭李居編，《戰後臺灣政治案件：美麗島事件史料彙編（一）對美麗島總社的調查與監控》。臺北：國史館，2022。
薛月順編，《陳誠先生回憶錄：建設臺灣（上）》。臺北：國史館，2005。
——，《戰後臺灣政治案件：鹿窟事件史料彙編（一）》。臺北：國史館，2020。
——，《戰後臺灣政治案件：鹿窟事件史料彙編（二）》。臺北：國史館，2020。
——，《戰後臺灣政治案件：泰源事件史料彙編（二）》。臺北：國史館，2022。
——，《戰後臺灣政治案件：美麗島事件史料彙編（八）事件後的處置》。臺北：國史館，2022。

四、專書

Bush, Richard C. *At Cross Purposes: U.S.-Taiwan Relations Since 1942*. N.Y.: M.E. Sharpe, 2004.
Dean, David. *Unofficial Diplomacy: The American institute in Taiwan: A Memoir*. Bloomington, Indiana: Xlibris, LLC, 2014.
Dougherty, James E., and Robert L. Pfaltzgraff Jr. *American Foreign Policy, FDR to Reagan*. New York: Harper & Row, 1986.

吳起，〈鎮暴部隊卯上組黨狂潮〉，《新觀點週刊》22（1986年8月25日），頁16-17。
林啟進，〈衛安十一號暴動任務〉，《新觀點週刊》22（1986年8月25日），頁4-11。
吳大為，〈受菲律賓大選鼓舞 黨外人士準備硬行闖關〉，《雷聲》101（1986年3月1日），頁43-46。
武嶺，〈人民覺醒是民主政治的起步：馬可仕下臺的啟示〉，《臺北檔案週刊》5（1986年3月7日），頁19-21。
高人，〈國民黨兩度集會 商討菲國變局〉，《臺北檔案週刊》5（1986年3月7日），頁4-10。

三、檔案史料彙編

王正華編，《中華民國與聯合國史料彙編：中國代表權》。臺北：國史館，2001。
民國歷史文化學社編輯部主編，《蔣經國大事日記（1980）》。臺北：民國歷史文化學社，2021。
——，《蔣經國大事日記（1981）》。臺北：民國歷史文化學社，2021。
——，《蔣經國大事日記（1982）》。臺北：民國歷史文化學社，2021。
——，《蔣經國大事日記（1983）》。臺北：民國歷史文化學社，2021。
——，《蔣經國大事日記（1984）》。臺北：民國歷史文化學社，2021。
——，《蔣經國大事日記（1985）》。臺北：民國歷史文化學社，2021。
——，《蔣經國大事日記（1986）》。臺北：民國歷史文化學社，2021。
呂芳上主編，《蔣中正先生年譜長編第九冊》。臺北：國史館、國立中正紀念堂管理處、中正文教基金會，2015。
呂芳上主編，《蔣中正先生年譜長編第十一冊》。臺北：國史館、國立中正紀念堂、中正文教基金會，2015。
李宣鋒等主編，《臺灣地區戒嚴時期五〇年代政治案件史料彙編（二）：個案資料》。南投：國史館臺灣省文獻會，1998。
何鳳嬌編，《戰後臺灣政治檔案：美麗島事件史料彙編（四）逮捕與偵訊》。臺北：國史館，2022。
——，《戰後臺灣政治檔案：美麗島事件史料彙編（五）逮捕與偵訊》。臺北：國史館，2022。
吳叡人、吳冠緯主編，《廖文奎文獻選輯》。臺北：臺大出版中心，2021。
呂芳上主編，《蔣中正先生年譜長編第九冊》。臺北：國史館、國立中正紀念堂管理處、中正文教基金會，2015。
呂芳上主編，《蔣中正先生年譜長編第十一冊》。臺北：國史館、國立中正紀念堂、中正文教基金會，2015。
李宣鋒等主編，《臺灣地區戒嚴時期五〇年代政治案件史料彙編（二）：個案資料》。南投：國史館臺灣省文獻會，1998。
林聰明主持，《臺灣省參議會、臨時省議會暨省議會時期史料彙編計畫：郭雨新先生史料彙編》。臺中：臺灣省諮議會，2001。
邱茂男主持，《臺灣省參議會、臨時省議會暨省議會時期史料彙編計畫：郭國基先生史料彙編》。臺中：臺灣省諮議會，2001。
歐明憲主持，《臺灣省參議會、臨時省議會暨省議會時期史料彙編計畫：李萬居先生史料彙編》。

RG 59, General Records of the Department of State, Central Decimal File, 1950-1954, Box 4255.
RG 59, General Records of the Department of State, Central Decimal File, 1955-1959, Box 3920.
RG 59, General Records of the Department of State, Central Decimal File, 1955-1959, Box 3931.
RG 59, General Records of the Department of State, Central Decimal File, 1960-1963, Box 2144.
RG 59, Subject Numeric Files, 1970-1973, Political & Defense, Box 2202.
RG 59, Subject Numeric Files, 1970-1973, Political & Defense, Box 2203.
RG 84, Records of the Foreign Service Posts of the Department of State, Classified General Records, 1939-1964, Taiwan U.S. Embassy, Taipei, Box 42.

美國史丹佛大學胡佛研究所（Hoover Institution）

〈蔣介石日記〉，1949、1950、1951、1952、1958、1959、1960、1970、1971、1972。（原件現已運返國史館保存）
〈蔣經國日記〉，1949、1961、1970、1971、1972、1973、1977、1978、1979。（原件現已運返國史館保存）
〈王昇日記〉，1978、1980、1981、1982、1983。

二、報紙雜誌

《中央日報》，1950-1980年。
《中國時報》，1980、1981、1988、1997年。
《公論報》，1950、1960年。
《自由中國》，1957-1960年。
《自由時報》，2017、2020年。
《自立晚報》，1980、1987年。
《星島日報》1950年
《臺灣新生報》，1960年。
《聯合晚報》，1993年。
《聯合報》，1960、1971、1972、1973、1977、1980、1981、1982、1983、1986、1988年。
鄭經，〈彷彿在美麗島前夕：國民黨搞「衛安演習」嫁禍〉，《開拓時代週刊》134（1986年8月25日），頁4-11。
蔣君章，〈人類團結的因素〉，《國魂》184（1960年9月30日），頁24-26。
上官芙蓉，〈黃朝琴出使內幕〉，《鈕司》84（1950年9月3日），頁6。
許今野，〈林頂立起家五年〉，《新聞天地》388（1955年7月23日），頁22-23。
上官下士，〈羅邁來香港搞甚麼〉，《新聞天地》652（1960年8月13日），頁23。
向宗魯，〈反對黨向學府進軍〉，《新聞天地》653（1960年8月20日），頁4-5。

U.S. Department of State, Office of the Historian

Foreign Relations of the United States (FRUS), 1949, The Far East: China, Vol. IX.
Foreign Relations of the United States (FRUS), 1950, National Security Affairs, Foreign Economic Policy, Vol. I.
Foreign Relations of the United States (FRUS), 1950, East Asia and the Pacific, the China Area, Vol. VI.
Foreign Relations of the United States (FRUS), 1951, Asia and the Pacific, Vol. VI, Part 1.
Foreign Relations of the United States (FRUS), 1952-1954, China and Japan, Vol. XIV, Part 2.
Foreign Relations of the United State (FRUS), 1958-1960, China, Vol. XIX.
Foreign Relations of the United States (FRUS), 1964-1968, China, Vol. XXX.
Foreign Relations of the United States (FRUS), 1969-1976, Vol. V, United Nations, 1969-1972.

中央研究院歐美研究所圖書館

Confidential U.S. State Department Central Files, Formosa, Internal Affairs, 1945-1949. Frederick, MD: University Publications of America, 1985.
Confidential U.S. State Department Central Files, Formosa, Republic of China, 1950-1954. Frederick, MD: University Publications of America, 1986.
Confidential U.S. State Department Central Files, China, Internal Affairs, 1960-1963. Bethesda, MD: University Publications of America, 1998.
Records of the Office of Chinese Affairs, 1945-1955. Wilmington, Del.: Scholarly Resources, 1989.

日本國立國會圖書館憲政資料室

Formosa Case in the UN (1950), Records of the Office of Chinese Affairs, 1945-1955 [microform]，索取號：YF-A93，Roll 11。

National Archives and Records Administration (NARA)

RG 59, General Records of the Department of State, Central Decimal File, 1945-1949, Box 7385.
RG 59, General Records of the Department of State, Central Decimal File, 1945-1949, Box 7386.
RG 59, General Records of the Department of State, Central Decimal File, 1945-1949, Box 7387.
RG 59, General Records of the Department of State, Central Decimal File, 1950-1954, Box 2882.
RG 59, General Records of the Department of State, Central Decimal File, 1950-1954, Box 4254.

〈對日和約〉，檔號：A303000000B/0040/12.6/56。
〈對日和約〉，檔號：A303000000B/0040/12.6/57。
〈對日和約〉，檔號：A303000000B/0040/12.6/59。
〈對日和約〉，檔號：A303000000B/0041/12.6/62。
〈對日和約〉，檔號：A303000000B/0041/12.6/63。
〈對日和約〉，檔號：A303000000B/0041/12.6/64。
〈對日和約〉，檔號：A303000000B/0041/12.6/65。
〈對日和約〉，檔號：A303000000B/0041/12.6/67。
〈對日和約〉，檔號：A303000000B/0041/12.6/71。
〈對日和約〉，檔號：A303000000B/0041/12.6/72。
〈對日和約〉，檔號：A303000000B/0041/12.6/79。
〈對日和約〉，檔號：A303000000B/0041/12.6/81。
〈對日和約〉，檔號：A303000000B/0041/12.6/93。
〈對日和約〉，檔號：A303000000B/0041/600.14/14。
〈陳文成(國會、行政部門、學界)〉，檔號：A303000000B/0070/407.1/0105。
〈美國眾議院亞太小組臺灣戒嚴法聽證會〉，檔號：AA03000000B/0071/400.32/0018。
〈臺灣人權聽證會〉，檔號：AA03000000B/0066/400.3/0014。
〈美國眾議院亞太小組臺灣戒嚴法聽證會〉，檔號：AA03000000B/0071/400.32/0019。
〈FAPA專卷(臺灣人公共事務會)〉，檔號：AA03000000B/0071/409/0021。
〈美國會關於我戒嚴法議案〉，檔號：AA03000000B/0072/400.3/0059。
〈美眾院「臺灣政治發展聽證會」及129、344號決議案〉，檔號：AA03000000B/0072/400.32/0029。
〈校園監聽〉，檔號：AA03000000B/0072/451.59/0002。
〈劉宜良(一)〉，檔號：AA03000000B/0073/407.1/USA001。
〈劉宜良〉，檔號：AA03000000B/0074/407.1/USA004。
〈提供駐美代表處我人權政治革新等資料〉，檔號：AA03000000B/0075/410.19/0075。
〈人權報告〉，檔號：AA03000000B/0076/409/0032。
〈索拉茲(臺灣民主修正案)〉，檔號：AA03000000B/0076/409/0189。

《法務部調查局》

〈一二一○專案(綜合)〉，檔號：A311010000F/0068/3/48616。

財團法人吳三連臺灣史料基金會

司法行政部調查局，〈臺灣地方派系調查專報〉，1952。

《國防部後備司令部》

〈施部生等叛亂〉，檔號：A305440000C/0039/273.4/554。

〈蘇東啟等案(減刑、執行開釋)〉，檔號：A305440000C/0050/1571.33/4439。

〈臺獨案件清理及名冊〉，檔號：A305440000C/0055/1571/2360。

〈江炳興等案〉，檔號：A305440000C/0059/1571/142。

《國防部軍法局》

〈蘇東啟等案〉，檔號：B3750347701/0051/278.11/420。

〈蘇東啟等案〉，檔號：B3750347701/0053/3132521/521。

〈賴在案〉，檔號：B3750347701/0059/1571/124。

〈江炳興等叛亂案〉，檔號：B3750347701/0059/3132024/24。

〈江炳興等案處理經過〉，檔號：B3750347701/0059/3136141/141。

《國防部軍務局》

〈非法顛覆案〉，檔號：B3750187701/0039/1571.3/1111。

《軍管區司令部》

〈二二八事件案犯處理之一〉，檔號：A305550000C/0036/9999/8/4。

《外交部》

〈臺灣問題剪報〉，檔號：A303000000B/0036/019.2/009。

〈臺灣地位問題(一)〉，檔號：A303000000B/0039/602.1/89024。

〈中央宣傳指示〉，A303000000B/0039/707.4/1。

〈海外對匪鬥爭指導委員會〉，檔號：A303000000B/0047/816.9/7。

〈海外對匪鬥爭指導委員會〉，檔號：A303000000B/0048/816.9/0003。

〈臺灣獨立運動(十七)：應正本小組〉，檔號：A303000000B/0050/006.3/018/1。

〈對日和約〉，檔號：A303000000B/0039/12.6/35。

〈對日和約〉，檔號：A303000000B/0039/12.6/36。

〈對日和約〉，檔號：A303000000B/0040/12.6/37。

〈對日和約〉，檔號：A303000000B/0040/12.6/38。

〈對日和約〉，檔號：A303000000B/0040/12.6/39。

〈對日和約〉，檔號：A303000000B/0040/12.6/40。

〈對日和約〉，檔號：A303000000B/0040/12.6/41。

〈對日和約〉，檔號：A303000000B/0040/12.6/42。

〈對日和約〉，檔號：A303000000B/0040/12.6/43。

〈對日和約〉，檔號：A303000000B/0040/12.6/44。

〈對日和約〉，檔號：A303000000B/0040/12.6/45。

〈對日和約〉，檔號：A303000000B/0040/12.6/52。

〈對日和約〉，檔號：A303000000B/0040/12.6/55。

〈行政院會議議事錄 臺第八冊一四五至一四九〉，典藏號：014-000205-00035-002。

《軍事委員會委員長侍從室》

〈黃朝琴〉，典藏號：129-200000-3740。

國家發展委員會檔案管理局

《總統府》

〈聯合國審議蘇聯誣控美國侵臺暨美提出臺灣地位問題案及我國因應經過情形〉，檔號：A200000000A/0039/3110702/0323。

《國史館》

〈臺灣獨立黨在日活動情形〉，檔號：A202000000A/0039/2212002.2/1。

《國家安全局》

〈拂塵專案附件〉，檔號：A803000000A/0038/340.2/5502.3。
〈拂塵專案第十四卷附件〉，檔號：A803000000A/0037/340.2/5502.3。
〈行動委員會委員會議〉，檔號A803000000A/0042/L4361/1/0001。
〈國家安全局局史續編〉，檔號A803000000A/0065/L2707/1。
〈防制臺獨方案〉，檔號：A803000000A/0047/C300826/1。
〈蘇東啟〉，檔號：A803000000A/0050/W0P0058CC/1。
〈忠誠專案〉，檔號：A803000000A/0059/C300824/1。
〈祥和專案〉，檔號：A803000000A/0066/C300541/1。
〈陳菊(青谷專案(五)〉，檔號：A803000000A/0067/W2E0817CC/1。
〈中國人權協會〉，檔號：A803000000A/0068/C301401/1。

《行政院》

〈臺灣關係法案中之人權條款制訂經過節要案〉，檔號：AA00000000A/0068/4-2-1/22。

《國防部》

〈國防部防諜案〉，檔號：A305000000C/0053/378.1A/6015。
〈海軍防諜案〉，檔號：A305000000C/0054/1352A/3815。

《國防部軍事情報局》

〈蔡孝乾〉，檔號：A305050000C/0036/0410.9/44904440。

參考書目

一、檔案史料

國史館

《蔣中正總統文物》

〈領袖指示補編(十七)〉，典藏號：002-090106-00017-471。

《蔣經國總統文物》

〈國防會議簡史(一)〉，典藏號：005-010100-00043-001。
〈外交—蔣中正接見美方外交大使談話紀錄〉，典藏號：005-010205-00128-002。
〈外交—外交事務散件資料(一)〉，典藏號：005-010205-00184-043。
〈外交—外交事務散件資料(二)〉，《蔣經國總統文物》，典藏號：005-010205-00185-043。
〈國家安全會議簽呈(三)〉，典藏號：005-010206-00009-005。
〈丁大衛與左紀國談話要點等〉，典藏號：005-010301-00014-002。
〈民國七十年蔣經國約見外賓談話紀錄(三)〉，典藏號：005-010303-00008-015。
〈民國七十一年蔣經國約見外賓談話紀錄(二)〉，典藏號：005-010303-00010-030。
〈民國七十四年蔣經國約見外賓談話紀錄(三)〉，典藏號：005-010303-00019-014。
〈民國七十五年蔣經國約見外賓談話紀錄(二)〉，典藏號：005-010303-00021-021。
〈民國七十六年蔣經國約見外賓談話紀錄(一)〉，典藏號：005-010303-00023-009。
〈民國七十六年蔣經國約見外賓談話紀錄(一)〉，典藏號：005-010303-00023-019。
〈民國七十六年蔣經國約見外賓談話紀錄(二)〉，典藏號：005-010303-00024-002。
〈蔣經國與各界往來函札(一)〉，典藏號：005-010502-00014-015。
〈蔣經國與各界往來函札(三)〉，典藏號：005-010502-00016-013。

《行政院》

〈行政院會議議事錄 臺第六〇八冊二〇三七至二〇四〇〉，典藏號：014-000205-00635-002。
〈行政院會議議事錄 臺第六〇一冊二〇一二至二〇一五〉，典藏號：014-000205-00628-003。

十五畫

十六畫

十七畫

十八畫

十九畫

二十畫

二十一畫

十二畫

十三畫

十四畫

八畫

九畫

十畫

十一畫

人名索引

十八畫

二十畫

二十一畫

十二畫

十三畫

十四畫

十五畫

十六畫

十七畫

七畫

八畫

九畫

十畫

十一畫

名詞索引

春山之聲
O52

重探戰後臺灣政治史：

美國、國民黨政府與臺灣社會的三方角力

作　　者　陳翠蓮
總 編 輯　莊瑞琳
責任編輯　盧意寧
校對協力　吳俊瑩
行銷企畫　甘彩蓉
業　　務　尹子麟
美術設計　徐睿紳
內文排版　丸同連合Un-Toned Studio
法律顧問　鵬耀法律事務所戴智權律師

出　　版　春山出版有限公司
地址：11670臺北市文山區羅斯福路六段297號10樓
電話：02-29318171
傳真：02-86638233

總 經 銷　時報文化出版企業股份有限公司
地址：33343桃園市龜山區萬壽路二段351號
電話：02-23066842

製　　版　瑞豐電腦製版印刷股份有限公司
印　　刷　搖籃本文化事業有限公司
初版一刷　2023年11月
初版二刷　2023年12月
I S B N　978-626-7236-60-4（紙本）
978-626-7236-61-1（PDF）
978-626-7236-62-8（EPUB）

定　　價　560元

Email　SpringHillPublishing@gmail.com
Facebook　www.facebook.com/springhillpublishing/

填寫本書線上回函

國家圖書館預行編目資料

重探戰後臺灣政治史：美國、國民黨政府與臺灣社會的三方角力／陳翠蓮作
－初版－臺北市：春山出版有限公司，2023.11
480面；21×14.8公分－（春山之聲；52）
ISBN 978-626-7236-60-4（平裝）
1.CST：臺灣政治　2.CST：臺灣史　3.CST：臺美關係
573.09　　112016221

ALL VOICES FROM THE ISLAND | 島嶼湧現的聲音